★★
MATTHIAS-KIRCHE
Das gotische Gotteshaus, in dem Franz Joseph und Sisi gekrönt wurden, ist eine der Hauptattraktionen der Stadt.
S. 123

★★
MUSEUM DER SCHÖNEN KÜNSTE
Die alten Meister haben mit dem von der Renaissance inspirierten Gebäude am Heldenplatz einen passenden Rahmen.
S. 132

★★
PARLAMENT
Ungarns größtes Gebäude ist das Wahrzeichen von Budapest. Architektonisch ist es eine gelungene Mixtur: gotisch, orientalisch und Zuckerbäckerwerk.
S. 147

★★
SZENTENDRE
Charmantes Flussstädtchen, alte Künstlerkolonie und ein Top-Ziel für kleine Stadtfluchten.
S. 173

★★
UNGARISCHE NATIONALGALERIE
Ungarische Kunst von 1800 bis heute. Wer die wenig bekannten Schätze der Malerei und Bildhauerei des Landes kennenlernen möchte, geht hinauf in das Museum im Burgpalast. Positive Überraschungen garantiert!
S. 180

DAS IST BUDAPEST

TOUREN

LEGENDE

Baedeker Wissen
● Textspecial, Infografik & 3D

Baedeker-Sterneziele
★★ Top-Sehenswürdigkeit
★ Herausragende Sehenswürdigkeit

SEHENSWERTES VON A BIS Z

HINTERGRUND

ERLEBEN & GENIESSEN

PREISKATEGORIEN

Restaurants
Preiskategorien für ein Hauptgericht

€€€€	über 5000 HUF
€€€	3500–5000 HUF
€€	2000–3500 HUF
€	bis 2000 HUF

Hotels
Preiskategorien für ein Doppelzimmer

€€€€	ab 45 000 HUF
€€€	ab 30 000 HUF
€€	ab 20 000 HUF
€	bis 20 000 HUF

PRAKTISCHE INFOS

ANHANG

MAGISCHE MOMENTE

ÜBERRASCHENDES

D
DAS IST ...

Budapest

Die großen Themen
rund um die Donaumetropole.
Lassen Sie sich inspirieren!

**Man kennt es meist schon, bevor die Reise losgeht:
Budapests Parlament ist eines der Wahrzeichen der Stadt. ▸**

ZEITREISE VIA CAFÉ

Im Kaffeesatz kann man die Zukunft lesen, heißt es. Aber in Budapest kann man im Kaffeehaus sitzen und in die Vergangenheit reisen. In die glorreiche Zeit der Kaffeehäuser des 19. Jahrhunderts, als sich die Kunstwelt hier traf, als sich Studenten, Geschäftsleute und Bohemiens die Kaffeehausklinken in die Hand gaben und Literaten ihr Wohnzimmer und Büro im Café hatten.

◄ Heute so beliebt wie um 1900: das Café New York

UM 1900 gab es rund **600 Kaffeehäuser** in Budapest, und sie waren das Zentrum des kulturellen Lebens der Stadt. Auch wenn nur noch wenige erhalten sind, so sind darunter die großen Namen wie **Astoria, Centrál, Művész, New York**, und sie verströmen in ihren historischen Räumlichkeiten noch heute den **Geist einer glorreichen Epoche**. Marmortische ruhen auf einem Eisenfuß, umringt von Thonetstühlen, lederbespannten Wandbänken, Spiegeln, Lüstern, Stuckaturen und Jugendstil. Es war die Zeit von Sándor Korda und Mihály Kertész alias Michael Curtiz, die als Filmregisseure die Welt eroberten. Eine bekannte Figur aus deren Blütezeit und ein »enfant terrible« war der Schriftsteller **Gyula Krúdy**, ein Musterbeispiel für einen Bohemien. Sein Vater, Rechtsanwalt aus adliger Familie, lehnte die Schriftstellerei seines Sohnes vehement ab. Doch der junge Krúdy machte seinen Weg und verbrachte zwischen zwei durchzechten Nächten nicht selten seinen Tag im Kaffeehaus. In einer Anekdote heißt es, er habe den Schlüssel des Cafés New York in die Donau geworfen – mit den Worten, dass dieses Café eh nie schließe. Vielleicht nimmt man seinen berühmtesten Roman »Die rote Postkutsche« (in Budapester Buchhandlungen auf Deutsch zu finden) und beginnt ihn im Café New York zu lesen. Nach nur wenigen Seiten ist man in seine Welt eingetaucht, und die Touristen an den Nachbartischen verwandeln sich vor dem geistigen Auge in Herren in schwarzen Anzügen.

BAEDEKER DAS IST ...

EINE SÜSSE LEGENDE

Als Tourist zählt man auch gerne das berühmte Gerbeaud zu den Kaffeehäusern. Doch ist das 1858 gegründete Café trotz seiner stilvollen Einrichtung streng genommen eine Konditorei (cukrászda), denn nach einem Handelsgesetz von 1872 musste ein Kaffeehaus mindestens vier Meter hohe Decken und 150 Quadratmeter Fläche aufweisen können. Ihnen kann das alles völlig egal sein – Sie können nur davon profitieren, dass hier tatsächlich echte Konditorware auf die Kaffeehaustische kommt! (►S. 196)

Kontroverse Diskussionen

Ganze 21 Tageszeitungen gab es um 1900 in Budapest. Ihre Redakteure, Journalisten, freischaffenden Schriftsteller und Leser gehörten zum festen Inventar eines guten Kaffeehauses, manche hatten ihren Stammplatz. Hier existierten die größten politischen und sozialen Widersprüche nebeneinander, und eine große Auswahl auch an abonnierter ausländischer Presse zeugte von Internationalität.

Neben dem 1887 gegründeten **Café Centrál** entwickelte sich bald das jüngere **New York** zu einem der wichtigsten Budapester Kaffeehäuser. 1894 im Gebäude der »New York Life Insurance« eingerichtet, bot es seinen Gästen einen modernen Service. Das Kaffeehaus fungierte auch als **Postadresse und Telefonzentrale seiner Stammkunden**. Überliefert sind zudem die von den Kellnern verteilten »Hundezungen«, die länglichen Notizzettel, auf denen die Gäste ihre Einfälle schnell notieren konnten.

Das Astoria ist eines dieser Kaffeehäuser, in denen es so Verführerisches wie die Esterhazy-Torte gibt.

Das New York hat die Zeit der beiden Weltkriege überdauert, doch wurde es in der kommunistischen Ära in »Hungária« umgetauft. Nach der Wende 1989 musste es einige Jahre mit ungewissem Schicksal schließen. Nachdem das gesamte Gebäude 2001 von der italienischen Luxushotelgruppe Boscolo aufgekauft worden war, dauerte die Renovierung weitere fünf Jahre. Dann konnte das Kaffeehaus in seinem alten neobarocken Glanz wiedereröffnen. Bei all dem Gold, den Spiegeln und dem roten Plüsch unter saalhohen reich verzierten Decken stockt einem heute noch beim Eintreten der Atem. **Doch das Publikum hat sich verändert**. Und falls doch ein Schriftsteller unter den vielen Touristen sitzt, wird man ihn wohl kaum erkennen.

שכנתי בתוכם

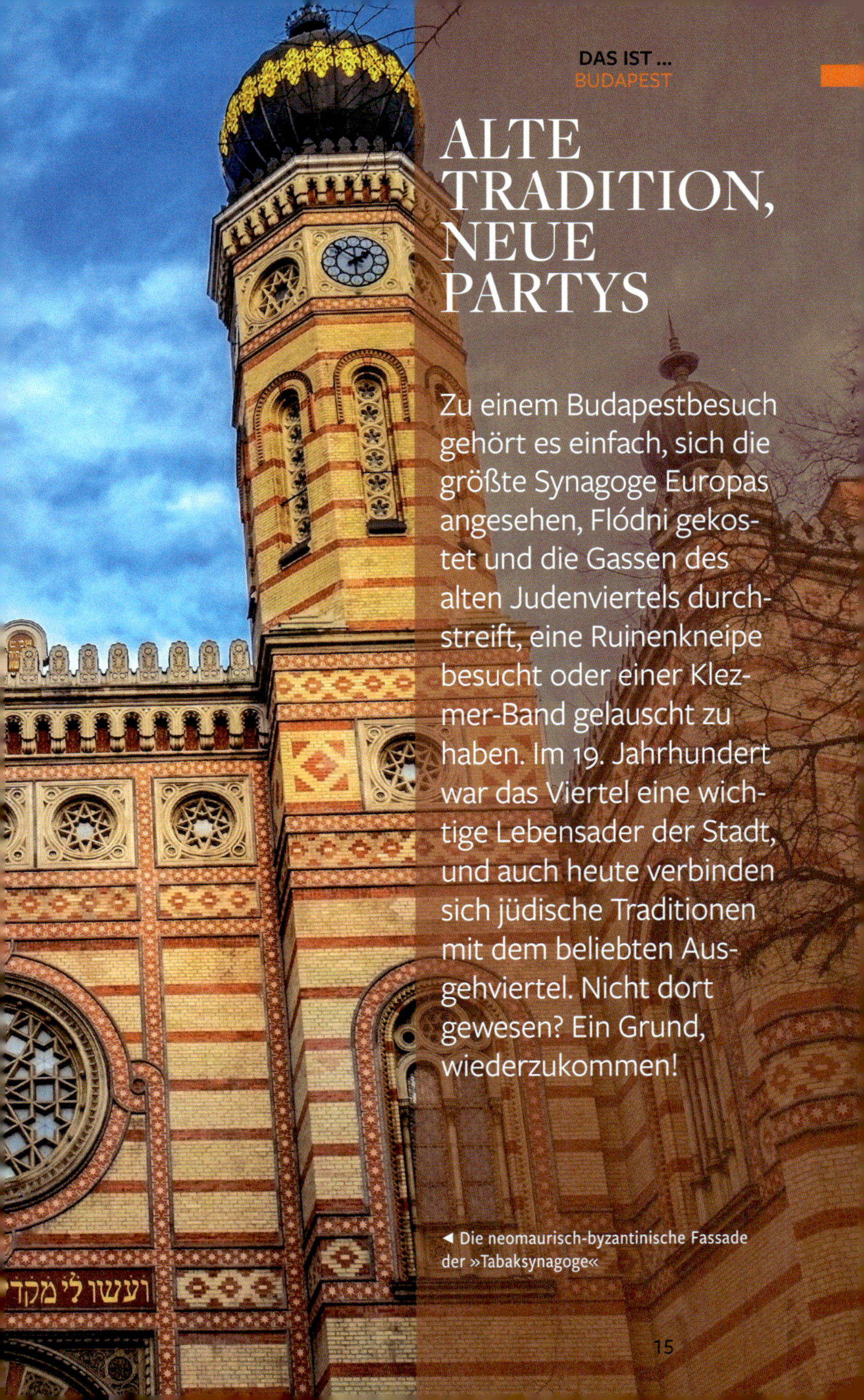

ALTE TRADITION, NEUE PARTYS

Zu einem Budapestbesuch gehört es einfach, sich die größte Synagoge Europas angesehen, Flódni gekostet und die Gassen des alten Judenviertels durchstreift, eine Ruinenkneipe besucht oder einer Klezmer-Band gelauscht zu haben. Im 19. Jahrhundert war das Viertel eine wichtige Lebensader der Stadt, und auch heute verbinden sich jüdische Traditionen mit dem beliebten Ausgehviertel. Nicht dort gewesen? Ein Grund, wiederzukommen!

◄ Die neomaurisch-byzantinische Fassade der »Tabaksynagoge«

Eine Klezmer-Band hören, in einer Ruinenbar sitzen – im jüdischen Viertel sind die Abende immer gut.

BAEDEKER DAS IST ...

NACHTLEBEN

Die Budapest Klezmer Band live in einer Synagoge zu hören, vielleicht sogar mit dem Franz Liszt Kammerchor: ein Traum, der während des Jüdischen Sommerfestivals Wirklichkeit werden kann. Aber auch die freitäglichen Klezmer-Konzerte im Café Spinoza haben ihren Reiz, ebenso die aus sechs Höfen bestehende Passage Gozsdu udvar mit trendigen Bistros und Restaurants. Und hoch im Kurs stehen natürlich die Ruinenkneipen. (▶S. 95 und S. 246)

AUF dem Vorplatz der maurisch-byzantinisch anmutenden Großen Synagoge trifft man Touristen aus aller Welt, rückseitig nennt sich mit Humor ein typisch jüdisches Lokal **»Walhalla Club«**. Architekt der Synagoge war **Ludwig Förster**, hervorragend in seinem Fach, aber unerfahren im Bau von jüdischen Tempeln. Doch genau ihn beauftragte die liberale jüdische Gemeinde 1954 mit dem Bau ihrer Synagoge. »Das ist einfach zu verstehen, die Juden assimilierten sich, weil sie hier die uneingeschränkte Niederlassungsfreiheit genossen, und so ein kulturelles und wirtschaftliches Leben aufbauen konnten«, erklärt der Guide Janós in perfektem Deutsch. »So zogen sie auch als Soldaten an der Seite der Ungarn auch in den Ersten Weltkrieg. An die 10 000 gefallenen Juden erinnert der Heldentempel im Garten.«

Die Friedlichkeit der Gegend wird überschattet von Erinnerungen an den Holocaust. Eine **Trauerweide**, eine metallene Skulptur von Imre Varga, trägt auf den Blättern die Namen der Opfer. »Einmal im Jahr kommt der Künstler persönlich, um weitere Namen vermisster Juden einzugravieren«, erzählt Janós. In der Hauptsaison macht Janós täglich bis zu fünf Führungen, doch am Samstag hat er frei. »Dann feiern wir den Sabbat, für einen Gottesdienst brauchen wir zehn Männer«, sagt er schmunzelnd, »aber heute füllen 200 bis 400 Gläubige die Bänke, das reicht allemal.«

Durchs Viertel schlendern

Rund um die Große Synagoge sieht man Männer in Schwarz mit hohen Hüten und Bärten nur selten. Seit 1913 haben die orthodoxen Juden ihre eigene Synagoge in der Kazinczy utca – im Inneren kommt man ins Staunen über die Farbenfreude der **schönen Jugendstilarchitektur**. Ihre Synagoge ist das Herz der orthodoxen Gemeinde und man findet hier koschere Läden, ein koscheres Restaurant, einen koscheren Metzger und das einzige rituelle Bad in Budapest – die Mikwe.

Sonntags herrscht reger Betrieb in der Straße, der Bio-Markt in dem skurrilen **Ruinencafé Szimpla Kert** zieht viele Einheimische und Touristen an, er ist ideal für ein spätes Frühstück. An vielen Ständen kann man probieren, Paprika- oder Trüffelcreme, Marmeladen, Chutneys und natürlich Salami in allen Variationen.

Durchstreift man die schmalen Straßen mit den noch schmaleren Bürgersteigen und freut sich an den kleinen Entdeckungen wie einem Trödler, einem Barbier oder der seit 1953 existierenden koscheren **»Konditorei Fröhlich«**, sollte man auch beim Bürstenmacher **»1001 kefe«** (Dob utca Nr. 3) vorbeigehen. Die Auslage scheint seit 100 Jahren unverändert, und im Laden findet man alles von Babybürsten bis Rasierpinseln, jedes Stück handgefertigt und aus Naturhaar. Namenszüge wie **»Gettó Clothing«** oder **»Gettó Gyás ristorante«** irritieren – hier befand sich 1944/1945 das Budapester Ghetto.

Für die alte und neue ungarisch-jüdische Geschichte steht auch der **»Flódni«**, eine köstliche Süßigkeit aus drei Schichten: Walnuss, Mohn und Äpfel. Seit Raj Ráchel ihn nach einem alten Familienrezept noch mit einer Schicht Pflaumenmus krönte, erfreut er sich in der ganzen Stadt einer Renaissance. Und die frisch gebackene Konditorin, eigentlich Modedesignerin, erlangte Berühmtheit und designt nun fantasievolle Tortenkreationen.

Jedes Jahr – immer um den 8. Juni – wird die Krönungszeremonie von Sisi und Franz Joseph wiederholt. Mit allem Drum und Dran wird das einmalig schöne Ereignis im Jahr 1867 zu neuem Leben erweckt.

AUF SISIS SPUREN

Bildschön, liebreizend, naturverbunden und in treuer Liebe zu ihrem Mann, Kaiser Franz Joseph, – so flimmerte Romy Schneider in den 1950er-Jahren auf der Kinoleinwand. Die kitschig-schöne wie tragische Sissi-Film-Triologie machte Sisi – wie sie sich selbst schrieb – zum Kult, sie war die Lady Diana des 19. Jahrhunderts. Wie auch immer man den Film heute beurteilt – ohne ihn wäre die Märchenkaiserin vielleicht unbemerkt in den Geschichtsbüchern verstaubt. Die Liebe der Ungarn hatte sie aber schon zu Lebzeiten für sich gewonnen.

DER Zug von Budapest nach Gödöllő braucht nur eine halbe Stunde. Und dann hat man die Hektik der Metropole hinter sich gelassen und steht auf dem Bahnsteig eines kleinen Landstädtchens. Einst befand sich hier die Wartehalle der Königin, die vergoldete Sitzgruppe mit Gobelin-Polstern ist heute im Schloss zu bestaunen. Wie oft Sisi den Zug nach Gödöllő bestiegen hat, ist nicht überliefert, aber von den 2549 Tagen, die sie sich in Ungarn aufgehalten hat, verbrachte sie die meiste Zeit in ihrem **Refugium**.

Ein kurzer Fußweg führt zum Palast, der zu Sisis Zeiten einsam zwischen Wiesen und Wäldern lag. Wie eine riesige Sahneschnitte erstrahlt der Barockbau in Weiß, Rosa und Hellblau, bekrönt von einer eleganten Kuppel. Kein Wunder, dass die Kaiserin ein Auge auf dieses schöne Fleckchen Erde geworfen hatte. Ihr Mann Franz Joseph aber schlug die Bitte, das Schloss zu kaufen, mit Blick auf die leeren Kriegskassen aus. Jahre später sollte sich ihr Wunsch dennoch erfüllen, sie bekam das Anwesen vom »ungarischen Volk« geschenkt.

Gödöllő als Dankeschön

Die bayrische Herzogin Elisabeth war dank ihres Vaters in einem freigeistigen Elternhaus aufgewachsen. Verständlich, dass die blutjunge Kaiserin – sie war erst 16, als sie den Thron bestieg – das starre Protokoll des Wiener Hofes als goldenen Käfig empfand. »Die Kaiserin wider Willen«, wie sie Brigitte Hamann in ihrem gleichnamigen Buch nennt, lernte Ungarisch und erhob die einfache **Ida Ferenczy** zu ihrer Vertrauten. Sie stand in engem Kontakt mit führenden ungarischen Persönlichkeiten wie dem charmanten und attraktiven Grafen **Gyula Andrássy**, mit dem ihr gar eine Affäre angedichtet wurde – die aber bis heute nicht bewiesen werden konnte.

Enthusiastisch unterstützte sie das Streben der Ungarn nach einer eigenen Verfassung, und nicht zuletzt ist es ihrem Einfluss auf den Kaiser zu verdanken, dass es 1867 zum »Ausgleich« kam. So schwer die Habsburger Kaiserkrone auf ihrem noch jungen Haupt wog, so ungeduldig war sie, auch die ungarische Königskrone zu tragen. Aus Budapest schrieb sie an Franz Joseph: »Mein geliebter Kaiser! … wenn nur am 8. die Krönung stattfinden möchte.«

In Gödöllő hatte sie ein Gegenreich zum streng reglementierten Wiener Hof geschaffen. Hier war sie die uneingeschränkte Herrscherin, die sich zum eigenen Vergnügen auch in Hosen kleidete. Selbst der Kaiser musste manchmal auf eine Audienz warten.

Die weitgehend **originalgetreu hergerichteten Räume** sind heute Museum. So ist auch das für den Empfang von Maria Theresia 1751 besonders prunkvoll in Gold und Rotmarmor gestaltete Zimmer im alten Glanz zu bestaunen. Die Schönheit liebende Sisi machte es zu ihrem Schlafzimmer. In ihren anderen persönlichen Räumen herrschte **ihre Lieblingsfarbe Veilchenblau** vor. Betrachtet man die kleinen Porträts, wird es sehr persönlich. Man entdeckt ihre Mutter Ludovika, ihre Kinder Gisela, Rudolph und Maria Valeria, ihre Vorleserin Ida Ferenczy, sie selbst oft zu Pferde und auf ihren Reisen, aber auch den Grafen Gyula Andrássy. Ein Highlight wartet im ehemaligen Schlafgemach von Kaiser Franz Joseph: Hier erinnert ein monumentales Ölgemälde an die prachtvollen Krönungsfeierlichkeiten in der Budapester Matthiaskirche am 8. Juni 1867.

BAEDEKER DAS IST …

IHR BESTER FREUND

»In Gödöllő gibt es einen Baum, der mein bester Freund in dieser Welt ist. … Jedesmal, wenn ich hinkomme, und bevor ich abreise, gehe ich zu ihm, und wir blicken uns einige Minuten schweigend an. Er ist der Vertraute meines Lebens.« Sisi hatte auch einen Lieblingshund, »Shadow«, einen irischen Wolfshund, den sie unter einem Baum bestattet hat, wahrscheinlich »ihrem« Baum. Wandelt man durch die Alleen des Parks, kann man sich fragen, welcher es wohl ist … (▶S. 94)

JUGEND-STIL-JUWELEN

Man möchte ein Vogel sein, um die in Wiesengrün und Dottergelb leuchtenden Dächer und Türmchen der einstigen Postsparkasse in ihrer ganzen Pracht zu sehen. Aus der Luft betrachtet, erinnern sie mit ihren folkloristischen Ornamenten an ein großes Tuch, das sorgfältig bestickt ist mit traditionellen ungarischen Mustern.

◄ Das Dach der Postsparkasse, gestaltet mit den berühmten bunten Pyrogranitziegeln

SELBST graue Tage heitern sich auf beim Anblick von Budapests Jugendstilarchitektur. Blüten, Blätter, Ranken und Girlanden, Tierfiguren, leuchtende Mosaike und fernöstliche Ornamente blicken farbenfroh von den Fassaden auf die Straßen herunter. Obwohl die verspielte Architektur im Sozialistischen Realismus als Kitsch angesehen wurde, haben viele Gebäude die Zeit überstanden. Prachtbauten wie die alte **Postsparkasse**, die **Musikakademie** oder der **Gresham-Palast** wurden vom Staat oder von privaten Investoren umfassend und kostspielig restauriert, doch zahlreiche Wohnhäuser warten noch auf rettende Handwerker. Die Hausgemeinschaften, zu denen oft auch Rentner gehören, können die Kosten nicht aufbringen.

Der Gaudí von Budapest

Lange hatte das erst spät unabhängig gewordene Ungarn die Moden seiner Zeit kopiert, doch im **Szecesszió**, Sezessionsstil in Österreich, fanden die Ungarn endlich einen Ausdruck für ihre nationale Identitätssuche. Auf spielerische Weise ergänzten sie seine Leichtigkeit und geschwungenen Formen mit Motiven aus ihren Trachtenstickereien und fernöstlicher Exotik.

Unter den Architekten gab es bald zahlreiche Anhänger der neuen Bewegung. Herausragend war **Ödön Lechner** (1845–1914), den man heute den **»Vater des ungarischen Jugendstils«** oder den »Gaudí von Budapest« nennt. Zum Markenzeichen des ungarischen Sezessionsstils wurde der **Pyrogranit**, eine steinhart gebrannte frost- und säurebeständige Keramik der Firma Zsolnay. Ihr Perlmuttglanz sowie die satten Farben waren hervorragend geeignet, die farbenfrohen Ideen Lechners auch an Fassaden und auf Dächern zu realisieren. Außerdem konnte es dem wachsenden Nationalbewusstsein nur schmeicheln, ein ungarisches Produkt zu verwenden, zumal ein modernes. Pyrogranit war erst 1886 auf den Markt gekommen, und bereits drei Jahre später setzte Lechner ihn erstmals als Fassadendekor des **Hauses Thonet** ein. Es lohnt sich, auf der Flaniermeile Váci utca einen Blick auf das Haus (Nr. 11 a) der berühmten Möbelfirma zu werfen. Ihr Geschäft ist zwar längst fort, aber die Kacheln haben ihren hellblauen Glanz bewahrt.

Schön und verkannt

Mit Einfällen zu knausern, war nicht seine Sache, und so hat Ödön Lechner das **Kunstgewerbemuseum** innen wie außen mit seinem grenzenlosen Fantasiereichtum überschüttet. Er schöpfte aus dem Vollen, aus ungarischer Volkskunst, aus indischer Architektur. Und so fühlt man sich im weißen Inneren des Museums auch wie zu Gast bei einem Maharadscha. Bei der Eröffnung 1897 erntete er viel Beifall, aber auch herbe Kritik wegen der Farbigkeit. Damals war auch das Innere – wie heute noch das **Geologische Institut** – bunt bemalt.

Höhepunkt seines Schaffens war schließlich die 1901 eröffnete **Postsparkasse**. Da sich seine farbenfrohe Gestaltung auf das Dach konzentrierte, das von unten kaum zu sehen war, wurde er gefragt, für wen er das alles überhaupt gemacht habe. »Für die Vögel«, soll seine Antwort gelautet haben. »Ein ausgereiftes Meisterwerk«, sagt man heute, doch bis zu seinem Tod erhielt er von der Stadt keine Aufträge mehr.

:inster Jugendstil: das Treppenhaus der Post-
›arkasse und ein Fenster im Gresham-Palast

NOCH MEHR JUGENDSTIL

Diese Gebäude lohnen einen genaueren Blick: das Bedő-Haus (Honvéd utca 3, ►S. 171) mit einer fulminanten Sammlung von Jugendstil-Mobiliar und Café; das Török-Bankhaus am Szervita tér mit Hungaria-Mosaik (►S. 159); die Grundschule in der Dob utca 85; Eingang und Elefantenhaus des Zoos (►S. 166); das Gellért-Bad (►S. 92); die orthodoxe Synagoge in der Kazinczy utca 29–31 (►S. 99); die Villa Zala (XIV., Ajtósy Dürer, vor 25).

»BAD BUDA-PEST«

Sie reisen nach Budapest und haben keine Bade-sachen im Gepäck? Ein »No-Go«. Denn in keiner Metropole sprudelt so viel Thermalwasser aus den Tiefen der Erde wie in Budapest. Rund 120 hei-ße Quellen lassen Bade-träume wahr werden. Alles ist möglich: Relaxen unter lichtdurchfluteten Kup-peln und Bahnen ziehen zwischen Jugendstilsäulen, Chillen in bunt leuchten-dem Party-Dampf, Schach spielen zwischen Sternen-himmel und Heilwasser oder ganz einfach nur »Strandbaden«.

◄ Das große Wohlfühlen im Széchenyi-Bad

Die einen feiern Party im Rudas-Bad, die anderen spielen Schach im Szechényi – Budapests Bäder sind ein Quell des guten Lebensgefühls.

BAEDEKER DAS IST ...

LESETIPP

»Unauffällig parkte der Wagen gegenüber dem Sankt-Lukas-Bad. Sanatorium, Trinkhalle und Thermalbereich lagen ruhig im Schein der Morgensonne ...« So beginnt der Kriminalroman von Viktor Iro. Eine spannende Lektüre, gespickt mit wissenswerten Details zu Budapest und somit ein idealer Begleiter für entspannende Stunden in einem der Thermalbäder oder im Palatinus-Strandbad auf der Margareteninsel, wo Budapests erster artesischer Warmwasserbrunnen gebohrt wurde. (►S. 308)

SEIT mehr als 80 Jahren trägt Budapest stolz den Titel **»Hauptstadt der Bäder«**, doch waren die Ungarn nicht die ersten, die die heißen Thermalquellen zu nutzen wussten. Bereits 1000 Jahre vor ihrer Ankunft hatten die Römer verschiedene Bäder eingerichtet. Ihre Überreste findet man heute in Óbuda und der dortigen Ausgrabungsstätte **Aquincum** sowie auf dem Marcius 15. tér am Pester Donauufer. Später genossen auch die für ihre Reitkünste berühmten **Mayaren** die heilenden Wasser. König Matthias ließ sich sogar einen überdachten Gang von der Burg zum Raizen-Bad am Fuß des Gellért-Bergs bauen. Eine dritte Blütezeit fällt in die 150 Jahre dauernde Besatzung der **Osmanen**. Man kann sich leicht vorstellen, dass die für ihre Hamams bekannten Türken sich inmitten all der Quellen wie im Paradies fühlten. Von ihren zahlreichen Moscheen ist lediglich eine Gebetsnische bewahrt geblieben, aber von ihren Bädern sind heute noch – wenn auch mehr oder weniger modernisiert – das Lukács-, das Király- und das Rudas-Bad in Betrieb.

Teil der Alltagskultur

Man trifft auf ein bunt zusammengewürfeltes Publikum. Am frühen Morgen hört man überwiegend Ungarisch, für viele Budapester ist der Badbesuch zum Ritual geworden. In den heißen Thermalwassern sucht man **Entspannung, Heilung und auch Geselligkeit**. Während sich die einen im Kaffeehaus treffen, tauschen die anderen Neuigkeiten im dampfenden Heilwasser aus. Auch manche politische Entscheidung mag so gefällt worden sein.

Regelrechte Badepaläste sind das **Jugendstilbad Gellért** im gleichnamigen Hotel und das **Széchenyi-Bad**, das an ein Barockschloss erinnert. Wenn Sie sich ein unvergessliches Budapest-Erlebnis gönnen möchten, spazieren Sie durch die mit Mosaiken und türkisfarbenen Kacheln geschmückte Eingangshalle des Gellért, um wenig später unter einem golden leuchtenden Glasdach in der reich verzierten Säulenhalle Ihre Bahnen zu ziehen und sich durch die 1927 installierte Wellenmaschine schaukeln zu lassen. Weilen Sie zufällig während eines Schneegestöbers in Budapest, sollten Sie sogleich ins Széchényi-Bad eilen. Denn was kann sinnlicher sein, als im warmen Wasser zu spüren, wie die Schneeflocken auf der Haut schmelzen, und dabei die märchenhafte Kulisse der gelben und weißen Prachtbauten zu betrachten? Vielleicht schauen Sie auch den **Schachspielern** im Becken zu, die sich durch nichts aus der Ruhe bringen lassen, nicht einmal durch die Handyfotografen und durch das Klicken der Kameras um sie herum – wohl wissend, dass sie längst Budapester »Kult« sind. Nur in den Sommernächten, wenn Partys im Bad gefeiert werden, sind sie verschwunden.

Reizt Sie ein nächtliches Badevergnügen, allerdings ohne DJ-Klänge, dann können Sie sich freitags und samstags bis 4 Uhr im **Rudas-Bad** von seinem türkischen Ambiente verzaubern lassen. In der feucht-warmen Luft verlangsamen sich die Bewegungen, und das Gemurmel der Besucher vermischt sich wohltuend mit dem Plätschern des Wassers, farbiges Glas in der Kuppel leuchtet wie Edelstein – und Sie vergessen die Zeit. Baden wie die alten Osmanen können Sie auch im kleinen **Kiraly-Bad** – von einem Becken zum nächstwärmeren wechseln und anfangen zu träumen, bis 21 Uhr.

T
TOUREN

Durchdacht, inspirierend, entspannt

Mit unseren Tourenvorschlägen
lernen Sie Budapests beste Seiten kennen.

Ein erhebendes Gefühl, über die
berühmte Kettenbrücke zu spazieren ►

Király-Bad
Óbuda, Aquincum, Margareteninsel,
Margit körút
Lövőház u.
Markt-halle
Széna tér
Retek u.
Busbahnhof
Varsányi Irén u.
Kacsa u.
Fő utca
Gyorskocsi u.
Bem rakpart
Angelo Rotta rpt.
Id. Antall József rpt.
Balassi B. u.
Markó u.
Stollár B. u.
Balaton u.
Csalogány u.
Hattyú u.
Széll Kálmán tér
Budaer Bergland
Széll Kálmán tér
Batthyány
Toldy Ferenc u.
Szabó I. u.
St. Elisabeth
HÉV végáll.
Batthyány tér
St. Anna
Parlament
Kossuth L. tér
Alkotmány u.
Kálmán u.
Báthory u.
Hold u.
Kossuth tér
Nádor u.
LIPÓT-VÁROS
Nationalbank
Krisztina körút
Vérmező út
Lovas út
Logodi u.
Attila út
Militärhistorisches Museum
Magdalenenturm
Kapisztrán tér
Országház u.
Úri u.
VÁR
VÍZIVÁROS
Donáti u.
Fischerbastei
Matthiaskirche
Fő utca
Bem rpt.
Szentháromság tér
Altes Rathaus
Hunyadi J. út
Sztehlo Gábor rakpart
Szabadság tér
Széchenyi rakpart
Akademia u.
Arany János
Akademie der Wissenschaften
Október 6. u.
St. Stephans-Basilika
Déli pu.
KRISZTINA-VÁROS
Süd-Bahnhof
Burgviertel
Kettenbrücke
Széchenyi István tér
Zrínyi u.
Gresham-Palast
József A. u.
Széchenyi lánchíd
Clark Á. tér
Dísz tér
Palota út
Szt. György tér
Standseilbahn
Apáczai Csere J. u.
Café Gerbeaud
Erzsébet tér
Krisztina körút
Alkotás u.
Christinenstädt. Pfarrkirche
Alagút u.
Krisztina tér
Ungarische Nationalgalerie
Burgpalast
Vigadó
Vörösmarty tér
Széchényi-Nationalbibliothek
Budapester Hist. Museum
Mészáros u.
Krisztina
Attila
Márvány u.
BUDA
Tigris u.
Burggarten-Basar
Duna (Donau)
Donaukorso (Dunakorzó)
Váci utca
Semmelweis-Museum
Döbrentei u.
Naphegy tér
körút
Petőfi tér
ELTE
Sport-Hochschule
Tabáner Pfarrkirche
Innerstädt. Pfarrkirche
TABÁN
Szabad sajtó út
Avar u.
Raizen-Bad
Elisabeth-Denkmal
Erzsébet híd
Hegyalja út
Elisabeth-Brücke
Belgrád rakpart
Pesti alsó rkp.
Urania Sternwarte
Sánc u.
Orom u.
Gellért-Denkmal
Rudas-Bad
Szirtes út
Hegyalja u.
Raoul Wallenberg rakpart
Szent Gellért rakpart
Otthon u.
Bérc u.
Zitadelle
Befreiungsdenkmal
Budaörsi út
Kelenhegyi út
GELLÉRT-HEGY
St. Johannes der Täufer
Somlói út
Kelenhegyi út
Szent Gellért tér
Gellért-Bad
Ménesi út
Bartók B. út
Villányi út
Szüret u.

BUDAPEST
400 m
© BAEDEKER
★★ Heldenplatz
★★ Museum der Schönen Künste
★ Stadtwäldchen
Kodály körönd
Westbahnhof
Nyugati pu.
György-Ráth-Múzeum
TERÉZVÁROS
★ Nagymező utca
Haus des Terrors
★ Franz-Liszt-Museum
Vörösmarty u.
Oktogon
Operettentheater
Thalia-Theater
★ Liszt Ferenc tér
★ Ungarische Staatsoper
Opera
Robert-Capa-Zentrum
★ Franz-Liszt-Musikakademie
Markthalle
Madách-Theater
Tiermedizinische Universität
Bajcsy-Zs. út
★★ Andrássy út
★ Gozsdu-Hof
ERZSÉBETVÁROS
Keleti pu.
Ostbahnhof
★★ Große Synagoge
Blaha L. tér
Erkel-Theater
II. János Pál pápa tér
Pester Rathaus
Astoria
Kleiner Ring
PEST
★ Ferenciek tere
Eötvös-Loránd-Universität
Petőfi-Literaturmuseum
Ungarisches National-museum
Rákóczi tér
★ Universitätskirche
Kálvin tér
BELVÁROS
Semmelweis-Universität
★ Zentrale Markthalle
Corvinus-Universität
Corvin-negyed
★★ Kunstgewerbemuseum
Bálna
Ferihegy, Népliget
Klinikák
ELTE TTK
Technische Universität
Andrássy út
Rákóczi út
József körút
Üllői út
Erzsébet körút
Károly körút
Kerepesi út
Dózsa György út
Podmaniczky u.
Teréz körút
Király u.
Dob u.
Wesselényi u.
Dohány u.
Múzeum körút
Baross u.
Ferenc körút

UNTERWEGS IN BUDAPEST

Zeitplan

Drei Tage sollten es für Budapest mindestens sein – es gibt einfach viel zu sehen und viel zu erleben. Wer etwas mehr Zeit hat, kann auch noch etwas unbekanntere Ecken abseits der Touristenströme erkunden. Hat man das Wochenende um den Montag erweitert, sollte man daran denken, dass die Museen montags fast alle geschlossen haben.

Wo übernachten?

Unterkünfte in allen Preisklassen findet man überall: Sehr angenehm, da besonders zentral gelegen, ist der V. Bezirk auf der Pester Seite innerhalb des Kleinen Rings. Ruhiger, doch etwas abgelegener sind die Bezirke innerhalb des Großen Rings. Auf jeden Fall sollte man bei der Standortwahl auf eine gute Nahverkehrsanbindung achten.

Mit öffentlichen Verkehrsmitteln

In Budapest lässt sich viel zu Fuß besichtigen. Um Kräfte zu schonen, kann man die eine oder andere Strecke mit Metro, Straßenbahn, Bus oder Linienschiff zurücklegen. Autofahren ist eine Herausforderung, von der man Nicht-Einheimischen nur abraten kann. Parkplätze sind rar, Staus und Baustellen dafür umso häufiger.
Die Kosten für Fahrkarten des öffentlichen Nahverkehrs sind verglichen mit anderen Großstädten günstig, und wer im Besitz einer Budapest Card (▶Preise · Vergünstigungen) ist, kann nach Lust und Laune einsteigen, ohne sich um das Lösen und Abstempeln von Fahrscheinen kümmern zu müssen. EU-Bürger ab 65 Jahren können öffentliche Verkehrsmittel kostenlos nutzen.

INS BURGVIERTEL

Start und Ziel: Vörösmarty tér | **Dauer:** 1 Tag

Tour 1

Top-Sehenswürdigkeiten, einmalig schöne Ausblicke und die Ursprünge der ungarischen Metropole – alles das ist auf diesem ausgedehnten Spaziergang zu haben. Er führt Sie am beliebten Donaukorso entlang zur Kettenbrücke und hinüber auf die Budaer Seite der ungarischen Hauptstadt. Mit der Standseilbahn Sikló oder zu Fuß geht es hinauf ins Burgviertel mit seinen hübschen Altstadtgassen und seinen erstklassigen Bauten wie der Matthiaskirche, der Fischerbastei und dem Burgpalast.

Am Pester Donauufer

Startpunkt ist der ❶★**Vörösmarty tér**, der immer belebte zentrale Platz in der Budapester Innenstadt. Die Vigadó utca führt vom Vörösmarty tér seitlich am ❷★**Vigadó** entlang zum Donauufer – und dort zeigt sich die reich dekorierte Schauseite des Vigadó, des beeindruckenden Budapester Konzerthauses. Gegenüber dem Vigadó sitzt die »Kleine Prinzessin« (Abb. ►S. 196) von László Marton auf dem Geländer am Donaukorso und wartet auf die ihr gebührende Aufmerksamkeit. Der **Donaukorso**, die beliebte Promenade am Fluss, wird von vielen Straßencafés und einigen architektonisch wenig ansprechenden Nobelhotels auf der einen, von der Straßenbahn, dem viel befahrenen Belgrád rakpart und der Donau auf der anderen Seite gesäumt. Promeniert man auf dem Donaukorso Richtung Norden, erreicht man den ❸ **Széchenyi István tér** mit der von Graf Széchenyi gestifteten Akademie der Wissenschaften. Etwas Zeit sollte man der Betrachtung der schönen Neorenaissancefassade widmen, bevor man sich dem Gresham Palast zuwendet. In diesem Palast ist heute das wohl stilvollste Hotel der Stadt, das »Four Seasons«, untergebracht. Ein Blick in die Lobby ist Pflicht, ein Kaffee mit Kuchen im »Gresham Kávéház« ist ebenfalls sehr zu empfehlen.

Hinauf nach Buda

Von hier führt die ❹★★**Kettenbrücke** über die Donau zum Clark Ádám tér auf der Budaer Seite. Die Standseilbahn Sikló überwindet die wenigen Höhenmeter nach oben zum ❺★★**Burgviertel**. Die sportliche Alternative zur Fahrt mit dem Sikló ist etwas weiter nordwestlich die Königstreppe (Királylépcső) hinauf zum Dísz tér, dem einstigen Parade-Platz. Vom Platz geht man die Tóth Árpád sétány, eine hübsche, baumbestandene Promenade, an der südwestlichen Außenmauer des Burgviertels entlang – mit schönem Blick auf die tiefer liegenden Stadtteile von Buda. Man zweigt dann rechts in die Szentháromság utca ab und gelangt zum alten Treffpunkt für »Traditionalisten«: Das kleine, smarte **Café Ruszwurm** ist das immer gut besuchte älteste Kaffeehaus Ungarns.

Attraktionen von Buda

Man kann nun durch die stimmungsvolle Úri utca weitergehen, kommt an deren Ende am Turm der Magdalenenkirche vorbei und dann durch die Fortuna utca zum Szentháromság tér. Wer vom Café Ruszwurm den direkten Weg nehmen will, geht durch die Szentháromság utca – vorbei am ehemaligen Rathaus von Buda – zum Szentháromság tér. Am Platz steht die ❻★★**Matthiaskirche**, eine der Hauptsehenswürdigkeiten von Budapest. Nebenan lädt die märchenhafte ❼★★**Fischerbastei** zu einer wunderbaren Aussicht auf die Pester Seite der Donaumetropole ein.

Burgpalast

Durch die Tárnok utca geht es wieder zum Dísz tér und von dort weiter durch die Színház utca mit dem ehemaligen Karmeliterkloster, das lange das Burgtheater beherbergte und heute Sitz des Minister-

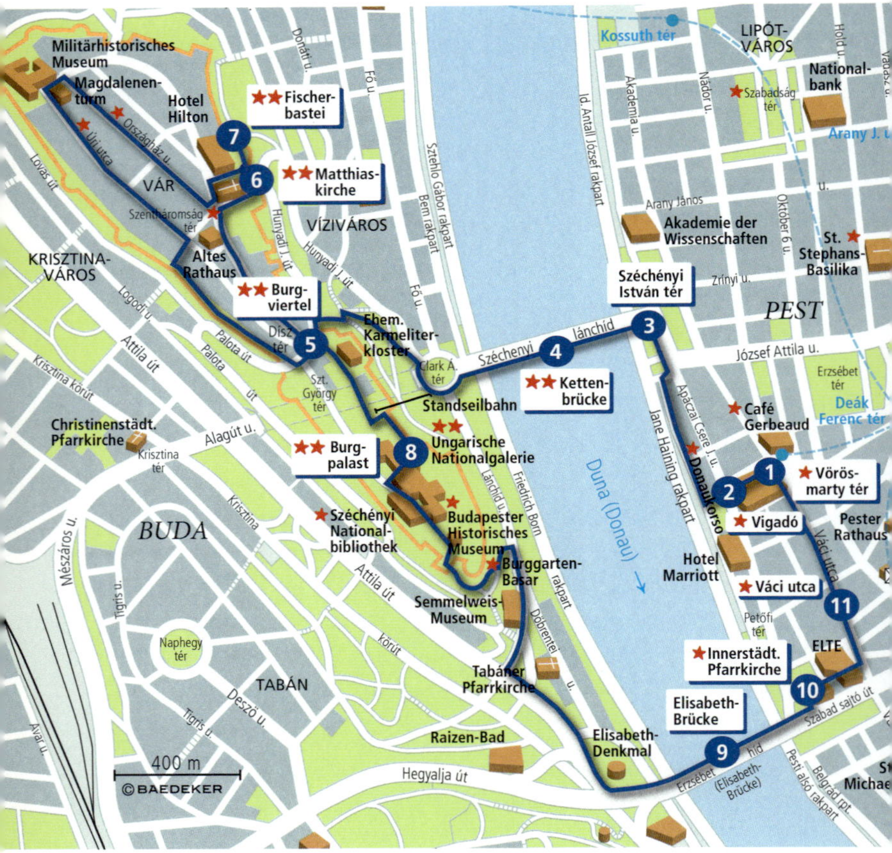

präsidenten ist. Im Sándor-Palast nebenan residiert der Staatspräsident. Vom angrenzenden Szent György tér mit der Station der Standseilbahn geht man durch einen neobarocken Torbogen auf das Areal des 8 ★★**Burgpalasts**. Auf dem Burgvorplatz mit dem Reiterstandbild des Prinzen Eugen verweilen die meisten erst einmal, um die Aussicht auf die Donau und die gesamte Budapester Innenstadt zu genießen. Ein Durchgang führt zum ★**Matthiasbrunnen** mit einem Bronzebild des jungen Königs. Von hier ist es nicht mehr weit durch das Löwentor in den Innenhof des Palasts mit den Haupteingängen zur Széchényi-Nationalbibliothek und zum ★**Budapester Historischen Museum** und einem Nebeneingang zur ★★**Ungarischen Nationalgalerie**, die die ungarische Kunst ab 1800 zeigt.

Hinunter zur Donaupromenade kommt man bequem durch die schöne Anlage des ★**Burggarten-Basars**. Cafés mit dem Flair des ausgehenden 19. Jh.s laden unten zum Verweilen ein. Ein Bummel durch den historischen Stadtteil Tabán, vorbei am Denkmal für die Kaiserin Österreichs und Königin Ungarns Elisabeth, besser bekannt als Sisi – und schon ist man an der Elisabethbrücke.

Wieder in Pest

Die ⑨ **Elisabethbrücke** führt hinüber auf der Pester Seite. Vielleicht möchte man noch einen Blick in die sehenswerte ⑩★**Innerstädtische Pfarrkirche** werfen. Anschließend geht es durch die ★**Váci utca**, eine beliebte Einkaufsstraße, zurück zum Vörösmarty tér. Anstatt über die Brücke zu laufen kann man am Burggarten-Basar auch in ein Linienschiff steigen und auf die Pester Donauseite übersetzen, dort landet man am Petőfi tér unterhalb der Pfarrkirche.

BUDAPESTS PRACHTSTRASSE

Start und Ziel: Vörösmarty tér – Heldenplatz | **Dauer:** mindestens 3 Std.

Tour 2

Sie flanieren die 1872 angelegte Prachtstraße Andrássy út hinauf zum imposanten Heldenplatz und weiter zum Stadtwäldchen mit der romantischen Burg Vajdahunyad und dem bezaubernden Széchenyi-Bad. Mit der ältesten U-Bahn auf dem Kontinent geht es dann stilvoll zurück zum Vörösmarty tér. Oder Sie bleiben ganz einfach in einem der schönsten Bäder der Hauptstadt und legen eine Ruhepause ein.

Zu anstrengend?

Wem der Fußweg die gesamte Andrássy út entlang zu weit ist, kann jederzeit in die Metrolinie 1 steigen, die unterhalb der Straße verläuft. Für den Rückweg könnte man statt der U-Bahn auch ein Taxi nehmen. Sehr entspannt kann auch ein Bad zum Abschluss der Tour sein – das Széchenyi-Bad im Stadtwäldchen ist einmalig schön! Also: Badesachen einpacken!

Innenstadtplätze

Am ①★**Vörösmarty tér** biegt man an dem ehemaligen Jugendstil-Kaufhaus »Luxus« mit den goldenen Lettern auf den abgetönten Glasscheiben in die Fußgängerzone ein, um sogleich rechts in die Bécsi utca abzubiegen. Nach wenigen Schritten steht man auf dem **Szervita tér**, an dem die barocke Servitenkirche durch ihre schlichte

Eleganz besticht. Eine Augenweide ist das ehemalige Török-Bankhaus (1906), ganz im Jugendstil und mit einem leuchtenden Mosaik der »Patrona Hungariae« geschmückt, das den gesamten Giebel einnimmt. Das Nachbarhaus (Nr. 5), in dem eine erstklassige Musikhandlung ihren Sitz hat, ist nur sechs Jahre jünger, zeigt aber bereits Einflüsse der Neuen Sachlichkeit. Man umrundet den Platz und gelangt zum **Deák Ferenc tér**, den die historisierende ockergelbe Fassade des dreieckigen Anker-Palais dominiert. Am Platz steht auch die leuchtend weiße klassizistische Evangelische Kirche mit dem angeschlossenen Museum, dessen Schatz das 1542 hinterlegte Testament von Martin Luther ist. Und nun geht es ein Stück die breite Bajcsy-Zsilinszky út entlang bis zum Anfang der Andrássy út.

Die Prachtstraße entlang

Auf der ❷★★**Andrássy út**, die heute UNESCO Welterbe ist, trifft man nach wenigen Gehminuten auf einen dekorativen Eingang in die historische Metrolinie und das prächtige Palais Saxlehner (1886, Nr. 3). In den Auslagen der großen internationalen Modedesigner gibt es u. a. edles ungarisches Design zu entdecken, mit dem man zu Hause sicher punkten kann, so bei Silka Fashion (Nr. 9) und im NUBU Store (Nr. 13). Dann erscheint links die imposante ❸★**Ungarische Staatsoper** (1884), das wichtigste Gebäude der Straße. Die Bauarbeiten dauerten neun Jahre! In dem original erhaltenen Saal eine Opernaufführung zu erleben, ist ein unvergleichliches Erlebnis, man kann ihn aber auch tagsüber während einer Führung besichtigen. Der Drechsler-Palast (1882) gegenüber hat eine lange Geschichte als Kaffeehaus. An dem Bau hat der junge Ödön Lechner mitgewirkt, der später zum führenden Jugendstilarchitekten Ungarns wurde.
Mehrere schöne Cafés sind auf der Andrássy út zu finden, darunter das traditionsreiche Künstlercafé Művész (Andrássy út 29). Das Highlight ist jedoch das mit Fresken großartig verzierte **BookCafé** (Andrássy út 39) im ehemaligen Pariser Großkaufhaus. Bevor man das Café im 1. Stock besucht, lohnt es sich, in den Büchern zu stöbern. Ein kleines Stück weiter zweigt zur Rechten der ❹ **Liszt Ferenc tér** ab, der rundum von Cafés gesäumt ist und zu einer angenehmen Pause im Freien einlädt. Jugendstilfreunde sollten unbedingt einen Blick auf die großartige Fassade und ins Vestibül der ★**Franz-Liszt-Musikakademie** am hinteren Ende des Platzes werfen.
Passiert man – zurück an der Andrássy út – am Oktogon den Großen Ring, fällt sofort das **Haus des Terrors** ins Auge, das im ehemaligen Sitz der nationalsozialistischen Pfeilkreuzler und danach der Staatssicherheitsbehörde eingerichtet wurde und nun die Verbrechen beider dokumentiert – ein Aberwitz der Geschichte. Im folgenden Verlauf gibt es mehrere interessante Museen, darunter das ❺★**Franz-Liszt-Museum** (Nr. 67) in der letzten Budapester Wohnung des Komponisten und die private Kunstsammlung von Gabor Kovács mit 300 Werken vom 18. bis 20. Jh. im Kogart Ház (Nr. 112).

Geschichte und Kunst

Wenn sich die Andrássy út zum ❻★★**Heldenplatz** öffnet, hat man die gesamte Länge des Budapester Prachtboulevards abgelaufen. Mitten auf dem Platz steht das Millenniumsdenkmal, mit dem den Árpaden als Gründervätern und sämtlichen aristokratischen Herrschern des Landes gehuldigt wird. Das ❼★★**Museum der Schönen Künste** an der Nordwestseite zeigt in fantastischen Sälen die wohl bedeutendste Kunstsammlung (1250–1800) Budapests. Die gegenüberliegende Seite dominiert die Kunsthalle, in der Wechselausstellungen mit zeitgenössischer Kunst veranstaltet werden.

Entspannung im Stadtwäldchen

Nördlich des Heldenplatzes führt eine Brücke in das 8 ★**Stadtwäldchen** und zu der fast märchenhaft in einem See gelegenen ★**Burg Vajdahunyad** (1896), die alle ungarischen Baustile in sich vereint – eine Bilderbuchburg! Im Sommer lässt es sich am Seeufer im Schatten der Bäume gut ausruhen, im Winter ist die Eisbahn eine Attraktion. Folgt man dem Weg der Kós Károly sétány, gelangt man zu dem schlossartigen ★**Széchenyi-Bad**. Nach der langen Stadtwanderung kann man hier im Thermalwasser seine müden Glieder entspannen. Traumhaft ist die Kulisse im Freibad, und vielleicht trifft man sogar auf die legendären Schachspieler im Wasser. Hungrig geworden auf noch mehr Luxus, sollte man im Gourmet-Tempel Gundel speisen. Über die etwas öde Dozsa György út kommt man zur Metrolinie 1, die direkt zum Vörösmarty tér zurückfährt.

JUGENDSTIL UND JÜDISCHES VIERTEL

Start und Ziel: Vörösmarty tér | **Dauer:** Tagestour

Tour 3

Ein Rundgang durch die Pester Innenstadt mit ihrem kosmopolitischen Flair und nostalgischen Charme. Sie tauchen ein in den ungarischen Jugendstil, begegnen der ungarischen Fotografie, spazieren durch das jüdische Viertel und zur Großen Synagoge und weiter ins Universitätsviertel und über die Flaniermeile Váci uta zurück zum Ausgangspunkt. Kulinarische Genüsse sind auch eingeplant: Die schönsten Kaffeehäuser liegen am Weg und spannende kleine Läden warten mit einem ausgefallenen Angebot.

Innenstadtplätze

Die Tour beginnt am 1 ★**Vörösmarty tér** mit dem Marmordenkmal des Dichters Mihály Vörösmarty (1800–1855), dessen Sockel ein beliebter Treffpunkt ist. Heute ist kaum noch zu ermessen, wie viel Hoffnung Mitte des 19. Jh.s auf dem Nationaldichter ruhte. Wer nicht einfach am Traditionscafé Gerbeaud vorbeigehen kann, sollte hier in Ruhe einen Kaffee trinken, vielleicht auch ein Stück Gebäck dazu nehmen – für den kommenden Spaziergang braucht man Kraft. Über die Harmincad utca geht man dann zum **Erzsébet tér**, einer begrünten Anlage, wo man vielleicht ein Foto am Danubius-Brunnen macht, der die Donau mit ihren Nebenflüssen symbolisiert. Die Hercegprimás utca führt einen direkt zur pompösen ★**St.-Stephans-Basilika** – ein erster Zwischenstopp, den man sich meistens mit vielen anderen Touristen teilt – und weiter bis zur Bank utca.

Jugendstilgebäude

Links gelangt man zum ❷★**Szabadság tér**, dem Freiheitsplatz. Parkbänke laden zum Verweilen ein, imposante Gebäude zum Staunen. Die Börse war einst die größte in Europa und beherbergte zuletzt das Staatliche Fernsehen. Der gegenüberliegende Monumentalbau ist Sitz der **Ungarischen Nationalbank** (1901). Den eklektischen Bau schmückt ein Fassadenrelief, das Menschen bei der Arbeit zeigt – auch ein Magnat zählt dazu, der gerade einen Wechsel unterschreibt. Schwer gesichert ist das Jugendstilgebäude links daneben, die Amerikanische Botschaft hat hier ihren Sitz. Etwas versteckt hinter der Nationalbank findet man mit der **Postsparkasse** (1901) einen der schönsten Jugendstilbauten der Stadt (Abb. ►S. 22). Besonders in der üppigen Dachgestaltung aus Keramikziegeln ließ Architekt Ödön Lechner seiner Fantasie freien Lauf. Auf grünem Grund zeigen sich Ornamente in Gelb, Blau und Braun, umrahmt von gelbem Wellenrand und geschmückt mit Bienenkörben, Drachenschwänzen und vielen Details, die sich nach und nach entdecken lassen. Während der Geschäftszeiten kann man auch einen Blick in die Kassenhalle werfen. Wenig bekannt ist das Haus der **Ungarischen Sezession** in der nahen Honvéd utca 3 (So. geschl.). Man betritt ein wunderschönes Jugenstilhaus und kann sich an den ausgestellten Möbeln und Objekten kaum sattsehen. Doch auch hier weiß man: Kunstgenuss ist nicht alles, und so kann man sich adäquat im **Café Secessio** stärken.

Der »Pester Broadway«

Auf der Báthori utca geht es dann zu der befahrenen Bajcsy Zsilinsky út und auf der anderen Straßenseite in die ❸★**Nagymező utca** – eine schmale Straße, die wegen ihrer Nachtlokale und Theater auch »Pester Broadway« genannt wird. Ziel ist das **Haus der Ungarischen Fotografie** (Nr. 20). Es wurde im Atelier des Hof-Fotografen Manó Mai (1855–1917) eingerichtet und beherbergt sogar noch einen Original Studio-Hintergrund, den der Fotograf für romantische Porträts nutzte. Foto-Ausstellungen zeigt auch das **Robert-Capa-Zentrum** jenseits des Andrássy Boulevards (Nagymező utca Nr. 8).

Ins jüdische Viertel

Folgt man nun der kleinen Seitenstraße Paulay Ede utca, dann entdeckt man mit dem **Újszínház** (Nr. 35) ein verstecktes Jugendstilkleinod von Béla Lajta (1909). Für ein Theater ist die Dekoration mit Affen – etwas versteckt hinter Plakaten – wohl im doppelten Sinne zu verstehen. Nach links kommt man zur **Király utca**, in der es den einen oder anderen interessanten Laden zu entdecken gibt, um dann im Torbogen von Nr. 11 eine völlig eigene Welt aus aneinandergereihten Innenhöfen zu betreten. Dies ist der renovierte ❹★**Gozsdu-Hof** im Herzen des ehemaligen jüdischen Viertels. Statt der früheren kleinen Läden und Werkstätten reiht sich heute ein Lokal an das andere. An warmen Abenden ist hier kaum ein Platz zu bekommen.
Der Weg aus den Innenhöfen hinaus führt auf die Dob utca. Wer etwas Besonderes sucht, wird bei dem Bürstenmacher (Dob utca 3)

sicher fündig – es gibt sogar Ziegenhaarbürsten für Babys –, oder man probiert bei Noé Cukrászda (Wessélenyi utca 13) den besten Flódni der Stadt, einen jüdischen Kuchen.
Schon von Weitem sind die beiden schlanken Türme der 5★★**Großen Synagoge** (Zsinagóga) mit ihren Zwiebelkuppeln zu sehen. Ist sie geöffnet (Eingang Dohány utca), sollte man unbedingt eintreten, ganz im maurisch-byzantinischen Stil gehalten ist sie die schönste Synagoge in Europa und mit 3000 Plätzen die größte. Dass sie auch von außen in neuem Glanz erstrahlt, ist u. a. den Spendengeldern des Hollywood-Stars Tony Curtis zu verdanken. Das Nachbarhaus ist das Geburtshaus von Theodor Herzl, dem Begründer des Zionismus.

Auf dem Kleinen Ring

Über den Herzl Tivadar tér gelangt man auf den 6 **Kleinen Ring** und zum Verkehrsknotenpunkt Astoria, benannt nach dem **Astoria Hotel**, in dessen Café sich einst die Literaten trafen. Links beginnt der Múzeum körút, der vorbei an einem mit Keramikziegeln geschmückten Gebäude der Eötvös-Lóránd-Universität zum Ungarischen **Nationalmuseum** führt. Auf dessen Stufen verkündete Sándor Petőfi 1848 sein Revolutionslied – ein legendäres Ereignis. Einen Besuch des Musems sollte man für einen anderen Tag einplanen.

Universität

Auf dem hektischen Kálvin tér mit der Reformierten Kirche (1851) stand bis 1796 das östliche Budapester Stadttor. Östlich davon liegt ein belebtes Universitätsviertel, nach Süden zweigt die verkehrsberuhigte Ráday utca ab, eine bekannte Restaurantmeile. Aber die Tour führt weiter auf der Kecskeméti utca zum Universitätsplatz (Egyetem tér) mit einer der schönsten Barockkirchen der Stadt: Die 7★**Universitätskirche** wird eingerahmt vom neobarocken Hauptgebäude der Universität (1889) und der Theologischen Fakultät im ehemaligen Paulinerkloster. Blickfang ein Stück weiter ist das Palais des Grafen Mihály Károlyi, der 1918 als Ministerpräsident die Republik Ungarn ausrief, aber nach der Machtübernahme der Räterepublik ins Exil nach Prag ging. Heute ist in dem Gebäude das **Petőfi-Literaturmuseum** untergebracht, der Garten dahinter ist eine grüne Oase mitten in der Innenstadt. Vorbei an der dottergelben Universitätsbibliothek, die wertvolle mittelalterliche Handschriften beherbergt, gelangt man zum 8★**Ferenciek tere** mit der barocken Franziskanerkirche. Wunderschön – wie aus Tausendundeiner Nacht – ist der doppeltürmige Jugendstilbau der Galerie Pariser Hof (Párizi Udvar) gegenüber auf der anderen Seite der großen Kossuth Lajos utca. Blickt man Richtung Donau, dann erscheinen die beiden symmetrischen Klothildenpaläste wie ein neobarockes Tor zum Fluss.

Flaniermeile

Die kleine Kígyó utca führt zur bekannten Flaniermeile 9★**Váci utca** mit schönen Läden, Antiquariaten und schicken Boutiquen, aber auch viel Kitsch und natürlich Cafés und Restaurants. Von ihren Ter-

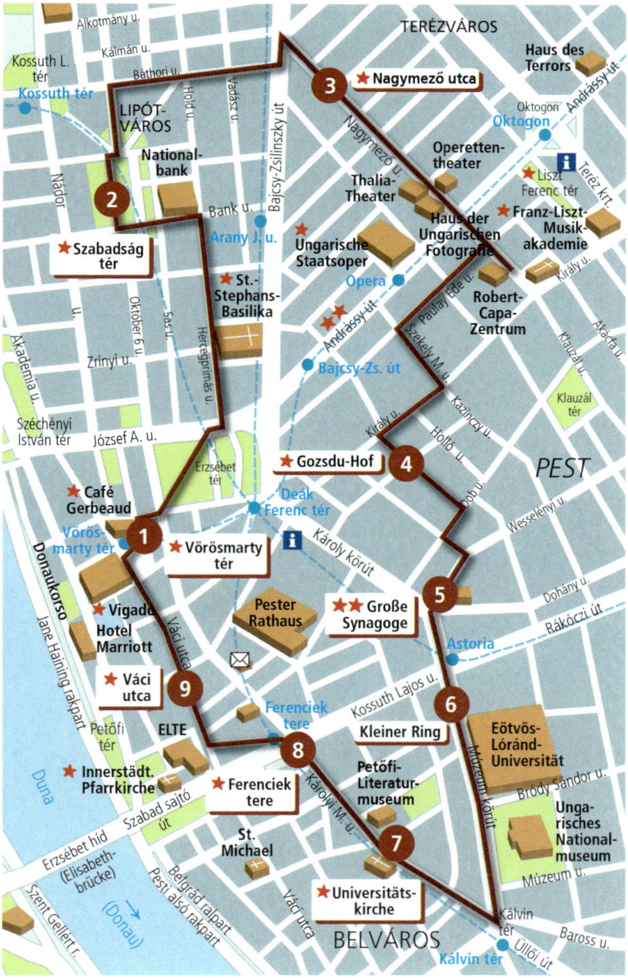

rassen lässt sich in Ruhe das muntere Treiben betrachten. Still wird es hinter der grau-weißen Fassade der Dominikanerkirche **Sankt Michael** (Belvárosi Mihály templom, 1750) – es sei denn, man hat das das Glück, in eines der Orgelkonzerte zu geraten, die hier regelmäßig veranstaltet werden. Auf der Váci utca geht es geradeaus bis zum Ausgangspunkt, dem Vörösmarty tér.

S

SEHENS-WERTES

Magisch, aufregend, einfach schön

Alle Sehenswürdigkeiten sind alphabetisch geordnet. Sie haben die Freiheit der Planung.

Ein Blick, der einem meist verwehrt bleibt: die Schönheit der Matthiaskirche von oben ►

★★ ANDRÁSSY ÚT

Lage: VI. Bezirk | **Metro:** M 1 (Bajcsy-Zsilinszky út – Hősök tere) | **Bus:** 105

Vom »Paris des Ostens« schwärmen viele Budapest-Liebhaber, und mit dem Boulevard Andrássy út hat die Stadt auch ihre eigenen Champs-Élysées. Die ab 1872 angelegte Prachtstraße lädt zum Flanieren ein, vorbei an prunkvollen historischen Fassaden, eleganten Villen und der pompösen Oper. Im Sommer spenden auf weiten Abschnitten Bäume kühlenden Schatten. In den letzten Jahren haben internationale Modedesigner hier ihre Filialen eröffnet, auch sie wissen die feine Adresse zu schätzen.

Prachtboulevard

Zwölf Jahre dauerten die Bauarbeiten, um die Straße nach den Plänen von Miklós Ybl rechtzeitig zu den Millenniumsfeierlichkeiten von 1896 fertigzustellen, und pünktlich zu diesem Anlass machte unter der Andrássy út die erste U-Bahn des europäischen Kontinents ihre Jungfernfahrt. Seit 2002 zählen Straße und U-Bahn zum UNESCO-Weltkulturerbe. Die nach dem ersten ungarischen Ministerpräsidenten Graf Gyula Andrássy benannte Magistrale verbindet auf 2,5 km Länge die Pester Innenstadt vom Erzsébet tér mit dem stadtauswärts gelegenen Heldenplatz und dem Stadtwäldchen. Sie ist in drei unterschiedliche Abschnitte aufgeteilt: Der erste Abschnitt bis zum Oktogon ist eine Allee mit drei- bis vierstöckigen Bürgerhäusern; zwischen Oktogon und Kodály köröndist die Bebauung niedriger, und zwei von Bäumen gesäumte Seitenfahrbahnen rahmen den Boulevard. Das letzte Stück bis zum ▶Heldenplatz (Hősök tere) mit der Millenniumssäule als optischem Fluchtpunkt wird von Villen und Palästen mit Gärten flankiert.

Das gelb gestrichene, verschnörkelte Gusseisen und der geschwungene Schriftzug »Földalatti« der alten U-Bahn-Stationen, die herrschaftlichen Palais und die hohen Platanen lassen fast etwas Pariser Flair aufkommen, doch liegt noch etwas anderes in der Luft. Vielleicht ist es die wechselvolle Geschichte, die die Straße nie in Ruhe Prachtstraße sein ließ. Von 1945 bis 1947 trug der Boulevard den Namen Stalins, bis 1989 hieß er »Straße der Volksrepublik«.

★ Abstecher in die Nagymező utca

Fast wie in New York? Der »Pester Broadway«

Die Andrássy út führt an der imposanten **▶Ungarischen Staatsoper** vorbei und quert die Nagymező utca, die wegen der Nachtlokale und Theaterhäuser auch »Pester Broadway« genannt wird. Flaggschiff in dieser Straße ist das elegante **Operettentheater**. Das renommierte **Haus der Ungarischen Fotografie** mit Ausstellungsräumen, Buchladen und kleinem Café (Mai Manó Ház, Nr. 20) gegen-

Während der Engel hoch oben ein Auge auf die Andrássy út hat, gehen unten die Flaneurinnen irdischem Shoppingvergnügen nach.

über vom Operettentheater zeigt regelmäßig gute Wechselausstellungen. In dem repräsentativen Gebäude von 1894 hatte der Hof-Fotograf Manó Mai (1855–1917) sein Studio, es ist heute das einzige erhaltene Atelierhaus Europas aus dem 19. Jahrhundert. Sehenswert ist das mit einer Glasdecke ausgestattete Tageslichtstudio, in dem 1996 eine Hintergrundmalerei freigelegt wurde.
Auf der anderen Seite der Andrássy út wurde in der Nagymező utca (Nr. 8) 2013 mit dem **Robert-Capa-Zentrum für Zeitgenössische Fotografie** ein weiteres Haus für sehenswerte Fotoausstellungen eröffnet. Den Grundstock der Sammlung bildete der Nachlass des Fotografen Robert Capa, der als Endre Ernő Friedmann 1913 in Budapest geboren wurde. Bekannt für seine Aufnahmen vom Spanischen Bürgerkrieg, starb er 1954 durch eine Landmine in Indochina.
Haus der Ungarischen Fotografie: Mo.–Fr. 14–19, Sa., So. 11–19 Uhr | Eintritt: 1500 HUF | www.maimano.hu
Robert-Capa-Zentrum für Zeitgenössische Fotografie: Mo.–So. 11–19 Uhr | Eintritt: 1500 HUF | www.capacenter.hu

Pariser Chic in Budapest

Divatcsarnok

Zurück auf der Andrássy út folgt rechts das großartig renovierte Divatcsarnok (1911), das **erste große Modekaufhaus der Stadt** im Pariser Stil. Die Fassade ist ein Jugendstiljuwel. Innen findet man heute eine Buchhandlung und eines der schönsten Budapester Kaffeehäuser: Das **BookCafé** wird von Fresken und großen Wandspiegeln geziert. Es war einst der Festsaal des Theresienstädter Kasinos.

Ein schöner Platz für einen abendlichen Drink

★ Liszt Ferenc tér

Rechts öffnet sich der langgestreckte Liszt Ferenc tér (Franz-Liszt-Platz) mit dem Denkmal des prominenten Pianisten und Komponisten. Obwohl sich hier Café an Café reiht, ist es an lauen Sommerabenden oft schwierig, einen Tisch zu bekommen. Ein optisches Highlight am Ende des Platzes ist die ▶**Franz-Liszt-Musikakademie** mit schönem Jugendstilvestibül; sie ist eine wichtige Konzertadresse für Musikfreunde.

Am Oktogon kreuzt der Große Ring

Oktogon

Für die Budapester war der achteckige Platz immer das Oktogon, obgleich er mehrfach umbenannt wurde. Er ist mit hohen historistischen Wohn- und Geschäftshäusern umbaut, die ihm gleichzeitig Offenheit und städtebauliche Geschlossenheit verleihen. Die Seitenspuren hinter dem Oktogon sind aus alten Reitwegen entstanden.

Berüchtigte Adresse

Terror Háza

Die Andrássy út Nr. 60 mit **Verhörräumen und Kerkerverliesen** war in den 1940er- und 1950er-Jahren eine berüchtigte Adresse: als Zentrale der nationalsozialistischen Pfeilkreuzler und nach dem Krieg

als Sitz des kommunistischen Staatssicherheitsdienstes. Heute erinnert das Haus des Terrors als multimediale Gedenkstätte an die düsteren Zeiten totalitärer Herrschaft in Ungarn, wobei vor allem die Verbrechen des kommunistischen Regimes dargestellt werden.
Di.-So. 10-18 Uhr | Eintritt: 2000 HUF | www.terrorhaza.hu

Museum für Ungarns Klaviervirtuosen

★ Franz-Liszt-Museum

In dem Prachtbau Nr. 67, der 1879 im Stil italienischer Renaissancepaläste gebaut wurde, hatte die von **Franz Liszt** (►Interessante Menschen) gegründete Musikakademie ihren Sitz. Heute befinden sich im Gebäude mehrere Konzertsäle und Proberäume (Informationen zu Konzerten auf der Website). Im ersten Stockwerk dient die **ehemalige Wohnung des Komponisten** als Museum (Liszt Ferenc Emlékmúzeum). Die Einrichtung von Schlaf- und Arbeitszimmer, Speisezimmer und Salon ist zum Teil mit originalen Möbelstücken rekonstruiert. Außerdem sehenswert: **Liszts Lieblingsklavier** - ein Bösendorfer -, ein Konzertflügel von Chickering und ein Glasklavier.
Eingang: Vörösmarty utca 35 | Mo.-Fr. 10-18, Sa. 9-17 Uhr | Eintritt: 1500 HUF | www.lisztmuseum.hu

Fast original erhalten: die Wohnung von Zoltán Kodály

Kodály köröndAm Kodály körönd, einem von vier gerundeten Neorenaissance-Wohnhäusern gebildeten Rondeau, ist die frühere Wohnung des Komponisten Zoltán Kodály (Nr. 1) heute **Museum**. Kodály war ein enger Freund von Béla Bartók (beide ►Interessante Menschen).
Mi.-Fr. 10-12 und 14-16.30 Uhr | www.kodaly.hu/museum

Kunst am Boulevard

Villen

Die Andrássy út weitet sich zum Heldenplatz hin zu einer breiten Allee, die von freistehenden Villen gesäumt wird. Die Jugendstilvilla Nr. 101 ist **Haus der Presse**, deren Nachbarhaus beherbergt das **Ferenc-Hopp-Museum für Ostasiatische Kunst** (Nr.103). Den Grundstein für die Sammlung legte der Optiker Ferenc Hopp, der von seinen Weltreisen zwischen 1882 und 1914 zahlreiche Objekte aus Ostasien mitbrachte. Das **Kogart-Haus** (Nr. 112) veranstaltet Ausstellungen zeitgenössischer Kunst, die dem Haus einen guten Ruf einbrachten.
Ferenc-Hopp-Museum: Di.-So. 10-18 Uhr | www.hoppmuseum.hu | Eintritt: 1000 HUF
Kogart-Haus: Mo.-Fr. 10-17 Uhr | Eintritt: 1500 HUF | www.kogart.hu

Museen in den Seitenstraßen

Im Internetzeitalter ist Postkartenschreiben nostalgisch ...

Postmuseum

... und gerade deshalb lohnt das Postmuseum (Postamúzeum) einen Besuch. Es verdeutlicht, mit welch großem Aufwand und welcher Or-

ganisation eine (weltweite) Kommunikation einst verbunden war. Das Gebäude selbst diente bis 1931 der Ausbildung von Postbeamten. Zu sehen sind neben einer Postkutsche auch ein Klappenschrank für die Fernsprechvermittlung und eine Rohrposteinrichtung. Als eine der ersten Institutionen stellte die ungarische Post **Frauen** ein, die so eine selbstständige Existenz gründen konnten.
Benczúr Str. 27 | Di.–So. 10–18, Dez. – Feb. bis 16 Uhr | www.postamuzeum.hu

Die Sammlung eines Profis

György-Ráth-Múzeum

Das György-Ráth-Múzeum zeigt in einer 1870 von Miklós Ybl errichteten Villa wertvolle Jugendstilstücke. Sie stammen aus der privaten Sammlung des ersten Direktors des Kunstgewerbemuseums, die er der Stadt vermachte.
Városligeti fasor 12 | Di.–So. 10–18 Uhr

★★ BUDAER BURG (BUDAI VÁR)

Lage: Burgberg in Buda | **Standseilbahn:** Clark Ádám tér – Szent György tér | **Bus:** 16, 16 A, 116 (Abfahrt Szell Kalmán tér)

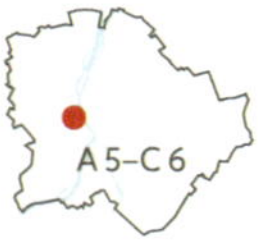

Die schmalen Gassen und das gemütliche Klappern von Pferdehufen – schlendert man durch das Burgviertel, glaubt man sich in eine alte Zeit zurückversetzt, auch wenn die Pferdekutschen heute rein touristisch sind. Majestätisch erhebt sich Budapests Burg über der Donau und von der anderen Seite, vom Pester Donauufer aus, bietet sie ein Bilderbuchpanorama.

Geschichte ist allgegenwärtig

Nach ihrer Adresse gefragt, können nur wenige Budapester sagen, sie wohnten »auf der Burg«. Das Ehepaar Osvath gehört zu den rund 4000 Bewohnern des Burgviertels. Seit 50 Jahren leben die Osvaths in einem gotischen Palast mit barockem Treppenhaus: »Unseren Kaffee trinken wir im einstigen Rittersaal«. Die Vergangenheit ist hier in vielen Facetten gegenwärtig. In der Matthiaskirche wurden Kaiser Franz Joseph und »Sisi« mit der ungarischen Krone gekrönt, und in einem unterirdischen Felsenkrankenhaus wurden am Ende des Zweiten Weltkriegs Verletzte behandelt, es ist heute Museum. Der Ausblick über die Donau nach Pest mit dem Parlament ist atemberaubend schön. Das wussten auch die Erbauer des Hilton Hotels, eines der wenigen Neubauten auf dem Burgberg.

Schön anheimelnd: die kleinen Gassen im Burgviertel

Königsresidenz

Als Esztergom, das bis dahin ungarischer Königssitz war, im 13. Jh. zerstört worden war, erkannten die Ungarn unter König Béla IV. die strategische Bedeutung der keilförmigen Anhöhe (168 m) am rechten Donauufer. Sie errichteten an ihrer Südostspitze die Burg Buda, die bald Königsresidenz werden sollte. Nordwestlich davon entstand auf dem Plateau des Burgbergs eine Bürgerstadt, die sich zum **glänzenden Mittelpunkt Ungarns** entwickelte. Während der Türkenkriege wurde sie zu großen Teilen zerstört und im 17. und 18. Jh. im Stil des Barock wieder aufgebaut. Buda, das sich rasch auch hangabwärts ausbreitete, wuchs mit dem nördlich benachbarten Städtchen Óbuda zusammen und wurde 1873 gemeinsam mit Óbuda und Pest zur Hauptstadt Budapest. Im Zweiten Weltkrieg wurde das Burgviertel erneut schwer zerstört. Beim Wiederaufbau kamen viele mittelalterliche Grundmauern und einige schöne Architekturdetails wie die gotischen Sitznischen zum Vorschein.

Die Burg ab dem 13. Jh.

Auf die Burg!

Mit der Standseilbahn **Sikló** geht es bequem bergauf. Startpunkt ist am Clark Ádám tér an der ▶Kettenbrücke. Die Bahn wurde 1870 gebaut, um für die im Burgviertel arbeitenden Beamten ein günstiges Verkehrsmittel zu schaffen. Die frühere Dampfmaschine ersetzt heu-

Standseilbahn

te ein Elektromotor. Nach jahrzehntelangem Dornröschenschlaf hat man das alte Nahverkehrsmittel wieder instandgesetzt. Wer bei längeren Warteschlangen vor dem Sikló Zeit oder Geld sparen möchte: Jenseits des Kreisels am Clark Ádám tér führen die **Königstreppen** (Királylépcső) die wenigen Höhenmeter hinauf zum Burgviertel.

Spaziergang durch das Budaer Burgviertel

Burgviertel entdecken Auf diesem Rundgang lässt sich das alte Burgviertel gut erkunden. Er beginnt im Norden, am Bécsi kapu tér (Wiener Tor Platz) und führt durch die kleinen Gassen bis zum Burgpalast im Süden.

Am Bécsi kapu tér

Wiener Tor

Einer der Hauptzugänge liegt im Norden des Burgviertels: das Wiener Tor (Bécsi kapu) mit **Aussichtsterrasse**, das 1936 anlässlich des 250. Jahrestages der Befreiung Budas von den Türken (1686) nach Plänen des Jugendstilarchitekten Jenő Lechner gebaut wurde. Der **»Europa-Hain«** (Europa Liget) direkt unterhalb ist mit seltenen Bäumen bepflanzt, die Bürgermeister aus verschiedenen Städten als Geschenk mitbrachten. In der neoklassizistischen Lutherischen Kirche (Evangélikus templom) am **Bécsi kapu tér** werden sonntags Gottesdienste auf Deutsch abgehalten. Ein beliebtes Fotomotiv ist das neoromanische **Nationalarchiv** (Országos Levéltár, 1918) mit seinem bunten Majolikadach. An der Westseite des Platzes stehen einige spätbarocke und klassizistische Wohnhäuser, besonders schön sind das Lobner-Haus (Nr. 5) mit einem Treppenhaus im ungarischen Zopfstil und das um 1800 errichtete Haus Nr. 7 mit Porträtmedaillons antiker Dichter an der Fassade. Hier logierte Thomas Mann, der zwischen 1913 und 1937 sechsmal in Ungarn weilte, für den Pester Lloyd schrieb, Lesungen hielt und den Dichter Attila József besuchte, der eigens ein Gedicht für Thomas Mann verfasst hatte.

Eine der ältesten Straßen im Burgviertel

Táncsics Mihály utca

In der nach dem Schriftsteller Mihály Táncsics benannten Straße wohnten früher viele Juden. Der Geschichte der **jüdischen Gemeinde von Buda**, die seit der zweiten Hälfte des 13. Jh.s in diesem Teil des Burgviertels lebte, wird in einer kleinen Ausstellung in dem gotischen Haus Táncsics utca 26 gedacht. Im Hof dieses einstigen **Jüdischen Bethauses** (Középkori Zsidó Imaház) sind Fragmente der Synagoge von 1461 ausgestellt, deren Grundmauern im Garten hinter dem Haus Nr. 23 freigelegt wurden. Haus Nr. 9 war Kaserne und Gefängnis, bedeutende Inhaftierte waren die Revolutionäre Lajos Kossuth und Mihály Táncsics. Im benachbarten Erdödy-Palais Nr. 7, einem eleganten Rokokopalais, unterhält das Musikwissenschaftliche Institut das **Musikhistorische Museum** (Zenetörténeti Múzeum), das Musikinstrumente zeigt und Sammlungen zu Béla Bartók und zur Volksmusik besitzt. Gelegentlich werden Konzerte und Wechselausstellungen veranstaltet. Die **Galerie Koller** im Nachbarhaus (Nr. 5) ist wenig bekannt, aber sehr lohnend. Eine »Schirmträgerin« von Ungarns bedeutendstem zeitgenössischen Bildhauer Imre Varga steht im Hof, eine weitere in dem wunderbaren Skulpturengarten. Die bereits 1953 gegründete Galerie handelt mit Gemälden, Skulpturen, Grafiken, Fotografie und Antiquitäten, was den Rundgang fast zu einem Museumsbesuch macht. In dem früheren Atelier des international renommierten Bildhauers Amerigo Tot (1909 geb. als Imre Tóth) wurde eine kleine Gedenkausstellung eingerichtet (►Gödöllő).

Jüdisches Bethaus: Mai – Okt. Mi.–So. 10–18, Nov. – April 10–14 Uhr | Eintritt: 800 HUF | www.btm.hu
Musikhistorisches Museum: Di.–So. 10–16 Uhr | Eintritt: 600 HUF | www.zti.hu
Galerie Koller: tgl. 10–18 Uhr | www.kollergallery.com

1970er-Jahre: umstrittener Neubau in der Altstadt

Hess András tér

Nach dem Buchdrucker Andreas Hess ist der Hess András tér am Ende der Straße benannt. Hess war 1472 aus Italien, wo er studiert hatte, nach Buda zurückberufen worden. In seinem Haus (Nr. 4) entstand 1473 **das erste gedruckte Buch in Ungarn**, die »Chronica Hungarium«. Das Haus mit dem roten Igel über dem Tor (Vörös sün ház) ist eines der ältesten Häuser des Viertels (1390); der Igel diente als Hauszeichen – eine Hilfe zur Orientierung, bevor es Hausnummern gab. 1976 eröffnete das damals nicht unumstrittene **Hotel Hilton** am Platz, mit dem der ungarische Architekt Béla Pinter bewies, dass sich Tradition und Moderne in unmittelbarer Nachbarschaft vertragen können. Reste eines ehemaligen Dominikanerklosters aus dem 13. Jh. wurden wirkungsvoll in den Bau integriert. Bedeutendstes Relikt des Klosters ist der spätgotische Turm (Miklóstorony) der St.-Nikolaus-Kirche. An seiner Westmauer wurde eine Kopie des **Matthias-Corvinus-Reliefs** aus dem 15. Jh. angebracht, dessen Original an der Ortenburg in der Oberlausitz hängt. Es zeigt den König der Ungarn mit Zepter und Reichsapfel.

Hauptplatz der Altstadt

★ Szentháromság tér

Zentraler Platz im Burgviertel ist der Szentháromság tér (Dreifaltigkeitsplatz) mit der ▶Matthiaskirche, der ▶Fischerbastei und dem 1901 bis 1904 erbauten früheren Finanzminsterium (Nr. 6). Lohnend ist es heute, in seine alten Kellergewölbe einzutauchen: Dort hat das **Haus des Ungarischen Weins** (Magyar Borok Háza) seinen Sitz. Man kann eine Weinprobe machen, die Vielfalt von **22 Anbaugebieten** kennenlernen und die edlen Tropfen kaufen. Betreiber ist die Stiftung für Ungarische Kultur.

Mitten auf dem Platz ragt die großartige **Pestsäule** auf, die von dem Würzburger Philipp Ungleich 1714 zur Erinnerung an die Pestepidemie von 1691 entworfen wurde. Die Spitze des 14 m hohen Denkmals bildet eine Dreifaltigkeitsgruppe, auf dem Sockel stehen Heiligenfiguren. Die Pestsäule ist eine Nachbildung des originalen Monuments, das im Zweiten Weltkrieg schwer beschädigt wurde.

Das langgestreckte barocke Eckgebäude mit dem schönen Erker im Obergeschoss und der Statue der Pallas Athene war früher das **Rathaus von Buda**. Der italienische Baumeister Venerio Ceresola lieferte die Pläne, nach denen es um 1710 aus fünf Vorgängerbauten errichtet wurde. Die Statue der griechischen Göttin Pallas Athene, Schutzgöttin der Städte, trägt das Wappen von Buda auf ihrem Schild.

Sie ist selbst ganz begeistert von ihrem Angebot – in der Konditorei Ruszwurm weiß man gar nicht, was man als Erstes probieren soll!

Wer eine Pause vom Sightseeing braucht, findet in der schmalen Szentháromság utca die **Konditorei Ruszwurm** (Ruszwurm cukrászda; Nr. 7), die seit 1827 besteht und noch einen Großteil ihrer alten Empire-Einrichtung besitzt. Es ist meist etwas schwierig, einen freien Platz in diesem kleinen Schmuckstück zu finden.

Kleine historische Perlen

Tárnok utca

Die breite Tárnok utca, die Gasse des Schatzmeisters, einst wie heute eine lebhafte Geschäftsstraße, führt zum Dísz tér (Paradeplatz). Hier sind ein paar Souvenirläden und Lokale zu finden, alte Bebauung wechselt mit modernen Häusern. Das Haus Tárnok utca 14 mit seiner **Sgraffito-Fassade** ist ein typisches Beispiel für die gotischen Handelshäuser, die die Straße früher prägten. In der Tárnok utca 18, einem im 15. Jh. errichteten Handelshaus, war ab dem 18. Jh. die Apotheke »Zum Goldenen Adler« (Arany Sas Patika) beheimatet, die heute als **Apothekenmuseum** zu besichtigen ist. Die Ausstellung zur Geschichte der modernen Pharmazie, die im 16./17. Jh. beginnt, umfasst nur vier Räume, ist aber sehenswert!

Apothekenmuseum: März – Okt. Di.–So. 10–18, Nov. – Feb. Di.–Fr. 10–16 und Sa., So. bis 18 Uhr | Eintritt: 500 HUF | www.semmelweis.museum.hu

Gotisch – barock – klassizistisch

★ Úri utca

Parallel zur Tárnok utca verläuft die Úri utca (Herrengasse), wegen der mittelalterlichen Bauelemente vielleicht die **schönste Straße des Viertels**. Im 14. und 15. Jh. bauten sich hier in unmittelbarer Nähe zur Königsburg Adelige und reiche Kaufleute ihre Stadthäuser. Nach den Zerstörungen in den Türkenkriegen entstanden über dieser Bebauung barocke und klassizistische Häuser. Die Gebäude wurden sorgfältig renoviert und ihre Fassaden farblich aufeinander abgestimmt, so bietet die Úri utca heute ein äußerst stimmungsvolles Bild.
Die interessantesten und **ältesten Häuser** finden sich im Abschnitt nördlich der Kreuzung mit der Szentháromság utca. **Gotische Sitznischen** unter Spitzbogen entdeckt man in den Tordurchgängen der Gebäude Úri utca Nr. 32, 34, 36, 38 und 40. Das im Wesentlichen aus dem 15. Jh. stammende Hölblinghaus (Nr. 31) ist das einzige erhaltene gotische Wohnhaus. Hinter der Tordurchfahrt öffnet sich ein von Arkaden umgebener Hof. Haus Nr. 32 besitzt einen sehenswerten Säulengang mit Kreuzgewölben, der zwischen dem Tordurchgang und dem für die meisten Gebäude typischen Innenhof vermittelt. Hinter der klassizistischen Fassade des Gebäudes Nr. 40 verbergen sich die Reste zweier gotischer Wohnhäuser, von deren Pracht noch das Kreuzgewölbe des Tordurchgangs und das filigran gearbeitete Maßwerk über den Sitznischen zeugen.
In der Úri utca 49 ist das ungarische **Telefonmuseum** (Telefónika Múzeum) untergebracht. In diesem Haus befand sich von 1928 bis 1985 die Telefonzentrale des Burgviertels, sie ist heute noch intakt und nimmt einen ganzen Raum ein.
Im Haus Nr. 58 wohnte **András Hadik** (1710–1790), dessen Reiterstandbild an der Kreuzung Úri utca / Szentháromság utca steht. Der Husar aus Buda wurde von Maria Theresia wegen seines besonderen Wagemuts zum Feldmarschall erhoben und machte im Siebenjährigen Krieg durch die kurzzeitige Eroberung Berlins auf sich aufmerksam. Das Berühren der Hoden seines Pferdes soll Studierenden Glück bei anstehenden Prüfungen bringen. Der Erzbischof von Budapest-Esztergom, der traditionell zugleich der Primas der katholischen Kirche Ungarns ist, residiert in der Nr. 62 und in dem altehrwürdigen Palais Nr. 64–66 ist die Deutsche Botschaft untergebracht.
Der 600 Jahre alte **Glockenturm** am Ende der Úri utca ist ein Überbleibsel der Maria-Magdalenen-Kirche (13. Jh.), die im Zweiten Weltkrieg zerstört wurde. Von oben hat man eine fantastische Aussicht auf das Burgviertel, und an den Innenwänden lassen sich alte Inschriften entdecken. Über dem Ruinengarten ertönt stündlich ein Glockenspiel.

Telefonmuseum: Di.–So. 10–16 Uhr | Eintritt: 750 HUF | www.postamuzeum.hu

Glockenturm: tgl. 10 Uhr bis zur Dämmerung, Jan., Feb. nur Sa., So. 10–16 Uhr | Eintritt

Unheimlich interessant: der Boden unter Buda

Abstecher in die Unterwelt

Im Haus Úri utca Nr. 9 befindet sich der Eingang in das ca. 12 km lange **Stollenlabyrinth** unter dem Burgviertel. Das Höhlensystem, das durch unterirdische Wasserläufe im Karstgestein entstand, wurde von den Türken ausgebaut; es diente als Gefängnis, Steinmetzwerkstatt und Schutzraum, zuletzt im Zweiten Weltkrieg. Ein 1,2 km langer Abschnitt ist im Rahmen einer Führung öffentlich zugänglich. Eingekerkert war hier u. a. Graf Vlad Țepes, besser bekannt als Dracula, und in einem Höhlenbrunnen wurden Knochen von Frauen geborgen, die – so die Legende – von Sultan Suleiman »ausrangiert« worden waren.
Ein weiterer Zugang in die Unterwelt – in der Lovas út 4/c unterhalb der Burgmauer – führt in das lange Zeit streng geheime **Felsenkrankenhaus** (Sziklakórhaz Muzeum) und den Atombunker. Am Ende des Zweiten Weltkriegs und während des Aufstands von 1956 wurden in dem Militärkrankenhaus Verletzte behandelt, und in der Zeit des Kalten Krieges baute man die Örtlichkeiten zum Atombunker aus. Teilweise ist noch die Originaleinrichtung erhalten, die Szenerie ist durch Wachsfiguren »belebt«.

Stollenlabyrinth: tgl. 10–19 Uhr | www.labirintus.eu
Felsenkrankenhaus-Atombunker-Museum: tgl. 10–20 Uhr, Führungen: stdl. | Eintritt: 3600 HUF | www.sziklakorhaz.hu

Ein Mönch als Krieger

Kapisztrán tér

Benannt ist der Platz nach János Kapisztrán, dem italienischen Franziskanermönch Giovanni Capistrano, der 1456 in der Schlacht vor Belgrad an der Seite von János Hunyadi erfolgreich gegen die Türken kämpfte. Sein Denkmal schuf József Damkó. Das **Militärhistorische Museum** (Hadtörténeti Múzeum) an der Nordseite des Kapisztrán tér zeigt Dokumente und diverse Exponate zur Kriegsgeschichte Ungarns ab dem 16. Jh. mit Schwerpunkt auf der Entwicklung seit 1848.

Militärhistorisches Museum: Eingang Tóth Árpád sétány | Apr. – Sept. Di.–So. 10–18, Okt. – März Di.–So. 10–16 Uhr | Eintritt: 1500 HUF | www.militaria.hu

Auf der Mauer

Spaziergang auf der Stadtmauer

Die von Kastanien beschattete **Tóth Árpád sétány** verläuft auf der Befestigungsmauer nach Süden und bietet sich vor allem im Nachmittagslicht für einen kleinen Spaziergang mit weitem **Blick auf Budapest und die Budaer Berge** an. Auf dem Rondell weht die ungarische Fahne als Zeichen für den Sieg über die Türken 1686. Die verzierten Kanonen stammen aus dieser Zeit. Auf der **Anjou-Bastei** (Anjou-bástya), dem nördlichen Abschnitt des Stadtmauerwegs, erinnert ein kleiner Grabstein mit einem Turban an den früheren Feind, den letzten Pascha von Budapest, der hier im Alter von 70 Jahren im Kampf fiel. »Er war ein heldenhafter Gegner. Friede sei mit ihm«, steht auf dem Stein.

★ Országház utca

Für Fans jahrhundertealter Architekturdetails
Vom Kapisztrán tér geht die Országház utca (Landtagsgasse), die Hauptstraße des Burgviertels, ab. Ihren Namen verdankt sie dem Landtag, der ab dem 18. Jh. im ehemaligen **Klarissenkloster** (Nr. 28) abgehalten wurde. Nach der Säkularisierung erhielt das Kloster ein neues Gesicht durch Franz Anton Hillebrandt, der die Bauarbeiten am Burgpalast leitete. Im mustergültig wiederhergestellten Großen Saal werden von Zeit zu Zeit Konzerte veranstaltet.
Im Nordabschnitt der Gasse dominieren barocke Bauformen, im Südabschnitt klassizistische Elemente. Vereinzelt entdeckt man noch gotische und Renaissancedetails, wie am Haus Nr. 10. Als Stadtpalast entstand in der zweiten Hälfte des 13. Jh.s das Haus Nr. 2, an dessen gotische Ursprünge noch einzelne Fragmente wie die Sitznischen unter Maßwerkbogen in der Tordurchfahrt erinnern. Die Gebäude Nr. 18–22 stammen aus dem 15. Jh., wurden seitdem aber mehrfach umgestaltet. Schön ist der gotische Kleeblattfries am ersten Obergeschoss des Hauses Nr. 20.

Manchmal hat man Glück und ein Eckchen im Burgviertel für sich allein.
In solchen Momenten ist einem sogar der Blick auf die Fischerbastei egal.

Einladender Gasthof

★ Fortuna utca

Die parallel verlaufende **Fortuna utca** trägt den Namen eines Gasthofs, der von 1784 bis 1868 im Haus Nr. 4 florierte. Auch noch heute wird in dem Haus ein Hotel betrieben. Im Mittelalter hieß die Fortuna utca Mittelgasse, dann französische Gasse nach den hier lebenden Handwerkern aus Frankreich, die am Bau des Burgpalasts mitarbeiteten. Auch in dieser Straße lassen sich schöne Fassadendetails entdecken.

Im Mittelalter war dies der Marktplatz

Dísz tér

Der weitläufige Dísz tér (Paradeplatz) bildet die Grenze zwischen dem bürgerlichen Viertel und dem Palastviertel. Unter den repräsentativen Barockbauten fällt das Batthyány-Palais (Nr. 3) ins Auge. Das **Honvéd-Standbild** erinnert an die Freiheitskämpfe von 1848/1849, in denen General József Bem die als heldenhaft verehrten Honvéd-Truppen anführte. Das ehemalige **Kriegsministerium** an der Südseite des Platzes wurde im Zweiten Weltkrieg schwer zerstört und 2014 für Wechselausstellungen hergerichtet. Am Dísz tér 4–5 baute der italienische Baumeister Venerio Ceresola das **Kremsmünsterhaus** – benannt nach der Abtei Kremsmünster, der das Grundstück gehörte. In der Toreinfahrt dieses Gebäudes sind noch Sitznischen aus dem 13. Jh. zu erkennen, über denen Ceresola seinen Neubau errichtete.

Gute Unterhaltung wird Besuchern im **House Houdini** (Nr. 11) geboten, das dem wohl größten Entfesselungskünstler aller Zeiten gewidmet ist und Einblick in sein »geheimes« Schaffen gewährt. Harry Houdini wurde 1874 als Erik Weisz in die Familie eines jüdischen Seifenmachers in Budapest geboren. Als er vier Jahre alt war, emigrierte die Familie in die USA, wo er als Zauberkünstler Karriere machte. Sein Name fand sogar Eingang ins Amerikanische, »to pull a Houdini« oder »to houdinize« steht für »sich aus dem Staub machen«.

House Houdini: tgl. 10–19 Uhr | Eintritt: 8 € | www.houseofhoudinibudapest.com

Wo die Präsidenten residieren

Burgtheater und Sándor-Palast

Das ehemalige Karmeliterkloster in der Színház utca südlich des Dísz tér wurde 1786 durch den Erlass von Kaiser Joseph II. aufgelöst und zum **Burgtheater** umgebaut. 1790 wurde hier das **erste Bühnenstück in ungarischer Sprache** aufgeführt – für das Nationalbewusstsein ein wichtiges Ereignis. 2019 wurde der umgestaltete Komplex neuer Amtssitz von **Ministerpräsident Orbán**. Den klassizistischen Sándor-Palast neben dem Burgtheater hat Mihály Pollack 1806 für den Grafen Vincent Sándor entworfen. Hier residiert der ungarische **Staatspräsident**. Jeden Tag um 12 Uhr findet für Touristen eine Wachablösung in historischen Uniformen statt.

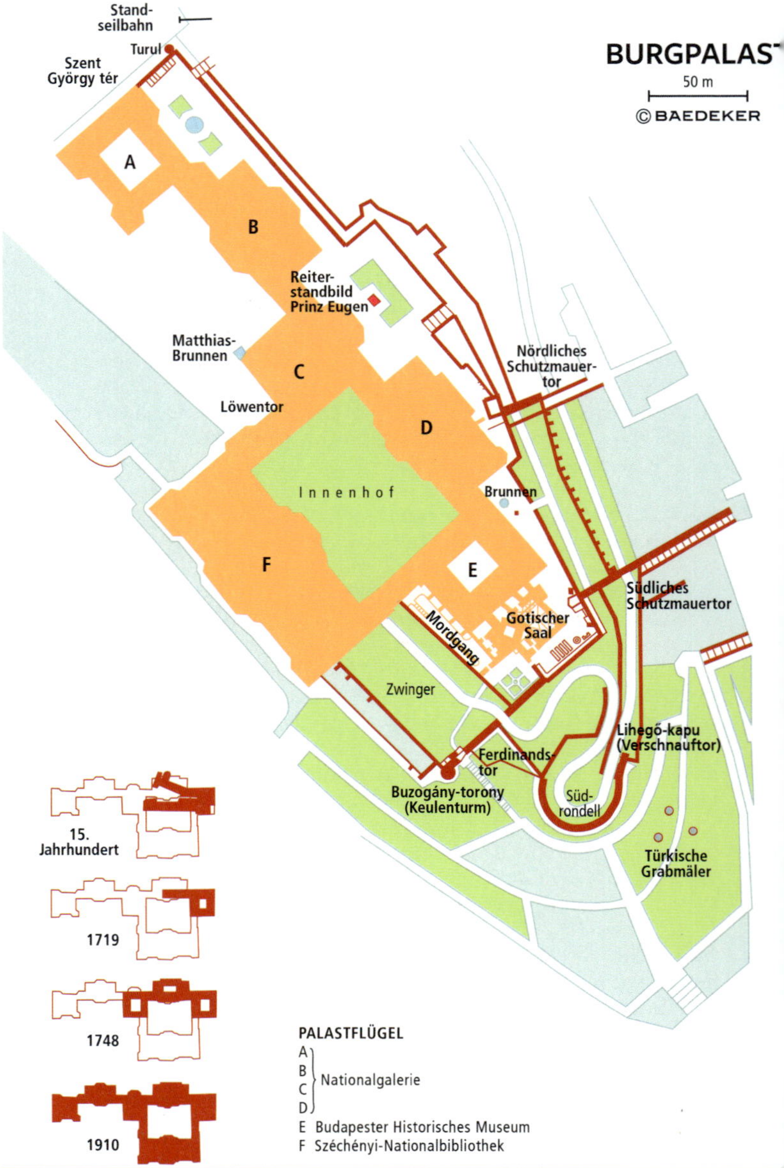
BURGPALAST
50 m
© BAEDEKER
Stand-
seilbahn
Turul
Szent
György tér
A
B
Reiter-
standbild
Prinz Eugen
Matthias-
Brunnen
C
Löwentor
D
Nördliches
Schutzmauer-
tor
Innenhof
Brunnen
E
F
Südliches
Schutzmauertor
Mordgang
Gotischer
Saal
Zwinger
Lihegő-kapu
(Verschnauftor)
Ferdinands-
tor
Buzogány-torony
(Keulenturm)
Süd-
rondell
Türkische
Grabmäler
15.
Jahrhundert
1719
1748
1910
PALASTFLÜGEL
A
B
C
D
Nationalgalerie
E Budapester Historisches Museum
F Széchényi-Nationalbibliothek

★★ Burgpalast und Palastviertel

Das Wappentier der Árpáden

»Turul«

In das Palastareal kommt man vom **Szent György tér** aus durch ein neobarockes Tor. Daneben breitet der »Turul« schützend seine Schwingen aus, das Schwert König Árpáds fest in den Klauen. Dieser mythische Greifvogel nimmt einen besonderen Stellenwert in der **Geschichte der Ungarn** ein. Da ihre Herkunft bis heute nicht eindeutig geklärt ist und sie Geschichten lieben, sind die Legenden über den Turul-Vogel ein wichtiger Part in ihrer Mythologie. So soll der majestätische Vogel im Jahr 819 die Urmutter der Magyaren, Emese, im Schlaf geschwängert haben, und neun Monate später wurde der **Stammvater des Árpadengeschlechts Álmos** (der Erträumte) geboren. Seinem Sohn soll der riesige Vogel wieder erschienen sein, und er folgte dem vorausfliegenden Turul ins Karpatenbecken des heutigen Ungarn. Der Turul-Vogel ist u. a. auf der Freiheitsbrücke und auf dem Gellért-Denkmal zu sehen. Das Wappentier der Árpáden hier auf dem Burgtor stammt aus dem Jahr 1905.

Mit Blick auf die Stadt

Außenanlagen

Eine zweiläufige Treppenanlage führt in den tiefer gelegenen königlichen Bereich der Burg. Der **Brunnen mit den fischenden Kindern** ist möglicherweise eine Hommage des Bildhauers Károly Senyei an die unterhalb der Burg liegende Wasserstadt, in der einst viele Fischer wohnten. Bei Reiter und Pferd in stolzer Pose handelt es sich um **Prinz Eugen von Savoyen**, der maßgeblich an der Rückeroberung Ungarns von den Türken 1686 beteiligt war. Von der Terrasse genießt man einen herrlichen Blick auf Pest.

Der geliebte König

★ Matthias-Brunnen

Im westlichen Vorhof des Burgpalasts zieht der wahrhaft monumentale Matthias-Brunnen von Alajos Stróbl (1904) die Blicke auf sich. Die erhöht stehende Bronzefigur stellt den noch jugendlichen König Matthias bei der Jagd dar. Das Mädchenbildnis nimmt auf seine Popularität und eine **volkstümliche Legende** Bezug, derzufolge sich das Bauernmädchen Ilonka in Matthias verliebte, der inkognito auf die Jagd ging. Als ihr bewusst wurde, dass der unbekannte Jüngling ihr König war, verfiel sie für den Rest ihres Lebens in tiefe Trauer.

Bauten der Palastanlage

Löwentor

Durch das von zwei Steinlöwen bewachte Tor, das der ungarische Bildhauer János Fadrusz 1904 schuf, kommt man in den inneren Ehrenhof der Palastanlage. Hier liegen die Eingänge zur Széchenyi-Nationalbibliothek (s. u.) und zum Budapester Historischen Museum

BURGPALAST

Die ehemalige Residenz der ungarischen Könige nimmt den gesamten Südsporn des Burgbergs ein. Ihre Anfänge reichen bis ins 13. Jh. zurück, als König Béla hier eine Burg errichten ließ. Seither hinterließ fast jede Stil- und Herrscherepoche ihre Spuren, man fügte an, erneuerte, erweiterte. Im Zweiten Weltkrieg wurde vieles zerstört, die später vorgenommene Rekonstruktion stellte den Zustand des 19. Jh.s wieder her. Ein Großteil der ehemaligen Palastbauten ist heute zugänglich und beherbergt bedeutende Museen.

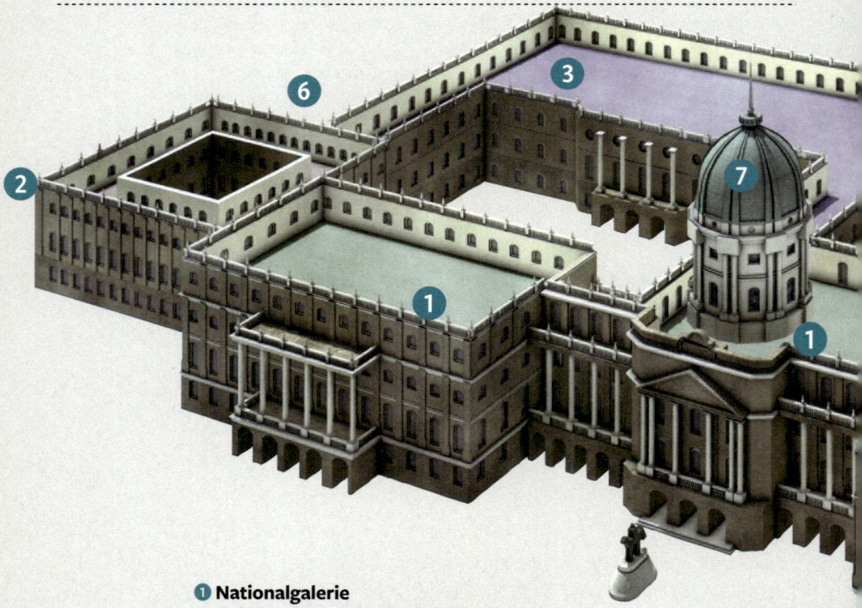

1 Nationalgalerie
Drei Trakte des Burgpalastes belegt die Nationalgalerie mit einer umfangreichen Sammlung ungarischer Kunst vom frühen Mittelalter bis in die Moderne. 1945 brannte der Palast komplett aus, das königliche Mobiliar sowie zahlreiche Kunstschätze fielen den Flammen zum Opfer. Beim Wiederaufbau konzentrierte man sich auf die äußere Gestalt; die Innenräume sind schlicht und dienen der Präsentation der Ausstellungen. Prunkvolle Königsgemächer gibt es hier nicht.

❷ **Historisches Museum**
Ausstellung zur Geschichte Budapests und Reste des mittelalterlichen Königspalastes

❸ **Széchényi-Nationalbibliothek**
Auch die größte und bedeutendste Bibliothek Ungarns ist hier untergebracht.

❹ **Löwentor**
Das Löwentor führt in den Hinterhof des Palastes.

❺ **Matthiasbrunnen**
Der Brunnen wurde 1904 von Alajos Stróbl geschaffen und erzählt die Geschichte des Königs Matthias Corvinus und des Mädchens Ilonka.

❻ **Mordgang**
Er umfasst die ältesten Teile des Palastbaus.

❼ **Kuppel**
Sie wurde im klassizistischen Stil errichtet, nachdem die ursprüngliche barocke Kuppel im Zweiten Weltkrieg zerstört worden war. Von hier oben hat man eine herrliche Aussicht auf die Stadt.

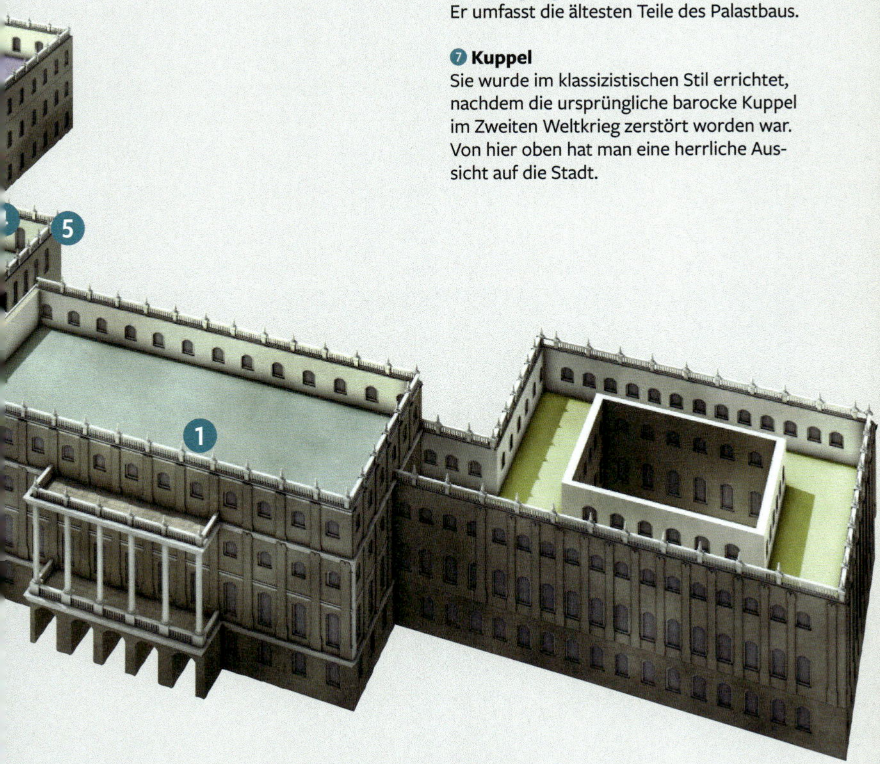

(s. u.) sowie ein Nebenzugang zur Nationalgalerie (s. u.). Vor dem Löwentor wird nach alten Vorlagen ein ehemaliges Palastgebäude mit dem St. Stephanssaal rekonstruiert.

Angebaut, vergrößert, erneuert, erweitert ...

Geschichte

Das einheitliche Äußere der Palastanlage verrät nichts von ihrer wechselvollen Geschichte. Nach der Befreiung von den Türken 1686 war von der Burg aus dem 15. Jh. nicht viel mehr als ein Schutthaufen geblieben. Erst im 18. Jh. gingen die habsburgischen Könige an den Bau eines neuen Palasts. Unter Karl III. entstand 1719 eine Residenz nach Plänen des Italieners Fortunato Prati. Maria Theresia veranlasste den **Ausbau des recht bescheidenen Palasts**.

Das 1770 vollendete Schloss ist eine symmetrische Dreiflügelanlage, die sich aus einem Südflügel (dem bisherigen Palast und dem heutigen Flügel E), einem überhöhten Mitteltrakt (Flügel D) und einem nördlichen Flügel (Flügel C) zusammensetzt. Mit der Planung hatte man Jean Nicolas Jadot, der in Wien als Hofbaumeister wirkte, beauftragt; die Bauleitung übernahm der Barockarchitekt Franz Anton Hillebrandt. Ab 1790 residierten hier die Stellvertreter der habsburgischen Könige von Ungarn (Palatine). Erst 1867, nach

Der Burgpalast hoch über der blauen Donau, die Kettenbrücke und in der Ferne ganz klein das Parlament – viele Wahrzeichen der Stadt in einem Blick vereint

dem Österreichisch-Ungarischen Ausgleich, wurden erneut Pläne für eine Erweiterung geschmiedet, mit denen man diesmal den ungarischen Architekten **Miklós Ybl** und in seiner Nachfolge **Alajos Hauszmann** betraute. Ybl errichtete an der Westseite des Burgbergs einen gewaltigen Flügel (F), der 1891 fertiggestellt war. Hauszmann vollendete die imposante Anlage durch den 62 m hohen, der Donau zugewandten Kuppelbau und die zwei anschließenden Flügel (A und B), die stilistisch den bereits vorhandenen Trakten angepasst wurden. Nach Zerstörungen im Zweiten Weltkrieg baute man das Schloss in vereinfachter Form zu Museen und zur Bibliothek um.

Hochkarätige Kunstsammlung

★★ Ungarische Nationalgalerie

Die 1957 aus verschiedenen städtischen und privaten Sammlungen hervorgegangene Nationalgalerie im Burgpalast vermittelt einen sehr guten Überblick über die **ungarische Kunst von 1800 bis heute**. Für einen Besuch sollte man Zeit einplanen, das Museum ist sehr weitläufig (►Ungarische Nationalgalerie).

Berühmte Liederhandschriften aus dem Mittelalter

★ Széchényi-Nationalbibliothek

Im Palastflügel F ist seit 1985 die Széchényi-Nationalbibliothek (Országos Széchényi Könyvtár) untergebracht. Diese von Ferenc Graf Széchényi 1802 ins Leben gerufene Institution ist die größte und bedeutendste Bibliothek Ungarns. Hier werden mehrere Millionen Bücher, Manuskripte und unterschiedlichste Schriftstücke aufbewahrt, darunter 1,4 Mio. Handschriften und 300 000 Landkarten. **Attraktion der Sammlung** sind die **»Budapester Blätter«**, die zu den ältesten mittelalterlichen Liederhandschriften zählen, sowie ein Teil der Codices aus der Bibliothek von König Matthias Corvinus. Diese ursprünglich 2000 Bände umfassende Handschriftensammlung war schon zu Lebzeiten des Renaissanceherrschers weit über Ungarns Grenzen hinaus bekannt.

Di.–Sa. 9–19 Uhr | www.oszk.hu

★ Budapester Historisches Museum (Budapesti Történeti Múzeum)

März – Okt. Di.–So. 10–18, Nov. – Feb. Di.–Fr. 10–16, Sa., So. bis 18 Uhr | Eintritt: 2000 HUF | www.btm.hu

Dieses Museum hat nichts Verstaubtes

Stadtgeschichte

Nicht nur für Geschichtsfreunde ist die Ausstellung über die Entwicklung der bis 1873 selbstständigen Stadtteile Óbuda, Buda und Pest zu der heutigen Metropole Budapest ein Gewinn. Die Exponate sind wirkungsvoll präsentiert, Fundstücke eingebettet in die freigelegten

Reste des Palasts aus dem 14./15. Jahrhundert. Ein **Modell** zeigt den zerstörten mittelalterlichen Palast, in dessen Mauerreste man auch hinabsteigen kann. Von König Bélas erstem Palast aus dem 13. Jh. fehlt noch jede Spur.

Eine längst versunkene Budapester Welt

Flügel E

1968 bezog das bereits 1887 gegründete Historische Museum den südlichen Palastflügel E. Den Eingang flankieren die von Károly Senyei geschaffenen Allegorien von »Krieg« und »Frieden«. Unter dem Titel »Licht und Schatten« zeigt die interaktive Ausstellung in den oberen Geschossen 1000 Jahre Besiedlungsgeschichte. Fotografien, Textilien, Gegenstände aus Haushalten, archäologische Funde, Schmiedekunst und Keramikarbeiten vermitteln ein Bild vom Leben im alten Budapest.

Reste des mittelalterlichen Burgpalasts

50 Steinfiguren überlebten Jahrhunderte im Verborgenen

In den teils rekonstruierten Räumen, wie dem **Renaissancesaal**, werden Bildhauerarbeiten, bemalte Ofenkacheln, Küchengeräte und Waffen aus dem Königspalast (14./15. Jh.) gezeigt. Hauptattraktion ist der zweischiffige **Große Gotische Saal** mit weit herabgezogenem Kreuzrippengewölbe, der vermutlich zu den Gemächern der Königin gehörte. Er geht auf die Bautätigkeit der Könige von Anjou (14. Jh.) zurück. Hier wie auch in der gotischen Krypta der Palastkapelle ist der fantastische **Skulpturenschatz** ausgestellt, der 1974 bei archäologischen Grabungen zutage kam – 50 Figuren überdauerten im Erdreich die Zeiten. Wegen der französisch geprägten Kleidung vermutet man, dass es sich bei den 50 Steinbildnissen um Höflinge eines Königs aus dem Haus Anjou handelt.

Alte Tore und Türme

Mittelalterliche Festungsanlagen

Südlich unterhalb der Flügel E und F sind Teile der mittelalterlichen Burgmauern rekonstruiert, die man von der Terrasse des Historischen Museums aus überblickt. Imposant ist der rechteckige **Keulenturm** neben dem **Ferdinandstor**. Am Südrondell steht ein Torturm mit Fallgitter und Zugbrücke, den man **»Verschnauftor«** nannte. Außerhalb der Burgmauern gibt es noch einige Grabmäler aus der Türkenzeit, zu erkennen an den Turbanen.

Ausblick und Abstieg von der Burg

Terrasse und Burggarten-Basar

Die Terrasse hinter der Eingangshalle ist öffentlich zugänglich (kein Eintritt). In der Halle gibt es ein kleines Büfett, sodass man **bei einem Imbiss** den Ausblick genießen kann. Hier befindet sich auch ein Ausgang bzw. Eingang zur Burg: Über den Burggarten-Basar (Várkert Bazár), ein aufwendig **restauriertes Treppensystem** mit Rasenflächen, Blumenbeeten und historisierenden Bauten, geht man hinunter ins Stadtviertel ▶Tabán.

★ BUDAER BERGE (BUDAI-HEGYSÉG)

Lage: Westlicher Stadtrand | **Zahnradbahn:** Városmajor Park, Széchenyi-hegy (Linie 60) | **Bus:** 21, 291

AUSFLUGSZIEL

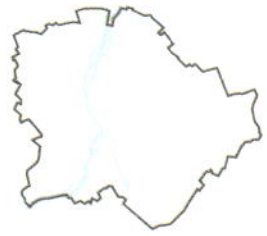

Die Stadtbewohner lieben die frische Luft, die Wälder und die Höhlen. Wer länger in Budapest bleibt und die Umgebung entdecken möchte, sollte es wie die Hauptstädter machen und ins Budaer Bergland fahren: eine grüne Oase und ein schönes Ausflugsziel am Westrand der ungarischen Metropole!

Auf ins Grüne!

Vielleicht sollten Sie eine Picknicktasche packen, bevor Sie sich ins Grüne aufmachen. Das Bergland ist landschaftlich reizvoll und bietet außer einem dichten Netz von Spazierwegen, Aussichtspunkten und -türmen Attraktionen wie Spiel- und Sporteinrichtungen, eine Eisenbahn, eine Zahnradbahn und einen Sessellift.

Auf und ab: zu Fuß und mit drei Vehikeln

Rundtour durch die Budaer Berge

Eine sehr schöne und erholsame Rundtour durch das Budaer Bergland beginnt und endet am Széll Kálman tér. Zu Fuß geht man von dort zur Talstation der Zahnradbahn (Linie 60) am Városmajor-Park und fährt auf den Széchenyi-hegy. Wenige Meter von der Bergstation der Zahnradbahn entfernt steigt man in die Kindereisenbahn, fährt bis zur Station »János-hegy« und erklimmt den Berg mit toller Aussicht vom Elisabeth-Turm. Auf dem Weg hinauf passiert man die Bergstation des Sessellifts Libegő; doch erst nach dem Abstieg vom Gipfel geht es damit bequem abwärts (Betriebszeiten: tgl. 9.30–16 Uhr, Mo. in ungeraden Wochen geschlossen). In der Nähe der Talstation Zugliget fährt die Buslinie 291 Richtung Városmajor-Park.

Eine 31 km lange Höhle

Höhlen

Im Dolomit- und Kalkstein der Budaer Berge gibt es ein ausgedehntes **Höhlensystem** (Höhle = barlang). Im Nordwesten der Hauptstadt wurden zwei Höhlen für die Öffentlichkeit zugänglich gemacht: Die 1904 entdeckte **Pálvölgyi-Höhle** (Szépvölgyi út 162) bietet auf einem 500 m langen Rundgang wunderbare Tropfsteinformationen. Mit rund 31 km Länge ist die Höhle das längste unterirdische Höhlensystem in Ungarn. Die **Szemlőhegyi-Höhle** (Puszta-szeri út 35) hat auf dem 300 m langen Rundgang keine Tropfsteine, dafür aber reine Luft, die sogar für medizinische Zwecke genutzt wird.

Pálvölgyi-Höhle: Di.–So. 10–16 Uhr
Szemlőhegyi-Höhle: Mi.–Mo. 10–16 Uhr

Schon bald hinter Fischerbastei und Matthiaskirche steigen die Budaer Berge an.

Wintersport in Budapest

★ János-hegy

Der János-hegy (Johannesberg) ist mit 527 m die höchste Erhebung der ungarischen Stadt. Vom **Elisabeth-Turm** eröffnet sich ein großartiger Rundblick. Mit dem Sessellift Libegő kann man vom Stadtteil Zugliget bequem die Nordflanke des Berges hinaufgleiten und den Blick auf die Donau genießen. Durch eine Sprungschanze und eine Skipiste mit Schlepplift ist der Johannesberg auch für Wintersportler attraktiv.

Grüner wohnen: Villen am Hang

Sváb-hegy

Im Westen der Stadt erhebt sich der Sváb-hegy (»Schwabenberg«). Der Name stammt aus der Zeit der Türkenkriege, als sich hier ein Heerlager befunden hat, dem vor allem Soldaten aus dem südwestdeutschen Raum angehörten. Im Lauf der Zeit ließen sich an den Hängen des Berges wohlhabende Budapester nieder. Heute liegt hier ein bevorzugtes Wohngebiet mit schmucken gründerzeitlichen Villen und architektonisch bemerkenswerten, modernen Bungalows.
Vom Városmajor-Park aus erschließt die **Zahnradbahn** den Svabhegy und auch den dahinter aufragenden **Széchenyi-Berg** (439 m) mit einer Sendestation des Ungarischen Fernsehens.

Wo die Kids am Zuge sind

Kindereisenbahn

Auf dem Széchenyi-hegy startet die Kindereisenbahn (Gyermekvasút) ihre 12 km lange Fahrt durch die Kammlagen zum Vorort Hűvösvölgy.
www.gyermekvasut.hu

★★ DONAUKNIE (DUNAKANYAR)

Lage: 20–50 km nördlich von Budapest | **Anreise:** Fernstraße 10/111, 11, 2/12 | **Bus:** ab Szentendre nach Vác, Visegrád und Esztergom | **Metro:** ab Station Árpád híd direkt nach Esztergom | **Bahn:** ab Westbahnhof bis Vác, Nagymaros, Esztergom | **Vorortbahn HÉV:** H 5 ab Batthyány tér nach Szentendre

AUSFLUGSZIEL

»Kein Fluss bleibt bescheiden. Es folgt etwas Größeres, Gröberes und Wilderes«, schreibt der ungarische Schriftsteller Péter Esterházy. Und man muss ihm recht geben, wieviel einfacher wäre es für die Donau gewesen, sich in die Ebene vor dem Pilis-Gebirge zu ergießen! Stattdessen hat sie sich unbeirrt jahrtausendelang ihr Bett durch das Gebirge gegraben, um dann einer Laune zu folgen und plötzlich in einem scharfen Bogen nach Süden abzubiegen. Das Donauknie war erschaffen, eine der spektakulärsten Donaulandschaften überhaupt.

Knick im Fluss

Das Boot steuert geradewegs auf die links und rechts aufragenden Felsen zu, und so zeigt sich das Donauknie von seiner schönsten Seite – vom Wasser aus! Der Name »Donauknie« steht für den etwa 60 km langen, landschaftlich äußerst reizvollen Donauabschnitt zwischen Esztergom und Szentendre, wo der Strom in vielen Windungen das Visegráder Gebirge durchbricht und nach Süden Richtung Budapest abknickt.

Fluss- und Bergparadies vor den Toren der Hauptstadt

★ Donaulandschaft

Schon die ersten Magyarenfürsten erkannten die hervorragende strategische Lage und bauten hier ihre Residenzen. Am rechten Ufer der Donau erhebt sich das bis 756 m hohe **Pilis-Gebirge** (Pilishegység), und von Norden schieben sich die bis zu 938 m hohen **Börzsöny-Berge** (Börzsöny-hegység) an den Fluss heran. Bei Esztergom tritt die Donau dann in diese waldreiche Bergwelt ein, vollzieht bei Visegrád eine **markante Schlinge** und teilt sich kurz vor Vác schließlich in zwei Arme auf, welche die **Flussinsel** von Szentendre umschließen. Durch die Nähe zur Hauptstadt ebenso wie durch die gute Erreichbarkeit ist diese Region eines der beliebtesten Naherholungsgebiete der Budapester, und viele haben hier ihre »Datscha« im Grünen. Wander- und Naturfreunde zieht es in das Hinterland des Donauknies, die touristischen Anziehungspunkte sind die schönen Städte Esztergom mit bedeutenden Kulturdenkmälern, Visegrád, Vác und das Künstlerstädtchen ►Szentendre.

★★ Esztergom

Eine der ältesten Städte Ungarns

Stadtgeschichte

Um 973 wurde István (Stephan) hier geboren, späterer Staatsgründer, erster König von Ungarn und nun Landesheiliger. Er machte Ungarn zum christlichen Feudalstaat. Auf dem Felsplateau ließ er eine **erste Kirche** und einen **Königspalast** erbauen. Unter König Béla III. wurde die Burg zu einer prächtigen Residenz erweitert, zu seinen berühmten Gästen zählte sogar Kaiser Friedrich Barbarossa. Nach dem Mongoleneinfall verlegte Béla IV. seinen Sitz in das sicherere Visegrád. Die in den Türkenkriegen besetzte Stadt blühte im 18. Jh. erneut auf. Nach dem Zweiten Weltkrieg siedelten sich einige größere Industrie-betriebe an. 2001 wurde die im Krieg zerstörte Mária-Valéria-Brücke zur slowakischen Donauseite hin wieder aufgebaut. Von der Brücke bietet sich der beste Panoramablick auf den Burgberg mit dem Dom. Heute hat Esztergom 29 000 Einwohner.

»Hier ist das ungarische Rom.«
Mihály Babits

Beeindruckend: die Ausmaße

★ Dom

Majestätisch steht die Domkirche auf einem schroffen Felsplateau oberhalb des Donaudurchbruchs und des Städtchens. »Hier ist das ungarische Rom« – und wie der ungarische Dichter Mihály Babits (1883–1941) haben schon viele beim Anblick der gigantischen Kuppelkirche empfunden. Mit Ausmaßen von 118 m Länge und 48 m Breite und mit der 102 m hohen Zentralkuppel übertrifft sie alle Kirchen Ungarns an Größe. Für ihre Einweihung 1856 hat Franz Liszt die berühmte **»Graner Festmesse«** komponiert – Esztergom trug unter den Habsburgern noch den deutschen Namen Gran.

Die Eingangsseite im Osten betont ein von Türmen flankierter, antikisierender Portikus, die Vierung ist von einer Kuppel im Stil der italienischen Renaissance bekrönt. Das marmorverkleidete Innere ist klassizistisch geprägt. Kunsthistorisch bedeutsam ist die aus dem Vorgängerbau stammende **rote Marmorgrabkapelle** des Erzbischofs Tamás Bakócz (16. Jh.). Wenn auch nur eine Kopie von 1846, lohnt doch Tizians »Mariä Himmelfahrt« auf dem Hochaltar einen Blick. Die Schatzkammer besitzt eine außergewöhnlich reiche Sammlung sakraler Kunst vom 9. bis zum 19. Jahrhundert.

Das Geburtszimmer des Staatsgründers?

★ Königspalast

Die Reste des im 10./11. Jh. gebauten und damit ältesten ungarischen Königspalasts befinden sich links vom Dom. Zu sehen sind das vermeintliche Geburtszimmer König Istváns, der János-Vitéz-Saal mit Renaissancefresken sowie die **frühgotische Burgkapelle**, ein Kleinod der Kirchenbaukunst am Übergang von der Romanik zur Gotik.

Ein wahrhaft imposanter Anblick: der Dom von Esztergom über der Donau

Hochkarätige Sakralkunst

Christliches Museum

Im ehemaligen Erzbischöflichen Palais unterhalb des Burgbergs zeigt das Christliche Museum (Keresztény Múzeum) seine Schätze. Die weit über die Landesgrenzen hinaus bekannte Sammlung besitzt einen umfangreichen Bestand an alter ungarischer und italienischer **Malerei der Frührenaissance** und eine qualitätvolle Sammlung von Skulpturen aus dem 14. bis 18. Jahrhundert. Die zweitürmige Jesuitenkirche neben dem Museum entstand im 18. Jh. für den Orden.

Zentrum von Esztergom

Széchenyi tér

Der langgestreckte Széchenyi tér, der ehemalige Marktplatz von Esztergom, der von geschmackvoll renovierten Häusern aus dem 18. und 19. Jh. gesäumt wird, ist damals wie heute Mittelpunkt des städtischen Lebens. Die Südseite ziert das arkadengeschmückte **Rathaus** (Városháza) mit seiner Rokoko-Fassade.

★ Vác

Ein Ausflugsziel zum Genießen

Stadtbesuch

Drei Dinge sollte man beim Besuch des hübschen Landstädtchens an der Donau unbedingt einplanen: Den Platz des 15. März mit seinen pastellfarbenen Barockhäuschen in Ruhe auf sich wirken las-

LEBENSADER DONAU

Mit einer Länge von 2857 km ist die Donau nach der Wolga der zweitlängste Fluss Europas. 596 km davon fließt sie durch Ungarn. Für das Land und für Budapest, der größten Stadt an der Donau überhaupt, ist der Fluss ein Wirtschaftsfaktor ersten Ranges.

▶ **Binnenflotten der Donaustaaten**
(Schiffszahlen)

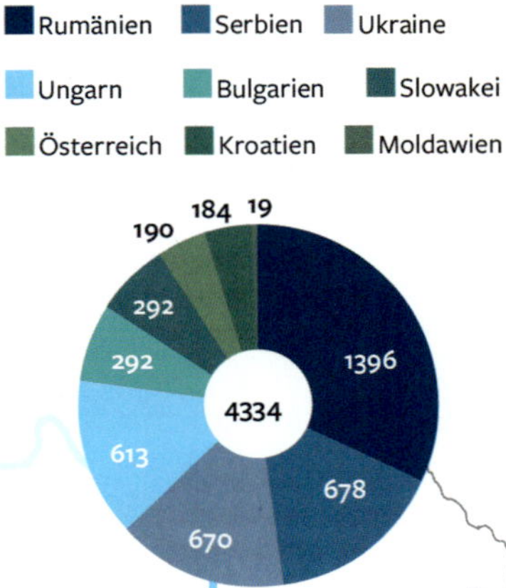

▶ **Hafengröße**
Wichtige Donauhäfen im Vergleich
Angaben in km²

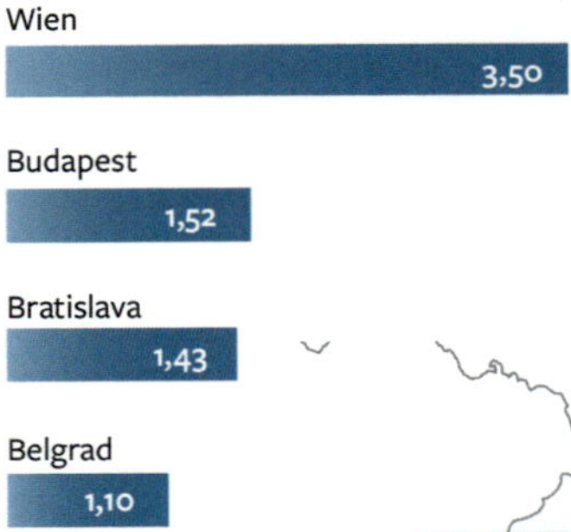

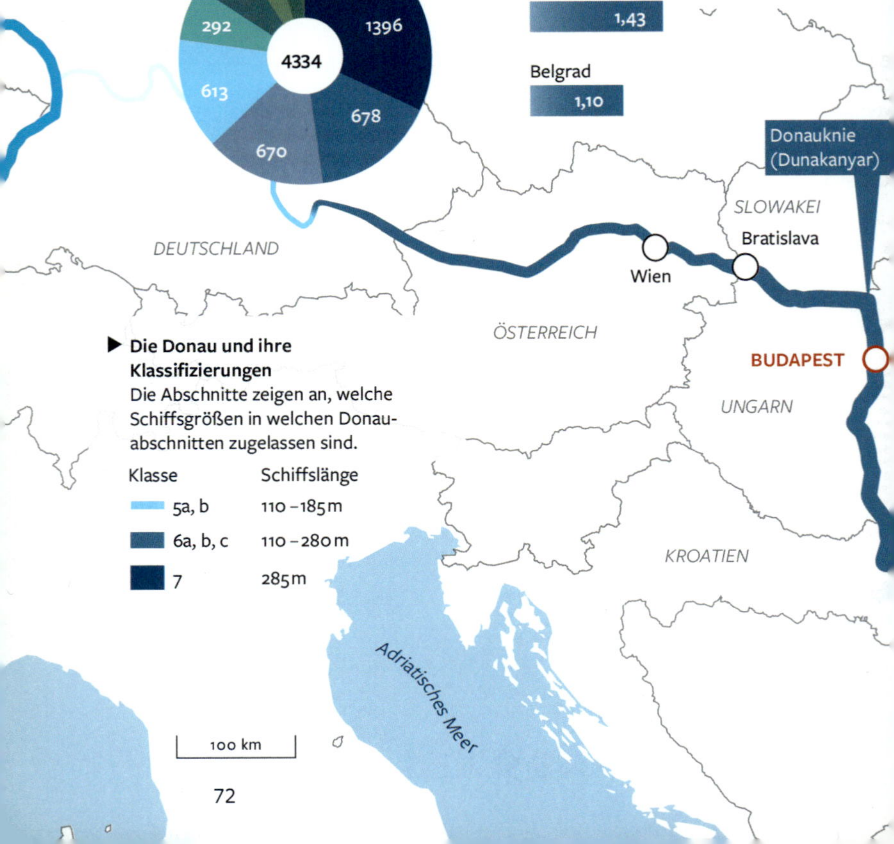

▶ **Die Donau und ihre Klassifizierungen**
Die Abschnitte zeigen an, welche Schiffsgrößen in welchen Donauabschnitten zugelassen sind.

Klasse	Schiffslänge
5a, b	110 – 185 m
6a, b, c	110 – 280 m
7	285 m

Csepel: Hafen von Budapest
Nach der Neuübernahme im Jahr 2005 durch die Freeport of Budapest Logistics Ltd. wurde der Hafen zum öffentlichen Handelshafen. Heute umfasst er drei Hafenbecken, Lagerhallen sowie einen Container- und einen RoRo-Terminal.

Hafengebiet	1 520 000 m²
Schiffskais	18
Lagerhallenfläche	92 800 m²

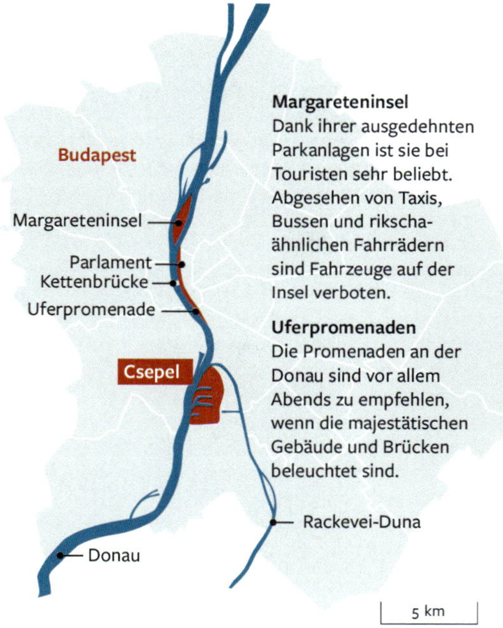

Margareteninsel
Dank ihrer ausgedehnten Parkanlagen ist sie bei Touristen sehr beliebt. Abgesehen von Taxis, Bussen und rikscha-ähnlichen Fahrrädern sind Fahrzeuge auf der Insel verboten.

Uferpromenaden
Die Promenaden an der Donau sind vor allem Abends zu empfehlen, wenn die majestätischen Gebäude und Brücken beleuchtet sind.

Binnenschifffahrt auf der Donau
Die Bedeutung der Donau als Wasserstraße steigt von Jahr zu Jahr – nicht zuletzt, weil dadurch die Straßen entlastet werden, wie der Vergleich mit LKWs zeigt.

Containerschiff der JOWI-Klasse

Länge	**135 m**	Tiefgang	**3,7 m**
Breite	**17 m**	Tragfähigkeit	**470 TEU** (Standardcontainer)

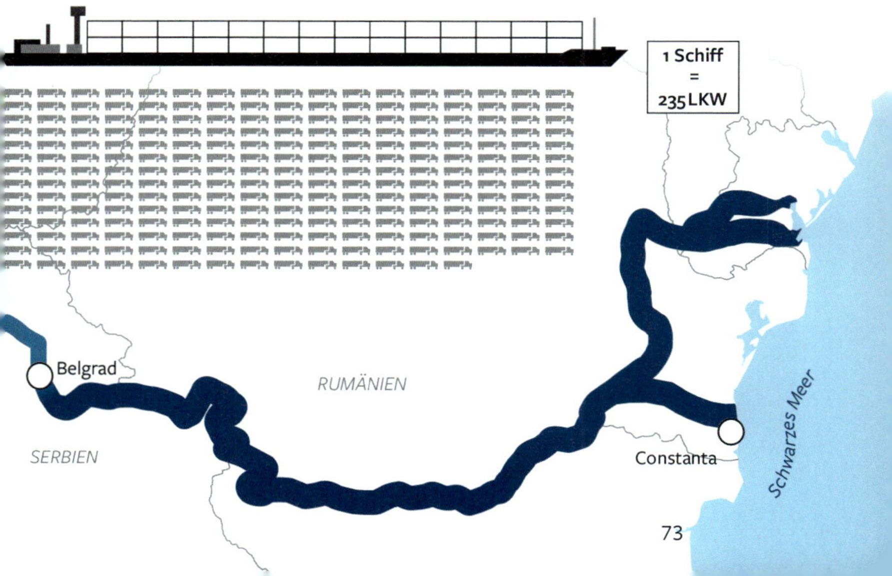

sen, der Patisserie Mihály des Konditormeisters László Mihály einen Besuch abstatten – sie ist ein Muss für Genießer von Desserts, Torten, Macarons und Petit Fours (Köztársaság út 21) – und mit der kleinen Donaufähre auf die Insel übersetzen, um von der Caféterrasse unter alten Kastanien das schöne Panorama von Vác zu betrachten.

Altes Handelszentrum

Charmante Barockstadt

Die Stadt mit 35 000 Einwohnern konnte sich trotz der Industrieansiedlungen an der Peripherie einen barocken Charme bewahren. Der Ort lag **günstig an einem Donauübergang** und war im Hochmittelalter regionales Handelszentrum im Schutz einer königlichen Burg. In den Türkenkriegen im 16. Jh. wurde die Stadt schwer zerstört. Nördlich der alten Burg entstand im 18. Jh. die Barockstadt. 1846 wurde die **erste ungarische Eisenbahnlinie** von Pest ins gut 30 km entfernte Vác eröffnet.

Besonders sehenswert: Platz des 15. März und Dom

Historisches Zentrum

Das alte Zentrum liegt am östlichen Donauufer zwischen dem Konstantin tér mit dem Dom und dem **Március 15. tér** (Platz des 15. März) mit seinen schönen Bürgerhäusern. Der dreieckige Platz

Barocker geht's kaum: eine kecke Putte vor schmucken Bürgerhäusern auf dem Március 15. tér.

war Mittelpunkt der Bürgerstadt, ein stimmungsvolles Ensemble von Häusern im Barock- und Zopfstil. An der Südseite steht die ehemalige Dominikanerkirche (1699–1770), davor liegen die Ausgrabungen der mittelalterlichen Michaeliskirche. Im Museum »Memento Mori« (Nr.19) ist eine Beisetzungsstätte aus der Barockzeit mit Mumien in Bestattungsgewändern zugänglich.

Ein frühes Beispiel für den von Frankreich ausstrahlenden Klassizismus ist der im 18. Jh. von dem Wiener Baumeister Isidore Canevale entworfene **Dom** mit einer antikisierenden Säulenvorhalle an der Westfassade. Das Kuppelfresko von 1771 ist ein Werk von Franz Anton Maulbertsch. Gegenüber dem Dom steht das zweistöckige Bischofspalais, erbaut zwischen 1768 und 1775.

Dominierendes Gebäude am **Szentháromság tér** (Dreifaltigkeitsplatz) ist die ehemalige Piaristenkirche St. Anna (1745). Den Vorplatz ziert die prächtige Dreifaltigkeitssäule (1755).

Ein paar Querstraßen nördlich steht ein frühklassizistischer **Triumphbogen**, der 1764 zu Ehren eines Besuchs von Maria Theresia nach Entwürfen von Isidore Canevale errichtet wurde. Angeblich wurde er in nur zwei Wochen gebaut, und die Regentin soll, als sie das hörte, die Durchfahrt verweigert haben. Als er am Ende ihrer Reise noch stand, soll sie ihn passiert haben – so die Legende.

★★ Visegrád

Der Papst preist Visegrád

Lob auf den Königspalast

»... aus Visegrád, dem irdischen Paradies«, so schloss 1483 Papst Sixtus IV. seinen Brief nach Rom. Der Mann aus Rom meinte den für seinen Prunk und seine Pracht in der damaligen Welt gerühmten **Palast des Kunstliebhabers Matthias I. Corvinus**. Heute kann man auf dem Ausgrabungsgelände vor dem Herkulesbrunnen stehen und versuchen, sich vorzustellen, was der Papst einst sah.

Römische Basis

Residenzstadt

Das kleine Visegrád (2100 Einw.) am Ausgang der Donauschlinge ist wegen der **Ruinen des Königspalasts** und der aussichtsreich gelegenen **Zitadelle** (»Hohe Feste« = Visegrád) ein beliebtes Ausflugsziel. Die strategisch günstige Lage oberhalb des Flusses nutzten bereits die Römer für ein Militärlager. Unter Béla IV. wurde am Donauufer die Unterburg errichtet, die durch eine Mauer mit der mächtigen Oberburg verbunden war. Unter der Regentschaft Karls I. von Anjou, der 1316 seine Residenz dorthin verlegte, entwickelte sich Visegrád zu einer politisch und kulturell hochbedeutsamen Stadt. Einen letzten Höhepunkt erlebte sie in der zweiten Hälfte des 15. Jh.s, als Matthias I. Corvinus den Königspalast am Hang des Burghügels im Stil der italienischen Frührenaissance umbauen ließ.

Reste der Unterburg

Salomon torony

Der Salomon torony (Salomon-Turm) ist das beeindruckendste Relikt der Unterburg. Er beherbergt ein **lokalhistorisches Museum**. Als Teil der Burg diente die **Wasserbastei (Vízibástya)** der Überwachung des Wasserwegs bzw. der Trinkwasserversorgung des Palasts. Der romanische Bau ist 1937 rekonstruiert worden.

Königliche Residenz: verschüttet und ausgegraben

★ Freigelegter Königspalast

Oberhalb der Fő utca (Eingang bei Haus Nr. 27) breitet sich das Ausgrabungsgelände von König Matthias' Frührenaissance-Palast (Király palota) aus, der im Lauf der Jahrhunderte von herabrutschenden Erdmassen begraben und erst ab 1934 sukzessive freigelegt wurde. Erschlossen ist der nördliche Teil des Palasts, die Residenz des Königs. Den Mittelpunkt der auf mehrere Terrassen verteilten Anlage, zu der ehemals **zahlreiche Prunkbauten**, ein Hofgarten, Bäder und rund 350 reich ausgestattete Gemächer gehörten, bildet der von einem spätgotischen Arkadengang begrenzte Ehrenhof. Der rotmarmorne Herkulesbrunnen hat hier wieder ein Zuhause gefunden.

Steil aufwärts – weiter Blick

Hochburg

Eine ab der Ortsmitte ausgeschilderte Serpentinenstraße führt zur 315 m hoch gelegenen Ruine der Hochburg (Fellegvár). Sehr schön, aber ziemlich steil ist der Aufstieg zu Fuß. Der blau-weiß markierte Weg führt vom Fähranleger an der Dorfkirche vorbei und zweigt dann links ab. Man passiert eine Kapelle und erreicht in gut 50 Min. die Burg. Den Burgkern umgeben mehrere Mauerringe mit Toren und Zugbrücken. Am besten erhalten ist der östliche Torturm, ein gutes Beispiel ungarischer Festungsbaukunst. Von der obersten Terrasse genießt man einen schönen **Panoramablick über das Donauknie**.

★ FERENCIEK TERE

Lage: V. Bezirk | **Metro:** M 3 (Ferenciek tere)
Bus: 5, 7, 8 E, 110, 112, 178

Budapest hat sich immer wieder selbst erneuert, mal erzwungen durch Zerstörungen, mal durch Vergrößerung und Verschönerung alter Bebauung. So ist es auch am und rund um den Franziskaner Platz, den Ferenciek tere, geschehen. Während des Baus der ersten Elisabethbrücke wurden ganze barocke Häuserzeilen zwischen Ferenciek tere und Flussufer abgerissen und durch faszinierende neue Gebäude ersetzt.

Man braucht nur kurz einmal stehen zu bleiben und die Passanten zu beobachten: Leicht lassen sich die geschäftigen Budapester von den gemächlich umherwandernden Touristen unterscheiden. Der Franziskaner Platz in der Mitte der vom Kleinen Ring umschlossenen Pester Innenstadt gehört zu den interessantesten Plätzen in Budapest. Die angrenzende Kossuth Lajos utca ist ausgesprochen verkehrsreich, und so sollte man den Umweg durch die Unterführung in Kauf nehmen, wenn man sie überqueren will.

Zentrum der Pester Innenstadt

Ganz neu: Mietshaus mit Fahrstuhl

Blickfang vom Ferenciek tere in Richtung Elisabethbrücke sind die beiden turmartigen Klothildenpaläste an der Kossuth Lajos utca, die sich wie »Doppelte Lottchen« gleichen. Den Namen tragen sie nach einer Frau, die hinter dem großangelegten Bauprojekt stand: die habsburgische Erzherzogin Klothilde. Der Erzherzogin, die die frei gewordenen Grundstücke erworben hatte, schwebte ein würdiger **Rahmen für die gleichzeitig neu entstehende Elisabethbrücke** vor – damals eine elegante Kettenbrücke, die 1945 von den Nazis gesprengt wurde. Um 1900 entstanden die beiden Mietshäuser nach Plänen von Kálmán Giergl und Floris Korb, die Bauzeit betrug drei Jahre. Als erste der Stadt besaßen die Häuser Fahrstühle.

★ Klothildenpaläste und Pariser Hof

Der Pariser Hof und weiter hinten einer der Klothildenpaläste. Für diese Gebäude mussten Anfang des 20. Jahrhunderts mehrere Barockhäuser weichen.

Ihre prachtvollen Fassaden mit geschwungenen Giebeln und Turmaufsätzen sind vom spanischen Barock inspiriert. Ein beliebter Literatentreff war das »Belvárosi Kávéház«, heute ein Cabaret-Restaurant.
Wie ein ebenbürtiger Bruder steht der **Párisi Udvar** (Pariser Hof) mit seiner fantastischen Jugendstilarchitektur an der Kossuth Lajos utca direkt gegenüber vom Ferenciek tere. Er wurde 1911 als Wohn- und Geschäftshaus mit eleganter Ladenpassage erbaut.

Erinnerung an das Hochwasser 1838

Franziskanerkirche

An der Ecke Ferenciek tere / Kossuth Lajos utca steht die Franziskanerkirche (Ferenciek templon) aus dem 18. Jahrhundert. Heiligenfiguren und das Wappen des Franziskanerordens schmücken die Hauptfassade. An der nordwestlichen Außenwand (Kossuth Lajos utca) erinnert ein Bronzerelief an **Baron Miklós Wesselényi**, der 1838 während des katastrophalen Hochwassers zahlreiche Menschen vor dem Ertrinken rettete. Von einer älteren Klosterkirche an dieser Stelle blieb ein prächtiger Hochaltar erhalten.

Schriften aus dem Mittelalter

Universitätsbibliothek

Außen fällt vor allem das freundliche Gelb der Universitätsbibliothek (Ferenciek tere 10) auf, deren Bau 1775 vollendet war. Im Innern der Bibliothek beeindrucken reich verzierte Bücherschränke, eine umlaufende Galerie und zwei Wendeltreppen. Die Sammlung umfasst zahlreiche mittelalterliche Codices.

★★ FISCHERBASTEI (HALÁSZBÁSTYA)

Lage: Szentháromsag tér, auf der Burg | **Bus:** 16, 16 A, 116 | Mitte März – Okt. tgl. 24 Std., tagsüber teilweise kostenpflichtig

Romantisch, nostalgisch, vielleicht auch ein bisschen kitschig. Sie weckt Kinderträume aus alten Märchenbüchern, erinnert an feinstes Zuckerwerk aus der Konditorei oder begeistert mit ihren fantastischen Aus- und Durchblicken. Und sicher ist: Für Verteidigungszwecke ist die Fischerbastei völlig ungeeignet. Sie ist nicht einmal wirklich alt, ist ein Kind des 19. Jahrhunderts, und ihr Vater, Frigyes Schulek, wäre sicher stolz, wenn er wüsste, dass sein Bauwerk – neben der Kettenbrücke – zum Wahrzeichen von Budapest geworden ist.

Wenn die Sonne aufgeht und der Mond zunimmt, erscheinen die Fischerbastei und das Denkmal für Stephan I. geradezu überirdisch schön.

Burg-promenade

Kaum ein Budapester Bauwerk wird von Touristen aus aller Welt so gerne besucht und fotografiert wie die Fischerbastei, die sich als krönender Abschluss der Burgpromenade hinter der Matthiaskirche erstreckt. Von der Terrasse eröffnet sich eine überwältigende Aussicht auf die Donau und die Pester Stadtseite.

Alles auf einmal: neoromanisch – romantisch - romantisierend

Historistische Burg

Auch die Fischerbastei war ein Bauprojekt für die Millenniumsfeierlichkeiten 1895 – sie sollte die Burgkulisse verschönern. Der Name bezieht sich auf eine mittelalterliche Verteidigungsstellung der Budapester Fischerzunft, die hier auf dem Burgberg Markt hielt. Als Architekt für die 1895 bis 1902 auf den Ruinen der alten Befestigung errichtete Bastei bot sich der Budapester Baumeister Frigyes Schulek (1841–1919) an, der zuvor der ▶Matthiaskirche ihr heuti-

BUDAPEST BEI NACHT

Ob in einer lauen Sommernacht, bei Vollmond oder unter einer weißen Schneedecke – man könnte meinen, am schönsten präsentiert sich die ungarische Hauptstadt im nächtlichen Lichterglanz. Nicht nur verliebte Paare genießen den stillen Ausblick von der Fischerbastei auf das erleuchtete Pest und das dunkle Band der Donau, die die Brücken wie glitzernde Armreifen trägt, der schönste ist natürlich die berühmte Kettenbrücke.

ges, neogotisches Aussehen verliehen hatte. Er wählte romanische Stilelemente, die er mit Zitaten aus anderen historischen Baustilen kombinierte. Dabei bediente er sich auch einer **versteckten Symbolik**, so schuf er sieben Türme für die sieben Árpádenfürsten der Landnahme 895. Der Hauptturm steht sicher für Árpád selbst, wer ihm aber direkt an die Seite gestellt wurde, bleibt das Geheimnis des Erbauers. Das Ensemble von Fischerbastei und gotischer Matthiaskirche verweist auf das romantisierende, im Zuge der nationalistischen Bestrebungen erneut auflebende Mittelalterbild des 19. Jahrhunderts.

Für den ersten christlichen Herrscher der Ungarn

Reiterstandbild von König Stephan

Alajos Stróbl, einer der gefragtesten Bildhauer seiner Zeit, schuf 1906 für den südlichen der beiden Basteihöfe das bronzene Reiterstandbild von König Stephan, dem Staatsgründer und Landesheiligen (Szent István), der als erster christlicher Herrscher der Ungarn in die Geschichte einging. Den Sockel mit den vier Löwen und den seitlichen Reliefs, die Szenen aus dem Leben Stephans zeigen, entwarf wiederum Frigyes Schulek.

Von der Bastei führt eine doppelarmige Freitreppe den Burgberg hinab in das ▶Víziváros-Viertel, vorbei an einem Bronzebildnis des hl. Georg. Zu Füßen der Freitreppe steht ein **Bronzedenkmal für János Hunyadi** (1905) von István Tóth. Auf diesen Heerführer, den Vater von Matthias Corvinus, lässt sich das heute noch übliche Mittagsgeläut der Kirchenglocken zurückführen. Während János Hunyadi gegen eine übermächtige Truppe der Osmanen kämpfte, ordnete Papst Kalixt III. an, mittags die Glocken läuten zu lassen, um für den Sieg der Ungarn zu beten. Tatsächlich errang Hunyadi 1456 den Sieg bei Belgrad, und das Geläut wurde aus Dankbarkeit fortgesetzt.

FŐVÁM TÉR

Straßenbahn: 2, 47, 49 | **Metro:** 4 | **Trolleybus:** 83 | **Bus:** 15

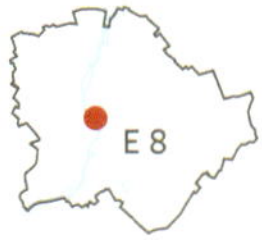

Tagsüber geht's am Hauptzollplatz immer hektisch zu, vor allem um die Mittagszeit, wenn Angestellte, Rentner, Studierende und Touristen in die Zentrale Markthalle strömen. Mitten in der Stadt kann man hier gut und günstig speisen, einfache ungarische Gerichte probieren. An den bunten Ständen decken sich Einheimische mit Fleisch, Fisch und Gemüse, Touristen mit Salami, roten Paprikaketten und Wein ein.

Eine köstliche Welt

An ihrem bunten Majolikadach erkennt man die Zentrale Markthalle (Központi Vásárcsarnok) am südlichen Ende der Váci utca. An sechs Gängen reihen sich die **Marktstände** aneinander, und auf einer Galerie befinden sich **Essstände** und Souvenirhändler, die Trachten, Stickereien, Decken, Holzschnitzarbeiten, Keramik, Korb- und Lederwaren verkaufen. Im Kellergeschoss findet man die Fischhändler und einen Supermarkt.

Wie eine römische Basilika

★ Zentrale Markthalle

1896 wurde sie eröffnet, gleichzeitig mit vier weiteren, kleineren Markthallen am Klauzál tér, am Rákóczi tér, am Hunyadi tér und an der Hold utca. Samuel Pecz entwarf einen zweigeschossigen, von Türmchen flankierten Ziegelbau, der außen nichts ahnen lässt von der wunderschönen **filigranen Eisenkonstruktion** im Innern. Neben dem Westbahnhof (▶Großer Ring) ist die Zentrale Markthalle eine weitere schöne Eisen-Glas-Konstruktion in Budapest. Charakteristisch für die Bauten am Übergang zur Moderne ist die Verbindung einer zeitgemäßen Konstruktion mit althergebrachten Bauformen. Im Fall der Markthalle, die sich aus einem überhöhten Mittelteil und niedrigeren, seitenschiffartigen Anbauten zusammenfügt, griff der Architekt auf den Typus römischer Basiliken zurück. Ende des 19. Jh.s galt die Halle als ultramodern, Lastkähne konnten sogar über unterirdische Kanäle ihre Waren direkt anliefern.

Mo. 6–17, Di.–Fr. 6–18, Sa. 6–15 Uhr

Universität im Zollamt

Hauptzollamt / Corvinus-Universität

Parallel zur Markthalle erstreckt sich am Donauufer das 1871 bis 1874 von Miklós Ybl erbaute Hauptzollamt (Fővámház). Das Neorenaissancegebäude stößt mit seiner Schmalseite an den nach ihm benannten Platz. Seit 1951 wird es von der **Universität für Wirtschaftswissenschaften** genutzt, der prunkvolle Galahof des 170 m langen Bauwerks ist zur Aula umgestaltet worden. An der imposanten Fassade zieht sich eine beliebte Promenade entlang, die besonders schön in der Nachmittagssonne ist.

Ein Walfisch am Donauufer

Bálna

Mit dem Bálna etwas weiter südlich am Donauufer hat Budapest seit 2013 eine weitere Attraktion am Wasser: **Geschäfte und Restaurants** auf drei Etagen, außerdem **Kunst- und Kulturräume** wie die Új Budapest Galéria oder den Bálna Piac mit Bio-Produkten und Antikmarkt. Von den Caféterrassen und der kleinen Promenade am Fluss hat man einen herrlichen Ausblick auf die gegenüberliegende Burgkulisse und die grün gestrichene Freiheitsbrücke. Der niederländische Architekt Kas Oosterhuis (1951) ist bekannt für seine unkonventionelle, an die Umgebung angepasste Architektur. Der wegen der eigenwilligen Dachgestaltung von den Budapestern lie-

BAEDEKER ÜBERRASCHENDES

6X

EINFACH UNBEZAHLBAR

Erlebnisse, die für Geld nicht zu bekommen sind

1. MARKTHALLE

Budapester und Touristen drängen sich unter der **filigranen Gusseisenkonstruktion** der Zentralen Markthalle um die Stände mit Frischprodukten, kleinen Restaurants und Imbissen mit ungarischer Hausmannskost. Vielleicht gleich die ersten Souvenirs hier kaufen.
(▶ **S. 82**)

2. EIN LÄCHELN

Versuchen Sie einmal »Danke« auf Ungarisch zu sagen. Für Ihr **»köszönöm«** (kößönöm) werden sie ein freundliches Lächeln ernten.
(▶ **S. 311**)

3. STRASSENBAHNFAHRT

Die Fahrt mit der Linie 2 **am Donauufer entlang** ist eine herrliche Promenadenfahrt – für die Budapester ist sie einfach Alltag. Achtung im Gedränge vor Taschendieben!
(▶ **S. 289**)

4. FEUERWERK

Am **Stephanstag**, dem 20. August, kann man ein fulminantes Feuerwerk über der Donau erleben. Die besten Plätze auf den Brücken und der Fischerbastei sind schnell besetzt.
(▶ **S. 270**)

5. AUSBLICK

Prinz Eugen hat von der **Burgterrasse** den schönsten Ausblick auf die Stadt. Gesellen Sie sich zu seinem Denkmal und genießen Sie den Zauber Budapests aus der Vogelperspektive.
(▶ **S. 61**)

6. MUSIKAKADEMIE

Nach Franz Liszt benannt, ist sie **eine der wichtigen Konzertbühnen** der Stadt. Auch wenn sie kein Konzert besuchen, versäumen Sie nicht einen Blick in das atemberaubend schöne Jugendstilvestibül zu werfen.
(▶ **S. 85**)

Budapest und Fluss genießen – die Promenade am Bálna bietet beides.

bevoll »Walfisch« genannte Komplex entstand aus alten Lagerhallen. Den Wal erkennt man am besten am südlichen Ende bei der kleinen Eisbahn.
Fővám tér Nr. 11–12 | tgl. 10–20 Uhr, Fr., Sa. bis 22 Uhr | www.balnabudapest.hu

Diese Niete ist eine Berühmtheit

Freiheitsbrücke

Die Freiheitsbrücke (Szabadság hid) verbindet den Fővám tér mit dem Gellért tér auf der Budaer Donauseite, sie ist mit 331 Metern die kürzeste Budapester Brücke. 1896 wurde die nach den Plänen von János Feketeházy konstruierte Brücke dem Verkehr übergeben. Nach ihrer Zerstörung am Ende des Zweiten Weltkriegs konnte sie als erste der Donaubrücken wieder aufgebaut werden.
Die Eisengitterkonstruktion ist mit dem ungarischen Wappen verziert und oben auf den Torpfeilern sitzen auf goldenen Kugeln **Turulvögel** (►Budaer Burg) – schon öfter musste die Feuerwehr gerufen werden, um Selbstmordkandidaten oder übertrieben Wagemutige von den Schwingen herunterzuholen. König **Franz Joseph**, der Namensgeber der ersten Brücke, soll den letzten Nietbolzen persönlich eingeschlagen haben. Nach 1956 wurde der von einem Sammler ergattert und wenig später war auch der Ersatzbolzen verschwunden. Seitdem ist der zweite Nietbolzen unter einer Glasplatte geschützt.

★ FRANZ-LISZT-MUSIKAKADEMIE (LISZT FERENC ZENEMŰVÉSZETI EGYETEM)

Lage: Liszt Ferenc tér 8 | **Metro:** M 1 (Oktogon) | **Straßenbahn:** 4, 6
Besichtigung außer Foyer nur mit Führung (auf Englisch) |
www.zeneakademia.hu | **Eintritt:** 3500 HUF

Die Liste von Schülern und Direktoren liest sich wie ein »Who is Who« der Musikgeschichte. Gegründet wurde die Musikakademie von Franz Liszt, und Béla Bartók, Zoltán Kodály, Görgyy Ligeti, György Kurtág, Ernst von Dohnányi, Péter Eötvös und András Schiff starteten in dieser Musikhochschule von Weltrang ihre Künstlerkarriere. Heute studieren hier die Stars von morgen.

Jugendstil-Perle

Eine echte Augenweide ist das Foyer, ein wahrer Ohrenschmaus sind die Konzerte im Großen Saal mit seiner überragenden Akustik. 1875 gründete Franz Liszt (▶Interessante Menschen) in seiner Wohnung an der ▶Andrássy út eine erste Musikhochschule, Direktor war Ferenc Erkel. Schon bald waren die Räumlichkeiten nicht mehr ausreichend. Die Pläne für ein neues eigenes Haus lieferten die beiden Architekten Flóris Korb und Kálmán Giergl (1003–1907), die schon bei den Klothildenpalästen (▶Ferenciek tere) zusammengearbeitet hatten. Das 1903 bis 1907 errichtete Gebäude gilt als ein Schmuckstück des Jugendstils in Budapest. Vom Haupteingang blickt die von Alajos Stróbl geschaffene bronzene Sitzfigur Franz Liszts herab.

Ganz Auge, ganz Ohr

★ Foyer und Konzertsäle

Für die Besichtigung des **Foyers** braucht man kein Konzert zu besuchen – obgleich dies in Anbetracht der hervorragenden Akustik ein empfehlenswertes Vergnügen ist. Die sehenswerte Dekoration begeistert Jugendstilfans, und mit einer Büste und einer Plastik wird den Komponisten Béla Bartók und Frederic Chopin Referenz erwiesen. Bei Führungen wird auch der **Große Saal** mit der Konzertorgel gezeigt, der bis zu 1200 Zuhörern Platz bietet. Der **Kleine Saal** im ersten Obergeschoss kann etwa 400 Zuhörer aufnehmen und ist weniger pompös gestaltet. Das Jugendstilwandgemälde »Der Jungbrunnen« des Malers Aladár Körösfői-Kriesch hat den Ursprung der Kunst zum Thema. Die Hochschule besitzt die wohl bedeutendste Sammlung ungarischer Musikliteratur.

FRIEDHÖFE

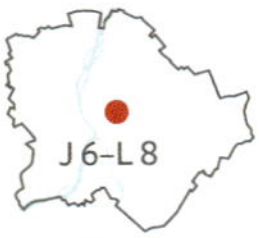

UND SÜDÖSTL. O 12

Viele Gräber auf den Budapester Friedhöfen sind nicht nur letzte Ruhestätte, manche sind ungewöhnlich schön gestaltete Monumente. Einige Grabstätten halten die Erinnerung an prominente Ungarn wach.

Stätte des Gedenkens

Ein Bummel über einen der Budapester Friedhöfe kann gleichzeitig auch ein Gang durch die bewegte Historie der Hauptstadt, ja, des Landes sein. So wurde mitunter auf den Friedhöfen selbst noch Geschichte geschrieben, und manche Grabstätte ist zum Pilgerziel geworden.

Kerepeser Friedhof

VIII. Bezirk, Fiumei út 16 | **Metro:** M 2, M 4 (Keleti pu.) | **Straßenbahn:** 24, 28, 37 | tgl. ab 7 Uhr bis Abenddämmerung, Sepulkralkulturmuseum: Mo.–Do. 9–17 Uhr, Sa. 10–14 Uhr | Eintritt frei

Budapests wichtigster Friedhof

Ruhestätte berühmter Personen

Der Kerepeser Friedhof (Kerepesi temető) ist der Friedhof der Großen der ungarischen Geschichte, Dichter, Künstler, Architekten, Staatsmänner und Politiker. Er ist der größte der ungarischen Hauptstadt und mit seinen zahlreichen eindrucksvollen Grabmonumenten ein außerordentlich sehenswerter Ort. Hier wurden seit Mitte des 19. Jh.s bedeutende Persönlichkeiten des Landes und der Stadt beigesetzt, wie Alajos Hauszmann, Ödön Lechner, Ferenc Erkel. Auch eine Reihe hochgestellter Persönlichkeiten, die im Ausland verstorben und später in die Heimat überführt worden sind, liegen hier begraben, so auch Mihály Graf Károlyi, Präsident der ersten ungarischen Republik. Heute wird auf diesem Friedhof nur in Ausnahmefällen beigesetzt. Zeugnisse besonderer Ehrerbietung sind die Mausoleen für die Politiker Lajos Kossuth, Lajos Batthyány und Ferenc Deák. 1958 wurde das monumentale Pantheon der ungarischen Arbeiterbewegung (Munkásmozgalmi Pantheon) errichtet. Ein kleines **Sepulkralkulturmuseum** (Kegyeleti Múzeum) widmet sich ungarischen Bestattungstraditionen. Zu den Exponaten gehören Trauerkleidung und historische Särge.

Neuer Stadtfriedhof und Jüdischer Friedhof

X. Bezirk (Kőbánya), Kozma út 8 | **Straßenbahn:** 28, 37

Grabstätte von Imre Nagy

Parzelle 301

Der Neue Stadtfriedhof (Új köztemető) liegt weit außerhalb im Stadtteil Kőbánya und ist ein riesiges Areal, auf dem Busse helfen, die Distanzen zu überwinden. Anziehungspunkt ist die berühmt gewordene »Parzelle 301«, in der **die nach dem Volksaufstand 1956 Hingerichteten**, darunter auch ihr Anführer Imre Nagy (▶Interessante Menschen), in einem Gemeinschaftsgrab verscharrt wurden. Am 16. Juni 1989, dem 31. Jahrestag von Nagys Hinrichtung, war der Zeitpunkt seiner Rehabilitierung gekommen, sie wurde mit einem Staatsakt auf dem ▶Heldenplatz und der feierlichen Umbettung der Gebeine in neu geschaffene Grabstätten begangen – für die Ungarn ein bedeutendes Ereignis, das zur erneuten Konfrontation mit der eigenen Geschichte zwang. Nagy, der nur für wenige Tage während des Volksaufstands Ministerpräsident eines freien Ungarn war, setzte man auf Wunsch seiner Tochter wieder in der Parzelle 301 bei.

Jugendstilmausoleum

Jüdischer Friedhof

Ein Denkmal ganz anderer Art finden Besucher auf dem Jüdischen Friedhof (Izraelita temető), dem heute **größten Ungarns**, der sich nördlich an den Neuen Stadtfriedhof anschließt (kein Durchgang). Es handelt sich um das wunderschöne, im Jugendstil gestaltete Mausoleum für die Familie Schmidl, für das Ödön Lechner und Béla Lajta 1902/1903 Entwürfe lieferten. Charakteristisch für den ungarischen Jugendstil sind Fassadenverkleidung mit türkisfarbenen Fliesen und für die ungarische Volkskunst typischen Blumenmuster. Entlang der Friedhofsmauer lassen sich weitere Jugendstil-Mausoleen entdecken.

★ GELLÉRT-BERG (GELLÉRT-HEGY)

Lage: I. und XI. Bezirk | **Metro:** 4 (Szent Gellért tér) | **Straßenbahn:** 19, 41, 47, 49, 56 | **Bus:** 27 (ab Móricz Zsigmond körtér)

Budapest kann sich eines etwa 40 Meter hohen »Flaschenöffners« rühmen. Ahnen Sie, was sich dahinter verbirgt? Oben auf dem Gellért-Berg steht eine schlanke Frauengestalt auf hohem Sockel, die in ihren ausgestreckten Händen ein Palmblatt hält. Sie erinnert an die Befreiung Ungarns durch russische Soldaten nach dem Zweiten Weltkrieg, eine Öffnung zum Frieden.

Heilquellen und Weinreben

Der Gellért-Berg (235 m) ist der markanteste Punkt der Stadtansicht. Nach Osten fällt er steil zur Donau hin ab, seine Westseite ist dagegen in Terrassen abgestuft. Bis zur großen Reblauskatastrophe Ende des 19. Jh.s bedeckten Weinreben die Hänge, deren Gestein ideal für den Weinbau ist und deren natürliches Höhlensystem sich

hervorragend als Weinkeller eignete. Entlang einer geologischen Bruchzone entspringen mehrere Thermalquellen, die das Gellért-Bad und das Rudas-Bad speisen und schon von den Türken in schöne Badehäuser geleitet wurden. Seit Ende des 19. Jh.s ist an den Hängen ein gepflegtes Villenviertel entstanden. Der Berg ist benannt nach **Bischof Gellért**, der zur Zeit Stephans I. (um 974–1038) an der Christianisierung des Landes mitwirkte und 1046 von aufständischen Heiden ermordet wurde.

★ Gellért-Denkmal

Herrliche Ausblicke auf Stadt und Donau

Die Elisabeth-Brücke führt direkt auf den spitzen Felsen zu, auf dem die Statue des Heiligen ihren wirkungsvollen Platz erhielt. 1902 wurde das Bronzestandbild des **Bischofs und Märtyrers Szent Gellért** von Gyula Jankovits geschaffen, umgeben vom Halbrund einer Säulenkolonnade. Unterhalb des Denkmals plätschert ein künstlicher Wasserfall. Um den heiligen Gellért aus der Nähe betrachten zu können, muss man vom Brückenkopf einen Treppenaufgang hochsteigen. Anschließend kann man in ca. 20 Minuten zur Spitze des Gellért-Bergs mit der Zitadelle hinaufgehen – ein steiler, aber lohnender Spazierweg.

Wie ein drohender Zeigefinger

Zitadelle

Die Mitte des 19. Jh.s von den Österreichern erbaute Zitadelle war militärisch damals schon unzeitgemäß und hatte wohl vor allem die Funktion, die habsburgkritische Bevölkerung von Buda und Pest an die Oberherrschaft Österreichs zu erinnern und nach der Revolution von 1848 **vor weiteren Befreiungsversuchen zu warnen**. Heute wird der Komplex touristisch genutzt, mit Hotel, Restaurant und einer Fotoausstellung. Von der Aussichtsplattform an der Zufahrtsstraße hat man einen überwältigenden Ausblick.

Der Flaschenöffner – ein Wahrzeichen von Budapest

Befreiungsdenkmal

Der ungarische Bildhauer Zsigmond Kisfaludy Stróbel schuf 1947 das Befreiungsdenkmal (Szabadság szobor) zu Ehren der im Zweiten Weltkrieg im Kampf gegen die Faschisten gefallenen sowjetischen Soldaten. Zentrum ist die **Frau mit dem Palmblatt** als Friedenszeichen, flankiert vom »Drachentöter« (Zerstörung) und der »Flamme der Freiheit« (Fortschritt). Ursprünglich stand zwischen ihnen noch ein fahnentragender sowjetischer Soldat, der dem Blick der neuen Zeit nicht standgehalten hat und heute im ▶Memento Park zu sehen ist.

BADEN WIE EIN PASCHA

Unter einer hohen Sternenkuppel im warmen Thermalwasser liegend, verliert sich die Zeit. Alles relativiert sich, und übrig bleibt die Frage, in welches Becken man wechseln soll – in das mit 16 Grad, in das mit 42 Grad oder eines dazwischen? Das Rudas Bad geht tatsächlich auf einen echten Pascha zurück, Mustafa Sokollu hatte den Bau im 16. Jahrhundert veranlasst. Dass Frauen und Männer heute gemeinsam baden, wäre ihm sicher suspekt gewesen.

THERMAL-METROPOLE BUDAPEST

Nirgendwo sonst in Festland-Europa sprudeln so viele Thermalquellen aus dem Untergrund wie in Budapest. Entlang einer Störungszone, die vom Gellért-Berg im Südwesten der Stadt bis zur Nordspitze der Margareteninsel verläuft, zählt man über 120 Thermalquellen, aus denen täglich insgesamt bis zu 70 Mio. Liter Mineralwasser austreten. Die 20–78 °C warmen Wässer zeigen eine starke hydrochemische Differenzierung. Mit ihnen werden z. Zt. 21 Bäder gespeist, darunter 10 Heilbäder mit Trinkhallen und balneologischen Abteilungen.

▶ **János-Molnár-Höhle (Molnár János barlang)**
Gegenüber dem Lukács-Bad liegt der Mühlteich (Malom-tó) der ehemaligen türkischen Pulvermühle. Dieser Teich speist die beiden benachbarten Heilbäder Lukács fürdő und Király fürdő. Und dies ist auch der Quellteich des nur Tauchern zugänglichen Thermalwasser-Höhlensystems, das zu den größten bislang bekannten seiner Art gehört.

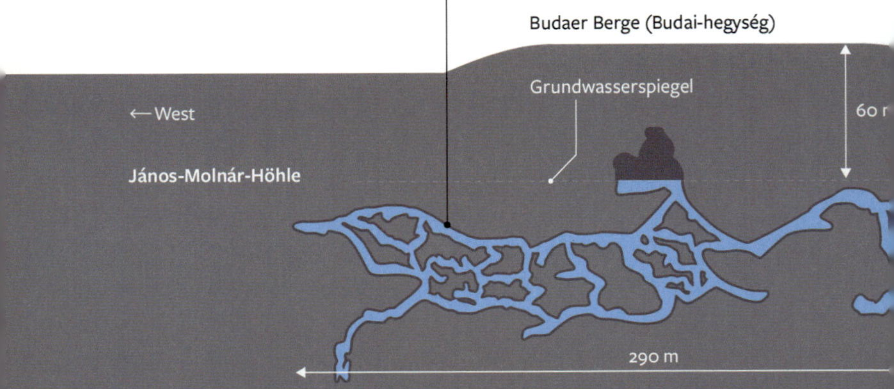

▶ Gellért-Bad

Die Heilwässer der Gellért-Bads quellen aus dem Innern des Gellért-Bergs. Sie enthalten Kalzium, Magnesium, Hydrogenkarbonat, Natrium, Sulfat, Chlorid und Fluorid. Die Wässer helfen u.a. bei Gelenk- und Wirbelsäulenerkrankungen, rheumatischen Erkrankungen, Neuralgien, Kreislaufstörungen und Erkrankungen der Atmungsorgane.

▶ Wasserkomponenten

Nur rund ein Tausendstel eines Liters entfällt auf andere Inhaltsstoffe als Wasser. Die durchschnittliche stoffliche Zusammensetzung des Heilwassers des Heilbades auf der Margareteninsel:

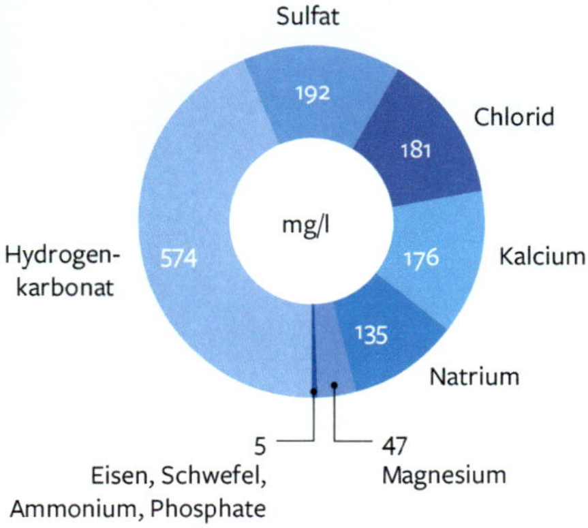

▶ Entstehung von Mineralwasser

Mineralwasser entsteht aus Niederschlägen, die in den Untergrund sickern. Das Wasser wandert durch verschiedene geologische Schichten. Es nimmt dabei Mineralien und Spurenelemente auf. Mit zunehmender Tiefe erwärmt sich das Wasser. Zudem reichert es sich im Untergrund von Budapest mit Kohlensäure an, die entlang von Verwerfungen aus der tieferen Erdkruste als Folge von Magmatismus aufsteigt.

Am Südhang

Jubiläumspark

Mit einem großen Kinderspielplatz, Grünflächen und Spazierwegen zieht der Jubileumi Park an schönen Tagen immer viele Besucher an. Im Park stehen einige qualitätvolle Plastiken, darunter auch die Arbeit »Budapest« von István Kiss.

Die warmen Heilquellen

★ Rudas-Bad

Am Fuß des Gellért-Bergs lädt das alte Rudas-Bad (Rudas fürdő) zu einem Besuch ein. Die Thermalquellen wurden schon im Mittelalter genutzt, damals entstand ein erstes Badehaus. Im 16. Jh. bauten die Türken die Anlage aus. Aus jener Zeit ist der **typische Kuppelbau mit dem achteckigen Hauptraum** erhalten. Im osmanischen Thermalbad sind nur Männer zugelassen; Ausnahmen sind der Frauenbadetag dienstags und die Badevergnügen für Frauen und Männer freitagnachts und an Wochenenden. Das Schwimmbad und die moderne Wellnessabteilung können alle gemeinsam nutzen.

Döbrentei tér 9 | tgl. 6–20, Fr., Sa. auch 22–4 Uhr

In die Höhle gebaut

Felsenkapelle

Ihr Standort hat Seltenheitswert: Das Innere der Gellért-Höhle wurde in den Jahren 1924 bis 1931 durch Sprengungen vergrößert und als Felsenkirche ausgebaut. 1934 wurde die Kapelle vom **Paulinerorden** übernommen; die Mönche errichteten ein kleines neoromanisches Kloster, das an die Bergwand geklebt zu sein scheint. Der seit dem 14. Jh. in Ungarn tätige Orden war 1786 von Joseph II. aufgelöst worden und wurde erst 1931 wieder zugelassen. Nachdem die Kommunisten ihn zu Beginn der 1950er-Jahre erneut aufgelöst hatten, wurde die Grotte zugemauert und das Kloster Unterkunft für **Ballettschüler**. Nach der Rückgabe an den Orden konnte die Felsenkapelle (Szikla kapolna) 1992 ihre Tore wieder öffnen. In den Gängen findet man Kapellen und Andachtsplätze – im Sommer ist dies ein schöner kühler Ort.

Messen: tgl. 11, 17 und 20, So. 9.30 und 10.30 Uhr (keine Besichtigung)

★★ Gellért-Bad und Hotel

Tgl. 6–20 Uhr | www.gellertfurdo.hu

Selfie im Jugendstilbad

Auf der Gästeliste

Unter den Badegästen waren **Berühmtheiten** wie Präsident Nixon, der Prinz von Wales und Yehudi Menuhin. Auch die niederländische Königin Juliana wird sich der Badefreuden nicht enthalten haben, als sie im angeschlossenen Hotel ihre Flitterwochen verbrachte. Ungarische Persönlichkeiten aus Kunst und Politik der 1930er-Jahre hat der Fotograf Sándor Pusztai mit der Kamera festgehalten, der hier als Bademeister arbeitete. Heute verewigt sich jeder selbst in der prächtigen Jugendstilarchitektur des Gellért-Bads (Gellért fürdő).

Ein Bad und Baudenkmal, das seinesgleichen sucht

Gebäudekomplex

Der schönste Anblick auf das palastartige Gebäude mit seinen Türmchen und der Großen Kuppel bietet sich von der Freiheitsbrücke (►Fővám tér), vor allem in der Dunkelheit, wenn es **im Lichterglanz** erstrahlt. Der berühmte Heilbadkomplex ist ein bedeutendes Baudenkmal des Jugendstils in der ungarischen Hauptstadt und eine wunderbare Badeoase (►Das ist Budapest, S. 29).

Wellenmaschine von 1927

Geschichte des Bades

Bereits im 13. Jh. stand hier ein Krankenhaus, in dem die Thermalwasser des Gellért-Bergs für Behandlungen eingesetzt wurden. Auch die Türken nutzten die heilende Wirkung des Wassers, das laut einem Bericht des Chronisten Evliya Çelebi gegen die »Französische Krankheit«, besser bekannt als Syphilis, half. Heutige **Indikationen** sind Gelenkerkrankungen, Bandscheibenvorfälle und Kreislaufstörungen. 1832 entstand ein **erstes luxuriöseres Gemeinschaftsbad** für 200 Badegäste, das aber schon 1894 mit dem beginnenden Bau der Freiheitsbrücke abgerissen wurde. Das heutige Bad wurde zwischen 1911 bis 1918 nach Plänen von Ármin Hegedűs, Artúr Sebestyén und Izidor Stark im späten Sezessionsstil errichtet und vereint Hotel und Thermalbad unter einem Dach.

Wer die wohltemperierten Wasser des Gellért-Bads genießt, wandelt auf den Spuren großer Berühmtheiten.

Der opulent gestaltete Eingang zum Thermalbad liegt an der schmalen Kelenhegy út, während Hotel und Café auf den Szent Gellért tér ausgerichtet sind. Es gibt einen Thermaltrakt, in dem auch Schlammpackungen, Massagen und Wannenbäder angeboten werden. 1927 entstand die Gartenanlage mit dem Wellenbad – die ursprüngliche Wellenmaschine ist heute noch in Betrieb! –, 1934 wurde der ehemalige Wintergarten in eine Schwimmhalle mit Sprudelbad ausgebaut. Trotz Modernisierungen blieb das Jugendstilflair bewahrt.
Einen guten Eindruck bekommt man im **Eingangsbereich**, der auch für »Nichtschwimmer« öffentlich zugänglich ist. Durch das Portal, flankiert von Allegorien der Heilung, gelangt man durch eine mosaikengeschmückte Vorhalle in die 74 m lange, von einem farbigen Glasdach überspannte Haupthalle. Publikumsliebling ist die Figur der Venus vor einem bunten Wandmosaik von Adolf Huszár.

★ GÖDÖLLŐ

Lage: 25 km östlich von Budapest | **Anfahrt:** Auto über die M 3; Metro 2 bis Örs vezér tere, dann Vorortbahn HÉV 8 bis Gödöllő, Szabadság tér

AUSFLUGSZIEL

Wer sich nach Gödöllő aufmacht, tut dies seines Schlosses wegen, und das vor allem, weil Kaiserin Sisi gerne dort weilte. Gödöllő ist Ungarns schönstes Barockschloss. Der Park lädt zum Entspannen ein, und das Barocktheater mit seiner original erhaltenen Bühnenmechanik lässt Besucher staunen.

Sisis Sommerschloss

Sisi mochte Gödöllő – lieber als ihre Wiener Residenz. Ungarn hatte das Schloss 1867, nach dem Österreichisch-Ungarischen Ausgleich, seinem Herrscherpaar Franz Joseph und Elisabeth als Sommersitz vermacht, und noch heute erinnert jedes Jahr eine um den 8. Juni wiederholte Krönungszeremonie an die Ereignisse (►Das ist Budapest, S. 18). Prunksäle, Salons und Gemächer wie das Ankleidezimmer von Sisi sind Teil des Schlossmuseums, das Einblick in das luxuriöse Leben des Adels im 18./19. Jh. gibt. Eine Elisabeth-Gedenkausstellung ist Leben und Tod der in Ungarn hoch verehrten Herrscherin gewidmet.

★ Schloss Gödöllő

»Grassalkovich-Typ«
Ein weitläufiger Park umgibt das mitten in der Stadt gelegene Barockschloss (Gödöllői Királyi Kastély) des Fürsten Antal Grassalkovich, der es 1744 bis 1748 in unmittelbarer Nähe seiner Ländereien errichten ließ. Die Pläne für die Residenz hat der berühmte Baumeister **Andreas**

Mayerhoffer geliefert. Zunächst entstand eine dreiflügelige Anlage mit Schlosskapelle. Diese Bauform diente im 18. Jh. vielen Adelsschlössern in Ungarn als Vorbild, sodass man auch vom Grassalkovich-Typ spricht. Später wurden in Gödöllő weitere Flügel angebaut. Das **Barocktheater** im Südflügel, das über einzigartige Originalkulissen und eine noch funktionierende originale Bühnenmechanik verfügt, kann im Rahmen der Aufführungen und mit Führung besichtigt werden.
1. April – 4. Nov. Mo.–Do. 10–17, Fr.–So. 10–18 Uhr, freier Zutritt zum Park | Eintritt: 2600 HUF | Infos: www.kiralyikastely.hu

Künstlerkolonie

Kunst in Gödöllő

Nicht nur Sisi zog es nach Gödöllő. Eine Ausstellung im **Stadtmuseum** informiert über eine 1901 von **Aladár Körösfői-Kriesch** gegründete Künstlerkolonie, die zwar nur 19 Jahre bestand, aber als Wegweiser des ungarischen Sezessionsstil gilt. In der Körösfői-Kriesch utca 34–36 sind zwei **Atelierhäuser** zu sehen (nur von außen), die István Medgyaszay um 1905 für die Künstler Sándor Nagy und Leó Belmonte in einer Mischung aus Moderne und Volkskunst gestaltete. Für Kunstinteressierte lohnt sich auch ein Blick in die Aula der Agraruniversität (Páter Károly utca 1). Hier schuf der 1909 als Imre Tóth geborene ungarische Künstler **Amerigo Tot** (▶Budaer Burg, Táncsics Mihály utca) in den 1970er-Jahren ein gigantisches Bronzerelief.
Stadtmuseum (Gödöllői Városi Múzeum): Szabadszág tér 5 | Mi.–So. 10–16 Uhr | www.godolloimuzeum.hu

★★ GROSSE SYNAGOGE (NAGY ZSINAGÓGA)

Lage: VII., Dohány utca 2 | **Metro:** M 1, M 2, M 3 | **Trolleybus:** 74 | **Bus:** 5, 7, 8, 9, 16 | **Straßenbahn:** 47, 49 | **Synagoge und Museum:** tgl. außer Sa.: März, April u. Okt. 10–16, Fr. bis 14, Ende April – Ende Sept. 10–20, Fr. bis 16, Ende Okt. bis Ende Feb. 10–16, Fr. bis 14 Uhr (an einigen Feiertagen bleibt die Synagoge geschl.), Infos: **www.jewishtourhungary.com** | **Eintritt:** 4000 HUF (inkl. Führung) | **www.milev.hu** (Museum)

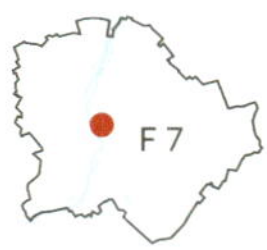

Ein Denkmal für die glorreiche Geschichte der jüdischen Gemeinde in Budapest, die mit dem Holocaust einen tödlichen Stoß versetzt bekam und doch wieder wie Phönix aus der Asche aufstieg: Wie ein stolzes Schiff erhebt sich die Große Synagoge mit ihren zwei polygonalen Türmen aus dem Trubel des Alltags.

Berühmte Besucher

Der Fotograf Robert Capa, die Schauspielerin Zsa Zsa Gábor, der Satiriker Ephraim Kishon, Ernő Rubik, der Erfinder des gleichnamigen Zauberwürfels, der Literaturnobelpreisträger Imre Kertész, der Filmemacher István Szabó und Michael Curtiz, der Produzent von »Casablanca« – sie alle wurden in jüdische Familien in Budapest geboren und kannten oder kennen die Große Synagoge. Auch der Hollywood-Star Tony Curtis hatte ungarische Wurzeln und trug mit großzügigen Spenden zur Restaurierung und zum Erhalt der Großen Synagoge bei.

Im »Synagogen-Dreieck«

Standort

Die aufgrund ihrer Lage direkt an der Dohány utca (Tabakgasse) scherzhaft auch **Tabaksynagoge** genannte Große Synagoge (Nagy oder Dohány zsinagóga) nimmt zusammen mit dem Museumsgebäude und dem Garten ein nahezu dreieckiges Gelände ein, das mit einer Spitze auf den Herzl Tivadar tér zeigt. Im Schutz der Synagoge liegt die **Elisabethstadt** (Erzsébetváros), das **jüdische Viertel**, das heute eines der beliebtesten und lebendigsten Ausgehviertel ist. Auftraggeber war die liberale jüdische Gemeinde. Die orthodoxen Juden errichteten später eine eigene Synagoge an der nahen Kazinczy utca (s. u.) und eine zwischen diesen beiden stehende Gruppierung, die Status-quo-Gemeinde, ließ sich die Rumbach-Synagoge bauen (s. u.) – dadurch entstand hier das »Synagogen-Dreieck«.

GROSSE SYNAGOGE

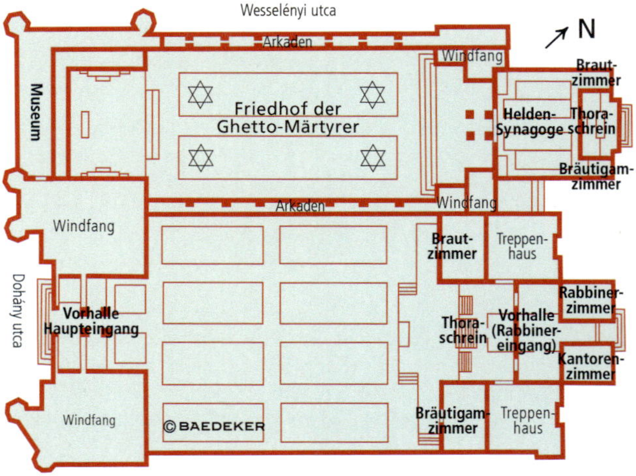

Der Innenraum ist überwältigend

Das Bauwerk

Das repräsentative jüdische Gebetshaus mit den hohen Türmen entstand zwischen 1854 und 1859 nach Plänen des Wiener Architekten Ludwig Förster im **neomaurisch-byzantinischen Stil** (▶Das ist Budapest, S. 14). Das Innere der Synagoge ist atemberaubend, hier haben rund 3000 Menschen Platz. An den Längsseiten sind Doppelemporen für Frauen installiert. Zierliche Säulen aus Gusseisen bilden das filigrane Tragwerk des weiten dreischiffigen Raums. An der prächtigen Orgel spielten so namhafte Musiker wie **Franz Liszt** (▶Interessante Menschen) und **Camille Saint-Saëns**.

Wichtige Sammlung jüdischer Sakralkunst

★ Jüdisches Museum

Neben der Großen Synagoge wurde an eben der Stelle, an der einst das **Geburtshaus von Theodor Herzl** (▶Interessante Menschen) stand, 1929/1930 das Jüdische Museum (Zsidó Múzeum) errichtet. Es beherbergt eine der umfangreichsten Sammlungen von Sakralkunst des mitteleuropäischen Judentums, darunter wertvolle Thora- und Talmud-Schriften, Chanukka-Leuchter und sakrale Gegenstände, die bei festlichen Anlässen Verwendung fanden. In einem gesonderten Raum sind Fotos und Zeitungsartikel zum Holocaust ausgestellt.

Gedenkgarten

★ Raoul Wallenberg Holocaust Memorial Park

Im Garten der Synagoge erinnert ein **Friedhof** an die Märtyrer des Budapester Ghettos. Mehrere tausend Menschen kamen 1944 innerhalb des Ghettos um, konnten aber nicht auf einem Friedhof beigesetzt werden. Nach der Befreiung durch die Rote Armee im Januar 1945 wurden sie – nur wenige mit Namen identifiziert – hier bestattet.

An der Stirnseite des Märtyrerfriedhofs steht eine kleinere **Heldensynagoge**, ebenfalls im orientalischen Stil, die in den 1930er-Jahren für die 10 000 im Ersten Weltkrieg gefallenen ungarisch-jüdischen Soldaten gebaut worden ist. Ihre Familien sollten keine zwanzig Jahre später zu Opfern des Holocaust werden.

1992 wurde das von Imre Varga geschaffene Denkmal für die Opfer des ungarischen Holocaust eingeweiht: eine **»Trauerweide«**, auf deren Blättern – kleinen Täfelchen aus Metall – die Namen der jüdischen Opfer des Faschismus eingraviert sind. Noch heute kann man Namen eintragen lassen.

Eine im Fussboden eingelassene Marmorplatte erinnert an jene 24 bekannten mutigen Helfer, die jüdische Bürger mit falschen Papieren ausstatteten oder versteckten, darunter der schwedische Diplomat **Raoul Wallenberg** und der Schweizer Konsul **Carl Lutz** (▶Baedeker Wissen, S. 100). Von Optimismus zeugt die Glasstele von Klara Szilárd (2003), die ein kleines Licht jenseits der Dunkelheit andeutet.

ממזרח שמש עד מבואו מהלל שם יי

Rund um die Große Synagoge

Gotteshaus der chassidischen Gemeinde

Orthodoxe Synagoge

Die chassidische Gemeinde fand in der von Béla und Sándor Löffler im Jugendstil errichteten Orthodoxen Synagoge an der Kazinczy utca ihr neues Zuhause. Auch ihr Inneres ist beeindruckend, der Raum ist **in lichtem Blau** gehalten. An den Säulen des Thoraschreins kann man die bekannte grüne Eosinglasur der Firma Zsolnay bewundern. Angeschlossen sind ein Gemeindehaus, eine orthodoxe Schule und das für jeden offen stehende koschere Restaurant »Hanna«.

Zugang neben Dob utca Nr. 35 (Hinterhof) | März - Okt. So.-Do. 10 bis 18, Fr. bis 16, Nov. - Feb. So.-Do. 10-16, Fr. bis 13 Uhr | Eintritt: 1000 HUF

Für die Status-quo-Gemeinde

Rumbach-Synagoge

Die um 1870 errichtete Rumbach Synagoge steht unter Denkmalschutz und kurz vor ihrer Wiederherstellung. **Otto Wagner**, ihr Architekt, wurde später der Hauptvertreter der Wiener Sezession. Nun wartet noch der jüdische Tempel in der Vasvári Pál utca (Nr. 5) in einem Hinterhof auf die Renovierung.

Rumbach utca Nr. 11-13

Budapester Ghetto

Jüdisches Viertel

Hinter der Großen Synagoge liegt das alte jüdische Viertel. Zwischen der Dohány utca und der Dob utca befand sich das im November 1944 von den Faschisten eingerichtete Budapester Ghetto, in dem 80 000 Menschen eingepfercht unter unmenschlichen Bedingungen hausten und der Willkür ausgesetzt waren. Am 18. Januar 1945 wurde es – gerade noch rechtzeitig vor der geplanten Deportation – von der Roten Armee befreit. Ein **Plan des Ghettos** ist an der Memorial Wall in der Dohány utca Nr. 34 zu sehen. Die Akácfa utca hinter der Markthalle am Klauzál tér bildete die östliche Begrenzung. Der Zugang zum Ghetto befand sich in der Dob utca, an der Stelle, an der heute ein Denkmal an den schweizerischen Konsul Carl Lutz erinnert (vor Nr. 10). Dank ihm und anderen Helfern konnten Zehntausende von zumeist Budapester Juden vor den Übergriffen faschistischer Schergen bewahrt werden (►Baedeker Wissen, S. 100). Nach der Befreiung durch die Rote Armee hatten von 825 000 Juden in ganz Ungarn nur 204 000 überlebt, die meisten in Budapest. Mit dem **Kommunismus** begannen für die Überlebenden **neue Repressalien**, eine Religionsausübung war verboten und Bürger der Bourgeoisie hatten keinen Zugang zu den Universitäten oder wurden als Landarbeiter umgesiedelt. Viele Juden wanderten aus. Heute zählt die jüdische Gemeinde in Budapest rund 100 000 Mitglieder.

Die Große Synagoge: Etwa 3000 Menschen finden in dem fantastischen Raum Platz.

VOM ÜBERLEBEN

Jahrhundertelang hat die jüdische Gemeinde Budapest geprägt. Vor allem gegen Ende des 19. Jh.s trug sie zur kulturellen und wirtschaftlichen Blüte der Donaumetropole bei. In der nach der österreichischen Kaiserin und ungarischen Königin Sisi benannten Elisabethstadt, in der sich im Zweiten Weltkrieg das Ghetto befand, sind jüdische Kultur und Lebensart – trotz des Versuchs der Nazis, diese auszulöschen – bis heute lebendig.

Das ganze Grauen des Holocaust enthüllen die Zahlen, die von der Effizienz der nationalsozialistischen Vernichtungsmaschinerie zeugen: Mehr als 500 000 der 825 000 ungarischen Juden wurden in Auschwitz ermordet. Etwa 200 000 von ihnen lebten bei Kriegsbeginn in Budapest. Denn noch im ausgehenden 19. Jh. hatte die Stadt geradezu magnetische Wirkung auf Juden aus dem ländlichen Ungarn wegen der liberaleren Gesetze zu Grunderwerb und Berufsausübung sowie ihres weltoffenen Flairs.
Rasch passten sich die Zugezogenen dem großstädtischen Lebensstil an. Wie in anderen europäischen Städten prägten die Juden in besonderem Maß die Entwicklung. Noch Anfang des 20. Jh.s war das Klima relativ frei von Ressentiments: Juden arbeiteten als Handwerker und Kaufleute, betrieben Restaurants, Cafés und kulturelle Einrichtungen.

Im Ghetto

Und wie überall in Europa mochten die meisten von ihnen kaum glauben, was vor sich ging. Doch im November 1944 errichteten die Nazis in der Elisabethstadt, seit Mitte des 19. Jh.s ein jüdisch geprägter Stadtteil, hinter Bretterzäunen ein Ghetto. Dort wurden 2600 Gebäude als »Sternhäuser« gekennzeichnet und Juden aus der ganzen Stadt als Wohnung zugewiesen. Mehr als 80 000 Menschen lebten hier auf engstem Raum. Ein weiteres Ghetto befand sich im XIII. Bezirk, in Neu-Leopoldstadt. In den Ghettos und am Donauufer brachten ungarische Pfeilkreuzler viele Tausend Juden um, die vor der Ermordung ihre Kleidung ablegen mussten. Seit 2005 erinnern **sechzig Paar Bronzeschuhe am Donauufer** an die Opfer der Erschießungskommandos, sie scheinen wie ein letztes Lebenszeichen (Abb. ►S. 156). Das Werk von Gyula Pauer und Cal Togay ist direkt am Flussufer in der Nähe des Parlaments zu sehen.
Tausende Budapester Juden verdankten ihr Überleben couragierten Helfern wie dem **Schweizer Konsul Carl Lutz** und dem schwedischen Diplomaten **Raoul Wallenberg**. Sie stellten gefälschte Pässe aus und kauften etliche Häuser in Budapest auf, die sie als ihr Hoheitsgebiet betrachteten – eines dieser Schutzhäuser ist das sogenannte Glashaus in der Vadász utca 29 im V. Bezirk.
Raoul Wallenberg gab jeder Familie einen Schutzpass, die eine Verbindung nach Schweden nachweisen konnte – und sei es mittels einer abgeschriebenen Adresse aus den in der Hauptpost erhältlichen schwedischen Telefonbüchern. Wallenberg war am 9. Juli 1944 mit zwei Rucksäcken, einem Schlafsack und einem Revolver in Budapest eingetroffen. 1945 wurde er von den Sowjets

Im Frühsommer 1944 wurden Hunderttausende ungarische Juden nach Auschwitz deportiert.

nach Moskau verschleppt und verhaftet. Danach verliert sich seine Spur. Der Spionage bezichtigt, soll er noch Jahre in Gefängnissen gelebt haben, sein Schicksal konnte aber nie richtig geklärt werden. Posthum wurde er vielfach für seine Verdienste ausgezeichnet, so 1966 mit dem Titel »Gerechter unter den Völkern« in Yad Vashem. In Budapest wurde ein von Imre Varga gearbeitetes Denkmal für ihn aufgestellt (II. Bezirk, Szilágyi Erzsébet fasor / Nagyajtai utca).

Lange Geschichte

Das Judentum in Budapest blickt auf eine lange Geschichte zurück: Im 11. Jh. erhielten Juden von Béla IV. ein verbrieftes Recht auf **freie Ausübung ihrer Religion**. Ab dem 13. Jh. waren sie als Kämmerer mit den finanziellen Angelegenheiten der Monarchen betraut. In der Budaer Burg befand sich seinerzeit auch die Präge, Herzstück des sich entwickelnden jüdischen Viertels. Ende des 18. Jh.s wechselte die jüdische Gemeinde nach Pest, wo zwischen 1854 und 1859 in der heutigen Dohány utca die Große Synagoge entstand.

Im 21. Jahrhundert

Heute leben rund 100 000 Juden in Budapest, viele in der **Elisabethstadt**, dem VII. Stadtbezirk. Zwar wurde in der Ära des Sozialismus wenig getan, um die einst bourgeoise Bausubstanz zu erhalten; vielmehr wurden die großzügig geschnittenen Wohnungen wieder und wieder unterteilt und erst doppelt, später vielfach belegt. Doch der Stadtteil mit den verschachtelten Innen-, Zwischen- und Hinterhöfen entfaltet eine **ganz eigene Atmosphäre**. Rund um den Klauzál-Platz und in den umliegenden Straßen kann man koschere Spezialitäten probieren. Koschere Restaurants und Metzgereien, Veranstaltungen wie das Jüdische Kulturfestival und die Synagogen zeugen von einer lebendigen, liebevoll gepflegten Kultur. Ein **Museum** gibt Einblick in die jüdische Kultur und Geschichte. In Ostmitteleuropa einmalig ist das **Rabbinerseminar** (VIII., József körút). Die Rabbinerausbildung hat alle Repressionen überlebt und zeigt heute, dass das jüdische Leben in Budapest und der Region eine Zukunft hat.

Ruinenkneipen und Gozsdu-Hof

Zwischen jüdischer Renaissance und hippem Nachtleben
Rund um die Wesselényi utca und die Dob utca kann man koschere Lebensmittel erstehen, Klezmer-Konzerte hören, hervorragende Weine kosten und jüdische Spezialitäten genießen.
Kult sind die ungewöhnlichen **Ruinenkneipen**, wie der Szimpla Kert (Kazinczy utca Nr. 14), in dem sonntags ein Bio-Bauernmarkt abgehalten wird. Im Ruinencafé Ankert (Paula utca 33) gibt es einen Vegan-Markt. Attraktiv und höchst beliebt ist der **Gozsdu-Hof** (Gozsdu Udvar) zwischen Dob utca Nr. 16 und Király utca Nr. 13 mit Cafés und Restaurants. Hier reihen sich sechs Höfe aneinander, die die Gozsdu-Stiftung 1902 bauen ließ. Heute erinnert sonntags ein Handwerkermarkt (April – Okt.) an die früheren kleinen Werkstätten und Läden. Inzwischen haben Investoren die Elisabethstadt entdeckt, und der alte Streit um den Abriss der alten Bausubstanz zugunsten einer völligen Modernisierung ist neu beheizt worden.

GROSSER RING
(NAGYKÖRÚT)

Metro: 1, 2, 3, 4 | **Straßenbahn:** 4, 6

Die Anlage der Pester Innenstadt gleicht einem Spinnennetz. Große Radialstraßen verlaufen sternförmig nach außen und kreuzen drei Ringe: Der mittlere ist der Große Ring, der innere der Kleine Ring und der äußere hinter dem Stadtwäldchen ist eine touristisch uninteressante Verkehrsader.

»Kaiserlicher« Boulevard

Der über vier Kilometer lange Große Ring führt vom östlichen Brückenkopf der Margaretenbrücke (Margit híd) halbkreisförmig um die Pester City zum östlichen Brückenkopf der Petőfi-Brücke, er folgt dem Verlauf eines zugeschütteten Donauarms. 1896 wurde er dem Verkehr übergeben und präsentiert sich bis heute in einer architektonischen Geschlossenheit des Fin-de-Siècle, der prächtigste Abschnitt ist der Erzsébet körút. Mit Ausnahme des Szent István körút sind die einzelnen Abschnitte nach Mitgliedern des österreichischen Kaiserhauses benannt: Teréz körút, Erzsébet körút, József körút, Ferenc körút.

Szent István körút

Lustspielhaus am St.-Stephans-Ring
Der Szent István körút, der nördlichste Abschnitt des Großen Rings, beginnt am Jászai Mari tér, der nach der Schauspielerin Mari Jászai (1850–1926) benannt wurde. Glanzpunkt dieses Abschnitts ist das

nach schweren Kriegsschäden wieder aufgebaute Vigszínház (Lustspielhaus; Nr. 14), das in den 1890er-Jahren nach Plänen des Büros Fellner & Helmer aus Wien realisiert wurde.

Zeitsprung – ein Blick in die alte Bahnhofswelt

★ Westbahnhof

1846 startete vom Westbahnhof (Nyugati pályaudvar) Ungarns erster Zug. Der heute denkmalgeschützte Bahnhof ist neben der Markthalle **das bedeutendste und vielleicht schönste Beispiel für Eisengussarchitektur** in der ungarischen Hauptstadt. Die Pläne für die seinerzeit hochmoderne Konstruktion lieferte die **Firma Eiffel** in Paris. Die verglaste Bahnsteighalle wird von Stützen aus Gusseisen getragen, wie man sie bei den Glaspalästen in London und München entwickelt hatte. Ein Blick ins Innere der Bahnhofshalle lohnt sich, denn hier scheint die Zeit stehengeblieben zu sein. Als Bahnhof ist der Nyugati pályaudvar noch immer nur für den Inlandverkehr von Bedeutung.

BAEDEKER MAGISCHE MOMENTE

KAFFEEHAUS NEW YORK

Die ideale Adresse für Kaffeegenuss und Zeitreise. Schon beim Betreten wird man von Gold und rotem Plüsch, von Spiegeln, schweren Kronleuchtern, Stuck und Säulen überwältigt. Man sollte sich Zeit lassen für seinen Kaffee, um in all der Pracht etwas vom Fluidum zu erahnen, das das Café einst als ein führender Literatentreff hatte. Gut möglich, dass auch Thomas Mann zu den Gästen zählte.

Noble Hotels und altes Künstlercafé

Erzsébet körút

Vom Westbahnhof führt der Teréz körút (Theresien-Ring) zum Erzsébet körút (Elisabeth-Ring), an dem einige bemerkenswerte Bauten stehen: Prächtig ist das luxuriöse **Corinthia Hotel** (Nr. 43–49) mit wunderschöner Jugendstilfassade. Das **Madách-Theater** (Nr. 29 bis 33) wenige Meter weiter ist ein beliebtes Musical-Theater. Von dem Theaterarchitekten Oskar Kaufmann realisiert, wurde es 1961 eröffnet. Der Turm des **New York Palace Hotels** ist schon von Weitem zu sehen, das Gebäude hat seinen Namen von der Versicherungsgesellschaft »New York«, die es sich Ende des 19. Jh.s bauen ließ. Das faszinierende Innere lässt sich gut im neobarocken **Café New York** begutachten, das in den ersten drei Jahrzehnten des 20. Jh.s Künstler- und Literatentreff war, der »Szenetreff« schlechthin. Es war weit über Ungarn hinaus bekannt (▶Das ist Budapest, S. 10).

Kindergang im VIII. Bezirk

József körút und Ferenc körút

Jenseits des Blaha Lujza tér geht es am József körút im VIII. Stadtbezirk bescheidener zu. Allein wegen seiner Architektur ist das etwas zurückgesetzte **Corvin Mozi** an der Kreuzung Corvinnegyed interessant, das 1923 eröffnete Kino war seinerzeit das größte der Stadt und 1956 ein Zentrum des Widerstands. In der seitlichen Práter utca (Nr. 11) erinnert eine Figurengruppe an den hier in der Józsefváros (Josefstadt) angesiedelten Jugendroman **»Die Jungen von der Paulstraße«** von Franz Molnár (1906), in dem zwei Kinderbanden gegeneinander kämpfen.

Mitten durch den IX. Stadtbezirk, die Ferencváros (Franzensstadt), verläuft das letzte Teilstück des Großen Rings, der Ferenc körút, der nach dem österreichischen Kaiser Franz I. benannt wurde.

Südlich des Großen Rings

500 000 Namen

Holocaust-Gedenkzentrum

Vom Ring sind es nur wenige Meter bis zur Ecke Tőzoltó/Páva utca. Seit 2004 gibt es hier das Holocaust-Gedenkzentrum (Holokauszt Emlékközpont), **das erste Holocaust-Museum Osteuropas**. Es besteht aus den modernen, großenteils unterirdischen Ausstellungsräumen des ungarischen Architekten István Mányi und einer 1924 fertiggestellten Synagoge des Architekten Leopold Baumhorn. Im Hof wurde eine schwarze Gedenkwand aufgestellt, auf der nach und nach die Namen der über 500 000 ungarischen Holocaust-Opfer eingraviert werden.

Páva St. 39 | Di.–So. 10–18 Uhr | Eintritt: 1400 HUF | www.hdke.hu

Bitterer Magenschmeichler: bitte probieren!

Zwack-Museum

Die Geschichte des Unternehmens Zwack geht auf eine Äußerung von Kaiser Joseph II. zurück. Dem wurde von seinem Hofarzt Zwack

ein Magenbitter verabreicht und er soll daraufhin ausgerufen haben: »Das ist ein **Unicum**!« Unter diesem Namen vertreibt das Familienunternehmen seit Mitte des 19. Jh.s **Ungarns bekanntesten Kräuterschnaps**. In den alten Werksräumen präsentieren eine Ausstellung und ein Film die wechselvolle Firmengeschichte. Wer den Magenschmeichler nicht kennt, sollte ihn unbedingt probieren!
Eingang: Dandár utca 1 | Mo.–Sa. 10–17 Uhr | Eintritt: 2000 HUF
www.zwack.hu

★★ HELDENPLATZ (HŐSÖK TERE)

Metro: M 1 (Hősök tere) | **Trolleybus:** 75, 79 | **Bus:** 20, 30, 105

Einen Platz von dieser Größe hat ganz Deutschland nicht zu bieten – er ist ein Manifest der ungarischen Identität, der Gründung Ungarns, die in dem imposanten Millenniumsdenkmal in der Mitte dargestellt wird. Und obwohl jede Reisegruppe und jede Stadtrundfahrt hier Station macht, wirkt er nie überfüllt.

Wer stiehlt wem die Show? Fahrradakrobat und Árpáden-Könige am Heldenplatz

Öffentliche Statements

Er war Bühne für die einschneidendsten Ereignisse: Auf dem Heldenplatz zertrümmerten die Ungarn während der Revolution 1918/1919 das Standbild von Kaiser Franz Joseph als Zeichen für den Bruch mit den Habsburgern, sie legten den gesamten Platz mit roten Draperien aus und ersetzten die Statuen von Árpád durch das Standbild von Marx und ein Arbeiter-und-Bauern-Monument. Nach 1945 war der Hősök tere Schauplatz von politischen Kundgebungen und 1989 Ort des feierlichen Staatsakts, mit dem Imre Nagy (►Interessante Menschen) und seine Gefährten posthum rehabilitiert wurden – 200 000 Menschen kamen damals hier zusammen.

Krönender Abschluss der Andrássy út

Geschichtsträchtiger Platz

Der Platz ist der imposante Bezugspunkt und Abschluss der Andrássy út, die vom Stadtzentrum darauf zuführt. Er sollte eigens für die Milleniumsfeier im Jubiläumsjahr 1896 angelegt werden, war letztlich aber erst 1927 fertig. Mit der Platzgestaltung waren der **Architekt Albert Schickedanz** und der **Bildhauer György Zala** beauftragt. An den Seiten wird er von den tempelartigen Bauten des ►Museums der Schönen Künste und der Kunsthalle gerahmt, an der Rückseite führt eine von Gustave Eiffel geplante Brücke ins ►Stadtwäldchen.

Die sieben Stammesführer der Magyaren

★ Millenniumsdenkmal

Das Millenniumsdenkmal (Millenniumi emlékmű) beherrscht den Platz. Zwischen zwei halbkreisförmigen Kolonnaden ragt eine 36 m hohe Säule empor, die von der Bronzefigur des Erzengels Gabriel bekrönt wird. In der einen Hand die Stephanskrone, in der anderen ein apostolisches Doppelkreuz, bezeugt sie die Zugehörigkeit zu Rom und nicht zu Byzanz. Die bronzene Reitergruppe am Sockel des Monuments stellt die sieben magyarischen Stammesführer dar, denen die **Landnahme im Jahr 896** zugeschrieben wird. In der linken Säulenhalle wurden die Statuen der ungarischen Könige aus dem Geschlecht der Árpáden bis zu den Anjou aufgestellt, auf der rechten Seite die der Revolutionshelden Ungarns. Die Eckpfeiler der Kolonnaden bekrönen bronzene Figurengruppen, sie zeigen von links nach rechts: Arbeit und Wohlstand, Krieg und Frieden, Wissenschaft und Ruhm. Auf dem Platz vor der Millenniumssäule befindet sich der Gedenkstein der Helden der Nation, die für die Freiheit und Unabhängigkeit Ungarns gekämpft haben.

Zeitgenössisches

Kunsthalle

Auch die Kunsthalle (Műcsarnok) am Heldenplatz entstand im Jubiläumsjahr 1896. Der in neoklassizistischem Stil nach Entwürfen von **Albert Schickedanz** 1895 vollendete Prachtbau war als Kunstausstellungshalle konzipiert und folgt seiner Bestimmung noch heute mit wechselnden Ausstellungen zeitgenössischer Kunst.

Di., Mi., Fr.–So. 10–18, Do. 12–20 Uhr | Eintritt: 2200 HUF | www.mucsarnok.hu

★ INNERSTÄDTISCHE PFARRKIRCHE (BELVÁROSI PLÉBANIA-TEMPLON)

Lage: Március 15. tér | **Straßenbahn:** 2 | **Bus:** 5, 7, 8 E, 112, 178 | **www.belvarosiplebania.hu** | Fr.–Di. 10–16.30, Do. bis 15.30 Uhr, aus dem Eingangsbereich kann man jederzeit einen Blick ins Innere werfen | **Eintritt:** 1000 HUF, sonntags frei

Man sieht es der hellgelben Barockfassade nicht an, aber dahinter verbirgt sich Budapests ältestes Gotteshaus. Wenn die Mauern erzählen könnten, würden sie berichten, wie aus den Steinen der einstigen Römerfestung Contra Aquincum eine erste Kirche gebaut wurde, in der 1046 Bischof Gellért beigesetzt wurde.

Lange Geschichte, kurz gefasst

Überreste dieses ersten Baus slawischer Christen kann man heute in der Unterkirche erkennen, ebenso Mauern der römischen Verteidigungsanlage. Die bei dem Mongoleneinfall 1241/1242 zerstörte Basilika wurde Anfang des 14. Jh.s unter König Sigismund im frühgotischen Stil wiederaufgebaut. Aus dieser Zeit stammt der Chor. Unter Matthias Corvinus wurde der Bau spätgotisch – bereits in der heutigen Größe – mit nur einem Turm vollendet. Während der osmanischen Eroberung zu großen Teilen zerstört, bauten die neuen Herrscher den erhaltenen Chor in eine Moschee um und rollten dort ihre Gebetsteppiche aus. An der Südostwand des Chors sind noch Relikte des türkischen Mihrabs (Gebetsnische) erhalten. Ihr heutiges barockes Gesicht erhielt die Kirche nach einem Brand im Jahr 1723.

Vorne barock, hinten gotisch

Innenraum

Der Kirchenraum der Innerstädtischen Pfarrkirche (Belvárosi plébania-templon) ist eine **einschiffige, gewölbte Halle** mit je vier Seitenkapellen. Im Osten schließt sich der **Umgangschor** an, der fast die Länge des Hauptschiffs erreicht. Zwei Stilepochen – Gotik und Barock – prägen die Kirche: Das Hauptschiff und die Doppelturmfassade sind barock, der Chor, der sich durch seine schmalen Stützen deutlich vom Hauptschiff absetzt, hat noch sein gotisches Aussehen. Im frühen 19. Jh. gab es eine Restaurierung im klassizistischen Stil. Damals entstand auch die Orgelempore – auf der Orgel spielte schon **Franz Liszt**, dessen »Missa Choralis« 1872 in dieser Kirche uraufgeführt wurde.

INNERSTÄDTISCHE PFARRKIRCHE

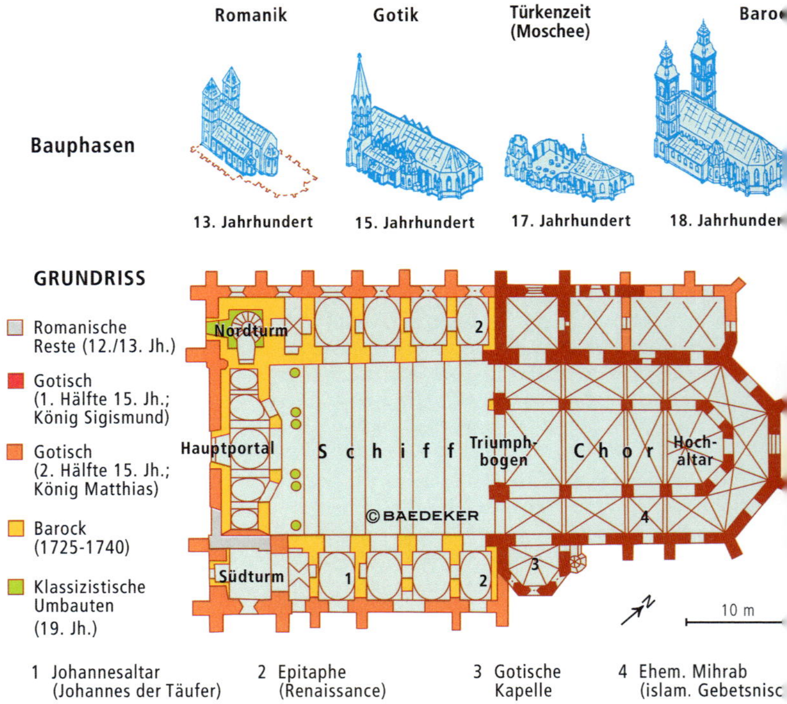

Kostbarkeiten aus vielen Jahrhunderten

Details

In den Spitzbogenfeldern der Taufkapelle kann man **gotische Freskenreste** aus dem 15. Jh. bewundern, in den nördlichen Kapellen zwei **Renaissanceepitaphe** aus rotem und hellgelbem Marmor. Die 1808 entstandene Kanzel ist das Werk eines Tischlermeisters aus Pest. Aus dem 20. Jh. stammen der Hochaltar (1948) und das Taufbecken (1955).

Vor der Kirche

Gut für eine ruhige Auszeit im Zentrum

Március 15. tér

Der Platz vor der Kirche – direkt neben der Zufahrt zur Elisabethbrücke – erinnert an den Ausbruch der bürgerlichen Revolution am 15. März 1848. Bänke, Sitzgruppen, ein Brunnen und die elegante Terrasse eines Café-Restaurants laden zum Relaxen inmitten der Innen-

stadthektik ein. Vor allem abends im Lichterglanz ist der **Blick auf die Elisabethbrücke und den Gellért-Berg** herrlich.
Lange vor dem Bau der Innerstädtischen Pfarrkirche unterhielten die Römer hier das Castrum Contra Aquincum, so benannt, weil es auf der dem Militärlager in ▶Aquincum gegenüberliegenden Donauseite stand. Contra Aquincum sollte den Donauübergang sichern. Grabungsreste sind unter Glas zu sehen. An der Nordost-Ecke des Platzes ist mit dem Hundertjährigen Restaurant (Százéves) das **einzige Barockpalais von Pest** erhalten, 1755/1756 wurde es von Andreas Mayerhoffer erbaut, dessen ungarisches Prunkstück Schloss ▶Gödöllő ist.

Mit Blick auf die Donau

Petőfi tér

Der Március 15. tér geht direkt in den nach dem ungarischen **Lyriker Sándor Petőfi** (▶Interessante Menschen) benannten Platz über, der jedes Jahr am 15. März als Kulisse für patriotische Feierlichkeiten dient. An den Dichter erinnert ein pathetisches Bronzedenkmal (1882) von Adolf Huszár in der Platzmitte.
Falls die **griechisch-orthodoxe Kirche**, die 1790 errichtet und im 19. Jh. von Miklós Ybl umgestaltet wurde, geöffnet ist, sollte man sich die Ikonostase von Miklós Jankovich und die Gemälde von Anton Kochmeister ansehen.
Wer es plüschig und etwas »verstaubt« mag, geht in das kleine »Grand Imperial« (Nr. 2), das sich im Gegensatz zu den großen top renovierten Kaffeehäusern seinen originalen Charme bewahrt hat; ab 20 Uhr wird Folklore geboten.
Von hier bis zur Kettenbrücke zieht sich der Donaukorso am Flussufer entlang (▶Vörösmarty tér).

Griech.-orth. Kirche: Mi. 14–17 Uhr, Fr. 13–17 Uhr, Sa. 15–18 Uhr und So. 12–17 Uhr

Die »Sisi«-Brücke

Elisabethbrücke

Man braucht etwas Abstand, um die Eleganz der schlichten weißen Elisabethbrücke (Erzsébet híd) zu erkennen, einer 378 m langen und fast 30 m breiten Kabelhängebrücke. Die alte Brücke war 1903 im eklektischen Stil als Kettenbrücke realisiert worden und – wie die anderen Donaubrücken auch – 1945 von den Deutschen auf dem Rückzug gesprengt worden. Mit der heutigen Elisabethbrücke erhielt die Stadt zwischen 1961 und 1964 ihren ersten modernen Bau, dabei wurde die Brückenzufahrt sehr eng um die Kirche herumgeführt. Damals und auch 1903 mussten mehrere Gebäude weichen.
Benannt ist die Brücke nach der **österreichischen Kaiserin und ungarischen Königin Elisabeth** (Sisi), die sich für den Ausgleich zwischen Österreich und Ungarn eingesetzt hatte. Ein Denkmal der von den Ungarn hochverehrten Monarchin, die 1898 einem Attentat zum Opfer fiel, steht auf der anderen Donauseite am Budaer Brückenkopf in einer kleinen verkehrsumtosten Grünanlage.

★★ KETTENBRÜCKE (SZÉCHENYI LÁNCHÍD)

Straßenbahn: 2, 19, 41 | **Bus:** 16, 105

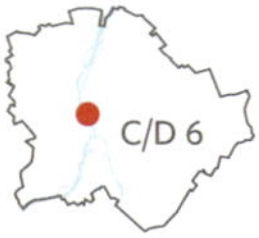

Seitdem es sie gibt, ziert die Kettenbrücke unzählige Postkarten, sie war Kulisse in etlichen Filmen und ist auf der 200-Forint-Münze abgebildet. Fast festlich erscheint sie im abendlichen Lichterglanz. Auch die Budapester lieben ihre Kettenbrücke – so sehr, dass es heißt, sie hätten den Adam-Clark-Tunnel in Buda bauen lassen, um die Brücke bei schlechtem Wetter dort unterzustellen.

Budapests erste Brücke

Ohne Zweifel ist die Kettenbrücke (Széchenyi lánchíd) eines der Wahrzeichen der Hauptstadt, sie war die erste feste Budapester Brücke über die Donau. Am 20. November 1849 wurde sie in Betrieb genommen. Nur ihr Initiator, Graf István Széchenyi, sollte »sein« Bauwerk nie überschreiten, er befand sich, als sie eröffnet wurde, bereits in einer Nervenheilanstalt. Die Brücke stellt heute die kürzeste Verbindung zwischen dem Burgberg und den Pester Einkaufsmeilen her, auf der Pester Seite liegt der ▶Széchenyi István tér direkt an der Brücke.

Ein Highlight nach dem anderen: die Kettenbrücke, der Gresham-Palast und die St. Stephans-Basilika abendlich illuminiert

Die Löwen auf der Brücke

Baugeschichte

Ob die Löwen an den Brückenköpfen Zungen haben, war eine lange diskutierte Frage in Budapest: Ihr Schöpfer János Marschalkó behauptete, man müsse den Tieren genau gegenüberstehen, um ihre Zungen sehen zu können. Die Brücke wurde von **William Tierney Clark** entworfen und von 1839 bis 1849 unter der Aufsicht des **Architekten Adam Clark** errichtet. Sie ist 375 m lang und fast 16 m breit und wird von Spannketten gehalten, die an wuchtigen Pfeilern befestigt sind. Die Kettenbrücke wurde im Januar 1945 mit sämtlichen anderen Budapester Brücken von den deutschen Truppen in die Luft gesprengt, konnte jedoch schon 1949 wieder dem Verkehr übergeben werden.

Auf der Budaer Seite

Clark Ádám tér

Auf dem Budaer Clark Ádám tér (Adam-Clark-Platz) direkt an der Brücke steht der von Miklós Borsos gestaltete **0-km-Stein** (1975), an dem die Entfernungsmessung fast aller von Budapest ausgehenden Fernstraßen startet. An dem Platz führt ein klassizistisch gestalteter Eingang in den rund 350 m langen **Straßentunnel**, der Buda mit der Christinenstadt (Krisztinaváros) verbindet. Der 1857 vollendete Tunnel war ebenfalls das Werk des Brückenbaumeisters Adam Clark.

KLEINER RING (KISKÖRÚT)

Lage: umschließt den V. Bezirk | **Metro:** 1–4 | **Straßenbahn:** 2, 47, 49 | **Bus:** 5, 7, 8 E, 9, 16, 112, 178

Blickt man von der Budaer Burg auf Pest, dann scheinen sich Häusermeer und Himmel am Horizont zu berühren. Das war im Mittelalter anders: Die Stadt Pest war im 15. Jahrhundert von einer Stadtmauer umgeben, dahinter erstreckte sich eine weite ebene Landschaft. Anstelle der Stadtbefestigung umrundet heute der Kleine Ring mit einer Länge von etwa 2,7 km den alten Stadtkern und verbindet so die Kettenbrücke mit der Freiheitsbrücke.

Pest wächst über sich selbst hinaus

Nach der Rückeroberung von den Türken 1686 erfuhr Pest einen enormen Aufschwung, sodass sich auch außerhalb der beschädigten Stadtmauern neue Ansiedlungen bildeten. Als nicht mehr zeitgemäß und hinderlich beim Ausbau der Stadt wurden die Mauern und ihre drei Tore nach und nach abgerissen. Die einzelnen Abschnitte des Kleinen Rings haben nach Pariser Vorbild eigene Namen bekommen.

EINE TECHNISCHE MEISTERLEISTUNG

Kettenbrücken sind Hängebrücken, bei denen an Stelle von Seilen schwere Ketten zum Abhängen der Fahrbahn verwendet werden. Vor allem im 19. Jh. hatte diese Brückentechnik ihre große Zeit. Die berühmte Kettenbrücke (Széchenyi Lánchíd) war bei ihrer Eröffnung 1849 eine der modernsten Brücken in Europa.

▶ **Daten**

Länge	375 m
Breite	16 m
Größte Stützweite	202 m
Bauzeit	1839 – 1849

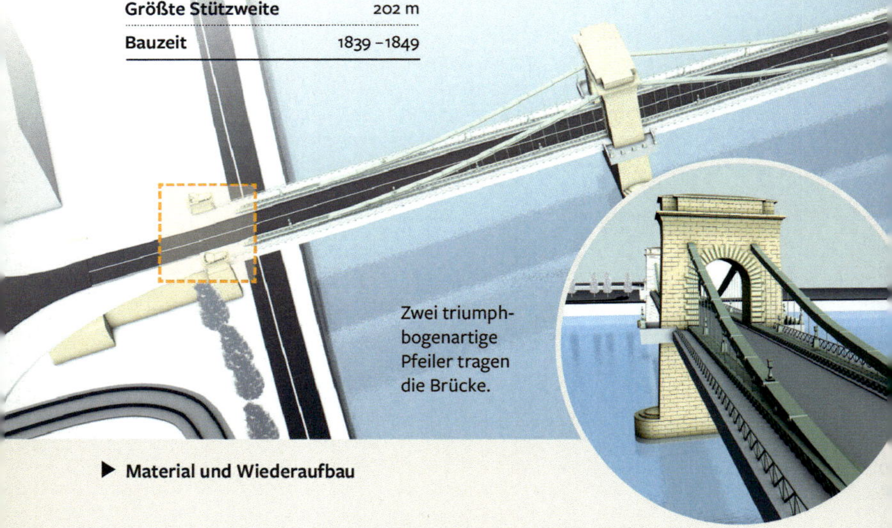

Zwei triumphbogenartige Pfeiler tragen die Brücke.

▶ **Material und Wiederaufbau**

	Gesamtgewicht in Tonnen	Hauptmaterial
Originalkonstruktion 1839–1849 Zu ihrer Bauzeit war die Kettenbrücke Hochtechnologie. Man verwendete u.a. die damals größten Ketten weltweit.	2146	
Vergrößerung 1913–1915 Um den zunehmenden Verkehr zu bewältigen, wurde die Brücke als Stahlkonstruktion erweitert. Nur die Pfeiler blieben unverändert.	5194	
Wiederaufbau 1947–1949 Nach der Sprengung beim Abzug der deutschen Truppen 1945 wurde die Brücke wieder aufgebaut und dank neuer Materialien und Techniken leichter.	5000	

Die vier Löwen

... an den Brückenköpfen wurden 1885 aufgestellt. Bildhauer János Marschalkó schwor, er würde sich umbringen, wenn man einen Fehler an ihnen fände, also muss man genau hinsehen, um ihre Zungen zu entdecken ...

Die fünf längsten Kettenbrücken der Erde

Passerelle d'Agen, Agen, 1841, **263 m**

Sixth Street, Pittsburgh, 1928, **269 m**

Kettenbrücke, Budapest, 1849, **375 m**

Menai Strait, Großbritannien, 1826, **386 m**

Krymskiy Brücke, Moskau, 1938, **670 m**

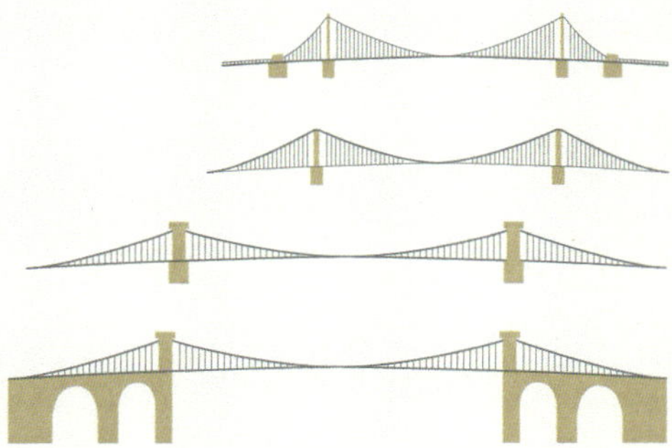

Auch Budapest hat sein Eye

Erzsébet tér

Am Erzsébet tér (Elisabeth-Platz) dreht das **Budapest Eye** seine Runden, und Skater treffen sich im kleinen Skatepark. Mitten in der Grünanlage steht der von Miklós Ybl entworfene **Danubius-Brunnen**. Die Brunnenfiguren wurden nach schweren Beschädigungen im Zweiten Weltkrieg 1959 gegen Kopien ausgetauscht; sie symbolisieren die Donau und ihre großen Nebenflüsse Drau, Theiß und Save.

Verkehrsumbraust: Luthers Testament

Deák Ferenc tér

Dies ist einer der wichtigsten innerstädtischen Verkehrsknotenpunkte, hier kommen drei Metro-Linien zusammen. Das imposante eklektische **Palais** in Ockergelb ließ sich die einstige Anker-Versicherung bauen. Die **Evangelische Kirche** (Evangélikus templom) an der Südseite des Platzes entstand zehn Jahre nach den Toleranzedikten (1781) von Kaiser Joseph II. – seit dem Duldungserlass war auch Nicht-Katholiken der Bau von Gotteshäusern erlaubt. Die Kirche wurde 1809 von Mihály Pollack vollendet, erhielt aber erst durch einen Umbau im Jahr 1856 durch József Hild den klassizistischen Portikus an der Eingangsseite. Wegen ihrer guten Akustik ist sie beliebte Konzertkirche. In dem als Pfarrhaus und Evangelisches Gymnasium konzipierten Nebengebäude, von Mihály Pollack entworfen, hat heute das kleine **Evangelische Landesmuseum** (Evangelikus Országos Múzeum) seinen Sitz. Das absolute Highlight der Ausstellung ist das im Jahr 1542 von Martin Luther niedergelegte Testament.

In einem Stollen unter dem Deák Ferenc tér ist das **U-Bahn-Museum** (Földalatti Vasúti Múzeum) eingerichtet. Durch diesen Stollen fuhr die damals erste elektrisch betriebene Untergrundbahn Europas. Die ausgestellten Dokumente, Modelle und Schautafeln zu ihrer Geschichte sind nur mäßig interessant, wohingegen die Bahnwagen der ersten Stunde den Besuch lohnen.

Ev. Landesmuseum: Di.–So. 10–18 Uhr | Eintritt: 1200 HUF
U-Bahn-Museum: Di.–So. 10–17 Uhr | Eintritt: 350 HUF

Sisi zwischen expressionistischer Backsteinarchitektur

Károly Körút

Der Schriftsteller Imre Madách ist Autor der »Tragödie des Menschen« (1861), ein Drama, das auch als »ungarischer ›Faust‹« charakterisiert wird. Der nach ihm benannte Madách Imre tér direkt am Károly körút (Karlsring) wird von einem großzügigen, symmetrisch angelegten Komplex mehrgeschossiger Backsteingebäude umschlossen, die als **Madách-Häuser** bekannt sind. Sie fallen schon vom Deák Ferenc tér auf, da sie an den Károly körút grenzen. Der 1937 fertiggestellte Komplex ist eines der wenigen Beispiele für eine expressionistische Backsteinarchitektur in Budapest und zeigt große Parallelen zu den Bauten, die in den 1920er- und 1930er-Jahren in anderen europäischen Großstädten entstanden. Mit Blick auf den Károly körút steht **Sisi als Bronzestatue** in »ihrer« Elisabethstadt.

BAEDEKER ÜBERRASCHENDES

6X DURCHATMEN

Entspannen, wohlfühlen, runterkommen

1. RIESENRAD

In einer Gondel über dem Innenstadttrubel zu schweben, ist **entspannend für Körper und Geist** – es sei denn, man ist ganz vom Fotografieren in Anspruch genommen. Aber dann kann man ja eine zweite Runde drehen. (► **S. 114**)

2. BURGGARTEN-BASAR

Frisch renoviert erstrahlt die Gartenanlage in altem Glanz. Inmitten der romantischen Architekturen **ein stilles Fleckchen** suchen und die Seele baumeln lassen, so lässt sich Budapest auch genießen. (► **S. 180**)

3. BADETAG

Muskelkater vom Stadtwandern? Da hilft es, im **heißen Thermalwasser** zu liegen, dem leisen Gemurmel der anderen Badegäste zu lauschen und seinen Träumen freien Lauf zu lassen. Im Jugendstil-Ambiente, unter türkischer Kuppel oder im Freien, und vielleicht mit einer Massage im Anschluss ... (► **S. 26**)

4. UNIVERSITÄTSKIRCHE

In der schönen Barockkirche am Universitätsplatz ist es **kühl und meistens ruhig**. Erbaut wurde sie von den Paulinern, dem einzigen in Ungarn gegründeten Orden. (► **S. 187**)

5. DONAUSCHIFFFAHRT

Einfach in die Wellen der Donau schauen, das Stadtpanorama an sich vorüberziehen lassen oder die anderen Fahrgäste beobachten, das kann man auf den Linienschiffen ebenso wie bei einer Ausflugsfahrt. (► **S. 287**)

6. KÁROLYI-GARTEN

Die versteckt liegende **grüne Oase hinter dem Literaturmuseum** eignet sich hervorragend für eine kleine Pause. Fast ein Wunder, dass der einstige Privatgarten der Adelsfamilie Károly nicht bebaut wurde! (► **S. 158**)

Café Astoria

Rákóczi út

Für Jugendstilenthusiasten und für eine gepflegte Kaffeepause ist das Café Astoria im gleichnamigen Hotel (1912–1914) an der Kreuzung Károly körút / Rákóczi út etwas Besonderes. Seine Patina erzählt von vergangenen glorreichen Zeiten. An der Stelle der heutigen Metrostation Astoria befand sich im Mittelalter mit dem Hatvaner Tor eines der drei Stadttore. Von hier führte damals ein wichtiger Handelsweg ins 60 km entfernte Hatvan, heute eine unbedeutende Kleinstadt. Statt des Handelswegs verläuft nun die Rákóczi út, **eine der belebtesten Budapester Geschäftsstraßen**, nach Nordosten aus der Stadt hinaus, vorbei am 1884 gebauten Ostbahnhof. Benannt wurde sie nach Fürst Rákóczi, dem Führer des Kuruzenaufstands gegen den Wiener Hof zu Beginn des 18. Jahrhunderts.

Der Wandel vom Adelsquartier zum Studentenviertel

Múzeum Körút

Am Múzeum Körút (Museumsring) findet man zwei führende ungarische Bildungs- und Kulturinstitutionen. Imre Steindl, der Baumeister des Parlamentsgebäudes, und Antal Weber entwarfen im Neorenaissance-Stil die **Naturwissenschaftliche Fakultät der Eötvös-Loránd-Universität**, und von Mihály Pollack stammen die Pläne für das ▶ **Ungarische Nationalmuseum**.

Das **Palastviertel** (Palota negyed) hinter dem Nationalmuseum ist ein belebtes **Studentenviertel**. Von 1867 bis 1902 tagte neben dem Museum das Abgeordnetenhaus der neu gegründeten K.-u.-k.-Monarchie. Dieser Fakt machte die Gegend attraktiv für die Adligen, die sich hier herrschaftliche Palais bauen ließen. Am Pollack Mihály tér hinter dem Nationalmuseum entstanden 1865 nach Plänen von Milós Ybl das **Festetics Palais**, das pompöse **Károly Palais** und das **Backsteinpalais Esterházy**, dessen Marmorsaal vom Ungarischen Rundfunk für öffentliche Konzerte genutzt wird. Störfaktor des einheitlichen Ensembles ist heute der 1969 anstelle des nationalen Reitstalls errichtete Hauptsitz des **Ungarischen Rundfunks**. Von den weiteren Palais ist noch das von einer Kuppel bekrönte **Wenckheim Eckpalais**, heute **Szabó Ervin Bibliothek** (Eingang Reviczky utca Nr.1), erwähnenswert. Ihren Namen erhielt die Bibliothek nach dem ungarischen Soziologen Ervin Szabó (1877–1918). Bauherr war der Enkel des berühmten österreichischen Generals Radetzky. Für seine Renovierung wurde es mehrfach preisgekrönt, es verbindet modernste Bibliothek mit historischem Erbe. Erhalten blieben Ball- und Empfangssäle, der Rauchersalon sowie der beeindruckende Speisesaal mit einer geschnitzten Wendeltreppe.

Budapest gastronomisch

Kálvin tér

Am Kálvin tér (Calvin-Platz), einst Heumarkt, entdeckte man bei Bauarbeiten Reste des ehemaligen Kecskeméter-Tores der alten Stadtbefestigung, die in den Neubau des Hotels Korona integriert wurden. Ein herausragendes Beispiel für die alte Bebauung ist das ehemalige Gast-

haus »Zu den zwei Löwen« (Nr. 8) von 1818. Die einschiffige, in klassizistischem Stil gehaltene **Reformierte Kirche** wurde zwischen 1816 und 1830 errichtet und erhielt 1848 unter József Hild die von einem Tympanon bekrönte Vorhalle und die Orgelempore im Innern.
Nach Süden zweigt die **Gastromeile Ráday utca** vom Kálvin tér ab. Hier haben sich zahllose Restaurants und Cafés angesiedelt – vom Sterne-Restaurant Costas bis zum skurrilen Studentencafé Puder ist alles vertreten. Und auch eine **Jazz-Hochburg** verbirgt sich hier: im winzig kleinen IF-Café (Nr. 19), im Café Jedermann des Goetheinstituts (Nr. 58) und im Budapest Music Center in der Seitenstraße Mátyás utca 8 ist oft Jazz zu hören.

Shoppen bis zur Markthalle

Vámház körút

Der letzte Abschnitt des Kleinen Rings ist eine stark frequentierte Einkaufsstraße, die zur Zentralen Markthalle am ▶Fővám tér kurz vor der Freiheitsbrücke führt. Benannt ist der Vámház körút nach dem ehemaligen Fővámház (Hauptzollamts).

★★ KUNSTGEWERBE-MUSEUM (IPARMŰVÉSZETI MÚZEUM)

Lage: IX., Üllői út 33 – 37 | **Metro:** M 3 (Corvin-negyed) | **Straßenbahn:** 4, 6 | **Öffnungszeiten:** Di.–So. 10–18 Uhr | **Eintritt:** 2000 HUF (zurzeit umfassende Renovierung) | **Internet:** **www.imm.hu**

Der Museumsbesuch ist ein ästhetisches Erlebnis der besonderen Art. Die Sammlung ist sehenswert, aber vor allem das Gebäude hat etwas Traumhaftes. Das Dach und die Kuppel scheinen mit dem Himmel um die Wette zu leuchten, die Fassade mit Kachelmustern, verschnörkelten Fenstern und Figuren gleicht einem Schmuckstück. Im Innern fühlt man sich wie in einem Zuckerwerk voller Blüten, Ranken und indisch anmutender Bögen.

Zu bunt?

Ursprünglich sollen die Innenräume bunt bemalt gewesen sein, doch Kritiker beschimpften Ödön Lechners Werk als »Zigeunerpalast«, und so erhielten die Wände ihr Sahneweiß. Nach dem Victoria & Albert Museum in London und dem Museum für angewandte Kunst Wien ist das Budapester Museum für angewandte Kunst das drittälteste seiner Art in Europa.

Wo Museumsbesucher durch Sahneweiß wandeln und unter Blütenranken – das Kunstgewerbemuseum als ästhetisches Erlebnis.

Ein ungarisch-orientalischer Mix

Jugendstil-Kunstwerk

Ödön Lechner (1845–1914), der bedeutendste Vertreter des ungarischen Jugendstils, entwarf mit dem Kunstgewerbemuseum sein Meisterstück (▶Das ist Budapest, S. 24). Drei Jahre hatte er mit Gyula Pártos daran gearbeitet, bevor es 1896 von Kaiser Franz Joseph höchstpersönlich eröffnet wurde. Im Vergleich zu der später entstandenen Postsparkasse (▶Szabadság tér) hat Lechner beim Kunstgewerbemuseum noch stärker auf orientalische, insbesondere persische und indische Bauformen zurückgegriffen und sie mit den Elementen der ungarischen Volkskunst zu einem neuen Stil verschmolzen. Bunte **Pyrogranitkacheln und -dachziegel** aus der Zsolnay-Manufaktur im südungarischen Pécs schmücken die Fassade. Rechts neben dem Haupteingang steht das 1936 von Béla Farkas geschaffene Standbild des Architekten.
Der zentrale, von einem Glasdach überwölbte Innenhof mit Arkadenumgängen und die davor liegende Kassenhalle muten geradezu märchenhaft an. Die Konstruktion mit nicht verkleideten Stahlträgern war zu ihrer Zeit ausgesprochen modern.

Angewandte Kunst aus aller Welt

Ausstellungen

Das Museum bietet durch eine Vielzahl an parallel laufenden Sonderausstellungen jederzeit eine thematisch breite Palette, Sammlungen aus aller Welt werden gezeigt. Im ersten Obergeschoss präsentiert die **Dauerausstellung »Sammler und Schätze«** einige der schönsten Objekte aus dem museumseigenen Fundus. Die etwa 100 000 Kunstgegenstände vermitteln einen Überblick über die Geschichte der ungarischen angewandten Kunst vom Mittelalter bis in die Gegenwart. Die Sammlungen gliedern sich in fünf Abteilungen (Möbel-, Keramik-, Glas-, Goldschmiedekunst- und Textilsammlung).

MARGARETENINSEL
(MARGIT-SZIGET)

Straßenbahn: 4, 6 | **Bus:** 26, 226

Blickt man auf den Stadtplan, dann liegt die Margareteninsel wie ein langes schmales Boot eingeklemmt zwischen der Margareten- und der Árpádbrücke. Und wie ein Boot ist die ausgedehnte Parklandschaft eine Welt für sich. Hier herrscht die Langsamkeit – wunderbar für eine Auszeit von der Großstadthektik.

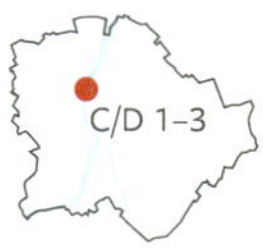

Grüne Lunge

Die gut 2 km lange und höchstens 500 m breite Margareteninsel ist mit ihren Bädern und Gärten das Budapester Kur- und Naherholungszentrum schlechthin und trägt nicht umsonst den Beinamen »Grüne Lunge der Stadt«. Thermalquellen, die Kur- und Sportbäder

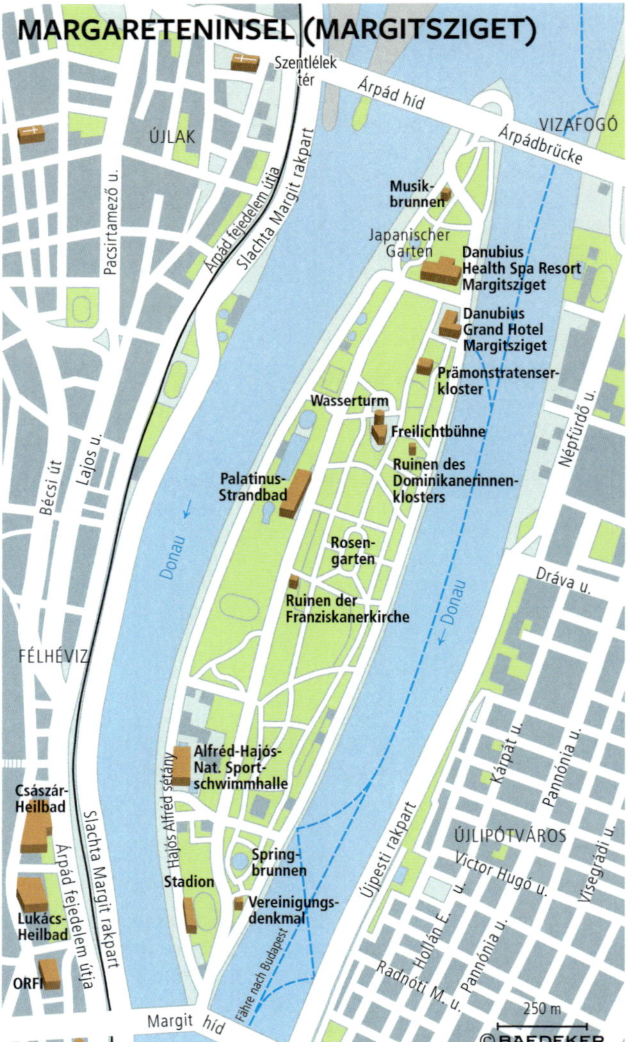

speisen, Sport- und Spielplätze, Gartenanlagen und Spazierwege und nicht zuletzt ein paar stadthistorisch bedeutende Baureste ziehen die Großstädter auf die Margareteninsel.

Wie hinkommen?

Auf die Insel!

Im Süden geht es über die Margaretenbrücke (Margit híd) zu Fuß auf die Margareteninsel, am Mittelpfeiler der Brücke gibt es eine Abzweigung. Hier halten öffentliche Verkehrsmittel. Schiffe landen nördlich der Brücke. Mit dem Auto kann man von der nördlichen Spitze auf einer Zufahrtsrampe von der Árpádbrücke bis zum Kurhotel fahren.

Eine Nonne gibt ihren Namen

Geschichte

Die Thermalwasservorkommen im Norden der Donauinsel nutzten schon die Römer. Im 12. und 13. Jh. bauten Prämonstratenser, Dominikanerinnen und Franziskaner hier Klöster. Zu Zeiten der Árpádenherrschaft war die Insel ein beliebtes Jagdrevier und hieß Haseninsel (Nyulak sziget). Ihren heutigen Namen erhielt sie im 14. Jh. nach der heilig gesprochenen **Prinzessin Margareta** (1242–1270), einer Tochter von Béla IV. Aufgrund eines Gelübdes ihres Vaters wuchs Margarete als Nonne im Dominikanerinnenkloster auf der Insel auf.
Der habsburgische Erzherzog Johann, der als Palatin in Budapest residierte, ließ die Insel Ende des 18. Jh.s gärtnerisch gestalten. Zwischen 1868 und 1870 wurden nach Plänen von Miklós Ybl ein Kurhaus (Margit fürdő) und ein Kasino errichtet, Ersteres wurde im Zweiten Weltkrieg zerstört. Das gleichfalls von Ybl entworfene Grand Hotel (Margitszigeti Nagyszálló) öffnete 1873 seine Pforten. 1978 kam ein Thermal Hotel dazu, und die Margareteninsel wurde Kurzentrum.

Abends auf der Margareteninsel

Vereinigungsdenkmal

Das blätterförmige Denkmal von **István Kiss** in der Nähe der Margaretenbrücke wurde 1972 anlässlich des 100-jährigen Jubiläums der Vereinigung von Óbuda, Buda und Pest enthüllt. Auf den Blattinnenseiten werden Episoden aus der jungen Geschichte der Donaumetropole erzählt. An Sommerabenden werden die bis zu 25 m hohen **Fontänen des großen benachbarten Springbrunnens** farbig illuminiert und sie »tanzen« zur Musik. Zum Repertoire gehören neben klassischer Musik auch die Rolling Stones. Ein zweiter »Musikbrunnen« steht im Norden nahe der Árpádbrücke. Das einstige Kasino wenige Meter nördlich ist heute Kultlokal, im Holdudvar (Mondhof) kann man selbst das Tanzbein schwingen (Mi.–Sa. nach 23 Uhr).

Freibad: viel Platz für viele Leute

Palatinus-Strandbad

In den Anlagen des familienfreundlichen Palatinus-Strandbades (Palatinus Strandfürdő), das mit zwei Thermalbecken, einem Wellenbad, Schwimm- und Kinderbecken sowie weitläufigen Liegeflächen ausgestattet ist, können bis zu 20 000 Besucher entspannen.

Eine kleine Stadtflucht: Die Margareteninsel verspricht Ruhe und viel Grün.

Zum Entspannen

Sehenswert

Das **Grand Hotel Margitsziget** war seinerzeit das repräsentativste Hotel der eben vereinigten Hauptstadt. Das 1873 entstandene Hotel ist noch heute durch seine einzigartige Lage inmitten von Parkanlagen und doch in unmittelbarer Stadtnähe sehr beliebt.

Neben dem Hotel ist der kleine **Japanische Garten** eine Oase der Stille. In dem von warmen Thermalquellen gespeisten Teich fühlen sich Schildkröten wohl.

Sorgfältig restauriert ist der 1911 erbaute, 52 m hohe **Wasserturm** mit einer Aussichtsplattform. Neben dem Wasserturm bietet ein **Freilichttheater** 3500 Zuschauern Platz.

Klösterliches

Überreste alter Klöster

Von der im 13./14. Jh. errichteten Kirche des **Franziskanerklosters** sind nur noch spärliche Reste an der Westseite, ein Teil der Nordwand, der Apsis und des Turms erhalten.

Nach den katastrophalen Überflutungen des Jahres 1838 entdeckte man auf der Margareteninsel die Mauern des in der Türkenzeit verfallenen **Dominikanerinnenklosters**, in dem Margareta lebte.

Von dem im 12. Jh. erbauten **Prämonstratenserkloster** sind noch Grundreste erhalten. Die Klosterkirche wurde zwischen 1930 und 1931 im romanischen Stil wiederaufgebaut. In ihrem Turm hängt eine im 15. Jh. gegossene Glocke, die zu den ältesten in Ungarn gehört.

★★ MATTHIASKIRCHE (MÁTYÁS-TEMPLOM)

Lage: Szentháromság tér | **Bus:** 16, 16 A, 116 | Mo.–Fr. 9–17, Sa. 9–12 und So. 13–17 Uhr | **Eintritt:** 1800 HUF, Turm 1800 HUF | **www.matyas-templom.hu**

Welches Bauwerk wäre nicht stolz, einmal Schauplatz von Weltgeschichte zu sein? Die Matthiaskirche, deren markanter Turm weithin sichtbar ist, kann es sein. Nicht weniger als 21 Salutschüsse leiteten am 8. Juni 1867 die Krönungsfeierlichkeiten ein. »Ein prächtiger Krönungszug begab sich zur Matthiaskirche, alle Augen waren auf die schöne Königin gerichtet«, schrieb der Pester Lloyd. An dem sonnigen Tag wurden Kaiser Franz Joseph und Elisabeth (Sisi) mit der ungarischen Königskrone gekrönt – damit war die K.-u.-k-Monarchie Österreich-Ungarn bestätigt.

Gelungene Nachbarschaft

Es ist wie ein Verwirrspiel, sich den Chor der Matthiaskirche und die Fischerbastei daneben anzusehen. Beide harmonieren gut, scheinen aus der gleichen Zeit zu sein. Doch ist die Fischerbastei im 19. Jh. entstanden, die Kirche dagegen schon im 13. Jh. als Liebfrauenkirche verortet. Ihr Name gab Anlass zu allerlei spitzen Bemerkungen: Er spiele auf die beiden Eheschließungen von Matthias Corvinus an, so hieß es. Die Erwähnung des Kirchennamens 200 Jahre zuvor spricht aber natürlich gegen eine derartige These.

Durch die Jahrhunderte

Top-Sehenswürdigkeit

Die Liebfrauenkirche auf der Budaer Burg hat ihren Ursprung in einem Sakralbau aus dem 13. Jh. zur Zeit Bélas IV. In der zweiten Hälfte des 14. Jh.s erfolgte der Umbau der Basilika in eine Hallenkirche, wobei die nach Osten verlängerten Seitenschiffe polygonale Abschlüsse erhielten und man an der Südfassade ein prächtiges gotisches Portal mit der Darstellung des Marientodes im Giebelfeld einfügte. 1309 wurde Karl Robert von Anjou hier zum ungarischen König gekrönt. Unter **König Matthias**, dem die Kirche ihren heutigen Namen verdankt, kamen Seitenkapellen, ein Oratorium für die Königsfamilie und ein neuer Südturm hinzu. 1526 fiel das Gotteshaus einem Brand zum Opfer. 15 Jahre später zogen die Türken in die Stadt ein und wandelten die Matthiaskirche in eine **Moschee** um. Nach ihrer Vertreibung erneuerten die Jesuiten die Matthiaskirche im Barockstil. Die heutige Gestalt erhielt sie zwischen 1874 und 1896 durch Frigyes Schulek. Seinem puristischen Bestreben, das gotische Gesicht der Kirche wiederherzustellen, fielen insbesondere die barocken Bauformen zum Opfer.

1
2
3
4
5
6
7

MATTHIASKIRCHE

Von außen ist die Matthiaskirche mit ihrem bunt gedeckten Dach ein weithin sichtbares Wahrzeichen der Stadt. Die wahre Pracht und Atmosphäre erschließt sich jedoch erst bei der Besichtigung des Inneren: Jeder Quadratzentimeter des riesigen Kirchenschiffs ist mit Fresken und Ornamenten bemalt, im gedämpften Licht der Buntglasfenster leuchtet das Gotteshaus in feierlich-festlichen Farben.

Mo.–Fr. 9–17, Sa. 9–12, So. 13–17 Uhr

1 Hauptportal
Im Tympanon des nach Westen gelegenen Hauptportals wacht eine Madonna mit Kind zwischen zwei Engeln von Lajos Lontai aus dem 19. Jahrhundert.

2 Matthias-Turm
Der hohe, schlanke Turm trägt die Nachbildung des Rabenwappens von König Matthias.

3 Béla-Turm
Der Gründer der Kirche war König Béla IV.; nach ihm wurde der Turm mit einigen original gotischen Elementen benannt.

4 Barocke Madonna
Die Legende besagt, dass diese Statue während der türkischen Besatzung tief in die Kirchenwand eingelassen war. Bei der Zerstörung der Kirche 1686 tauchte sie wie durch ein Wunder wieder auf – den Türken ein deutliches Omen für ihre Niederlage!

5 Marienportal
Ein großartiges Beispiel gotischer Bildhauerei ist das Marienportal.

6 Kanzel
Vier Kirchenväter und die vier Evangelisten zieren die Kanzel.

7 Glasfenster
Die herrlichen Buntglasfenster stammen aus dem 19. Jahrhundert.

Die größte Kostbarkeit verbirgt sich an der Südseite

Äußeres

Die Westfassade mit dem Hauptportal und der prächtigen Fensterrose ist das Ergebnis von Schuleks Umgestaltungen. Auf den **Béla-Turm** (13. Jh.) ließ Schulek ein niedriges Geschoss mit Spitzhelm und gemusterten Dachziegeln setzen. Der 80 m hohe **Matthias-Turm** ist im Grundriss zunächst viereckig, ab dem zweiten Stockwerk oktogonal hochgezogen; der Turm kann auch bestiegen werden. Das bedeutendste Relikt der gotischen Kirche ist das **Marienportal** an der Südseite, das heute durch einen Vorbau von Schulek geschützt ist. Das großartige, den Tod Marias darstellende **Relief im Giebelfeld** wurde im 14. Jh. geschaffen. Beiderseits des Portals wachen Standbilder der heiligen Könige Stephan und Ladislaus.

Ein grandioser Raumeindruck

Inneres

Ihr über und über bemalter Innenraum bringt Besucher aus aller Welt zum Staunen, er ist mit geometrischen Mustern und Pflanzenornamenten ausgeschmückt. Bei der Bemalung orientierte man sich an **Fragmenten einer alten Wanddekoration**. Für die in den 1890er-Jahren ausgeführten Fresken wie auch für die Glasmalereien im Chor lieferten Bertalan Székely und Károly Lotz die Entwürfe. Der neogotische Hauptaltar und das Gestühl entstanden nach Schuleks Vorgaben. An die Krönung von Sisi und Franz Joseph erinnern die Fahnen an den Säulen, Gastgeschenke der damaligen Kronländer.
In der **Loretokapelle** im Matthiasturm gibt es zwei bedeutende Aus-

MATTHIASKIRCHE

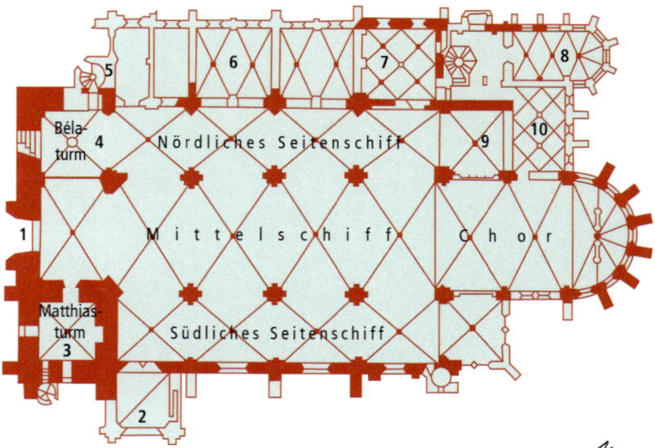

1 Hauptportal
2 Marienportal
3 Loretokapelle
4 Taufkapelle
5 Zugang zum Kirchenmuseum
6 Emmerichskapelle
7 Dreifaltigkeitskapelle
8 Stephanskapelle
9 Ladislauskapelle
10 Sakristei

©BAEDEKER

OBEN: So gotisch wie möglich sollte sie aussehen, fand der Architekt des 19. Jahrhunderts, Frigyes Schulek.

UNTEN: Heiligenfiguren vor den mit geometrischen Mustern und Pflanzenornamenten bemalten Wänden

stattungsstücke aus der Barockzeit: die Madonna aus rotem Marmor und die aus Ebenholz geschnitzte Madonna auf dem Flügelaltar.
Die **Taufkapelle** im Béla-Turm enthält noch mittelalterliche Säulenkapitelle. Der nördliche Nebenchor ist dem hl. Ladislaus als Kapelle geweiht; die Fresken von Károly Lotz zeigen Szenen aus der Ladislaus-Legende. In der vergitterten Dreifaltigkeitskapelle im nördlichen Seitenschiff sind die Sarkophage von König Béla III. und dessen Gemahlin aufgestellt. Ein Altargemälde von Mihály Zichy aus dem Jahr 1894 schmückt die dem hl. Emmerich geweihte Kapelle.
Die Krypta, das königliche Oratorium, die Sakristei und die seitlichen Galerien dienen heute als **Kirchenmuseum**. Hier werden sakrale Kunstwerke wie Reliquiare und Messgewänder gezeigt sowie Kopien der im ►Parlament aufbewahrten Königskrone und des Reichsapfels.

MEMENTO PARK

Lage: XXII., Balatoni út/Szabadkai utca | **Bus:** 101, 150 ab Metrostation Kelenföld vasútllomas oder direkte Busverbindung vom Deák tér (11 Uhr) | tgl. 10 Uhr bis zur Dämmerung | **Eintritt:** 1500 HUF
www.mementopark.hu

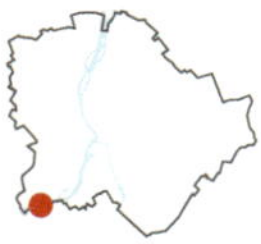

AUSSERHALB C 12

Ein »Museum« der besonderen Art befindet sich im XXII. Bezirk am südwestlichen Stadtrand: Hier wurden alle Denkmäler gesammelt, die nach dem Ende des Sozialismus von den Straßen und Plätzen der Stadt verbannt worden waren. Ein einzigartiges Unterfangen, denn in den übrigen Warschauer-Pakt-Staaten, die ehemalige DDR eingeschlossen, wurden sie weitgehend zerstört, und so ein Stück Geschichte für die Nachwelt ausgelöscht.

»Es geht um Demokratie«

»In diesem Park geht es um Diktatur. Und gleichzeitig, weil über sie gesprochen, geschrieben und etwas Konstruktives aufgebaut werden kann, geht es in diesem Park um Demokratie. Denn nur Demokratie bietet die Möglichkeit, frei über Diktatur nachzudenken. Oder über Demokratie, oder über irgendetwas!« So das Motto des Architekten des Parks, Ákos Eleőd.

Stalins leere Stiefel

Denkmalfriedhof

Über 40 kommunistische Statuen und Denkmäler fanden nach der politischen Wende und nachdem sie in der Stadt abgebaut worden waren im 1994 eröffneten Memento Park eine neue Heimat. Am Eingang zum Denkmalfriedhof wird man von dem Doppelbildnis der Väter des Kommunismus, **Marx und Engels**, begrüßt. Das 1971 entstandene Werk des Bildhauers György Segesdy schmückte bis zur Wende den Jászai Mari tér in Pest. Zu sehen ist auch eine Nachbildung von **Stalins Tribüne**, die von den kommunistische Machthabern benutzt, aber bereits 1956 aus der Stadt entfernt wurde. Von seiner damals gestürzten Statue sind nur die leeren Stiefel übrig geblieben. Die Sammlung wird ergänzt durch eine Ausstellung, die die Befreiungsbewegungen von 1956 und 1989/1990 zum Thema hat. Gezeigt wird zudem der Stasi-Lehrfilm »Das Leben eines Agenten«, der Tricks und Kniffe für die staatliche Undercover-Tätigkeit vorführt. Auch ein Souvenirladen mit allerlei Kuriositäten fehlt nicht.

In der Nähe

Bei den Haien

Tropicarium

Liebhaber der Unterwasserwelt und tropischer Gefilde erleben mitten im ungarischen Binnenland eine schöne Überraschung. Das viel besuchte Tropicarium mit riesigen Aquarien und einem Tropenwald ist ein Zuhause für Haie und Rochen, Reptilien, Amphibien, Vögel und turnende Äffchen. Attraktion ist die Fütterung der Haie jeden Donnerstag um 15 Uhr im 12 m langen Unterwassertunnel.

Nagytétény út 37–43 | tgl. 10–20 Uhr | Eintritt: 2700 HUF | tropicarium.hu/de/

Zur Verschrottung freigegeben? Anderswo ja, in Budapests Memento Park aber wurde aufgestellt, was an Kunst vom Kommunismus übrig blieb.

Barockschlösschen

Schlossmuseum Nagytétény

Das im Zweiten Weltkrieg stark in Mitleidenschaft gezogene Barockschloss wurde vor einigen Jahren als Museum (Nagytétényi Kastélymúzeum) zugänglich gemacht, doch nun soll es umfassend restauriert werden und ist vorerst geschlossen. Reste einer römischen Villa an dieser Stelle sind im Keller noch erhalten. Der Barockbau entstand zwischen 1743 und 1751 nach Plänen von **Andreas Mayerhoffe**r, der auch das Sisi-Schloss in **Gödöllő** entwarf. Der landwirtschaftlich geprägte südlichste Stadtteil von Budapest ist wahrscheinlich nach dem magyarischen Führer Tétény benannt. Im Mittelalter war Nagytétényi Weinanbauort und wurde während der Türkenkriege weitgehend zerstört. Danach kamen zahlreiche deutsche Familien aus Württemberg, Baden und dem Breisgau hierher und besiedelten Nagytétény neu. Ihre Hofhäuser prägen bis heute das Ortsbild.
www.nagytetenyi.hu

★ MILLENNIUMS-VIERTEL

Lage: IX., Komor Marcell sétány, Bajor Gizi park 1 | **Straßenbahn:** 1, 2, 24 | **Linienschiff:** D12 bis Müpa/Nemzeti Színház

Manchmal weiß man nicht, wofür es gut ist: Eigentlich sollte auf diesem Areal 1995 eine Expo stattfinden, eine von Budapest und Wien gemeinsam ausgetragene Weltausstellung. Als sie platzte, entstanden Wohnblocks und Bürohäuser, mit dem »Müpa« und dem Nationaltheater aber auch fantastische neue Kulturstätten.

Kultur vom Feinsten

Das Millenniumsviertel am Pester Donauufer zwischen Petőfibrücke und Rákóczibrücke birgt Budapests neues kulturelles Zentrum und hat damit sein Image gewaltig aufpoliert. Das Nationaltheater wurde 2002 gebaut, 2005 öffnete der Palast der Künste seine Pforten. Auf einen Schlag erhielt die Hauptstadt einen modernen kulturellen Dreh- und Angelpunkt, der sich bestens ins Kulturleben der Metropole integriert.

Konzerte, Tanztheater, zeitgenössische Kunst

★ Müpa – Palast der Künste

Der Palast der Künste, das Müpa (Művészetek Palotája), entstand nach den funktionalen und ansprechenden Entwürfen der Architekten Gábor Zoboki und Nóra Demeter.
Zentrales Element ist der **größte Konzertsaal Ungarns**, der 1700 Zuschauer fassende **Nationale Konzertsaal Béla Bartók**. In dem

Raumbegehung. Durch das Müpa, den Palast der Künste, flaniert man gern.

Saal, der für seine perfekte Akustik berühmt ist, werden hochkarätige Jazz- und Klassikkonzerte veranstaltet. An der Stirnwand ist die größte Konzertorgel Ungarns eingebaut. Der kleinere **Festivalsaal** dient unter anderem dem Nationalen Tanztheater als Bühne.

Zweiter zentraler Teil des Palastes ist das **Ludwig-Museum für Zeitgenössische Kunst**, dessen Sammlung auf eine Schenkung des Aachener Sammlerpaars Irene und Peter Ludwig zurückgeht. 1991 eröffnete das **bedeutendste Museum für zeitgenössische Kunst in Ungarn** zunächst im Burgpalast, bevor es 2005 in den Palast der Künste umzog. Gezeigt werden amerikanische und westeuropäische Kunst (Pop art, Fotorealismus, Konzeptuelle Kunst, Fluxus und neue Wilde) und deren parallele Strömungen in den früheren sozialistischen Ländern mit einem Schwerpunkt auf Ungarn. Komplettiert wird die Sammlung durch zeitgenössische Arbeiten nach 1989. Werke **internationaler Stars** wie Andy Warhol, Pablo Picasso, Roy Lichtenstein, Georg Baselitz, Jörg Immendorf und Joseph Beuys sind zu sehen, außerdem **bekannte osteuropäische Künstler** wie Ion Grigorescu, László Lakner, Konrad Smoleński, Jiři David, Dóra Maurer und Emese Benczúr. Zudem werden Sonderausstellungen veranstaltet, es gibt eine Bibliothek, einen Museumsshop und ein kleines Café.

Müpa: www.mupa.hu

Ludwig-Museum: Di.–So. 10–20 Uhr | Eintritt: 1600 HUF | www.ludwigmuseum.hu

Viel Theater ums Theater

Nationaltheater

Nach langen Diskussionen – eigentlich sollte das Schauspielhaus auf dem Erzsebét tér in der Innenstadt entstehen – wurde das architektonisch interessante Nationaltheater (Nemzeti Színház) 2002 hier gebaut. Der Entwurf für Haus und Grünbereich davor stammt von der **Architektin Mária Siklós**. Schon die Außenanlagen sind »Theater«: Die Architektin ersann einen steinernen Theatervorhang, durch den man das Gelände mit Skulpturen, Labyrinth, Turm zu Babylon und einem Schiffswrackbrunnen betritt.

Nationaltheater: www.nemzetiszinhaz.hu

★★ MUSEUM DER SCHÖNEN KÜNSTE (SZÉPMŰVESZÉTI MÚZEUM)

Lage: XIV., Eingang: Hősök tere | **Metro:** M 1 (Hősök tere) | **Trolleybus:** 75, 79 | **Bus:** 20, 30, 105 | Di.–So. 10–18, letzter Einlass 17 Uhr | Eintritt 2800 HUF, Audioguide 800 HUF | **www.mfab.hu**

In einem Budapest-Reiseführer hat die Frage »Kennen Sie den Freiberger Dom?« etwas Absurdes, meinen Sie? Boston, Moskau und Budapest wussten es besser. Die »Goldene Pforte« des Freiberger Doms zählt zu den Hauptwerken romanischer deutscher Kunst. Alle drei Städte waren sich der kunsthistorischen Bedeutung bewusst und ließen in ihren Museen Repliken anfertigen.

Der neue Publikumsliebling

Als das Museum der Schönen Künste 1906 am Budapester Heldenplatz eröffnet wurde, konnten die Besucher die »Goldene Pforte« noch für fast 40 Jahre bestaunen. Dann kam der Zweite Weltkrieg, und das Museum wurde schwer beschädigt. In der Folge diente die Romanische Halle mit dem Tor als Lager und die »Goldene Pforte« war für mehr als 70 Jahre verborgen – selbst die meisten Budapester wussten nichts von der Existenz dieses Schatzes. Nach einer dreijährigen Renovierung des Museums und seiner Wiedereröffnung ist die »Goldene Pforte« seit 2018 ein Publikumsliebling. Kaum jemand, der sich nicht davor fotografiert oder fotografieren lässt.

Kunst bis 1800

Umstrukturierung

Das Museum der Schönen Künste (Szépművészéti Múzeum) hat neben der Nationalgalerie im Burgpalast die bedeutendste und umfangreichste Kunstsammlung der ungarischen Hauptstadt. Internationales Renommee genießt das Museum wegen seines großen Bestands an italienischer, spanischer, deutscher und flämischer Malerei. Seine Renovierung war Teil des kulturellen **Großprojekts »Liget«** (Insel), das bis 2022 abgeschlossen sein soll (▶Stadtwäldchen). Mit dem Projekt geht eine Neustrukturierung der Kunstsammlungen einher: Im Museum der Schönen Künste sind nun Werke aus Ungarn und anderen europäischen Ländern von der Antike bis 1800 zu sehen, während die jüngeren Arbeiten in die Sammlung der Nationalgalerie integriert sind.

Malereien, Grafiken, Skulpturen

Geschichte der Sammlung

Die Geschichte der Sammlung beginnt 1870, als der ungarische Staat von Graf Miklós Esterházy eine **Sammlung von 637 Gemälden und 3535 Zeichnungen und Druckgrafiken** erwarb, darunter das Juwel der »Esterházy-Madonna« von Raffael (1508). Die Landesgalerie, wie man sie nannte, fand zunächst im Gebäude der Ungarischen Akademie der Wissenschaften ihren Platz. Durch eine systematische Ankaufspolitik sowie die Eingliederung verschiedener Privatsammlungen und Schenkungen vergrößerte sich der Bestand rasch.

Neben Gemälden und Grafiken wurden bald auch Skulpturen erworben. Als jüngste Abteilungen entstanden 1908 die Antikensammlung und 1934 die ägyptische Sammlung. Der Plan für einen **repräsentativen Neubau** entwickelte sich bei den Vorbereitungen für die Millenniumsfeierlichkeiten 1896. Das monumentale Bauwerk, das 1906 der Öffentlichkeit übergeben wurde, war nach den Entwürfen von **Albert Schickedanz** und **Fülop Herzog** entstanden. Zahlreiche Zitate der griechischen Antike und der italienischen Renaissance zieren die Fassade und das Innere. Die Eingangsseite wird beherrscht von dem mächtigen Portikus, dessen korinthische Säulen ein Tympanonrelief tragen. Das Relief »Kampf zwischen Kentauren und Lapithen« ist die Kopie einer Giebelgruppe des Zeus-Tempels in Olympia.

Gut zum Relaxen

Eingangshalle und Café

Zwischen den Kassen tut sich ein Blick in die weite und reich dekorierte Marmorhalle auf. Der helle harmonische Saal ist der Erholung auf bunten Sitzgruppen vorbehalten. Es gibt zudem ein Café, in dem man sich etwas stärken kann. Möchte man alle Ausstellungen sehen, wird man eine Ruhepause nötig haben.

Klassische Antike und das alte Ägypten

Untergeschoss

Im Untergeschoss betritt man die Welt der klassischen Antike und die des alten Ägyptens. Aus vorchristlicher Zeit sind etruskische, römische und griechische Exponate zusammengetragen, darunter Gold-

und Bronzearbeiten sowie Terrakotten. Besonders schöne Stücke kann man unter Glas von allen Seiten betrachten, so eine für Athen typische Vase mit roten Figuren auf schwarzem Grund, die den **Abschied eines Kriegers** zum Motiv hat (5. Jh. v. Chr.). Zeitlos schön ist die **schwarze Keramik** (Bucchero) **der Etrusker** – in Ungarn ist diese Technik noch heute in dem Puszta-Dorf Nádudvar lebendig. Zu den bedeutenden Werken zählen die bronzene Grimani-Kanne, die anmutige **Tänzerinnenfigur** aus Marmor (3. Jh. v. Chr.) und das Relief eines attischen Marmorsarkophags (3. Jh. n. Chr.).
In der Altägyptischen Sammlung ist das »Zimmer der Geheimnisse« ein Highlight. Hortesnakht (4.–3. Jh. v. Chr.) hat man natürlich nie kennengelernt, aber im Museum steht man vermutlich mit einem etwas mulmigen Gefühl vor den sterblichen Überresten des Jünglings, vor seiner **Mumie in einem offenen Sarkophag**. Der Totenkult spielte im Leben der Ägypter eine wichtige Rolle.

Die berühmte Kopie

Erdgeschoss

Zurück im Erdgeschoss, geht man durch die Marmorhalle in die überwältigende Renaissancehalle, die mit ihren umlaufenden Galerien an einen italienischen Palazzo denken lässt. Die **Romanische Halle** links

Ein Objekt der Fotobegierde: die Nachbildung der Goldenen Pforte aus dem Freiberger Dom

davon vermittelt mit ihren massiven Säulen und Pilastern das Gefühl, in einer Basilika zu stehen. Die Motive der kunstvollen Ausmalung von 1902/1903 stammen aus der christlichen Ikonographie und aus der ungarischen Geschichte. Dreht man sich um, sieht man die **»Goldene Pforte«**. Das Original (um 1225, Freiberger Dom) gilt als eines der bedeutendsten deutschen Kunstwerke des 13. Jahrhunderts. Die Budapester Kopie entstand 1905/1906. Ihren Namen erhielt sie nicht aufgrund der ursprünglichen Bemalung, sondern als Symbol für die Unbefleckte Empfängnis Marias, für die die Goldene Pforte in der christlichen Ikonographie steht. So ist im Tympanon die Jungfrau mit dem Kind zu sehen, zudem die drei Heiligen, Joseph und ein Engel.
In der **Michelangelo Halle** am Kopfende der Renaissancehalle feiert eine exquisite Kabinettausstellung die Neuerwerbung des Museums, das Porträt der 10-jährigen Prinzessin Maria Henriette Stuart (1631 bis 1660), der ältesten Tochter von König Charles I. von England, 1641 von Anthonis van Dyck gemalt. Es ergänzt hervorragend die niederländische Sammlung des Hauses.
Auf der rechten Seite der Renaissancehalle befindet sich der Eingang zu den wichtigsten **Sonderschauen** des Museums. Hier werden regelmäßig hochkarätige internationale Ausstellungen veranstaltet.

Alte Meister der europäischen Malerei

1. Obergeschoss

Ein herrschaftliches Treppenhaus – oder ein Lift – führt in die 1. Etage. In den Sälen XII bis XXV wird europäische Kunst von 1250 bis 1600 nach Themen zusammengestellt präsentiert. Die beinahe 3000 Gemälde zählende Sammlung hat ihren **Schwerpunkt in der italienischen Malerei**, Meisterwerke von Raffael, Giorgione, Tizian, Jacopo Tintoretto und Giovanni Battista Tiepolo gehören dazu. Mit der **»Esterházy-Madonna« von Raffael** – benannt nach den früheren Eigentümern, der Familie Esterházy –, besitzt das Museum ein herausragendes Werk der italienischen Renaissance. Es müssen aber nicht immer die großen Namen sein. Bemerkenswert ist beispielsweise das Gemälde »Maria und Kind« von **Taddeo di Bartolo** (1362 bis 1422), einem Maler aus Siena in Saal XII. Es ist modern im Ausdruck, das Jesuskind ist kindlich mit dem Finger im Mund dargestellt, Maria hingebungsvoll in einem schwarzen Mantel.
Meister wie Petrus Christus, Jacob van Ruisdael und Gerard David stehen für die **niederländische Malerei des »Goldenen Zeitalters«**, und die **flämische Malerei** repräsentieren Anthonis van Dyck, Peter Paul Rubens und Jacob Jordaens. Im Saal »Pieter Brueghel und seine Zeit« hat das posthum entstandene **Porträt von König Ludwig II.** sein Zuhause gefunden – das Bildnis des Ungarnkönigs, der 1526 in der Schlacht bei Mohács fiel, auf die 150 Jahre osmanischer Herrschaft folgten.
Beachtlich ist auch der **deutsche und der mitteleuropäische Teil der Sammlung**, mit Werken vertreten sind Albrecht Dürer, Hans

Holbein d. Ä., Lucas Cranach d. Ä., Hans Baldung Grien und Franz Anton Maulbertsch. Im Saal XV hängt Lucas Cranachs **»Das ungleiche Paar«** (um 1520), der reiche alte Kaufmann und das junge Mädchen, und gleich daneben das Pendant ebenfalls von Lucas Cranach: eine reiche alte Frau mit einem hübschen Jüngling. Die Ironie des Meisters entgeht einem beim Betrachten nicht.
Wesentlich kleiner, aber doch mit beachtlichen Werken vertreten, sind die Sammlungen **französischer und britischer Malerei:** Claude Lorrain, Nicolas Poussin, Joshua Reynolds, John Constable.
Einzigartig ist der Saal »El Greco und seine Zeit«. **Spanische Meister** des 15. und 16. Jh.s leiten über zu Arbeiten von El Greco (»Büßende Magdalena«, vor 1580), dem überragenden Künstler des Manierismus in Spanien. Die spanische Barockmalerei hat viele berühmte Namen, von denen die meisten hier mit Werken präsent sind, u. a. Francisco de Zurbarán, Jusepe de Ribera und Bartolomé Esteban Murillo. Von Francisco de Goya besitzt das Museum fünf Werke, darunter **»Die Wasserträgerin«**, »Der Schleifer« (beide vor 1812) und das »Bildnis von Frau Bermúdez« (um 1785). Von Diego Velázquez hängt das richtungsweisende Frühwerk »Bauern bei der Mahlzeit« in der Ausstellung.

100 Werke der europäischen Bildhauerei

2. Obergeschoss

In der Ausstellung **Europäische Skulptur** (1350–1800) ist aus der mehr als 600 Werke umfassenden Sammlung eine Auswahl von rund 100 Meisterwerken zu sehen. Glanzstücke der italienischen Renaissance sind die Reiterstatue des französischen Königs Franz I., die **Leonardo da Vinci** zugeschrieben wird, und der Schmerzensmann von Andrea del Verrocchio. Deutsche, niederländische und französische Skulpturen aus dem Mittelalter sind mit vielen Stücken vertreten, wie den »schönen Madonnen« der internationalen Gotik und den Holzskulpturen aus der Werkstatt von **Tilman Riemenschneider**, während die österreichische Barockkunst mit Werken von Georg Raphael Donner präsentiert wird. Außergewöhnlich modern mutet der Charakterkopf von Franz Xaver Messerschmidt an: Er zeigt einen gähnenden Mann (um 1750).

Ungarische Kunst

3. Obergeschoss

Im 3. Stockwerk ist ungarische Kunst von 1600 bis 1800 zu sehen. Die Sammlung umfasst **Gemälde, Skulpturen, Tapeten und architektonische Schnitzereien** von hoher Qualität. Der Begriff der »alten ungarischen Kunst« wird als »Kunst der K.-u.-k.-Monarchie« verstanden. Zu den Highlights zählen Werke von Jakob Bogdány, Philipp Jakob Staub und Tóbiás Stranover. Eines der bekanntesten Werke barocker Porträtkunst stammt von Ádám Mányoki und zeigt das Bildnis des Fürsten und Freiheitskämpfers Ferenc Rákóczi II., in dessen Dienst er von 1707 bis 1712 stand.

Zeichnungen und Druckgrafik

Grafische Sammlung

Die bedeutende Grafische Sammlung mit etwa 10 000 Zeichnungen und rund 100 000 druckgrafischen Werken wird in einem speziellen Depot des Hauses gepflegt. Da die Arbeiten sehr lichtempfindlich sind, sind jeweils nur Teile in temporären Ausstellungen zu sehen, so im grafischen Kabinett im Erdgeschoss. Die Sammlung dokumentiert die Geschichte der europäischen Zeichenkunst und der grafischen Künste von den Anfängen bis heute und ist stolz auf viele herausragende Meisterwerke. Die Namen lesen sich wie ein **»Best of« der Grafischen Künste**: Leonardo da Vinci, Raffael, Albrecht Dürer und Rembrandt van Rijn, Vincent van Gogh, Paul Cézanne, Eugène Delacroix, Édouard Manet, Pierre-Auguste Renoir, Georges Seurat, Auguste Rodin, Paul Gauguin, Henri de Toulouse-Lautrec, Pablo Picasso, Egon Schiele, Oskar Kokoschka und weiter Victor Vasarely, Aleksandr Rodchenko, Theo van Doesburg, Sol LeWitt, Frank Stella, Georg Baselitz und Jiři Kolář. Zuletzt bereicherte 2010 die Schenkung der Stiftung Franz Larese und Jürg Janett die Sammlung mit 600 Arbeiten zeitgenössischer Künstler wie Günther Uecker, Antoni Tàpies, Max Bill, Eduardo Chillida, Robert Motherwell und Serge Poliakoff.

War das Paradies jemals zu retten? Besucher des Museums der Schönen Künste informieren sich über den Sündenfall.

★ ÓBUDA

Lage: III. Bezirk | **Bus:** 9, 42, 106, 109 | **Vorortbahn HÉV:** H 5 Szentlélek tér (ab Batthyány tér) | **Straßenbahn:** 1

Óbuda heißt Alt-Buda. Es ist der älteste der drei Orte, die 1873 zur Hauptstadt Budapest zusammengeschlossen wurden. Bis zur Vereinigung mit Buda und Pest war Óbuda eine eher verträumte Kleinstadt, die auf ein römisches Militärlager und eine Bürgerstadt zurückging.

Idylle zwischen Plattenbauten

Dies ist ein Ort der großen Gegensätze. Trotz rigoroser Modernisierungen und massiver Plattenbauten hat sich Óbuda an manchen Stellen ein wenig von seiner früheren Atmosphäre erhalten können. Am Hauptplatz mit dem barocken Zichy-Schloss ist es noch richtig idyllisch, wenige Meter weiter ragt aber schon das erste von vielen Hochhäusern auf. Und ein Stück weiter nördlich hat man das Gefühl, sich in Italien zu befinden – die Römer hatten sich diesen Ort zur Errichtung ihrer Bürgerstadt Aquincum ausgesucht. Spaziert man durch die Straßen dieser alten Römerstadt, steht man plötzlich vor einem Mithras-Heiligtum oder dem Amphitheater.

Erster Höhepunkt: die Stadt der Römer

Prähistorische Siedlung

Der alte Siedlungsplatz, an dem Zeugnisse aus prähistorischer Zeit entdeckt wurden und an dem **später** das **römische Aquincum** lag, war Überlieferungen zufolge im 5. Jh. Residenz des Hunnenkönigs Attila. Unter den Árpáden erlebte der Ort einen gewaltigen Aufschwung. Als nach den Mongoleneinfällen auf dem donauabwärts gelegenen Burgberg eine neue, geschützte Siedlung entstand, erhielt der alte Ort seinen Namen Óbuda (Ó = alt). In der **Türkenzeit** kam es zum völligen Niedergang des Donaustädtchens, das ohnehin in den Schatten der aufstrebenden Königsstadt Buda geraten war. 1695 gelangte Óbuda in den Besitz der **Grafen Zichy**, die hier nach der Vertreibung der Türken Bauern aus Österreich und Mähren zur Bestellung ihrer Ländereien ansiedelten. Die Stadt wurde wieder belebter. Anfang des 18. Jh.s ließen sich viele Juden in Óbuda nieder, da sie in den königlichen Freistädten Buda und Pest nicht siedeln durften.

Ein Tag in Óbuda

Besichtigung

Die Besichtigung von Óbuda braucht Zeit, da die Sehenswürdigkeiten etwas verstreut liegen. Wer sich in erster Linie für die **römischen Ausgrabungen** interessiert, sollte mit der Vorortbahn HÉV direkt nach **Aquincum** fahren (H 5, Station Aquincum). Römische Zeugnisse sind auch am Flórian tér und weiter südlich erhalten, die eindrucksvolleren Ruinen und ein reich bestücktes Museum sind aber die in Aquincum. Das **alte Óbuda** findet man am Fő tér und weiter südlich an der Lajos utca (H 5, Station Szentlélek tér). Hier sind auch mehrere überraschend interessante **Museen** versammelt. Etwas abseits von den anderen Sehenswürdigkeiten befindet sich das **Kiscelli Múzeum**, das schon wegen seiner barocken Architektur sehenswert ist – es ist in einem früheren Kloster eingerichtet, das idyllisch auf einer Anhöhe in einem Waldpark westlich des Flórian tér steht.

★ Rund um den Fő tér

Platz mit Schloss und Rathaus

Hauptplatz

Der Fő tér ist der alte Hauptplatz von Óbuda, ein hübsches, von ein- bis dreigeschossigen Häusern gesäumtes Karree. Das neobarocke Gebäude an der Nordseite ist das ehemalige Rathaus von Óbuda, ihm gegenüber steht das Fischrestaurant Új Sipos Halászkert und die Ostseite nimmt das Zichy-Schloss ein.

Für Ungarns wichtigsten zeitgenössischen Bildhauer

Imre-Varga-Museum

Keine hundert Meter von der immer wieder fotografierten Figurengruppe mit Regenschirmen wurde für ihren Künstler Imre Varga (geb. 1923) ein kleines Museum eingerichtet. Es befindet sich in einem der eingeschossigen Bürgerhäuser der Laktanya utca, die den Platz an der Nordostecke verlässt. Das Museum zeigt zahlreiche Modelle von großen Arbeiten des international renommierten ungarischen Bildhauers, Büsten berühmter Persönlichkeiten und Nachbildungen einiger Werke. Im kleinen, hübsch angelegten Garten sind Porträtplastiken namhafter ungarischer Zeitgenossen zu sehen.

Laktanya utca 7 | Di.–Sa. 10–18 Uhr | Eintritt: 800 HUF

★ Schloss Zichy (Zichy-kastély)

Kulturschätze in Design-Rahmen

Drei Museen

Das schlichte Barockschloss am Fő tér ließ sich Graf Nikolaus Zichy Mitte des 18. Jh.s bauen. Es wurde nach starker Beschädigung im Zweiten Weltkrieg restauriert und ist heute **Kulturzentrum** mit drei sehenswerten Museen: dem Lajos-Kassák-Museum, dem Vasarély-Museum und dem lokalgeschichtlichen Óbudaer Museum. Vom Fő tér führt ein Gang in den großen Schlosshof und zum Hauptgebäude des Schlosses.

Es hat fast etwas Absurdes, dass der Nachlass des ewigen Revolutionärs, des »Vaters« der Avantgarde, der ganze Generationen in Ungarn und im Ausland beeinflusst hat, des einstigen Schlossers und

Autodidakten, der seinen Ideen bis zum Tod treu geblieben ist, seine Heimat ausgerechnet in einem Schloss fand. Der **Dichter, Schriftsteller, Herausgeber und Maler Lajos Kassák** (1887–1967), der in Óbuda lebte, aber Mitstreiter der italienischen Futuristen, deutscher Expressionisten, französischer Dadaisten und Wortführer des Bauhauses war, hätte bei dem Gedanken wahrscheinlich gemurrt. Und doch ist sein Œuvre 1976 ins nur wenige Straßen von seiner Wohnung entfernte Zichy-Schloss gezogen. Das Lajos-Kassák-Museum ist heute das einzige Museum in Ungarn, das sich der **historischen Avantgarde** widmet – und darauf wäre er vielleicht doch stolz gewesen. Das Museum, das mit zwei renommierten Designpreisen ausgezeichnet wurde, gehört zum Petőfi-Literaturmuseum. Eine Dauerausstellung zeigt Schriften, Plakate und Gemälde, die durch Wechselausstellungen ergänzt werden.
Der Eingang zum **Vasarely-Museum** befindet sich am Szentlélek tér. Der aus Pécs in Südungarn stammende Victor Vasarely (1908–1997), der Frankreich zu seiner Wahlheimat machte, gilt als bedeutendster Vertreter der Op-Art. Die reich ausgestattete Werkschau gibt einen repräsentativen Überblick über das Schaffen des Künstlers.
Gleich nebenan geht es im lokalgeschichtlichen **Óbudaer Museum** um die Entwicklung der Ortsgeschichte vom Mittelalter bis heute.

Lajos-Kassák-Museum: Mi.– So. 10–17 Uhr | Eintritt: 800 HUF | www.kassakmuzeum.hu

Vasarély-Museum: Di.–So. 10–17.45 Uhr | Eintritt: 800 HUF | www.vasarely.hu

Óbudaer Museum: Di.–So. 10–18 Uhr | Eintritt: 800 HUF | www.obudaimuzeum.hu

★ Rund um die Lajos utca

Dorfidyll

Kirche St. Peter und Paul

Südlich vom Zichy-Schloss – jenseits des breiten Zubringers zur Árpádbrücke – steht die **spätbarocke Pfarrkirche** St. Peter und Paul. Die im Auftrag der **Familie Zichy** erbaute Kirche entstand nach Vorlagen des Baumeisters Johann Georg Pauer. Die idyllische Lajos utca, an der sie steht, war einst die Hauptstraße von Óbuda. Stimmungsvolle Relikte der alten kleinstädtischen Atmosphäre sind die Reste einer Kastanienallee und das Pfarrhaus von 1756.

Marmor gekühlt

Korona tér

Am Korona tér hinter der Kirche sind ein paar schmucke Barockhäuser erhalten. Haus Nr. 1 war das Wohnhaus von Gyula Krúdy (1878 bis 1933), dem Autor des Romans »Die rote Postkutsche«. Seit 2011

Im »Dauerregen«. Imre Varga wurde mit seinen beschirmten Figuren berühmt.

ist hier das **Ungarische Museum für Handel und Gaststättengewerbe** (Magyar Kereskedelmi és Vendéglátóipari) eingerichtet. Von dem langweiligen Namen sollte man sich nicht täuschen lassen, es ist eine hübsche Ausstellung mit Kuriosa wie einem mit Marmor ausgekleideten Kühlschrank. Außerdem wurde eine kleine Budaer Konditorei original wieder aufgebaut.
Di.–So. 10–18 Uhr | Eintritt: 800 HUF | https://mkvm.hu

Höchst ansehnlich: Textilhandwerk / Industriegeschichte

Goldberger Textile Collection

Vorbei am vorzüglichen Traditionsgasthaus »Kéhli Vendéglő« geht man die Mókus utca entlang zur Goldberger Textile Collection, die 2013 aus dem ehemaligen Textilmuseum hervorgegangen ist. Am Beispiel der **jüdischen Industriellenfamilie Goldberger** verbindet das Museum eindrucksvoll die Geschichte des Textilhandwerks mit 200 Jahren Industriegeschichte. Als Blaufärberei 1784 von Ferenc Goldberger gegründet, wurde das Familienunternehmen in der fünften Generation unter Leo Goldberger zum Welterfolg. Der abrupte Untergang kam mit der Deportation des Direktors 1944 nach Mauthausen, die er nicht überlebte. Nach 1945 wurde die Fabrik verstaatlich und schloss 1997 gänzlich ihre Pforten.
Eingang Lajos Utca 138 | Di.–So. 10–18 Uhr | Eintritt: 1400 HUF | www.textilmuzeum.hu

Synagoge – TV-Studio – Synagoge

Jüdische Gemeinde

Bereits im 18. Jh. gab es in derselben Straße (Lajos utca 161) eine Synagoge der hiesigen jüdischen Gemeinde. Als sich diese vergrößerte, wurde 1825 das heutige Gotteshaus gebaut. Lange war hier ein Fernsehstudio eingerichtet, heute dient der klassizistische Bau wieder seinem ursprünglichen Zweck.

Unerwartet inspirierend

Budapest Galéria

Unmittelbar gegenüber befindet sich die Budapest Galéria in einem ehemaligen Brauhaus, ein **Mekka für Fans zeitgenössischer Kunst**. Gezeigt werden Einzelausstellungen ungarischer und ausländischer Künstler sowie thematisch kuratierte Gruppenausstellungen. Ein Anliegen der Galerie ist die Förderung junger Künstler, für die eigens ein Austauschprogramm ins Leben gerufen wurde.
Lajos utca 158 | Di.–So. 10–18 Uhr | Eintritt: 800 HUF | www.budapestgaleria.hu

Flórián tér und römische Ruinen

Antikes vor Plattenbauten und unter Straßenbrücken

Römisches Militärlager

Der Flórián tér ist unwirtlich und ein unübersichtlicher Verkehrsknotenpunkt. Hier befand sich im 1. Jh. n. Chr. ein römisches Militärla-

ger, in dessen Norden sich später die Bürgerstadt Aquincum (s. u.) entwickelte. Auf der weiten Rasenfläche stehen Reste von römischen Bauten – kurios muten die verbliebenen römischen Säulen vor dem Plattenbautenhintergrund an. Unter den Straßenbrücken sind in einer wahren Asphaltwüste noch die teilweise rekonstruierten **Ruinen eines Bades** (Thermae Maiores) mit Fußbodenheizung sowie Heiß- und Kaltbecken und die Reste eines Centurio-Hauses erhalten. Das Bad war zwischen dem 1. und 4. Jh. in Betrieb. Ein kleines Museum informiert anschaulich über das römische Badewesen.
Am Südrand des Platzes sind im Bereich der Cálvin köz **Reste der mittelalterlichen königlichen Pfalz** und die im 18. Jh. errichtete Reformierte Kirche von Óbuda zu sehen.
Museum: April – Okt. Di.–So. 10–18, Nov. – März Di.–So. 10–16 Uhr | Eintritt: frei

Vorchristliche Ellipse

Amphitheater

Ca. 1 km südlich des Flórian tér sind an der breiten Pacsirtamező utca die Reste eines Amphitheaters aus dem 2. Jh. n. Chr. erhalten. Die 131 m lange und 107 m breite, auf elliptischem Grundriss konstruierte Kampfbahn bot damals etwa 12 000 Zuschauern Platz.

Als sei man im fernen Italien: Ausgrabungen förderten in Aquincum gut erhaltene Reste römischer Alltagskultur zutage.

Selfie mit Puskás

Denkmal Ferenc Puskás

Wer sich mit dem ungarischen Fußball-Idol **Ferenc Puskás** (▶Interessante Menschen) fotografieren möchte, kann dies in der Bécsi út 57 ein Stück weiter südlich tun. Hier wurde eine Skulpturengruppe zu Ehren der Fußballlegende aufgestellt.

Kiscell (Kleinzell)

Von Mariazell nach Kiscell

Klosterort

Das frühere Kloster steht westlich des Flórian tér auf einer kleinen Höhe im Grünen – ein ländlicher und entspannender Ort. Die Grafen Zichy ließen hier 1724 zunächst eine **Kapelle** errichten, der sie in den 1840er-Jahren ein Kloster anfügten. In die Kapelle kam eine Kopie des Gnadenbildes aus dem österreichischen Wallfahrtsort Mariazell, weshalb sie den Namen »Kleinzell« (Kiscell) erhielt.

Schöne Ausstellung in sehenswertem Barockgebäude

Kiscelli Múzeum

Die Gebäude des aufgelösten **Klosters** kamen zu Beginn des 20. Jh.s in den Besitz eines österreichischen Kunst- und Antiquitätenliebhabers, der auch das im Jahr 1799 für das Wiener Ordenshaus der Jesuiten geschaffene Barockportal hierher versetzen ließ. Seine Kunstsammlung ging in der Außenstelle des Historischen Museums der Stadt Budapest auf, die hier in den Räumen des Trinitarierklosters eingerichtet wurde. Die liebevoll gemachte Ausstellung vermittelt einen guten Einblick in das wirtschaftliche und kulturelle Leben der drei Donaustädte Óbuda, Buda und Pest seit dem Ende der türkischen Besatzungszeit. Die nicht renovierte Kirche bietet einen stimmungsvollen Rahmen für Wechselausstellungen zeitgenössischer Kunst, Mode oder auch Sportthemen.

Kiscelli utca 108 | April – Okt. Di.–So. 10–18, Nov. – März Di.–So. 10–16 Uhr | Eintritt: 1600 HUF | www.kiscellimuzeum.hu

★ Aquincum

Szentendrei út 135 | Vorortbahn HÉV: Aquincum | Bus: 34, 106, 134 | Museum: April – Okt. Di.–So. 10–18, Nov. – März Di.–So. 10–16 Uhr, Ausgrabungsstätte: Apr. – Okt. Di.–So. 9–18, Nov. – März Di.–So. 10–16 Uhr | Eintritt:1600 HUF | www.aquincum.hu

Eine Stadt vor 2000 Jahren

Geschichte

Um das Jahr 10 v. Chr. hatten die Römer Transdanubien erobert und die Provinz Pannonia eingerichtet. Einige Jahre nach Christi Geburt gründeten sie im Gebiet von Óbuda ein Militärlager, unmittelbar nördlich davon entwickelte sich die Bürgerstadt Aquincum. Die florierende Siedlung wurde zu Beginn des 2. Jh.s n. Chr. **Hauptort der**

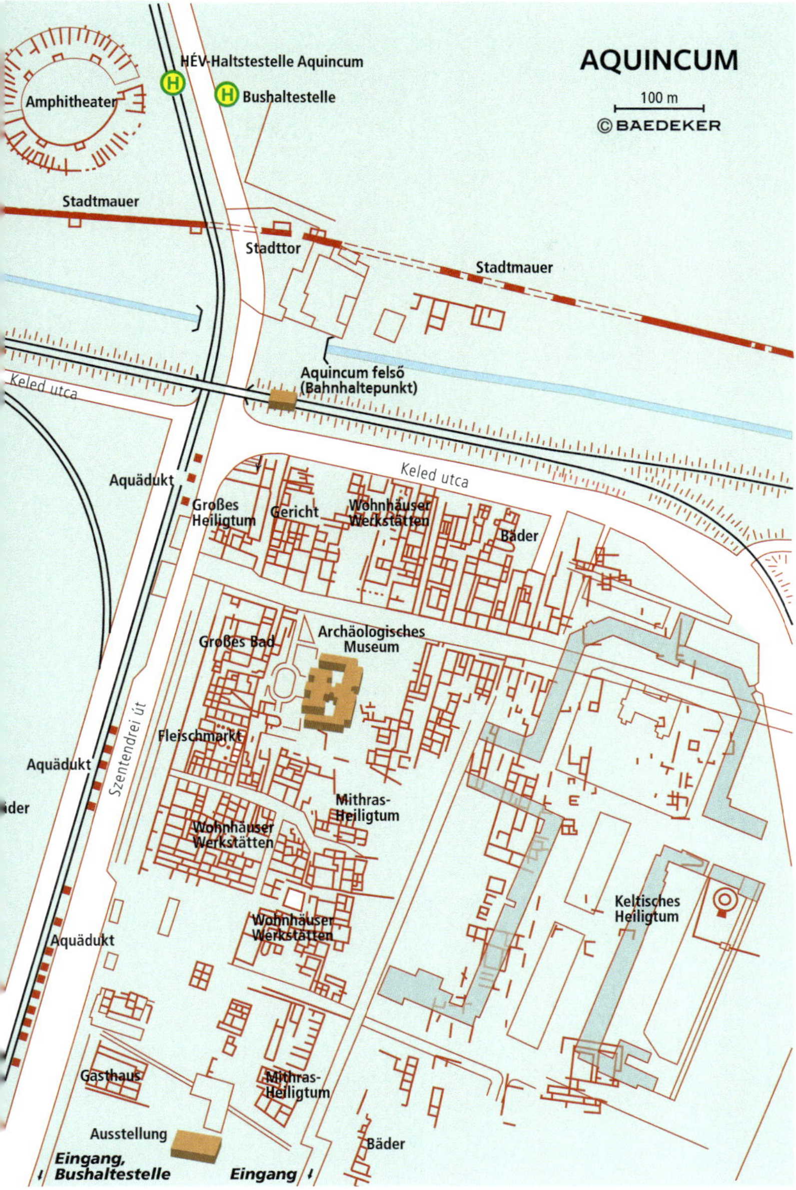
AQUINCUM
100 m
© BAEDEKER
HÉV-Haltstestelle Aquincum
Bushaltestelle
Amphitheater
Stadtmauer
Stadttor
Stadtmauer
Aquincum felső
(Bahnhaltepunkt)
Keled utca
Keled utca
Aquädukt
Großes
Heiligtum
Gericht
Wohnhäuser
Werkstätten
Bäder
Großes Bad
Archäologisches
Museum
Szentendrei út
Fleischmarkt
Aquädukt
Mithras-
Heiligtum
Wohnhäuser
Werkstätten
Wohnhäuser
Werkstätten
Keltisches
Heiligtum
Aquädukt
Gasthaus
Mithras-
Heiligtum
Ausstellung
Bäder
Eingang,
Bushaltestelle
Eingang

Provinz Pannonia Inferior. Während ihrer Blütezeit in der ersten Hälfte des dritten nachchristlichen Jahrhunderts lebten hier und im benachbarten Militärlager mehr als 50 000 Menschen. Kaiser Septimius Severus erhob die Stadt 194 n. Chr. zur Colonia. Militärstandort und Zivilstadt weiteten sich bis fast zum Gellért-Berg aus und zogen sich auch über die Donauinsel vor Aquincum und die östliche Donauseite. Dort errichteten die Römer die Befestigung Contra Aquincum (►Innerstädtische Pfarrkirche, Március 15. tér).

Blühende Metropole wird museal

Verfall von Aquincum

Nach Niederlagen der römischen Legionen bei Hadrianopolis 378 und dem Rückzug der Römer aus Pannonien verlor Aquincum an Bedeutung, beschleunigt durch zunehmende und massiver werdende Hunneneinfälle. Die **erhaltenen Reste der Stadt** liegen in der Nähe des Flórian tér. Schon im 19. Jh. wurden die Ausgrabungsstätten in ein Museum umgewandelt.

Wasserorgel anno 228

Museum

In einem modernen Ausstellungsgebäude wird die Geschichte von Aquincum mittels Fresken, Mosaiken und Resten von Steinmetzarbeiten dargestellt. Aus dem Jahr 228 ist noch eine Wasserorgel erhalten. Wechselausstellungen zeigen aktuelle archäologische Funde aus Budapest und Umgebung.

Straßen – Aquädukt – Amphitheater

Ausgrabungsstätte

Die Ausgrabungsstätte vermittelt eine Vorstellung von der planmäßig angelegten Bürgerstadt, zu der neben zahlreichen meist eingeschossigen Privathäusern mehrere große Bäder, eine Markthalle, ein Mithras-Heiligtum und eine Basilika gehörten. Zu sehen sind Reste der antiken Ver- und Entsorgungssysteme wie Wasserleitungen, Kanalisation und Heizungsanlagen.

Beim Ausbau der Ausfallstraße Szentendrei út wurde ein **Aquädukt** freigelegt, von dem einzelne Abschnitte seitlich der Straße oder im Mittelstreifen zwischen den Fahrbahnen liegen.

Schräg gegenüber des Ausgrabungsgeländes kamen bei Grabungen in den Jahren 1880 und 1937 Reste des **Amphitheaters** der Bürgerstadt zum Vorschein, das rund 7500 Zuschauer fasste. Auch ein erneuerter Teil der antiken Stadtbefestigung ist hier zu sehen.

Mosaikszenen

★ Herkules-Villa

Mitten in einem Wohngebiet nördlich des Flórián tér hat man die Reste einer vermutlich aus dem 3. Jh. stammenden Villa freigelegt. Die **Mosaike** in dem Gebäude zeigen Szenen aus dem Herkules-Mythos und aus der Dionysos-Sage.

Meggyfa utca 21 | April – Okt. So. 11–13 Uhr | Eintritt: frei

Römisches Mosaik aus der Herkules-Villa

★★ PARLAMENT (ORSZÁGHÁZ)

Lage: V., Kossuth Lajos tér | **Metro:** M 2 (Kossuth tér)
Straßenbahn: 2 | **Trolleybus:** 70, 78 | **Schiff:** 0, 11, 12, 13 |
Besichtigung: April – Okt. tgl. 8–18, Nov. – März tgl. 8–16 Uhr, Besichtigung nur mit Führung, auch auf Deutsch; Personalausweis erforderlich | **Tickets:** 3500 HUF, Nicht-EU-Bürger 6700 HUF |
www.parlament.hu, Touristeninfo: latogatokozpont.parlament.hu/en

»Eine Kreuzung aus türkischem Bad und gotischer Kathedrale«, so beschrieb der Schriftsteller Gyula Illyés das Parlament. Andere weiß das Gebäude zu verzaubern wie ein Märchenschloss aus Kindertagen. Unzählige Türme und Türmchen und in der Mitte eine krönende Kuppel – meistens sieht man das gigantische Parlament nur aus der Ferne. Zusammen mit den Donaubrücken ist es ein beliebtes Fotomotiv, besonders wenn das Gebäude sich am Abend golden in der Donau spiegelt.

Ein Wahrzeichen

Für ein kleines Land wie Ungarn wirkt es allemal überdimensioniert, aber das imposante Bauwerk am Donauufer wurde noch zu Zeiten der K.-u.-k.-Monarchie geplant, als Ungarn über Teile seiner Nachbarländer herrschte. Ein Blick aus der Nähe ist auf jeden Fall beeindruckend, auch die Besichtigung einiger seiner 691 Räume. Als der gigantische neogotische Komplex fertig war, konnte der Architekt Imre Steindl ihn nicht mehr sehen, bei seiner Einweihung 1904 war er bereits erblindet.

Besichtigung

Besucherzentrum

Am Eingang des Parlaments ist unter Straßenniveau ein Besucherzentrum eingerichtet. Dort gibt es Tickets für Parlamentsführungen, die auch hier beginnen. Zudem können interessierte Besucher eine Ausstellung zur Geschichte der ungarischen Gesetzgebung ansehen.

Nicht zu überbieten: Ungarns größtes Gebäude

Gebäudekomplex

Der Bau eines Parlaments in Budapest, in dem der Landtag, d. h. die ungarischen Stände, zusammentreten sollten, wurde bereits nach dem Ausgleich mit Österreich 1867 beschlossen, aber erst mit einiger Verspätung realisiert. Der Landtag hatte bis 1847 seinen ständigen Sitz in Pressburg/Bratislava und wurde dann nach Pest verlegt, wo er bis zur Fertigstellung des neuen Parlaments in verschiedenen Gebäuden tagte. Nach 20-jähriger Bauzeit konnte der gewaltige Komplex 1904 eingeweiht werden. Hinter der überwiegend neogotischen Fassade verbirgt sich eine zur Bauzeit hochmoderne Eisenkonstruktion, die dem komplizierten Raumgefüge die nötige Stabilität verleiht.

Prachtbau mit Dachlandschaft

Äußeres

Blickfang ist die 96 m hohe Kuppel über dem Mitteltrakt, die eine Synthese aus neogotischem Strebesystem und Renaissancekuppel darstellt. Zu beiden Seiten schließen sich symmetrische Flügel an, die zehn Innenhöfe umschließen.

Der südliche Seitenflügel beherbergt den **Sitzungssaal des Abgeordnetenhauses**, der nördliche den **Kongresssaal**. Beide Säle ragen mit ihren Ecktürmchen aus der Dachlandschaft heraus und sind somit auch von außen erkennbar. 88 Statuen schmücken die Fassaden des Parlamentsgebäudes: an der Donauseite die ungarischen Stammesfürsten und Könige, an der östlichen Eingangsseite die ostungarischen Heerführer und Fürsten aus den Unabhängigkeitskämpfen des 17. und 18. Jahrhunderts.

Nicht weniger als 691 Räume

Inneres

Am Kossuth Lajos tér führt eine Freitreppe zu dem von zwei Bronzelöwen flankierten Hauptportal. Die Monumentalität des Äußeren setzt sich auch im Inneren fort. Das weitläufige **Treppenhaus** schmücken Deckenfresken und Skulpturen. In einer Nische steht eine Büste des Architekten Imre Steindl von Alajos Stróbl.

PARLAMENT

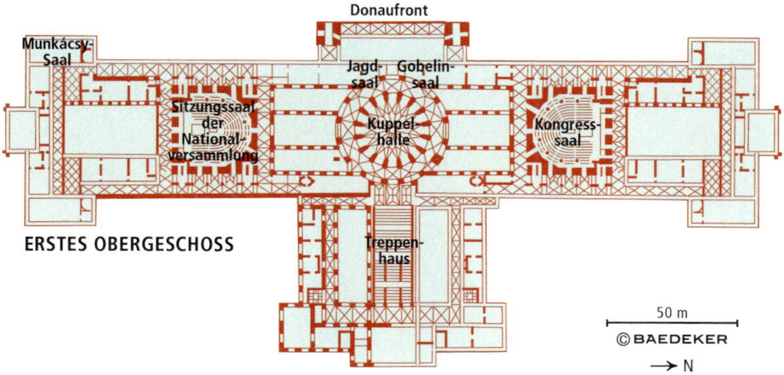

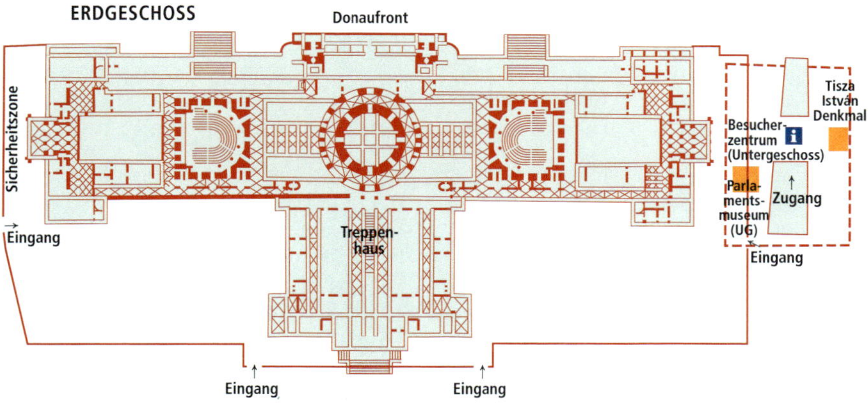

Mit seinen 691 Räumen ist das Parlament ein Bau der Superlative. Im ersten Obergeschoss befindet sich die prunkvolle, von Pfeilern getragene **Kuppelhalle** mit einer Raumhöhe von 27 m. Im Jagdsaal (Vadászterem) hängen Wandgemälde von Aldár Körösfői-Kriesch, dahinter, im Gobelinsaal (Gobelinterem) ein wahrhaft kolossaler Wandteppich, der eine Versammlung der Land nehmenden Magyarenfürsten zeigt. Besonders beeindruckend ist der **Große Sitzungssaal** mit Fresken von Károly Lotz und dem großformatigen Gemälde »Landnahme« von dem Historienmaler Mihály Munkácsy. Die **Parlamentsbibliothek** (Országgyűlési Könyvtár) hat einen großen Fundus an rechts-, staats- und geschichtswissenschaftlicher Literatur.

Eine »Kreuzung aus türkischem Bad und gotischer Kathedrale«
war das Parlament für den Schriftsteller Gyula Illyés.

MACHT UND PRUNK

Die Macht zum Greifen nah – im majestätischen Parlament ist das möglich. Über eine Prunktreppe gelangt man vorbei an der Ehrenwache in den Kuppelsaal, das Herzstück des Gebäudes. Aufbewahrt werden hier die Krönungsinsignien: Zepter, Reichsapfel und Schwert. Das kostbarste Stück ist ohne Zweifel die zweiteilige Stephanskrone. Man sagt, wer sie besitzt, der sei Herrscher über ganz Ungarn. Nur schade, dass man diesen Moment zur Nähe der Macht mit anderen Touristen teilen muss. Ohne offizielle Führung kein Zutritt.

30 Jahre Exil

★ Krönungsinsignien

Nach lange Jahren politischer Debatte werden seit dem Jahr 2000 im Parlament die Krönungsinsignien aufbewahrt, die 1945 von den ungarischen Faschisten außer Landes gebracht wurden. Amerikanische Besatzungstruppen fanden sie in Österreich und brachten die kostbaren Stücke in die USA, wo sie bis zu ihrer Rückführung nach Ungarn 1978 in Fort Knox aufbewahrt wurden. Die mit Edelsteinen und Perlen verzierte **Stephanskrone** schmücken emaillierte Heiligendarstellungen und das charakteristische schiefe Kreuz über dem Kreuzpunkt der beiden Querbänder. Die Krone wird von Zepter, Reichsapfel und Schwert ergänzt. Der Krönungsmantel ist im ▶Ungarischen Nationalmuseum ausgestellt.

★ Kossuth Lajos tér und Flussufer

Ein Platz der Macht, ein Platz des Volkes

Vor dem Parlament

Auf keinem anderen Platz in Budapest drücken sich Herrschaft und Historie so deutlich aus wie auf dem weitläufigen Kossuth Lajos tér. Politische Systeme kamen und gingen und mit ihnen ihre Vertreter. Nahezu unverändert blieben die monumentalen Prachtbauten: das Parlament auf der einen Seite, Justizpalast und Ungarisches Landwirtschaftsministerium gegenüber.
Auch das Volk hat sich immer wieder hier eingefunden – zum Jubeln und zum Protestieren. Ministerpräsident Imre Nagy erklärte 1956 auf dem Platz die Neutralität seines Landes, 1989 wurde hier die ungarische Demokratie ausgerufen und in heutiger Zeit protestiert die Opposition gegen die Regierung von Ministerpräsident Viktor Orbán. In der Regel aber sind es einheimische und ausländische Touristen, die den Platz bevölkern.

Stationen der ungarischen Geschichte

Denkmäler

An der Platznordseite wurde 2014 wieder das 1927 von János Horvay entworfene pathetische Denkmal aufgestellt, das die **Batthyány-Regierung** während der Revolution von 1848/1849 im Augenblick der Niederlage zeigt. **Lajos Kossuth** (►Interessante Menschen) steht in der Mitte der schlohweißen Figurengruppe, bereit, seine Mitstreiter, darunter die Grafen Batthyány und Széchenyi, auf dem Weg ins Exil zu verlassen. Dieses Denkmal war 1950 durch ein realsozialistisches Skulpturenensemble ersetzt und nach Dombóvár verbannt worden. Nun verweigerte der dortige Bürgermeister die Herausgabe des Originals, und so steht in Budapest heute eine originalgetreue Kopie. Bereits 150 Jahre zuvor hatte es Aufstände gegen die Herrschaft der Habsburger gegeben. Ihrer wird an der gegenüberliegenden Schmalseite des Platzes mit dem 1935 geschaffenen Reiterstandbild des siebenbürgischen Fürsten **Ferenc Rákóczi II.** gedacht, der als bedeutendster Anführer des Unabhängigkeitskampfes 1704 bis 1711 verehrt wird. Rákóczi ging ins türkische Exil.
Nördlich vom Parlament wurde 1975 ein Denkmal des Grafen **Mihály Károlyi** enthüllt, des ersten Präsidenten der Republik Ungarn nach dem Ersten Weltkrieg; es wurde entfernt. Mihály Károlyi wird vorgeworfen, 1919 die Macht an die Kommunisten, die Räterepublik unter Béla Kun, abgegeben zu haben. Heute steht an seiner Stelle das nicht unumstrittene Denkmal des Grafen **István Tisza** – er führte Ungarn in den Ersten Weltkrieg und verfolgte innenpolitisch eine rigorose Magyarisierung im einstigen Großungarn.
Auf der kleinen Grünfläche am Eingang in die Vécsey utca steht der bronzene **Imre Nagy** (►Interessante Menschen) auf einer kleinen symbolischen Brücke.

PARLAMENT

Es ist das größte Gebäude Ungarns, knapp 100 m hoch und mit 268 m ganze sechs Meter länger als das berühmte britische Parlamentsgebäude. Es verfügt über fast 700 prächtige Räume, gestaltet und ausgeschmückt von den besten Künstlern, die das Land im 19. Jh. zu bieten hatte. Übrigens: die Ähnlichkeit mit dem Parlament von London ist alles andere als zufällig – man wollte sich der Idee des englischen Parlamentarismus verpflichten.

April – Okt. tgl. 8–18, Nov. – März tgl. 8–16 Uhr | **Tickets:** 3500 HUF (Nicht-EU-Bürger 6700 HUF), Besichtigung nur mit Führung, auch auf Deutsch; Personalausweis erforderlich | www.parlament.hu, Touristeninfo: latogatokozpont.parlament.hu/en

❶ Kongresssaal
Mittelpunkt des Nordtrakts ist der Kongresssaal.

❷ Sitzungssaal
Galerien umgeben den prachtvollen Sitzungssaal, in dem das Parlament tagt. Er ist 23 m lang und 25 m breit.

❸ Munkácsy-Saal
Der bekannte ungarische Maler Mihály Munkácsy (1844–1900) schuf das Gemälde »Die Landnahme«. Es war umstritten, da es die Eroberung durch den Fürsten Árpád als ein friedliches Ereignis darstellt.

❹ Kuppelhalle
Das Zentrum des Gebäudes: die säulengestützte Kuppelhalle, die eine Höhe von 27 m hat. Die Säulen der Kuppelhalle laufen zu einem großen goldenen 16-zackigen Stern zusammen. Im Kuppelsaal sind die königlichen Insignien mit Ausnahme des Krönungsmantels ausgestellt.

❺ Hauptportal
Das Hauptportal wird von zwei steinernen Löwen bewacht.

❻ Statuen
88 Statuen schmücken die Fassade des Gebäudes, die von verschiedenen ungarischen Bildhauern geschaffen worden waren.

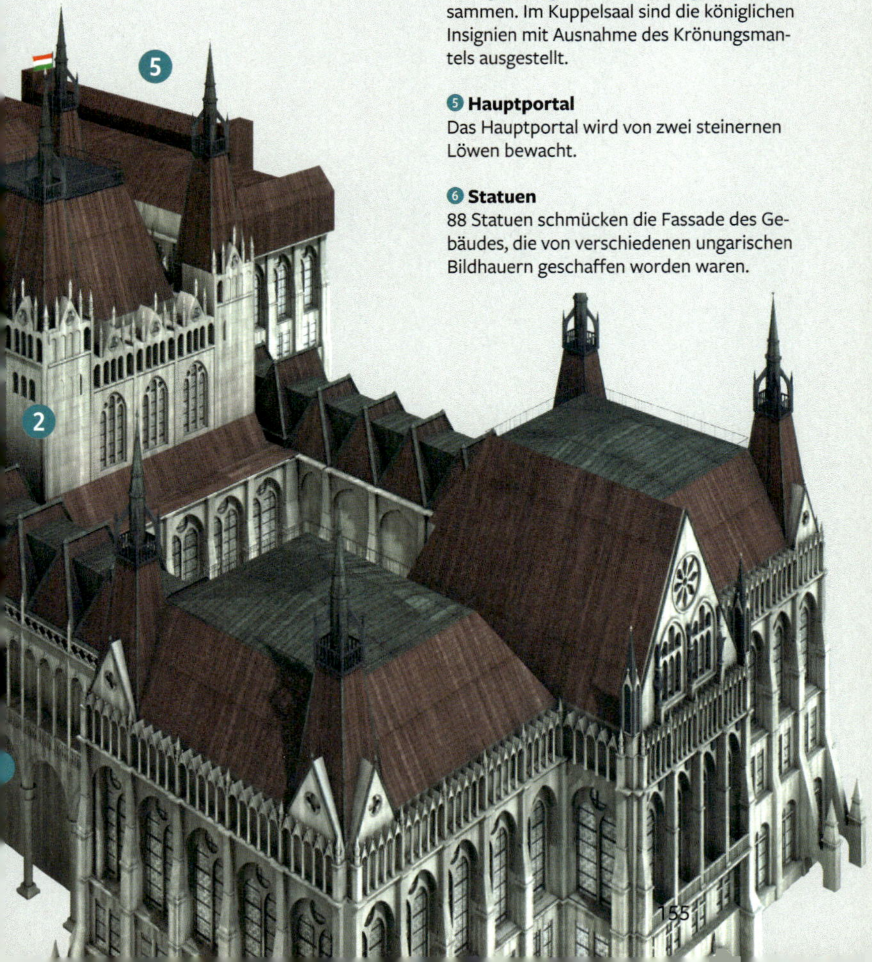

Galerien und Antiquitätenläden

Falk Miksa utca

Vom Kossuth Lajos tér führt die kleine Falk Miksa utca nach Norden zum Großen Ring. Diese Gasse ist zum **Mittelpunkt des ungarischen Kunsthandels** geworden, Galerien und Antiquitätenhändler haben sich hier Tür an Tür niedergelassen.

Am Fluss

Donauufer

Südlich des Parlaments sitzt oberhalb vom Anleger für Linienschiffe **Graf Gyula Andrássy** hoch zu Ross, er war nach 1867 der erste ungarische Ministerpräsident. Auf den Stufen am Ufer schaut der ungarische Dichter **Attila József** nachdenklich zur Donau hinab; László Marton hat seine Bronzegestalt einem Foto nachempfunden. Etwas weiter südlich erinnert direkt am Ufer das eindrückliche Mahnmal **»Schuhe am Donauufer«** (2005) an den Holocaust. Es wurde von Gyula Pauer und Can Togay zur Erinnerung an die Pogrome an Juden durch Pfeilkreuzler im Winter 1944/1945 geschaffen. Die willkürlich gewählten Opfer mussten sich ausziehen und wurden hier am Donauufer erschossen.

»Schuhe am Donauufer« – Mahnmal von Gyula Pauer und Can Togay

PETŐFI-LITERATURMUSEUM (PETŐFI IRODALMI MÚZEUM)

Lage: VI., Károlyi utca 16 | **U-Bahn:** M 3 (Ferenciek tere), 4 (Kálvin tér) | Di.–So. 10–18 Uhr | **Eintritt:** 600 HUF | **www.pim.hu**

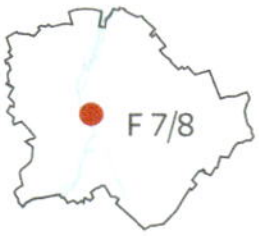

In einem belebten Universitätsviertel mitten in Pest ist das Literaturmuseum zu finden, das an zwei große Namen der ungarischen Geschichte gebunden ist: Sándor Petőfi, der große Dichter des ungarischen Freiheitskampfes, und Mihály Károlyi, Ministerpräsident der ersten bürgerlich-republikanischen Regierung nach dem Ersten Weltkrieg, in dessen ehemaligem Palais das Museum seit 1957 untergebracht ist.

Texte, Fotos, O-Töne

Das Museum besitzt Zeugnisse der ungarischen Literatur und Textsammlungen der herausragendsten Dichter und Schriftsteller des Landes, darunter Texte, Fotos und O-Töne von Attila József, Endre Ady und János Arany. Auch Handschriften-, Bücher- und Zeitschriftenmagazine, ein Tonarchiv und Arbeiten von bildenden Künstlern sowie eine Fotosammlung u. a. mit Arbeiten des Schriftstellers und Fotografen Péter Nadas gehören zum Bestand. Die **permanente Petőfi-Ausstellung** wird durch Wechselausstellungen ergänzt. Zudem gibt es ein Café, eine Bibliothek und eine Kunstbuchhandlung.

Glanzvolles und weniger Glanzvolles

Stadtpalais

Das 1696 auf u-förmigem Grundriss erbaute Barockpalais kam 1786 in den Besitz der Grafen Károly. Mehrfach umgestaltet erhielt es Mitte des 19. Jh.s seine heutige klassizistische Gestalt. Von Beginn an war es für seine rauschenden Bälle und berühmten Gäste bekannt, darunter 1751 **Maria Theresia** und 1883 **Kaiser Franz Joseph**; auf verschiedenen Soireen konzertierte **Franz Liszt**. Im Palais ging 1849 aber auch die Inhaftierung von **Graf Lajos Batthyány** vonstatten. Der erste Ministerpräsident Ungarns wurde nach der Niederschlagung des Freiheitskampfes von hier aus ins Gefängnis gebracht und später hingerichtet.

Seinen Plan, das Palais durch Mietshäuser zu ersetzen, führte Graf Mihály Károlyi Anfang des 20. Jh.s nicht aus, stattdessen gründete er 1918 hier den Ungarischen Nationalrat. Nach seiner Emigration wurde das Gebäude 1920 verstaatlicht. Als er 1946 zurückkehrte, erhielt er seinen Besitz wieder, doch stellte er das Palais der Öffentlichkeit zur Verfügung. 1957 zog das vier Jahre zuvor gegründete Literaturmuseum in die noblen Wände ein.

Die passende Lektüre

Károlyi-Garten

Die ehemaligen Privatgärten der Károlyis hinter dem Palais sind eine erholsame grüne Oase. Der kleine Park ist mehrfach Schauplatz in Viktor Iros' Budapest-Krimi »Tödliche Rückkehr« – warum also nicht gleich hier auf einer Parkbank anfangen zu lesen? Man erfährt viel über das Schicksalsjahr 1956. In der angrenzenden Magyar utca 26 lohnt die Vintage Galerie einen Besuch.

RATHAUS (VÁROSHÁZA)

Lage: V., Városház utca 9–11 | **Metro:** M 1, M 2, M 3 (Deák tér) | **Straßenbahn:** 47, 49 | **Bus:** 9, 16, 105

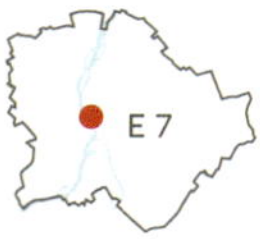

Man braucht schon ein paar Minuten, um die gleichförmige Barockfassade des Pester Rathauses mit den 47 Fenstern abzuschreiten. Geplant war ein Invalidenheim für Heimkehrer aus den Türkenkriegen mit den gigantischen Ausmaßen von 189 x 189 m – der Bedarf muss sehr groß gewesen sein. Die Pläne konnten in diesem Ausmaß nicht realisiert werden, immerhin fanden aber 2000 Menschen Platz. Später diente der Bau als Kaserne und erst ab 1894 als zentrales Rathaus von Budapest.

Invaliden-hospital, Kaserne, Rathaus

Der Wiener Baumeister Anton Erhard Martinelli lieferte die Pläne für den von Kaiser Karl VI. in Auftrag gegebenen, 1716 bis 1728 erstellten Gebäudekomplex, der einen ganzen Straßenblock einnimmt. Über den Toren des Haupttraktes erinnern zwei Reliefs an **Karl VI.** als ungarischen König Karl III. und an **Prinz Eugen von Savoyen**, den Held der Türkenkriege. In der südlichen Toreinfahrt steht die 1785 geschaffene Skulptur der Pallas Athene, deren Kopie vor dem alten Budaer Rathaus (▶Budaer Burg) ein beliebtes Fotomotiv ist.

Rund um das Rathaus

Pariser Flair

Kamermayer Károly tér

Der stimmungsvolle kleine Kamermayer Károly tér, benannt nach dem ersten Bürgermeister des vereinigten Budapest, wirkt wie eine kleine Insel und hat mit der **Brasserie Gerlóczy** fast etwas Pariser Flair. Der Platz trennt das Rathaus von dem zwischen 1811 und 1841 entstandenen klassizistischen Komplex, der heute Sitz der Selbstverwaltung des Pester Komitats (Bezirks) ist.

Zwei grundverschiedene Jugendstilhäuser

Szervita tér

Am Szervita tér (Serviten-Platz) nordwestlich vom Rathaus steht die spätbarocke **Ordenskirche**. Zwei Jugendstilhäuser an der westlichen Platzseite sind bemerkenswert: Am Gebäude Nr. 3, dem 1906 erbauten **ehemaligen Bankhaus Török**, ist der geschwungene Giebel mit goldleuchtendem Mosaik auffällig. Die Frauengestalt im Zentrum der Darstellung verkörpert die »Patrona Hungariae«. Schon modernistisch ist dagegen die von großen Glasflächen durchbrochene Fassade des Geschäftshauses daneben (Nr. 5) aus dem Jahr 1912.

ROSENHÜGEL
(RÓZSADOMB)

Lage: II. Bezirk, westlich der Margit híd | **Bus:** 91, 291

Seinen prosaischen Namen verdankt der Rosenhügel einem türkischen Derwisch. Das mag sich verwunderlich anhören, doch hat Budapest ja eine 150-jährige osmanische Geschichte. Sultan Suleiman der Prächtige hatte den Derwisch, Dichter und Krieger »Cafer« 1531 persönlich nach Buda gesandt, um eine Derwisch-Bruderschaft zu gründen. Seinen Namen Gül Baba (türk. »Vater der Rosen«) soll er hier bekommen haben, da er immer eine Rose an seiner Kopfbedeckung trug. Selbst die Einführung der Rosen in Ungarn wird ihm zugeschrieben. Und natürlich findet man im Garten um sein Grabmal am Südhang des Hügels Rosen.

Schön wohnen

Der Rosenhügel gehört seit Langem zu den bevorzugten Wohnvierteln der ungarischen Hauptstadt, das auch Béla Bartók zu schätzen wusste. Vornehme Villen, große, zum Teil etwas verwilderte Gärten, Alleen und Spazierwege ziehen sich bis zum Kühlen Tal (Hűvösvölgy).

Ein Grabmal für den türkischen Derwisch

Gül-Baba-Türbe

Die Türbe des Gül Baba aus dem 16. Jh. ist ein wahres Kleinod aus der osmanischen Besatzungszeit und **türkische Pilgerstätte** zugleich. Die jüngste Restaurierung des Grabmals wurde gemeinsam von der türkischen und der ungarischen Regierung realisiert, und bei der Übergabe der erneuerten Türbe und der Gartenanlage im Oktober 2018 waren Recep Tayyip Erdoğan und Viktor Orbán persönlich anwesend, eine Art kleiner Staatsakt also.

Um den Tod des **»Vaters der Rosen«** (Gül Baba) im Jahr 1541 ranken sich verschiedene Legenden, so soll er in der Schlacht um Buda-

pest oder während eines Siegesgebets in der Matthiaskirche verstorben sein. Angeblich war der Sultan sogar einer der Grabträger. Sicher ist auf jeden Fall, dass Gül Babas Geschichte den außerhalb Ungarns wenig bekannten Komponisten Jenő Huszka zu seiner Operette »Gül Baba« inspirierte, die 1905 in Budapest uraufgeführt wurde.
Die zwischen 1543 bis 1548 über Gül Babas Grab errichtete Türbe hatte bis 1962 eine wechselvolle Geschichte als Kapelle, Wohnhaus, Türbe und wiederum Wohnhaus. Nun erstrahlt der oktogonale Kuppelbau in altem Glanz.
Mecset utca 14 (Eingang Türbe tér 1) | geöffnet Di.–So. 10–18 Uhr | www.mnu.hu

Hier lebte Béla Bartók vor seiner Emigration

Béla-Bartók-Gedenkstätte

Bevor der große ungarische **Komponist Béla Bartók** (▶Interessante Menschen) aus Protest gegen den aufkommenden Faschismus in seinem Land in die USA emigrierte, lebte er acht Jahre lang in der Villa in der Csalán út 29, in der die Béla-Bartók-Gedenkstätte (Bartók Béla Emlékház) eingerichtet wurde. Einige seiner Möbel und Musikinstrumente sind noch an ihrem ursprünglichen Platz. Regelmäßig werden hier Kammerkonzerte gegeben. Das **Bartók-Denkmal** im Garten schuf der ungarische Bildhauer **Imre Varga**.
Di.–So. 10–17 Uhr, Jan. u. Feb. bis 16 Uhr, an Feiertagen geschl. | Eintritt: 1600 HUF (mit Führung) | www.bartokmuseum.hu

★ ST.-STEPHANS-BASILIKA (SZENT ISTVÁN BAZILIKA)

Lage: V. Bezirk, Szent István tér| **Metro:** M 1 (Bajcsy út), 3 (Déak Ferenc tér) | **Mo.–So. 10–17.30, Sa. 9–13, So. 13–17 Uhr**
Eintritt: empfohlene Spende 200 HUF, Eintritt Kuppel: 500 HUF
www.bazilika.biz

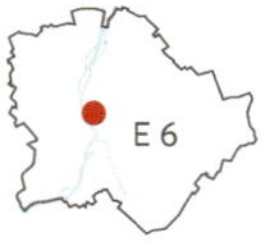

Bescheidenheit gehörte noch nie zu den Eigenschaften der Stadt Pest, man denke nur an das Parlament oder den Heldenplatz. Selbst die Niederschlagung des Freiheitskampfes 1849 konnte dem Stolz der Stadt nichts anhaben. Diesem auf Großes gerichteten Blick verdankt die Stadt heute ihre imposanten Bauten und so auch ihre Domkirche, die St.-Stephans-Basilika, Budapests größte Kirche, die Platz für 8500 Gläubige bietet.

Im Jahr 1868, nach 20 Jahren Bauzeit, geschah es: die erste Kuppel der St. Stephans-Basilika stürzte ein. Als Folge kreierte der Galgenhumor der Budapester das Sprichwort: »Ich zahl' dir meine Schulden zurück, wenn die Basilika aufgebaut ist.« Nach dem Einsturz sollte es noch einmal fast 40 Jahre bis zur endgültigen Fertigstellung dauern. Während der langen Bauzeit unter drei Architekten hatte sich das Stadtbild bereits derart stark verändert, dass die Domkirche heute seltsam deplatziert wirkt.

Was lange währt ...

Eine der eindrucksvollsten Kirchen in Budapest

Imposanter Sakralbau

Seit die auf das Hauptportal zulaufende Zrínyi ut zur Fußgängerzone umgestaltet wurde, hat die Basilika nun aber doch ihren großen Auftritt, erst durch die Distanz kann sie ihre monumentale Wirkung voll entfalten. Die **Zentralkuppel** ist mit 96 m Höhe genauso hoch wie die des Parlaments, die beiden Türme ragen 80 m hoch auf. Im südlichen hängt **eine der größten Glocken** Europas, sie wiegt neun Tonnen. 1989 wurde sie den Ungarn gestiftet als Dank für ihre Beteiligung am Mauerfall und an der deutschen Wiedervereinigung.

Eine eingestürzte Kuppel, drei Architekten in Folge, 60 Jahre Bauzeit – aber dann stand sie doch, die St.-Stephans-Basilika, Budapests größte Kirche.

Langzeitprojekt: die drei Architekten

Bauarbeiten

József Hild, der im klassizistischen Stil baute, wurde 1845 beauftragt, Entwürfe für die Kirche zu liefern. Die Arbeiten für das gigantische Gotteshaus wurden 1848 außerhalb der alten Stadtmauern begonnen, als Pest noch eine Kleinstadt war. Von Hilds Konzept blieben der Grundriss in Form eines griechischen Kreuzes und die zentrale Kuppel, deren Einsturz die Fertigstellung des Gebäudes aber erheblich verzögerte. Nach Hilds Tod im Jahr 1867 gestaltete **Miklós Ybl** den Innenraum im Stil der Neorenaissance. Aber auch Ybl starb, bevor der Bau fertig war, und so war es schließlich ein dritter Architekt, **József Kauser**, der die Stephanskirche 1905 vollendete.

Die Ungarn-Beschützerin

Figurenschmuck

Zu den augenfälligen Besonderheiten der St. Stephans-Basilika gehört der Figurenschmuck an der Fassade. Die beiden Fassadentürme sind mit den Bildnissen der Kirchenväter und das Giebelfeld des Narthex mit der von ungarischen Heiligen umgebenen »Patrona Hungariae« geschmückt. Die zwölf Apostel schmücken die Chorapsis, und die vier Evangelisten stehen in den Nischen am Kuppeltambour.

Nur die Besten

Innenraum

Für den mit Marmor und vergoldetem Stuck ausgekleideten Innenraum der dreischiffigen Hallenkirche beauftragte Miklós Ybl die bedeutendsten ungarischen Künstler seiner Zeit. Am ersten rechten Kuppelstützpfeiler stellt eine Figurengruppe von Alajos Stróbl **Bischof Gellért** und den hl. Emmerich dar; am zweiten rechten Pfeiler hat König Ladislaus der Heilige, eine Arbeit von János Fadrusz, seinen Platz gefunden und am ersten linken Pfeiler die hl. Elisabeth von Károly Senyei. Die Kuppelmosaike mit biblischen Szenen wurden nach Entwürfen von Károly Lotz in Venedig hergestellt.

Unter dem Baldachin des prachtvollen **Hochaltars** zeigt ein Standbild des **hl. Stephan** aus Carrara-Marmor, ebenfalls von Alajos Stróbl, den Schutzpatron der Kirche. Einige Szenen aus dem Leben des Heiligen sind auf Bronzereliefs an der Apsiswand zu sehen. Von den Gemälden in den Seitenaltären ist vor allem das im zweiten Altar rechts vom Haupteingang interessant: Es zeigt den heiligen Stephan, der **Maria, der »Patrona Hungariae«**, die ungarische Krone darbietet – ein in der katholischen Ikonografie des Landes beliebtes Motiv.

Bemerkenswert ist auch die Orgel (1905) aus Ungarns bedeutender Orgelbaufirma Angster.

Über 900 Jahre Reise – eine bedeutende Hand

Reliquie des hl. Stephan

In der Stephans-Kapelle wird in einem Schrein die **»Heilige Rechte«** (Szent Jobb), angeblich die rechte Hand des heiligen Stephan,

SANKT-STEPHANS-BASILIKA

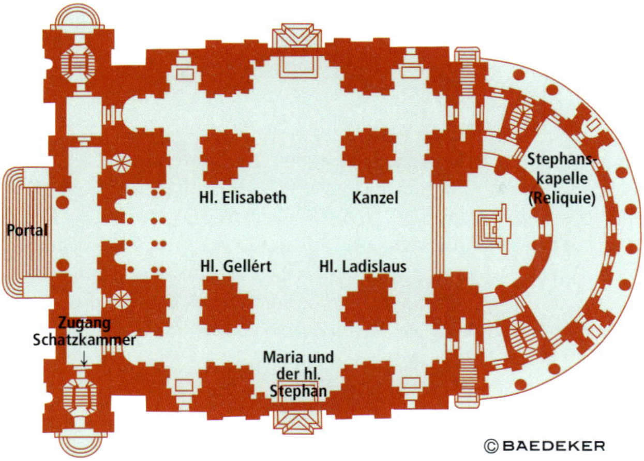

aufbewahrt. Sie war 1950 nach einer Jahrhunderte währenden Reise in das Gotteshaus gekommen, durfte allerdings erst ab 1987 ausgestellt werden.

Alljährlich am 20. August, dem Nationalfeiertag zu Ehren des Landesheiligen, wird die Reliquie in einer feierlichen Prozession durch die Hauptstadt getragen.

In der **Schatzkammer** werden Messgewänder und liturgisches Gerät aus verschiedenen ungarischen, österreichischen und deutschen Werkstätten aufbewahrt.

Kuppel ganz nah

Von der Plattform rund um die Kuppel der Basilika hat man eine herrliche Aussicht auf die Stadt. Interessant ist schon der Aufstieg: Zwei Drittel der Strecke kann man mit dem Aufzug zurücklegen, danach führen Stufen in den Raum zwischen äußerer und innerer Kuppel.

Aufstieg zur Kuppel

Der Fußballer des Jahrhunderts in der Krypta

Ferenc Puskás (▶ Interessante Menschen), Ungarns 2006 verstorbene Fußballlegende, ist in der Krypta der St.-Stephans-Basilika beigesetzt worden. Hier ruht er hoch geehrt zwischen Heiligen und Königen.

Grab von Ferenc Puskás

Mo.–So. 10–17.30, Sa. 9–13, So. 13–17 Uhr |
Spende von 200 HUF erwünscht |
Eintritt Kuppel: 500 HUF

★ STADTWÄLDCHEN (VÁROSLIGET)

Lage: XIV. Bezirk | **Metro:** M 1 (Hősök tere, Széchenyi fürdő) | **Trolleybus:** 70, 72, 74, 75, 79 | **Bus:** 20, 30

Badeutensilien sollte man dabeihaben. Im Stadtwäldchen gibt es viel zu sehen und Entspannung vom Großstadttrubel. Allein die Jugendstilbauten des Zoos sind eine Augenweide, auch eine Ruhepause am See mit Blick auf die imposante Burg Vajdahunyad ist köstlich. Doch steht man vor dem schlossähnlichen Gebäude des Széchenyi-Bades, dann überkommt einen unweigerlich die Lust auf Erfrischung in diesem historischen Ambiente.

BAEDEKER MAGISCHE MOMENTE

MÄRCHENHAFTER EISLAUF

In den Wintermonaten verwandelt sich der See im Stadtwäldchen in eine große Eislaufbahn. Dann kann man vor der romantischen Kulisse der Vajdahunyad-Burg auf seinen Kufen dahingleiten und anfangen zu träumen – am schönsten bei Dunkelheit mit zauberhaftem Lichtspiel und Musik. Genießen lässt sich das Schauspiel auch völlig unsportlich aus dem angrenzenden Restaurant-Café.

Frische Luft, wohltuendes Grün und Kultur – alles das ist das Stadtwäldchen im Nordosten der Innenstadt. Die zentrumsnahe Freizeitoase wurde im 19. Jh. nach Plänen des französischen Landschaftsgärtners Nebbion als Park mit See angelegt. Wer etwas besichtigen möchte, kann in den Zoo gehen, in den Hauptstädtischen Großzirkus, ins Széchenyi-Bad und in die Burg Vajdahunyad, außerdem warten am Rand zwei große Kunstmuseen: das ▶ Museum der Schönen Künste und die Kunsthalle (▶ Heldenplatz). Und im Sommer gibt es Veranstaltungen mit Jazz und Klezmer-Musik in der Burg und im Zoo.

Erholsam

Megakulturprojekt

Liget Budapest

Derzeit wird im Stadtwäldchen ein **neues Museumsviertel** angelegt, wobei bis 2022 nicht weniger als vier neue Museen an verschiedenen Plätzen im Park entstehen sollen. Das Megaprojekt läuft unter dem Namen »Liget Budapest« (www.liget.hu) und wird als eines der größten Kulturprojekte Europas gepriesen, das jedes Jahr für mehr als eine Million zusätzliche Übernachtungen in der Stadt sorgen soll. Außer Museen sind auch mehr Grünflächen vorgesehen.

Völlig neu soll ein **Museum für Ungarische Musik** mitten im Park entstehen. Die **Ungarische Nationalgalerie** erhält einen futuristischen Neubau nach Plänen eines japanischen Architekturbüros. Das **Ethnografische Museum** (Néprajzi Múzeum) bekommt ein neues Haus an der Dózsa György út, das in der Form an eine Skaterbahn erinnert, in der ein Gebäude verborgen liegt – 2018 wurden bereits die Pläne (Napur Architect) bei den »International Propertiy Awards« in London von 80 internationalen Juroren preisgekrönt.

Jünger als gedacht

★ Burg Vajdahunyad

Die ansehnliche Burg (Vajdahunyad Vára) mit Türmen und Zinnen steht auf einer Insel im See. Der mittelalterliche Eindruck täuscht, denn auch dieses Ensemble entstand zum Millenniumsjubiläum 1896 – wie der benachbarte Heldenplatz und viele andere Bauwerke in Budapest. Ihr Baumeister **Ignác Alpár** hatte versucht, mehrere für Ungarn charakteristische Baustile in einem Gebäude zu vereinen. Die pseudo-mittelalterliche Burg, die den Kern der Anlage bildet, kopiert die Feste des Türkenbezwingers Hunyadi, die heute im rumänischen Hunedoara steht. Hinter dem neoromanischen Flügel auf der Ostseite des Burghofs stößt man auf eine **Kapelle** – deren Portal ist die exakte Nachbildung des Portals der Klosterkirche in Ják, die zu den bedeutendsten mittelalterlichen Sakralbauten Ungarns zählt. Stilelemente aus Nordungarn und Siebenbürgen bestimmen das Aussehen des Teils rechts hinter dem Burgtor, der mit einem gotischen Trakt beginnt und zu einem imposanten Bau im Neorenaissancestil mit Barockelementen führt.

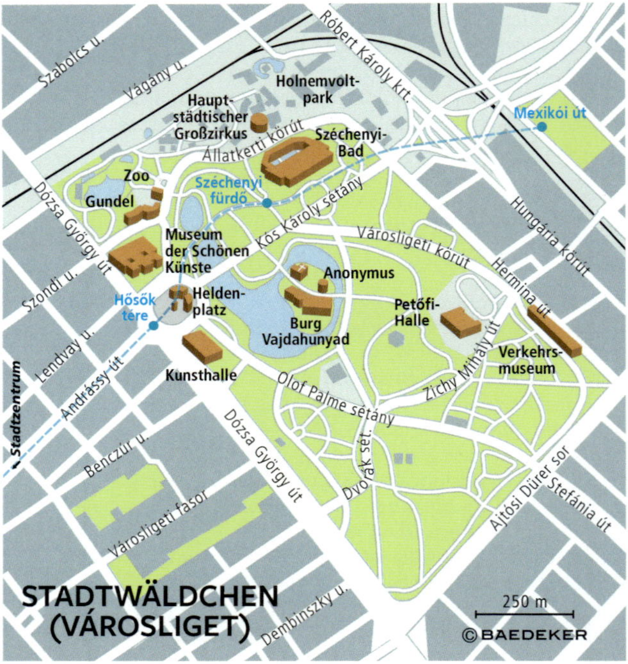

Das Innere des rechts vom Tor gelegenen Gebäudekomplexes ist nur bei einem Besuch des **Landwirtschaftsmuseums** (Mezögazdasági Múzeum) zu besichtigen, das einen Einblick in die verschiedenen Bereiche der ungarischen Land- und Forstwirtschaft vermittelt.

Di.–So. 10–17 | Eintritt: 160 HUF | www.mmgm.hu

Schach in mollig warmem Wasser

★ Széchenyi-Bad

Das Széchenyi (Széchenyi fürdő) ist nicht das älteste Budapester Bad – es wurde 1881 eröffnet –, aber das beliebteste. Es besteht aus **drei Freibecken** und einem in **neobarockem Stil gebauten Hallenbad**. Eine stilistisch den Gebäuden angepasste Eingangshalle an der Nordseite kam 1927 dazu. Das Bad wird von einer über 70 °C heißen Therme aus 1250 m Tiefe gespeist. Selbst im Winter sind die Schachspieler im warmen Wasser aktiv (►Das ist Budapest, S. 26).

Tgl. 6–22 Uhr | Eintritt: 6000 HUF | www.spasbudapest.com

Viele junge Tiere, sehenswerte alte Tierhäuser

Zoo

Ein Tierkindergarten, Löwen- und Bärenhöhlen, ein Felsengarten, ein Eisbären- und Seehundteich, ein Afrikahaus – das sind Attraktionen des Budapester Zoos (Állatkert). Er entstand 1866 als Privatinitiative und

ging um 1900 in den Besitz der Stadt über. Gehege und Tierhäuser wurden 1911/1912 im Jugendstil erbaut, mehrere von Károly Kós. Von den Gebäuden, die noch aus dieser Zeit stammen, sind das **Elefantenhaus** und das **Vogelhaus** besonders sehenswert. Die Flora am Wegesrand ist begeisternd, tropische Pflanzen wachsen im **Palmenhaus**.
2014 wurde der Zoo um das Gelände des ehemaligen Vergnügungsparks erweitert. Das **denkmalgeschützte Pferdekarussell** und die **historische Achterbahn** sollen in den neuen Zoobereich Mesepark (»Märchenpark«) integriert werden. In Planung ist auch der **Pannon Park**, der Besucher in die Urzeit im Karpatenbecken führen soll.
Tgl. ab 9, Schließzeiten je nach Jahreszeit zwischen 16 und 19 Uhr | Eintritt: 2500 HUF | www.zoobudapest.com

Der einzige Zirkus in Mitteleuropa mit fester Spielstätte

Hauptstädtischer Großzirkus

Etwa 300 000 Besucher kommen jährlich in den Großzirkus (Fővárosi Nagycirkusz). Der Ungarische Staatszirkus füllt die Manege mit wechselndem Programm, an Wochenenden mit bis zu drei Vorstellungen. 1891 gründete der Deutsch-Holländer Ede Wulff einen ersten Zirkus und ließ damals ein Gebäude mit einer Eisenkonstruktion errichten.
Vorstellungen: www.fnc.hu

Die Elefanten schert sie wenig, aber die Zoobesucher begeistern sich für die schöne Jugendstilarchitektur des Tierhauses.

Hochgenüsse

Gundel

Noch vor dem Zirkus eröffnete 1883 das Traditionslokal Gundel, das bald einer der bekanntesten **Gourmettempel** in Europa war. Nach Jahrzehnten in Staatsbesitz ist es heute wieder eine stilvolle Adresse, die schon als eines der zehn besten Restaurants weltweit gelistet wurde und zahlreiche Prominenz – sogar Papst Johannes Paul II. – im Gästebuch stehen hat (Gundel Károly út 4). Der frühere Besitzer Károly Gundel hat ein ungarisches **Kochbuch** geschrieben, das auch auf Deutsch noch heute in vielen Buchhandlungen zu finden ist.

Von Tüftlern und Erfindern

Verkehrsmuseum

Das Verkehrsmuseum (Közlekedési Múzeum) ging aus einer Schau anlässlich der Millenniumsfeierlichkeiten 1896 hervor. Es zeigt anhand von Modellen alter Donau- und Plattenseeschiffe, Lokomotiven und Fluggeräten die Entwicklung des Verkehrswesens von der Antike bis heute. Das Museum soll ein neues Haus im Stadtwäldchen bekommen, die alten Räume werden in ein Museum für technische Erfindungen ungarischer Erfinder umgestaltet.
Városligeti körút 11 | derzeit geschlossen

★ SZABADSÁG TÉR

Lage: V. Bezirk | **Metro:** M 2 (Kossuth tér) | **Straßenbahn:** 2 | **Bus:** 15

Budapest geizt nicht mit schönen großen Plätzen und grünen Oasen zur Entspannung in der Hektik der Großstadt. Sitzt man auf dem Szabadság tér, dem Freiheitsplatz, auf einer Parkbank oder auf der Terrasse des Café-Pavillons kann man wunderbar relaxen, den Hunden beim Spiel zuschauen und die prächtigen Fassaden der umstehenden Häuser bestaunen.

Platz mit Geschichte

Der Szabadság tér ist einer der schönsten Plätze in Budapest, und es ist schwer vorstellbar, dass sich hier, wo man gerade friedlich steht oder sitzt, im 19. Jh. noch ein großes Kasernengelände der Habsburger befand. Im Kasernengefängnis verbrachte der Freiheitskämpfer und damalige Ministerpräsident Lajos Batthyány (▶Geschichte) seine letzten Stunden, bevor er erschossen wurde. Es heißt, dass die Österreicher daraufhin mit Bier anstießen, weshalb das Anstoßen mit Bier bis heute für einige Ungarn ein Tabu ist. An der Ecke Hold utca/Báthori utca ist ein ewiges Licht für den Helden angezündet. Nach dem Abbruch der verhassten Kaserne Ende des 19. Jh.s wurde der hufeisenförmige Platz angelegt und erhielt seinen Namen.

Kontrovers

Denkmäler

An eine Befreiung erinnert auch der **Obelisk** mit dem goldenen Stern. Er würdigt den verlustreichen Einsatz der Roten Armee 1945 beim Kampf um Budapest und ist eine Besonderheit, da dieses sowjetische Ehrenmal nach der politischen Wende Ungarns in der Stadt verbleiben durfte, während alle anderen in den ▸Memento Park wanderten. 2014 wurde an der gegenüberliegenden Südseite von der Orbán-Regierung ein umstrittenes Denkmal errichtet, das an den **Einmarsch deutscher Truppen** im März 1944 erinnert. Aus Protest wurde davor ein Gegendenkmal aufgestellt, das auf die **ungarische Mitschuld an der Ermordung Hunderttausender Juden** aufmerksam macht.
Allem Ernst zum Trotz plätschern davor in der warmen Jahreszeit **Springfontänen** – ein Wasserspaß für Kinder. Und wer sich mit Ronald Reagan fotografieren möchte, kann auch dies: In Bronze gegossen scheint er auf dem Weg zur amerikanischen Botschaft zu sein.

Prunkbauten und Denkmäler

★ Gebäude am Platz

Leider verdecken die Sicherheitsvorkehrungen der **amerikanischen Botschaft** an der Ostseite des Platzes die schöne Jugendstilarchitektur des Gebäudes, das an die von Ignác Alpár entworfene **Nationalbank** (Magyar Nemzeti Bank) anschließt. Unauffällige Monumente erinnern an den amerikanischen General **Harry Hill Brandholz**, der 1919 durch einen Fake die Plünderung des Nationalmuseums verhinderte sowie an den Schweizer Konsul **Carl Lutz**, der 1944 vielen Juden das Leben rettete (▸Baedeker Wissen, S. 100) – ein Gedenkraum für Carl Lutz wurde im nahen Glashaus (Üveghház) in der Vadász utca 29 eingerichtet (tgl. 13–16 Uhr, www.uveghaz.org). Das beherrschende Gebäude, die **ehemalige Börse** an der Westseite, ist

BAEDEKER MAGISCHE MOMENTE

GELEBTER JUGENDSTIL

Angesichts all der prächtigen Jugendstilbauten in Budapest erwacht die Neugier, wie wohl die Wohnungen eingerichtet waren. Satt sehen kann man sich im Bedő-Haus. Möbel, Keramiken, Leuchter und Gemälde, Porzellanfiguren und Nippes – alles in feinstem Jugendstil – stehen dicht gedrängt und simulieren die Einrichtung damaliger Bürgerhäuser. Man weiß gar nicht, wohin zuerst schauen!

ein Prunkbau, der zwischen 1902 und 1905 am Übergang vom Historismus zum Jugendstil erbaut wurde und bis vor einigen Jahren Sitz des ungarischen Fernsehens war. Seitdem tritt das Gebäude gern selbst als Kulisse in internationalen Filmproduktionen auf.

Ein eigener Weg: Ungarns Jugendstil

Post-sparkasse

Hinter der Nationalbank fasziniert das Gebäude der ehemaligen Postsparkasse (Postatakarék pénztár; Hold utca Nr. 2). Mit dem ▶Kunstgewerbemuseum gilt sie als Hauptwerk des **Ungarischen Nationalstils** in Budapest. Dieser Architekturstil entwickelte sich um 1900 als ungarische Variante des europäischen Jugendstils (▶Das ist Budapest, S. 22). Vorreiter und wichtigster Vertreter des Nationalstils war **Ödön Lechner**, und von ihm stammen die Entwürfe für die 1901 eröffnete Postsparkasse. Typische Jugendstilelemente sind die flächige Behandlung der Fassade und die fließenden, geschwungenen Detailformen in den Giebelaufsätzen und an den Fenstern, ungarische Elemente die **glasierten, bunten Dachziegel** – aus der Pécser Zsolnay-Fabrik – und die **volkstümlichen Blumenmotive** auf den zinnenartigen Giebeln.

Alles schwingt, alles fließt. Ödön Lechner, detailverliebt und fantasievoll, hat der Stadt so ungewöhnliche Jugendstilhäuser wie die Postsparkasse hinterlassen.

Überbordend, verschnörkelt, verziert

Haus der Ungarischen Sezession (Bedő-Haus)

Unweit der Postsparkasse entstand auf Privatinitiative das Haus der Ungarischen Sezession (Magyar Szecesszió Háza). Tivadar Vad zeigt auf drei Etagen seine erstaunliche **private Jugendstilsammlung**, Schmuckstück ist der hellblaue Kachelofen aus Zsolnay-Keramik. Das Jugendstilhaus selbst gehörte einst dem Kunstfreund Béla Bedő. Angeschlossen ist das Jugendstilcafé Secessio.
Honvéd utca 3 | Mo.–Sa. 10–17 Uhr | Eintritt: 2000 HUF | www.magyarszecessziohaza.hu

SZÉCHENYI ISTVÁN TÉR

Lage: V. Bezirk | **Straßenbahn:** 2 | **Bus:** 16, 105

Dieser Platz ehrt den »größten Ungarn«. Graf István Széchenyi war in der ersten Hälfte des 19. Jh.s ein unermüdlicher Motor für die Modernisierung des Landes. Auf seine Initiative geht der Bau der Kettenbrücke zurück, und auch die Ungarische Akademie der Wissenschaften am Platz ist von ihm ins Leben gerufen worden.

Platz des »Reformgrafen«

Széchenyi (▶Interessante Menschen) und ein weiterer herausragender Staatsmann des 19. Jh.s sind mit monumentalen **Denkmälern** auf dem Platz präsent: Auf dem nördlichen Teil steht József J. Engels imposante Statue des »Reformgrafen« (1880), auf der Südseite ist Ferenc Deák verewigt, der 1866/1867 den politischen Ausgleich mit Österreich verhandelte.

Forschung und Lehre

Ungarische Akademie der Wissenschaften

Das monumentale Gebäude an der Platznordseite ist die Ungarische Akademie der Wissenschaften (Magyar Tudományos Akadémia). Deren Gründung 1825 geht auf István Széchenyi zurück. Die Zentrale der heute **ranghöchsten wissenschaftlichen Einrichtung in Ungarn** wurde 1865 nach Plänen des Berliner Architekten Friedrich August Stüler fertiggestellt. Vorbild für die Gestaltung war die Palastarchitektur der italienischen Hochrenaissance, die Epoche der Geburt der Wissenschaften. Auch der Fassadenschmuck mit Statuen berühmter Wissenschaftler nimmt auf die Bestimmung des Gebäudes Bezug; ein Bronzerelief zeigt die Gründung der Akademie durch Graf Széchenyi. Fresken von Károly Lotz schmücken den Festsaal. Die Akademie, der heute zahlreiche Forschungsinstitute angeschlossen sind,

Der Gresham-Palast, in prominenter Lage direkt an der Kettenbrücke. Wer tief in die Tasche greift, kann heute für ein paar Nächte in dem ehemaligen Versicherungsgebäude logieren und auch das Innenleben des Jugendstilhotels voll auskosten.

verfügt über eine weit über die Landesgrenzen hinaus **bekannte wissenschaftliche Bibliothek** mit einer bedeutenden Sammlung orientalistischer Literatur.

Architekturperle wird Hotel

★ Gresham-Palast

Als die englische **Versicherungsgesellschaft Gresham** ihr ungarisches Stammhaus in Auftrag gab, konnte sie keinen besseren Standort wählen als unmittelbar gegenüber der Kettenbrücke. Das 1907 nach Vorlagen von Zsigmond Quittner und den Brüdern László und József Vágó errichtete Palais Gresham zählt heute zu den **schönsten Monumentalbauten des Budapester Sezessionsstil**. Ein beliebtes Motiv waren Pfauen, wie sie an den schmiedeeisernen Toren zu sehen sind. Zwischen den beiden Weltkriegen war das **Café im Erdgeschoss** ein bekannter Künstlertreffpunkt. Viele Jahre war das beeindruckende Gebäude dem allmählichen Verfall preisgegeben, bis sich ein potenter Käufer fand: Nach jahrelanger, detailgenauer Renovierung öffnete 2003 das luxuriöse Four-Seasons-Hotel im Gresham-Palast seine Pforten. Vor allem abends sticht es mit seiner eindrucksvollen Beleuchtung sogar die benachbarte Akademie der Wissenschaften aus.

Ein Platz für einen Schriftsteller und Politiker

Eötvös tér

Südlich vom Széchenyi István tér schließt sich der kleine Eötvös tér mit einem Denkmal zu Ehren des Schriftstellers und Politikers József Eötvös an. Am Platz stehen die in den frühen 1980er-Jahren erbauten Hotels **Sofitel** und **Intercontinental**. Obgleich von ungarischen Architekten konzipiert, will ihre internationale Formensprache nicht so recht zur historischen Bausubstanz ihrer Umgebung passen.

★★ SZENTENDRE

Lage: 20 km nördlich von Budapest | **Anreise:** HÉV H 5 Budapest (Batthyány tér) – Szentendre; im Sommer Schiffe ab Budapest Vigadó tér

AUSFLUGSZIEL

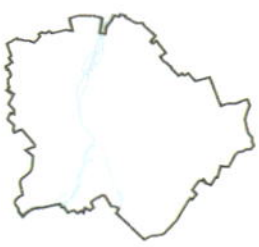

Die Sonne steht hoch über dem charmanten Städtchen mit seinem verschachtelten Dächermeer und den sechs Kirchtürmen. Oben auf dem Burghügel ist es still, der Ausblick ist herrlich. Die Sonnenuhr am Kirchturm zeigt zwölf Uhr mittags. Als eine der ältesten des Landes folgt sie seit Jahrhunderten beständig dem Sonnenstand, und auch über Szentendre scheint die Zeit ohne Veränderung dahinzugleiten.

Das Donaustädtchen Szentendre, attraktiv für Künstler und Ausflügler

Künstlerkolonie

Eingebettet in eine sanfte Hügellandschaft, bereichert durch das breite blaue Band der Donau – arkadische Gefilde erwarten Besucher der kleinen Stadt. Kein Wunder, dass sich Károly Ferenczy Ende des 19. Jhs. hier zu seinen naturalistischen Landschaftsgemälden inspirieren ließ. Ihm folgten andere Künstler, gründeten zu Beginn des 20. Jh.s eine Künstlerkolonie, und der verschlafene Ort erwachte aus seinem Dornröschenschlaf. Die hübschen bunten Barockhäuschen und die vielen Kirchen zeugen von einem einst florierenden Landstädtchen. Doch von der wachsenden Hauptstadt Budapest wurde es ins Abseits gedrängt. Noch heute leben hier zahlreiche Künstler, deren Werke in Galerien und kleinen Ausstellungen zu sehen sind. Sie selbst sieht man eher am Abend, wenn Ruhe eingekehrt ist in dem beliebten Ausflugsziel von Budapestern und Touristen. Dann spazieren sie über das Kopfsteinpflaster der verwinkelten Gassen, vorbei an Souvenirläden, die abends geschlossen haben, vielleicht geradewegs in ihr Lieblingslokal an der Donaupromenade.

Mit dem Schiff nach Szentendre

Beliebtes Ausflugsziel

Die Kleinstadt Szentendre (Sankt Andreas) gehört, besonders im Frühjahr und im Sommer, wenn eine Anreise per Schiff möglich ist, zu den beliebtesten Ausflugszielen vor den Toren von Budapest. Entsprechend voll ist es in der Hauptsaison im »ungarischen Montmartre« – erst abends wird es wieder still.

Serben besiedeln die Stadt

Stadt der ungarischen Serben

Kelten waren bis ins 4. Jh. v. Chr. hier ansässig, und Römer bauten im 1. Jh. n. Chr. am Ufer des Baches Bükkös ein Militärlager, das sie »Ulcisia Castra« (»Wolfsburg«) nannten. Ab dem 14. Jh. kamen in mehreren Schüben Serben (Raizen) nach Szentendre, sie brachten ihre Kultur, ihre orthodoxe Religion, ihre Bräuche und ihre Bautraditionen mit nach Ungarn. Im 18. Jh. erlebte die Stadt eine wirtschaftliche Blüte: Sie avancierte zum **kirchlichen und kulturellen Mittelpunkt der ungarischen Serben** und wurde Sitz des griechisch-orthodoxen Bistums.

Wohin in Szentendre?

Der unspektakulär schöne Hauptplatz

★ Fő tér

Er wird von hübschen Kaufmannshäusern im Barock- und Zopfstil gesäumt und ist denkmalgeschützt: Szentendres Hauptplatz, der Fő tér. Seit 1763 steht hier das Kaufmannskreuz, ein reich verziertes schmiedeeisernes Kreuz auf einem ikonengeschmückten Steinsockel, das nach einer verheerenden Pestwelle gestiftet wurde. Die schöne serbisch-orthodoxe **Blagoveštanska-Kirche** wurde Mitte des 18. Jh.s nach Vorlagen von Andreas Mayerhoffer errichtet. Die Ikonostase im Innern ist das Werk eines serbischen Künstlers.

Wer die Wahl hat, hat die Qual

Kunstmuseen in Szentendre

Szentendre hat viele Kunstmuseen und Galerien, die Interessierten Einblick ins Kulturschaffen in dem Städtchen geben und Arbeiten der Künstlerkolonie zeigen. Am interessantesten sind die folgenden Museen, die Website www.muzeumicentrum.hu listet aber noch viele andere auf.

Das bedeutendste Kunstmuseum am Ort ist das **Ferenczy-Museum** in der Kossuth Lajos utca. Der Maler Károly Ferenczy (▶S. 228) gilt als einer der ersten ungarischen Impressionisten, seine zwischen 1890 und 1892 in Szentendre entstandenen Landschaftsbilder sind aber noch naturalistisch geprägt. Nach drei Studienjahren in München gründete er 1896 mit Gleichgesinnten die Malerschule von Nagybánya. Er malte anfangs großformatige biblische Kompositionen und wandte sich später der Pleinairmalerei zu. Im Museum sind Werke der acht Gründer (Nyolcak) der Künstlerkolonie Szentendre und der Künstlerfamilie Ferenczy zu sehen. Auch Ferenczys Frau Olga Fialka (1848–1930) war eine talentierte Malerin. Aus der Ehe gingen drei Kinder hervor: die in Szentendre geborenen Zwillinge Noémi Ferenczy (1890–1957), eine Gobelinkünstlerin, und Béni Ferenczy (1890–1967), der Bildhauer wurde, und der Maler Valér Ferenczy (1885–1954). Im Erdgeschoss widmet sich ein Raum zeitgenössischen Künstlern von Szentendre, ein weiterer ist Wechselausstellungen nationaler und internationaler Künstler vorbehalten.

Im Haus gegenüber der katholischen Kirche ist im **Czóbel-Museum** ein Teil des künstlerischen Nachlasses von Béla Czóbel (1883–1976) zugänglich. Der Maler ging schon mit 22 Jahren nach Paris, schloss sich dort den Fauves an und stellte zusammen mit Henri Matisse aus (►S. 228). Nach seiner Rückkehr brachte er auch die ungarische Kunstszene in Schwung, die von ihm mitgegründete Gruppe der Acht (Nyolcak) war aber nur kurz gemeinsam aktiv. Czóbel blieb einer der kreativsten und ausdrucksstärksten ungarischen Maler. Nach Jahren in den Niederlanden und in Berlin war Czóbel im Sommer oftmals in Szentendre. Im Museum sind Werke aus fast allen Schaffensperioden zu sehen, darunter der »Junge mit Ball« (1916) sowie die »Venus von Szentendre« (1968), die er im Alter von 85 Jahren schuf.

In der an den Fő tér angrenzenden Vastagh György utca wird im **Margit-Kovács-Museum** das Werk der in Ungarn bekannten Bildhauerin Margit Kovács (1902–1977) gezeigt. Die Künstlerin verband in ihren Arbeiten volkstümliche Motive mit modernen Elementen.

Alle Museen: www.muzeumicentrum.hu
Ferenczy-Museum: Kossuth Lajos utca 5 | Di.–So. 10–18 Uhr | Eintritt: 1200 HUF (oder Kombiticket)
Czóbel-Museum: Templon tér 1 | Di.–So. 10–18 Uhr, Winter evtl. geschl. | Eintritt: 1200 HUF (oder Kombiticket)
Margit-Kovács-Museum: Vastagh György utca 1 | tgl. 10–18 Uhr | Eintritt: 1200 HUF (oder Kombiticket)

Geheimtipp – verschwindend klein

MicroArt Museum

Ein Kuriosum ist das MicroArt Museum (Mikrocsodák Múzeum) in der Alkotmány utca. Bei den Kunstwerken von **Mykola Syadrysty** muss man genau hinsehen, am besten durch ein Mikroskop. Dann kann man erkennen, dass sogar vier Kamele durch ein Nadelöhr passen oder dass man das Wort »Frieden« auf ein 3 mm dickes Haar schreiben kann. Konzentration, Demut und Schöpfung nennt der Künstler als Quelle seiner Inspiration. An drei Orten hat er eine Dauerausstellungen eingerichtet: in Andorra, in Szentendre und in seiner Heimat Kiew.
Alkotmány utca 2 | Eintritt: 900 HUF | www.microart.hu

Zählt die schönen Stunden nur

Templom tér

Der ummauerte Templom tér auf der Spitze des Burghügels (Vár domb) war im Mittelalter das Zentrum der Siedlung. Heute ist er ein herrlicher Aussichtspunkt mit vielen Marktständen, die Souvenirs verkaufen. Die Ursprünge der **katholischen Pfarrkirche** gehen auf das 13. Jh. zurück. Nach der Zerstörung durch die Türken wurde sie im 18. Jh. von Kroaten aus Dalmatien barock erneuert. Das Turmfenster und die **Sonnenuhr** stammen noch aus der Erbauungszeit.

Vergoldete Ikonostase

Belgradkirche

Die eleganteste der insgesamt sieben Barockkirchen in Szentendre ist die 1764 geweihte **serbisch-orthodoxe Bischofskirche** in der Alkotmány utca, die Belgradkirche. Besonders schön sind der Bischofsthron, die Kanzel sowie die aus Lindenholz geschnitzte und vergoldete Ikonostase mit Ikonen von Vasilije Ostoić.
Die schräg gegenüber im ehemaligen Bischofspalais untergebrachte **Serbische Kirchenkunstsammlung** zeigt sakrale Kunst, Kultgegenstände sowie eine wertvolle Ikonensammlung (16.–19. Jh.).

Zum Verzehr nicht geeignet

Szabó-Szamos-Marzipanmuseum

Der Name Szamos steht in Budapest und Umgebung für feine Konditorwaren, Pralinen und gutes Marzipan. In Szentendre zeigt die Konditorendynastie im Szabó-Szamos-Marzipanmuseum viele filigrane Kunstwerke, die man sich am liebsten auf der Zunge zergehen lassen würde, z. B. das Budapester Parlament – aus Marzipan. Nach der Besichtigung geht man am besten in die Konditorei gleich nebenan.
Dumtsa Jenő utca 12 | tgl. 10–18 Uhr | Eintritt: 400 HUF

Rund um Szentendre

Landleben

Skanzen

Unbedingt zu empfehlen ist ein Ausflug in das **Ungarische Freilichtmuseum** Skanzen etwa 3 km nordwestlich von Szentendre. Der Museumsbesuch ist wie eine Reise in die Vergangenheit des ländlichen Ungarns: Volksarchitektur, Wohnkultur und Lebensweise der ungarischen Landbevölkerung zwischen dem ausgehenden 18. und dem frühen 20. Jh. werden vorgestellt.

Neben detailgetreu eingerichteten Wohnhäusern vermitteln Mühlen, Stallungen, Scheunen, eine Schmiede, eine Weberwerkstatt, Dorfkirchen und Friedhöfe einen Einblick in den ländlichen Alltag. Auf dem Hügel oberhalb steht eine in Blockbauweise errichtete griechisch-orthodoxe Kirche aus dem Dorf Mándok, die den Grundtypus einer orthodoxen Kirche in den Nord- und Ostkarpaten vertritt. Eine historische Eisenbahn zuckelt auch über das weitläufige Gelände.

April – Okt. Di.–So. 9–17 Uhr |
Eintritt: 2000 HUF | www.skanzen.hu

Herrlich verschlafen ist Szentendre mit seinen bunten Barockhäuschen – aber nur bis die Besucher aus der Hauptstadt kommen und wenn sie wieder weg sind.

TABÁN

Lage: I. Bezirk | **Straßenbahn:** 19, 41, 56 | **Bus:** 5, 7, 8, 110, 178

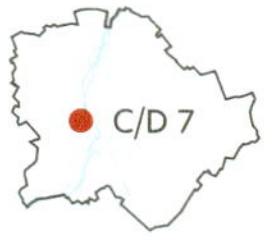

Es gibt kaum einen exquisiteren Ort für ein unvergessliches Lunch als die verglaste Loggia des Várkert Casinos. Die lichte Atmosphäre unter bemaltem Gewölbe, der Ausblick durch schlanke Säulen auf die verspielte Architektur des Burggarten-Basars – das ist eine Ode an die Schönheit! Und auch ein Zeitsprung, vielleicht denkt mancher an Beschreibungen von Thomas Mann. Gar nicht unwahrscheinlich, dass er während seiner Budapester Aufenthalte zu den illustren Gästen des Kasinos zählte.

Ein Stadtteil verändert sich

Seit der Restaurierung der wunderbaren Bauten von Miklós Ybl im Stadtteil Tabán ist Budapest um eine Prachtmeile am Donauufer reicher. Die Erneuerung ist auch eine Würdigung des großen Architekten des 19. Jh.s, der das Antlitz der Stadt mit über 130 Gebäuden, darunter der großen ▶ St.-Stephans-Basilika, geprägt hat. Er war ein Macher und lieber auf der Baustelle als in seinem Büro. Der langgezogene Platz am Donauufer unterhalb der Burg trägt seinen Namen.

Zwischen Burgberg und Gellertberg

Modernisiert

Bis die Häuser in den 1930er-Jahren abgerissen wurden, gehörte **das alte Tabán** zu Budapests reizvollsten Stadtteilen. Am Szarvas tér haben sich mit der Gaststätte »Zum Goldenen Hirsch« (Aranyszarvas) und der Pfarrkirche noch Relikte des einstigen Stadtteils erhalten. Die der hl. Katharina von Alexandrien geweihte **Tabáner Pfarrkirche** (Tabáni plébánia templom) entstand zwischen 1728 und 1740. Zu den Kleinodien gehört eine Kopie des Tabáner Christus unter der Empore, dessen Original aus dem 12. Jh. im Budapester Historischen Museum (▶ Budaer Burg) ist.

Älter ist das **Raizen-Bad** (Rácz Fürdő, Hadnagy u. 8–10), dessen Thermalquellen schon im Mittelalter genutzt wurden. Das von den Türken im 16. Jh. erbaute Badehaus gestaltete Miklós Ybl um. Am Brückenkopf der nach ihr benannten Brücke wurde 1996 ein **Denkmal für Kaiserin Elisabeth (Sisi)** aufgestellt – die naturliebende Herrscherin hätte den Standort an diesem Verkehrsknoten sicher nicht gemocht.

Dem »Retter der Mütter« gewidmet

Semmelweis-Museum

Am Südostfuß des Burgbergs steht das Geburtshaus von **Ignác Semmelweis** (▶Interessante Menschen). Das Barockgebäude mit Zopfstilfassade ist heute Sitz eines medizinhistorischen Museums (Semmelweis Orvostörténeti Múzeum), das dem Arzt gewidmet ist.

Semmelweis-Museum: Apród utca 1–3 | März – Okt. Di.–So. 10–18, sonst Di.–So. 10–16 | Eintritt: 700 HUF | www.semmelweismuseum.hu

Museum zum Ersten Weltkrieg

Kriegswahnsinn

Die martialischen Figuren vor dem Eingang des Nachbargebäudes animieren zu einem Foto, doch sollte man das Museum **»1914–1918. Eine neue Welt wurde geboren. Europas Bruder-Krieg«** auch besuchen. Es ist dem Ersten Weltkrieg gewidmet und reflektiert seine Entstehung, den Horror auf den Schlachtfeldern und seine weitreichenden Folgen.

»A New World was Born«: Di.–So. 10–18 Uhr |
Eintritt: 4000 HUF

★ Burggarten-Basar

Treppen zur Burg

Der **Miklós Ybl tér** wird dominiert von einem weiteren Prachtwerk Ybls, dem Burggarten-Basar (Várkert Bazár), der von 1875 bis 1882 als Bindeglied zwischen dem Burgpalast und der Donaupromenade angelegt wurde. Über die beeindruckende Treppenanlage kann man in den Neorenaissancegarten und weiter zur Burg hinauf bummeln, alternativ nimmt man die Rolltreppe oder den Fahrstuhl. Am nördlichen und südlichen Ende der Prunkanlage finden in den Palais-Räumen Wechselausstellungen statt. Der Burggarten-Basar ist eines der beeindruckendsten Zeugnisse des vielbeschäftigten Baumeisters.

★★ UNGARISCHE NATIONALGALERIE (MAGYAR NEMZETI GALÉRIA)

Lage: Burgberg in Buda | **Standseilbahn:** Clark Ádám tér – Szent György tér | **Bus:** 16, 16 A, 116 (Abfahrt Szell Kalmán tér) | Di.–So. 10–18, letzter Einlass 17 Uhr | **Eintritt:** 1800 HUF | **www.mng.hu**

Backstage – nichts ist für Rockfans spannender als ein Blick hinter die große Live-Bühne. Museen haben ebenfalls diesen geheimnisvollen, dem Publikum verschlossenen Bereich. So auch die Nationalgalerie: Lange Flure mit meist kleinen, kontrolliert temperierten Zimmern sind der Restauration und Rekonstruktion von Kunstwerken vorbehalten. Hier schlägt das verborgene Herz des Museums mit ungarischer Malerei, Plastik und Grafik ab 1800.

Das verborgene Dasein der Kunstwerke

Man macht sich normalerweise keine Vorstellung davon, wie lang es dauern kann, bis ein Werk seinen Weg von der Ankunft im Museum in den Ausstellungssaal gegangen ist. So wurde ein 1954 angekaufter Hochaltar bis 2019 restauriert, und zwar exakt dem Original entsprechend. »Er ist einer der höchsten Altäre Europas«, weiß der Restaurator Béla Dabronaki und erzählt begeistert: »Wie meine Vorgänger habe ich jedes fehlende oder beschädigte Stück per Hand nachgeschnitzt mit originalgetreuen Werkzeugen aus seiner Erbauungszeit.« An diesem Altar aus der Zeit um 1500 wird man die jahrzehntelange Restaurierungsarbeit nicht bemerken. Anders ist es bei dem Gemälde »Festőnő« (Malerin) von Károly Ferenczy. Der Maler selbst, dem viel an Komposition und Bildausschnitt gelegen war, hat sein fertiges Bild im Nachhinein verkleinert, um den Ausschnitt zu korrigieren. Dies wurde bei der Restaurierung berücksichtigt und für das aufmerksame Auge sichtbar gemacht. Die Restauratoren der Nationalgalerie leisten – von der Öffentlichkeit kaum bemerkt – vorzügliche Arbeit. Das Gemälde »Festőnő« von 1903 können Sie sich im Museum anschauen und die Restaurierung selbst beurteilen!

Was wird gezeigt?

Sammlung

Die Ungarische Nationalgalerie ist im Burgpalast auf vier Etagen untergebracht. Sie entstand 1957 aus verschiedenen städtischen und privaten Sammlungen und den ausgelagerten Abteilungen des Museums der Bildenden Künste. Mittlerweile arbeiten beide Museen wieder in einem Verbund zusammen und zeigen in der Nationalgalerie alle **Werke von 1800 bis heute**, alle älteren Werke im Museum der Schönen Künste. Im Rahmen des Großprojekts »Liget« (Insel) wird die Nationalgalerie voraussichtlich 2022 einen Neubau im Stadtwäldchen bekommen.

Kaum bekannt: Ungarns Maler

Ungarische Malerei von 1800 bis 1945

Ein Gang durch die Sammlung der ungarischen Malerei von 1800 bis 1945 macht deutlich, dass die Werke dieser Epoche im Ausland zu Unrecht wenig wahrgenommen werden. Der Bereich um die Treppenhalle ist den meist großformatigen **Historienbildern** gewidmet. Wichtige Vertreter dieser Gattung sind Bertalan Székely (1835 bis 1910) und Gyula Benczur (1844–1920). Den bedeutendsten und populärsten Vertreter seiner Zeit, **Mihály Munkácsy** (1844–1900), kennt man auch im Ausland – berühmt wurden seine **Dorf- und Wirtshaus-Szenen** (u. a. »Der letzte Tag des Verurteilten«, 1870). László Paál (1846–1879), dessen Landschaftsbilder in die Munkácsy-Schau eingestreut sind, wies in der zweiten Jahrhunderthälfte zusammen mit Pál Szinyei Merse (1845–1920) der ungarischen **Freilichtmalerei** den Weg. **Tivadar Csontváry** (►S. 228), einer der wenigen international bekannten Maler Ungarns, war im eigenen

Land ein Außenseiter, der zeitlebens keine Anerkennung fand. Er war für seine naiv-expressiven Bilder berühmt. Im Haupttreppenhaus hängt eines seiner Hauptwerke, »Die Ruinen des Theaters in Taormina« (1905).
Die Entwicklung der **ungarischen Kunst bis 1945** zeigen auch die Arbeiten von Mitgliedern der **Künstlerkolonien** Nagybánya (Baia Mare, heute Rumänien), Szentendre, Szolnok und Gödöllő: Károly Ferenczy, Adolf Fényes und Aladár Körösfői-Kriesch, eine bedeutende Figur der ungarischen Jugendstils. Als **Avantgarde-Künstler** hat Lajos Kassák (1887–1967), dem in ►Óbuda ein Museum gewidmet ist, mit seinen frühen Arbeiten einen besonderen Stellenwert.

Darstellungen von Herrschern und ungarischem Volksleben

Skulpturen

Die Skulpturensammlung enthält die wichtigsten Statuen der ungarischen Kunstgeschichte aus dem 19. und 20. Jahrhundert. Stilprägend war **István Ferenczy**, ein Meister der ersten Hälfte des 19. Jhs, mit seinen Künstlerporträts sowie der Arbeit »Die schöne Hirtin«, mit der er die Grundlagen für die ungarische Skulptur beleben wollte. Miklós Izsó war einer der ersten Vertreter der romantischen Skulptur, die das ungarische Volksleben authentisch präsentierten (Grie-

Ein Abend im berühmten Budapester Opernhaus: Im Sessel zurücklehnen und einfach nur den Raum und die Musik genießen

ving Shepherd, 1862; Peasant Dancing, um 1870). Die mit feinem Realismus modellierten Büsten von **Alajos Strobl** und György Zala findet man auch im Stadtbild. Weiter Beispiele sind die Reiterstatue von König Matthias, 1902, Barnabás Holló und Adolf Huszár sowie die Reiterstatue von Prinz Eugen von Savoyen, um 1900, von József Róna und die Skulptur des Anonymus, 1903, von Miklós Ligeti.

Werke aus drei Jahrhunderten

Medaillen

Die Medaillenabteilung beherbergt Medaillen und Plaketten aus dem 19. bis 21. Jh. von ungarischen Künstlern, Wachs- und Gipsmodelle sowie zeitgenössische Kunstobjekte, die als Medaillen bezeichnet werden – insgesamt 4826 Werke, eine Auswahl davon ist ausgestellt.

Wie international arbeiteten Ungarns Künstler?

Kunst nach 1945

Außerdem gehören zur Sammlung Werke ab 1945, die aufzeigen, was künstlerisches Leben in Ungarn geprägt hat, und andererseits einen Bezug zu internationalen Tendenzen wie Pop Art herstellen.

★ UNGARISCHE STAATSOPER
(MAGYAR ÁLLAMI OPERAHÁZ)

Lage: VI. Bezirk, Andrássy út 22 | **Metro:** M 1 (Opera) | **Bus:** 105 | **Führungen:** tgl. 10–17.30 Uhr, 15 u. 16 Uhr auf Deutsch | **Eintritt:** 2490 HUF | **www.operavisit.hu** | **Kartenverkauf:** Mo.–Sa. 10–17 Uhr | **www.opera.hu**

Musiker wie Gustav Mahler, Franz Liszt und Otto Klemperer waren hier tätig, Kaiserin Sisi hatte ihre Loge, aus der sie die Vorstellungen verfolgte, und in den Pausen traf sich die ungarische Aristokratie. Die Budapester Staatsoper gehört seit jeher zu den führenden Musiktheatern Europas und zählt zu den schönsten Opernhäusern der Welt.

Immer ein Opernglas zur Hand

Eine Führung vermittelt einen Eindruck von Pracht und Prunk des Hauses, noch schöner ist es natürlich, hier eine Aufführung zu erleben. Aber auch zu einer Führung sollte man ein Opernglas mitnehmen, um das Deckenfresko im Zuschauerraum genau in Augenschein nehmen zu können, das den Olymp zeigt, den Sitz der Götter mit all seinen Bewohnern, wie sie sich der Maler Károly Lotz dachte.

Prachtbau mit enormen Maßen

Fassade **Miklós Ybl** lieferte die Pläne für die Staatsoper, die von 1875 bis1884 im Stil der Neorenaissance an der damals ebenfalls nach Ybls Vorschlägen neu angelegten ▶Andrássy út erbaut wurde. Das Opernhaus grenzt mit seiner Schmalseite an die Prachtstraße, sodass man die enormen Ausmaße des Gebäudes zunächst gar nicht wahrnimmt. Die Eingänge liegen hinter einer überdachten Wagenauffahrt. In den Nischen zu beiden Seiten erinnern Standbilder von Alajos Stróbl an Franz Liszt und an Ferenc Erkel, den ersten Direktor des Opernhauses. Auf der Balustrade oben stehen Standbilder berühmter Komponisten, Werke von Gyula Donáth, György Kiss und wiederum Stróbl.

Begeisternde Baudetails und Dekorationen

★ Inneres Allein das **prachtvolle Foyer** mit der doppelläufigen Marmortreppe ist eindrucksvoll. Für die Ausmalung und den figürlichen Bauschmuck verpflichtete Miklós Ybl die namhaftesten ungarischen Künstler seiner Zeit. Die Deckenfresken täuschen teilweise eine Kassettendecke vor, die Wandgemälde zeigen Szenen aus der griechischen Mythologie. Alajos Stróbl fertigte die Büste von Miklós Ybl an.

Das Herzstück des Opernhauses ist der reich mit vergoldetem Stuck verzierte, als dreigeschossiges Logentheater konzipierte **Zuschauerraum**, der über eine außergewöhnlich gute Akustik verfügt.

★ UNGARISCHES NATIONALMUSEUM (MAGYAR NEMZETI MÚZEUM)

Lage: VIII., Múzeum körút 14–16 | **Metro:** M 3, 4 (Kálvin tér) | **Straßenbahn:** 47, 49 | **Bus:** 9 | Di.–So. 10–18 Uhr | **Internet: www.hnm.hu** | **Eintritt:** 1600 HUF

Der Name Széchenyi begegnet einem in der Stadtgeschichte des 19. Jh.s immer wieder. Die Kettenbrücke und die Akademie der Wissenschaften sind Gründungen von István Graf Széchenyi, und das Ungarische Nationalmuseum verdankt sein Entstehen dem Engagement von Ferenc Graf Széchenyi, dem Vater von István. Die Schenkung seiner Sammlung von rund 20 000 Objekten bildete den Grundstock für das Museum, in dem die Landesgeschichte umfassend aufbereitet ist.

Allein an der Geste des Grafen wird deutlich, wie bedeutsam für die Ungarn im 19. Jh. ihre eigenständige Kultur war, waren sie doch damals nur Teil des Habsburgerreichs. Seinerzeit lag das Museum außerhalb der Stadtmauern, und die Grundstückspreise waren noch erschwinglich. Damit erklärt sich die Größe des Geländes. Heute macht allein schon die Grünanlage den Ort zu etwas Besonderem – eine willkommene Ruhezone inmitten der Großstadthektik. Direkt gegenüber vom Museum gibt es traditionell eine kleine Antiquariatsmeile – mit etwas Glück kann man hier eine schöne Rarität ergattern.

Kultur und Geschichte der Ungarn

Klassizistisches Kleinod

Gebäude

Mit seinen acht Säulen und der riesigen Freitreppe zählt das Ungarische Nationalmuseum (Magyar Nemzeti Múzeum) sicherlich zu den beeindruckendsten Bauwerken der Stadt. Obgleich die Institution schon 1802 ins Leben gerufen und **Mihály Pollack** mit dem Entwurf für das Gebäude beauftragt wurde, konnte der klassizistische Museumsbau erst im Jahr 1847 seiner Bestimmung übergeben werden. Vor dem Nationalmuseum steht ein Denkmal des ungarischen Dichters János Arany (1817–1882), und im **Museumsgarten** stößt man auf weitere **Büsten und Denkmäler** berühmter Persönlichkeiten.

Ungarns Vor- und Frühgeschichte

Erdgeschoss

Die Ausstellung zeigt Exponate von der Altsteinzeit bis ins frühe Mittelalter. In der vor- und frühgeschichtlichen Abteilung sind die Funde aus Vértesszőlős und Sümeg beachtenswert. Glanzstück aus der Bronzezeit ist der Wagen aus Pécel. Der Völkerwanderungszeit entstammen Schmuckstücke der Hunnen, ein Karolingerschwert und Utensilien slawischer Stämme. Bis zum Jahr 2000 wurden die Krönunginsignien der ungarischen Monarchen hier im Nationalmuseum aufbewahrt, sie sind heute im ▶ Parlament zu besichtigen. Lediglich der **Krönungsmantel**, der im Jahr 1031 von Stephan I. der Basilika von Székesfehérvár vermacht wurde und ab dem Ende des 12. Jh.s als Herrschaftsinsignie diente, ist hier verblieben. Er ist aus goldbestickter byzantinischer Seide gearbeitet und mit Perlen verziert.

Für ein unabhängiges Ungarn

Obergeschoss

Über das prunkvolle, mit einem allegorischen Freskenprogramm ausgemalte Treppenhaus gelangt man in das Obergeschoss und dort zunächst in den runden Kuppelsaal, in dem Wechselausstellungen gezeigt werden. Im Südflügel wird dann die Geschichte Ungarns von der Zeit der **Staatsgründung** bzw. der Krönung Stephans I. zum ungarischen König im Jahr 1000 bis zur **Vertreibung der Türken** im ausgehenden 17. Jh. beleuchtet. Um die Zeit von den **Freiheitskämpfen des Fürsten Ferenc Rákóczi** zu Beginn des 18. Jh.s bis zum **Zusammenbruch des sozialistischen Systems** 1990 geht es im Nordflügel. Den jeweiligen Unabhängigkeitskämpfen in der ungarischen Geschichte wird besonderes Gewicht beigemessen.

Römisches Bodenmosaik

Lapidarium

Das mittelalterliche und frühneuzeitliche Lapidarium im ersten Untergeschoss verwahrt die Grabsteinsammlung des Museums sowie **Fragmente mittelalterlicher Baukunst**. Die römische Gesteinssammlung im untersten Kellergeschoss zeigt bedeutende römische Fragmente aus dem ungarischen Raum, darunter ein in Baláca bei Veszprém gefundenes Bodenmosaik aus dem 3. Jh. v. Christus.

NATIONALMUSEUM

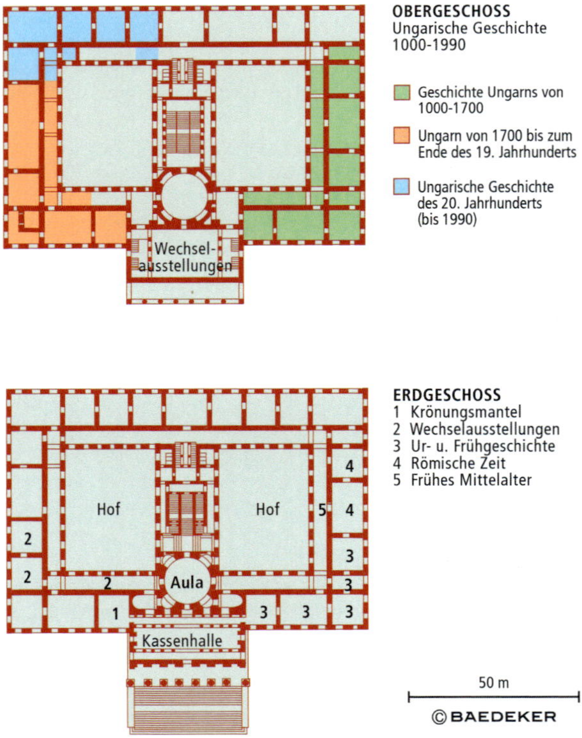

★ UNIVERSITÄTS-KIRCHE
(EGYETEMI TEMPLOM)

Lage: V., Papnövelde utca 5–7 | **Metro:** 4 (Kálvin tér)

Es gibt immer Ausnahmen von der Regel, und die Universitätskirche ist eine solche. Die alte Faustregel, nach der man mit Kirchen die Himmelsrichtung bestimmen kann, führt einen hier in die Irre. Und damit steht die Kirche für die Aufgabe der Lehranstalt, stets auch einen Zweifel parat zu haben. Sie gilt als schönste Barockkirche der Stadt, und ihr Eingang liegt im Osten, ist also nicht wie üblich nach Westen ausgerichtet. Am eindrucksvollsten erlebt man sie während eines Gottesdienstes, wenn sich die eigene Unrast des Tages legt.

Schönste Barock-kirche der Stadt

Die Universitätskirche werden Budapestbesucher kaum im Vorbeigehen entdecken. Sie steht im Süden der Pester Innenstadt am autofreien Egyetem tér, einer schmalen Seitenstraße zugewandt, die ihre imposante Erscheinung nicht recht zur Geltung kommen lässt. Seit der Verkehrsberuhigung ist der Universitätsplatz (Egyetem tér) wieder ein attraktiver Ort für eine Kaffeepause, heute kann man in Ruhe das prächtige Gebäudeensemble von Kirche und Uni würdigen. Die ELTE-Universität hat hier ihr Rektorat und ihre juristische Fakultät untergebracht. Man kann sich auch auf einer der großen Bücherskulpturen niederlassen und einfach das Geschehen beobachten.

Der erste Einsiedler: Paulus von Theben

Paulinerkirche

Ihre Hauptfassade »erzählt« von den Ursprüngen des Paulinerordens, für den die Kirche gebaut wurde: Auf dem Dreiecksgiebel stehen die Eremiten Paulus und Antonius, das **Paulinerwappen** auf der Spitze zeigt eine Palme zwischen zwei Löwen und einem Raben – der in die Wüste geflüchtete Paulus wurde von einem Raben mit Datteln versorgt, und zwei Löwen halfen Antonius später, die Grabstelle des Paulus auszuheben. Zwischen 1725 und 1771 wurde die Kirche von dem Österreicher **Andreas Mayerhoffer** erbaut. Budapests eindrucksvollste Barockkirche steht an der Stelle, an der zuvor eine türkische Moschee ihren Platz hatte.

Blick nach oben

Innenraum

Das Tonnengewölbe der einschiffigen Wandpfeilerkirche versah Johann Bergl 1776 mit Szenen aus dem Leben Marias. In den **Decken-**

malereien wurde – nach dem Vorbild der italienischen Barockkunst – die reale Architektur als gemalte weitergeführt.
Das Chorgestühl und die Skulpturen des Hauptaltars, die Eremiten Paulus und Antonius, schnitzte József Hebenstreit 1746. Im Zentrum des Altars befindet sich eine Kopie der berühmten **Schwarzen Madonna aus Tschenstochau** (Südpolen), die wahrscheinlich um 1720 angefertigt wurde. Die Kanzel, das Gestühl, die Türen und die mit Intarsien verzierten Sakristeischränke, in denen kostbare Monstranzen, Messkelche und -gewänder aufbewahrt werden, stammen aus verschiedenen Werkstätten der Paulinermönche.

Kloster / Universität

Ehemaliges Pauliner-kloster

An die Kirche schließt sich das von Matthias Drenker konzipierte Gebäude des ehemaligen Paulinerklosters (18. Jh.) an. Seit 1805 wird es – nach der Auflösung des Paulinerordens durch Joseph II. im Jahr 1786 – von der **theologischen Fakultät** der Universität genutzt.

★ VÁCI UTCA

Lage: V. Bezirk | **Metro:** M 1 (Vörösmarty tér), M 2, 3 (Deák tér), M 4 (Fővám tér) | **Bus:** 5, 7, 8, 15, 107, 112

Als »eine Mischung aus Flohmarkt und seriöser Einkaufsstraße« hat der ungarische Publizist György Dalos die Váci utca in Pest einmal beschrieben und damit ihren Charakter treffend erfasst. Die Straße ist beliebte Einkaufs- und Bummelmeile mit vielen Restaurants und Cafés, hier findet man jede Menge Souvenirshops, trendige Läden wie den Schuhmacher Vass und Geschäfte, die Traditionelles wie Herender Porzellan verkaufen.

Alter Handelsweg

Vom Vörösmarty tér führt die Váci utca nach Süden. Schon nach wenigen Schritten erkennt man weiße Marmoreinlagen im Pflaster, die den Standort des 1789 abgerissenen Váci-Tors markieren; das einstige Stadttor in Richtung Vác (►Donauknie) gab der Straße ihren Namen. Seit dem Mittelalter war sie Handelsweg – und ist es letztlich noch heute: In der belebten Fußgängerzone sind die elegantesten Geschäfte der Stadt angesiedelt, mondäne Boutiquen internationaler Modehersteller, Schuh- und Lederwarengeschäfte, Schmuck- und Kunstgewerbeläden, Antiquariate, Espressobars und Weinstuben. Kleine Fachgeschäfte sind eher in den Seitengassen zu finden.

Faszinierende Fassaden, riesige Schaufenster – wohin zuerst gucken in der Váci utca?

AUKCIÓSHÁZ
FÉLEMELET
POLGÁR
GALÉRIA
ONLY

»Eine Mischung aus Flohmarkt und seriöser Einkaufsstraße«

György Dalos

Architektonische Schmuckstücke

Sehenswert

Im ehemaligen Hotel »Zu den Sieben Kurfürsten«, in dem der Pianist **Franz Liszt** 1823 im Alter von elf Jahren sein erstes Konzert in Pest gab, ist heute das **Pester Theater** (Pesti Színház; Nr. 9) eingerichtet. Das **Thonet-Haus** (Thonet Ház; Nr. 11) von 1890 ist ein Meisterwerk des ungarischen Sezessionsstils, entworfen wurde es von Ödön Lechner.

Filigrane Schönheit strahlt der **Knabenbrunnen** an der Mündung zur Kígyó aus, er ist eine Schöpfung von Béni Ferenczy, eines Sohns der Künstler Olga Fialka und Károly Ferenczy (►Szentendre).

Jenseits der Szabadsajtó utca

Auf der anderen Seite der großen Szabadsajtó utca reiht sich die 1747 erbaute spätbarocke Dominikanerkirche **Sankt Michael** (Nr. 47b) mit ihren geschwungenen Formen und in freundlichem Grau-Weiß ganz und gar unaufdringlich in die Fassadenfront ein. Dank ihrer hervorragenden Akustik finden hier regelmäßig Orgelkonzerte statt – im Winter sitzt man sogar auf beheizten Bänken. Wer mag und die Kirche offen findet, kann hineingehen und einen Augenblick der Entspannung genießen.

Das **Neue Rathaus** (Új Városháza; Nr. 62–64) wurde 1869 bis 1875 im Neorenaissancestil gebaut. Die Entwürfe stammten von Imre Steindl, von dem Architekten also, der auch die Pläne für das Parlament anfertigte.

Kurz bevor die Váci utca in den Fővám tér einmündet, biegt linker Hand die Szerb utca ab. An der Ecke Szerb utca / Veres Pálné utca steht die **Serbische Kirche** (Szerb templom), die Kirche der zahlreichen Serben, die zu Beginn des 19. Jh.s in der Stadt ansässig waren. Das Kirchenschiff ist dreigeteilt; die höher gelegene Frauenabteilung ist durch eine Holzbrüstung von der Männerabteilung getrennt.

VÍZIVÁROS (WASSERSTADT)

Lage: I. Bezirk | **Vorortbahn HÉV:** Batthyány tér |
Metro: M 2 (Batthyány tér) | **Straßenbahn:** 19, 41 | **Bus:** 16, 105

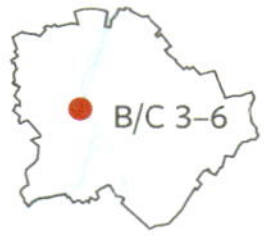

Hat man genug vom Touristenrummel auf der Burg, dann empfiehlt sich ein Spaziergang durch die Wasserstadt. Hier, am Donauufer unter der Burg, ist Budapest noch authentisch. Vom Burghügel führt eine romantische Treppenstraße nach unten an den Fluss und zum zentralen Batthyány tér. Wem nach einer kleinen Stärkung zumute ist, der findet etwas in der Markthalle oder im Palacsintá-Lokal nebenan mit einer verführerischen Auswahl an frischen Palatschinken.

»Land unter«

An dem hellgelben Barockbau Batthyány tér Nr. 4 kann man noch das einstige Straßenniveau erkennen, das viel tiefer lag. Víziváros war früher immer wieder Opfer von Überschwemmungen, was ihm seinen Namen einbrachte. Bis in türkische Zeit hinein war es befestigt. Die Osmanen richteten in dem von Fischern, Handwerkern und Kaufleuten bewohnten Viertel Bäder ein und wandelten die Kirchen in Moscheen um. Eine rege Bautätigkeit herrschte im Zeitalter des Barock, als sich im Zug des Palastbaus auf dem Burghügel Handwerker und Kaufleute hier niederließen. Seit dem Ende des 19. Jh.s hat sich das Bild der Wasserstadt durch den Bau von mehrstöckigen Mietshäusern gewandelt.

Batthyány tér

Das wahre Leben

Mittelpunkt der Víziváros

Hier ist man mitten im Alltag angekommen! Unbestritten, der Platz ist ein Verkehrsknotenpunkt, und man befindet sich nicht in einem Luxusviertel. Der nach dem Ministerpräsidenten der ersten unabhängigen ungarischen Republik, Lajos Graf Batthyány (1806–1849), benannte Platz ist seit jeher der Mittelpunkt der Wasserstadt. Der Batthyány tér war früher Marktplatz und ist heute Endstation der nach Szentendre führenden Vorortbahnlinie, Straßenbahn- und U-Bahn-Station und Endstation mehrerer Buslinien. Der Blick auf das Parlament am gegenüberliegenden Flussufer geht in all dem Verkehr fast unter.

Feinstes Barock: eine der schönsten Budapester Kirchen

★ St.-Anna-Kirche

Dominierendes Gebäude am Platz ist die St.-Anna-Kirche (Szent Anna templom) mit einer harmonischen Zweiturmfassade. Die Mitte des 18. Jh.s nach Plänen von Christoph Hamom und Matthäus Nepauer errichtete Kirche gehört zu den schönsten Barockbauten in

Budapest. In der Nische über dem Hauptportal sind die hl. Anna und Maria aufgestellt, das Stadtwappen von Buda und ein Symbol der Dreieinigkeit zieren das Bogenfeld. Erst im Innern der Kirche offenbart sich der Grundriss: ein ovaler Zentralraum mit Chor und zwei seitlichen Kapellen. Der üppig dekorierte **Hochaltar** und die später umgestaltete **Kanzel** gehörten zur originalen Ausstattung der Kirche, die Marmorverkleidung der Wände und die Fresken der zentralen Kuppel sind Ergänzungen des 20. Jahrhunderts. Das Fresko im Chor mit einer Darstellung der Dreifaltigkeit ist aus dem Jahr 1772 erhalten. Die Altarblätter an den Seitenaltären stammen von dem Wiener Rokokomaler Franz Wagenschön.

Klein und beachtenswert

Gasthof »Zum Weißen Kreuz«

Neben der St.-Anna-Kirche nehmen sich die anderen Gebäude am Platz eher klein aus, die Markthalle (1902) zu ihrer Rechten einmal ausgenommen. Das erwähnte Haus Nr. 4, der tiefer liegende ehemalige Gasthof »Zum Weißen Kreuz«, entstand aus der Vereinigung zweier Häuser im Jahr 1770. Zwischen den beiden Höfen hinter dem Korbbogentor wurde im 19. Jh. ein Querflügel ergänzt. Hier konnten sogar Theatervorstellungen und Bälle veranstaltet werden.
Das Hickisch-Haus (Nr. 3) wurde 1795 im Zopfstil erbaut und ist nach seinem früheren Besitzer, dem Maurer Christoph Hickisch, benannt. Die Reliefs an der Fassade stellen die vier Jahreszeiten dar.

Das Spital der Elisabethinerinnen

St.-Elisabeth-Kirche

An der Platznordseite wurde Mitte des 18. Jh.s auf den Fundamenten einer türkischen Moschee eine Barockkirche errichtet, die ursprünglich den Franziskanern gehörte. 1785 wurde sie den Elisabethinerinnen übertragen, die hier ein Spital unterhielten. Das Gebäude dient heute als Altersheim (Fő utca 41–43). Sehenswerte Ausstattungsstücke sind die Standbilder an der Kirchenfassade und die von Franziskanern gestaltete Kanzel.

Durch die Wasserstadt

An der Hauptstraße

Fő utca

Als wichtigste Verkehrsachse zieht sich die Fő utca von Süden nach Norden durch Víziváros. Am Nagy Imre tér nördlich des Batthyány tér steht der monumentale Backsteinbau des früheren **Militärgerichts**. Für die Ungarn ist dies ein geschichtsträchtiger Ort, denn hier wurde 1958 das Todesurteil gegen den Anführer des Aufstands von 1956 verhängt. Ein Stück weiter fällt das noch türkisch anmutende **Király-Bad** (▶Das ist Budapest, S. 29) mit seinen kleinen Kuppeln auf.

Budas Reformierte Kirche. Ihr Dach sieht man am besten von der Burgpromenade.

Freundliche Barockkapelle

Florianskapelle

Ein Schmuckstück ist die Florianskapelle (Flórián kápolna), ein Werk des Baumeisters Matthias Nepauer (1759/1760). Sie wird heute von Angehörigen des griechisch-orthodoxen Glaubens als Gemeindekirche genutzt. Die Fassade der Florianskapelle schmücken schöne Statuen des hl. Nikolaus, des hl. Florian und des hl. Blasius. Die Gemälde und Skulpturen, die sich einst im Innenraum der Kapelle befanden, sind heute im Budapester Historischen Museum zu sehen.

Industriedenkmal

Gießereimuseum

Das Gießereimuseum (Öntödei Múzeum) ist in einer um die Mitte des 19. Jh.s von Abraham Ganz aufgebauten Eisengießerei eingerichtet, die zur Keimzelle des früher weit über Ungarn hinaus bekannten **Industriekombinats Ganz** wurde. Hier produzierte man Lokomotiven, Waggons, Kräne usw. In dem Museum wird die Geschichte der ungarischen Eisenindustrie aufgezeigt, und private Einrichtungsgegenstände erinnern an das Leben der Industriellenfamilie. Das riesige Gelände der späteren Ganz-Werke nördlich des nahen Széll Kálmán tér wurde in den **Millénaris-Park** mit Ausstellungshallen, Wasser- und Rasenflächen in eine Kulturoase umgestaltet. Im Oktober findet hier beispielsweise der jährliche »Art Market Budapest« statt.

Bem József utca 20 | Di.–So. 9–17 Uhr | Eintritt: 800 HUF | www.mmkm.hu

Ungewöhnlich: ein Brunnen für einen Architekten

Reformierte Kirche

Südlich des Batthyány tér steht an einem kleinen Platz an der Fő utca die 1896 von **Samuel Pecz** fertiggestellte neogotische Budaer Reformierte Kirche, deren buntes Majolikadach man am besten von der Burgpromenade bewundern kann. Ungewöhnlich ist das Brunnendenkmal an der Platzecke, denn es zeigt den Architekten, der auch die Zentrale Markthalle entwarf.

Interessantes in grüner Oase

Corvin tér

Der charmante, parkähnliche Platz betont die palastartige Wirkung der alten **Budaer Redoute**, (heute Hagyományok Háza – Haus der Traditionen, Budai Vigadó, 1897–1899), in der u. a. das Staatliche Folkloreensemble auftritt und das Haus der Traditionen angesiedelt ist. Die Südwand der Kirche des **ehemaliges Kapuzinerklosters** an der Platzsüdseite sollte man genau betrachten, man entdeckt noch türkische Bausubstanz und Ornamentik. Das Kapisztory-Haus (Nr. 20), dessen Ursprünge ins 15. Jh. zurückreichen, erhielt 1811 seine schmucke Zopfstilfassade mit turmbekröntem Erker und Reliefs unter den Fenstern. Heute beherbergt es ein gutes französisches Restaurant. Kurios mutet die Ruine eines Hauses aus dem 15. Jh. in dem Bürogebäude Palaház (Nr. 14–18) an.

★ VÖRÖSMARTY TÉR

Lage: V. Bezirk | **Metro:** M 1 (Vörösmarty tér)

Es gibt wahrscheinlich keinen Budapestbesucher, der den Vörösmarty-Platz nicht einmal zumindest gestreift hat – sei es als Gast des berühmten Café Gerbeaud, auf dem Weg zur Donaupromenade oder während eines Weinfestivals oder des Weihnachtsmarkts. Benannt ist er nach dem Nationaldichter des 19. Jahrhunderts, Mihály Vörösmarty, dessen Marmordenkmal im Winter sorgfältig verpackt an ein Werk von Christo denken lässt.

Zentraler Platz

Um den Vörösmarty tér gruppieren sich mustergültig renovierte alte Handelskontore, in denen heute hell beleuchtete Auslagen um Kundschaft konkurrieren. Ein Störfaktor ist das 2008 auf der Westseite erbaute Glas-Stahl-Gebäude mit Büros, Geschäften und Luxusapartments. Dagegen ist das Jugendstilgebäude des früheren Warenhauses Luxus auf der gegenüberliegenden Platzseite ein Juwel, und es ist auch architektonisch bemerkenswert wegen seiner Skelettbauweise.

Wie im Schlaraffenland – ein Besuch im Café Gerbeaud verspricht süße Gelage in kultiviertem Rahmen.

Monument mit Glücksforint

Vörösmarty-Denkmal

Auf dem Platz sitzt **der große ungarische Dichter** (1800–1855) in einem thronartigen Sessel. Die Figuren zu seinen Füßen – Kinder, Erwachsene, Alte und Junge – repräsentieren das ungarische Volk, das Vörösmartys prophetisches Gedicht »Szózat« (Eine Stimme) rezitiert. Die erste Zeile des Werks ist in den Sockel des Marmormonuments gemeißelt: »Hazádnak rendületlenül légy híve, óh magyar« (»Von Lieb und Treu zum Vaterland bleib, Ungar, stets erfüllt«). Rechts unter der Verszeile sticht ein schwarzer Fleck ins Auge, angeblich ein »Glücksforint«, den ein Bettler zur Errichtung des Denkmals beisteuerte. Das Monument aus Carrara-Marmor wurde 1908 von Kallós und Eduard Telcs geschaffen.

Stilvoll ausgestattet vom Schweizer Zuckerbäcker

★ Café Gerbeaud

Das berühmte Konditorei-Café Gerbeaud an der Nordseite des Platzes war zu Beginn des 20. Jh.s ein **beliebter gesellschaftlicher Treffpunkt**. 1858 wurde es von Henrik Kugler gegründet und später von dem Schweizer Zuckerbäcker Emil Gerbeaud übernommen. Während die schöne Inneneinrichtung aus dem 19. Jh. erhalten ist, sind Kaffee und Kuchen immer frisch (▶Das ist Budapest, S. 12).

Da sitzt die »Kleine Prinzessin« auf dem Geländer und wartet auf die ihr gebührende Beachtung, tagein, tagaus.

Ball- und Konzerthaus, 1864 festlich eröffnet

★ Pester Redoute (Vigadó)

Die Pester Redoute, der Pesti Vigadó, ist das alte Ball- und Konzerthaus von Pest, das zu den bemerkenswertesten Schöpfungen der ungarischen Romantik gehört. Hier fanden rauschende Feste und Konzerte statt, hier dirigierten **Franz Liszt** und **Béla Bartók**. Heute werden in dem Gebäude auch Wechselausstellungen veranstaltet. Die Entwürfe für den Vigadó stammten von Frigyes Feszl. Er erhielt den Auftrag 1859, nachdem das alte Redoutengebäude während der Revolution von 1848/1849 zerstört worden war. Die reich verzierte Hauptfassade ist zur Donau ausgerichtet. Frauenfiguren symbolisieren Musik und Tanz, auf dem Fries über den hohen Fensterbögen, hinter denen der Große Konzertsaal liegt, sind das ungarische Wappen sowie ungarische Herrscher und Staatsmänner dargestellt. Eine kleine Parkanlage davor lädt zum Entspannen ein.

Tgl. 10–19 Uhr | www.vigado.hu

Blick auf die andere Donauseite

★ Donaukorso

Von hier hat man einen schönen Blick auf das gegenüberliegende Donauufer: auf die Fischerbastei, die Matthiaskirche, den Burgpalast und das Befreiungsdenkmal auf dem Gellért-Berg – traumhaft geradezu bei abendlicher Illumination. Der Donaukorso (Dunakorzó), die **Promenade des Pester Donauufers** zwischen Kettenbrücke und Elisabethbrücke, verläuft direkt vor der Redoute, ist aber durch Straßenbahnschienen und eine Straße vom Wasser getrennt. Wer den Korso entlangbummelt, macht auf Höhe des Pesti Vigadó Bekanntschaft mit der **Kleinen Prinzessin**, die László Marton schuf und die seit 1989 auf dem Geländer vor der Bahnlinie sitzt.

Unterhalb des Donaukorsos findet man die Anlegestellen für Ausflugsschiffe (▶Erleben & Genießen, Stadtbesichtigung). Mehrere Anbieter organisieren kürzere **Flussrundfahrten** oder auch längere Ausflüge zum Donauknie. Unterhalb des Petőfi tér legen Linienschiffe an. Zwischen Vigadó tér und Kettenbrücke liegen auch **Restaurantschiffe** vor Anker.

H

HINTER-GRUND

Direkt, erstaunlich, fundiert

Unsere Hintergrundinformationen beantworten (fast) alle Ihre Fragen zu Budapest.

Alt und neu: Die Fischerbastei spiegelt sich in den Fensterscheiben des Hilton-Hotels. ►

DIE STADT UND IHRE MENSCHEN

Budapest leuchtet. Demonstriert ein neues Selbstbewusstsein und Optimismus. Und Budapest lebt. Nur selten kommt die Stadt zur Ruhe, denn eine engagierte Generation junger Europäer bewegt sich tagsüber auf den Märkten der Welt, um sich abends und bis in die Nacht hinein in den Lokalen des V. Bezirks zu treffen.

Die Stadtväter haben das Corporate Design für »ihr Unternehmen« entdeckt und das majestätische Stadtwappen einer Verjüngungskur unterzogen. Form und Farbe wurden reduziert, und herausgekommen ist ein modernes Logo mit einer klaren Aussage: Die Krone des Hl. Sankt Stephan ist das Dach, unter dem die Welle der Donau Buda und Pest trennt. Zusammengehalten werden die beiden aber von den Löwen der Kettenbrücke. »Die Stadt, die vereint«, »A város, amely egyesít«: Genau diesen Slogan soll das neue Wappen zeigen – den Bürgern und den Gästen aus aller Welt. Er ist ein geografisches und soziologisches Statement, ein Bekenntnis zur Vergangenheit und zur Zukunft.

Die Hauptstadt zieht an

Der V. Bezirk

Budapests **Zentrum** ist fast identisch mit dem V. Stadtbezirk Belváros (Pester Innenstadt und Leopoldstadt): Auf etwas mehr als 2,5 km² konzentrieren sich Kaufhäuser, Geschäfte, Boutiquen und Hotels der oberen Kategorie, Regierungsbüros, Behörden, Finanz- und Handelsinstitutionen sowie wichtige kulturelle und wissenschaftliche Einrichtungen. In den V. Bezirk pendeln täglich weit mehr als 100 000 Beschäftigte.

Budapest wird zur Millionenstadt

Die drei damals noch eigenständigen Städte Buda, Óbuda und Pest hatten im Jahr 1720 zusammen 12 200 Einwohner. Als sie 1873 zu Budapest vereinigt wurden, erreichte die Gesamteinwohnerzahl fast die 300 000er-Marke. Einen **beispiellosen Aufschwung**, der sich auch in einem raschen Bevölkerungswachstum niederschlug, erlebte Budapest als **Hauptstadt** des mit Österreich verbundenen Ungarn. In der ersten Hälfte des 20. Jh.s wohnten eine Million Menschen in der Stadt. Durch Eingemeindungen wurde in den 1970er-Jahren die Zwei-Millionen-Marke überschritten. In den 1990er-Jahren kehrten viele Budapester der immer teurer werdenden Stadt den Rücken, es wurden weniger Kinder geboren, und seit der Jahrtausendwende hat sich die Zahl auf rund 1,7 Mio. Einwohner eingependelt.

Schmelztiegel

Zwar stellen heute Ungarn die Bevölkerungsmehrheit, aber Budapest ist traditionell ein **»Melting Pot«**. Schaut man ins Telefonbuch, wird man gehäuft Namen wie Horvath, Tóth, Török, Lengyel oder Nemeth finden, sie verweisen auf ihre Herkunft: kroatisch, slawisch, türkisch, polnisch oder deutsch. Als Zuwanderer aus dem Habsburgerreich haben sie insbesondere im 18. und 19. Jh. die Entwicklung der Metropole beeinflusst. Nach dem Zweiten Weltkrieg kamen viele Griechen als Bürgerkriegsflüchtlinge in die Stadt. In jüngster Zeit haben sich zahlreiche Zuwanderer aus der Ukraine, aus Russland und vielen Ländern des Nahen, Mittleren und Fernen Ostens im Großraum Budapest niedergelassen. Und Scharen von ausländischen Studenten: In Budapests Straßen ist immer wieder Englisch zu hören, und das liegt nicht nur an den vielen Touristen.

Roma in Budapest

Als zahlenmäßig **stärkste ethnische Minderheit** treten die Roma im Stadtbild hervor. Die Instabilität in Ungarns Nachbarländern seit den 1990er-Jahren hat einen weiteren Zustrom von Angehörigen dieser Volksgruppen in den Großraum Budapest bewirkt. Von der stillen Anwesenheit einer deutschsprachigen Kultur zeugen die Budapester Zeitung sowie der Pester Lloyd (online), beide eine empfehlenswerte Lektüre für deutschsprachige Touristen.

Budapester genießen die Lage ihrer Stadt am Fluss.

Lage:
47° 29ʻ nördliche Breite
19° 08ʻ östlicher Länge
Höchste Erhebung:
Johannesberg
(János-hegy): 527 m

Fläche:
525 km²
davon **173 km²** rechts
und **352 km²** links der
Donau. Knapp 50% des
Stadtgebiets sind bebaut.

Einwohner: **1,75 Mio.**
Im Vergleich:
Paris 2,1 Mio.
Berlin 3,4 Mio.
New York 8,1 Mio.

Bevölkerungsdichte:
3340 Einwohner/km²

Wappen

Budapests Wappen existiert seit 1873, als die drei Städte Buda, Pest und Óbuda zu einer Stadt vereinigt wurden.

Religion

(Angaben in %)

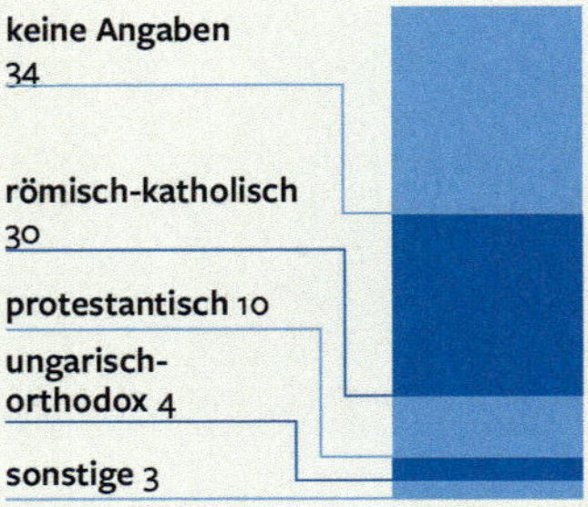

Verwaltung

Es gibt 23 Stadtbezirke, von denen nicht alle einen offiziellen Namen tragen. Die römischen Ziffern in den Adressen verweisen auf den Bezirk. Verwaltungschef ist der Oberbürgermeister.

I	Vár	**XII**	Zugliget
IV	Újpest	**XIII**	Angyalföld
V	Belváros	**XIV**	Zugló
VI	Terézváros	**XVII**	Rákoskeresztúr
VII	Erzsébetváros	**XIX**	Kispest
VIII	Józsefváros	**XX**	Pestszenterzsébe
IX	Ferencváros	**XXI**	Csepel
X	Kőbánya	**XXIII**	Soroksár

Verkehr

Der Flughafen **»Ferenc Liszt«** ist mit 14,8 Mio. Passagieren im Jahr 2018 der größte Ungarns.

Öffentlicher Nahverkehr

200 Buslinien

30 Straßenbahnlinien

Ausbildung

100 000 Studenten sind an den Hochschulen von Budapet eingeschrieben, doppelt so viele wie vor 15 Jahren.

Wirtschaft

Budapest ist Ungarns Finanz- und Wirtschaftszentrum.

Beschäftigungsstruktur:

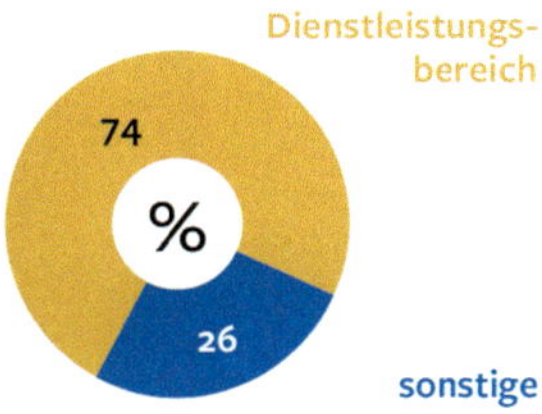

Monatlicher Durchschnitts-verdienst (netto): **1385 €**

Registrierte Unternehmen: **430 000**

Arbeitslosenquote (2018): **3,1%** (Ungarn: 3,7 %)

Klimastation Budapest

Durchschnittstemperaturen

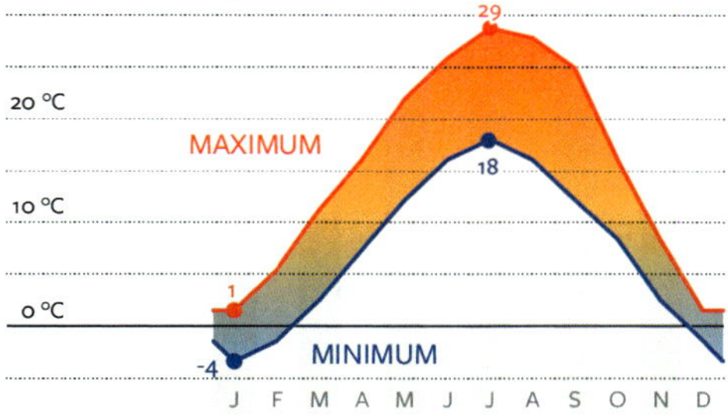

Niederschlag

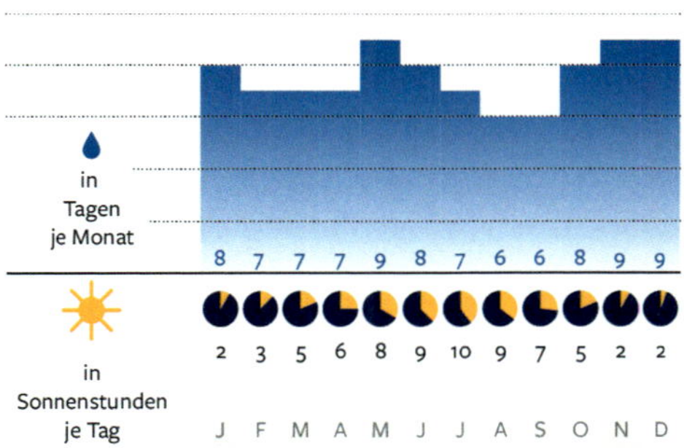

Schmelztiegel Budapest

Über 11 Prozent (200 000) der in Budapest lebenden Menschen haben andere Wurzeln als ungarische.

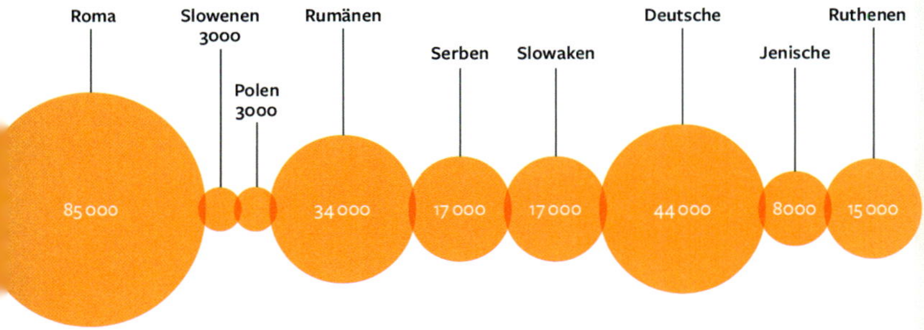

Jüdische Gemeinde

Im VII. Bezirk (Elisabethstadt) steht man staunend vor der **Großen Synagoge**. Sie bildet das Zentrum der in Budapest lebenden jüdischen Gemeinde, mit zirka 110 000 Mitgliedern die bedeutendste Gemeinde in Ost-Europa. Hier blüht die jüdische Kultur mit Klezmer-Konzerten und koscheren Restaurants (►Baedeker Wissen, S. 100).

Religion

Am 13. Januar wird der **Religionsfreiheit** in Ungarn gedacht – so entschied das Ungarische Parlament am 20. Februar 2018 einstimmig. Das Datum erinnert an das Edikt von Thorenburg (Burda, heute Rumänien) im Jahr 1568, ein Dekret, das Katholiken, Lutheranern, Reformierten und Unitariern eine freie Religionsausübung ermöglichte. Keine staatliche Behörde darf die Daten zur Religionszugehörigkeit registrieren, sie gelten als sensibel und privat; daher gibt es heute keine offiziellen Statistiken. Unabhängig von den Konfessionslosen lässt sich generell sagen, dass im ganzen Land und so auch in Budapest die römisch-katholische Glaubensgemeinschaft die größte ist, gefolgt von Calvinisten und Lutheranern.

Partnerstädte

Die ungarische Hauptstadt pflegt partnerschaftliche Beziehungen mit 18 Partnerstädten, darunter bedeutenden Hauptstädten wie New York, Peking, Tel Aviv-Jaffa, Warschau, Wien, Teheran und Berlin.

Zentrum der ungarischen Wirtschaft

Wichtiges Wirtschaftszentrum

Budapest ist **eine der führenden Wirtschaftsmetropolen in Ostmitteleuropa**. Fast ein Viertel aller ungarischen Erwerbstätigen arbeitet im Raum Budapest, die große Mehrheit im Dienstleistungssektor, in der Verwaltung und im Handel.
Budapest gilt heute als eines der **bedeutendsten Finanzzentren** Ostmitteleuropas. Zahlreiche ausländische Banken haben hier ihre Niederlassungen, es gibt eine Wertpapierbörse.
Nach dem politischen Systemwechsel begann der **Dienstleistungssektor** in Budapest zu boomen. Die **durchschnittlichen Einkommen** bewegen sich aber weiterhin deutlich unter dem westeuropäischen Niveau. In Budapest liegt die Arbeitslosigkeit generell unter dem Landesdurchschnitt. Eine wichtige Grundlage für Investitionen im Land waren EU-Hilfen für Bauprojekte jeder Art.

Städtereiseziel

Seit Jahren zählt Budapest zu den 10 Top-Städte-Destinationen in Europa. Nach einem Besucherrückgang während der Flüchtlingskrise kommen nun ca. drei Millionen Touristen pro Jahr, Tendenz steigend. Die Antwort darauf sind große neue Hotelprojekte. Stark im Kommen sind auch **Kurztrips**, und Budapest ist ein beliebter **Anlauf-**

punkt für Flusskreuzfahrten auf der Donau. Die meisten Devisen bringen Touristen aus Österreich, Deutschland, Italien, Großbritannien, der Schweiz, den Niederlanden und Israel sowie aus den USA und Kanada.

Industrie

Eine günstige Verkehrslage und nahe Kohlevorkommen waren beste Voraussetzungen für die wirtschaftliche Entwicklung Budapests. Zu kommunistischen Zeiten wurde die **Schwerindustrie** gefördert, z. B. auf der Insel Csepel im Süden der Stadt. Nach dem Zusammenbruch des Systems hatte die Branche erhebliche Schwierigkeiten, sich auf dem internationalen Markt zu behaupten und brach zusammen. Mit dem Systemwechsel kam es zu umfangreichen Privatisierungen, in deren Verlauf viele ausländische Unternehmen – auch aus Deutschland, Österreich und der Schweiz – Firmen in Ungarn erwarben und in das Land investierten. Heute zeichnet sich die Wirtschaftsstruktur der Donaumetropole durch einen **hohen Anteil an exportorientierten Industriezweigen** aus.

Handel

Im Stadtteil Pest laufen alle Fäden des wirtschaftlichen Managements Ungarns zusammen. Durch den Beitritt des Landes zur EU (2004) und zum Schengen-Raum (2007) haben sich die Handelsbedingungen mit den wichtigsten europäischen Partnerländern deutlich vereinfacht. Größter Handelspartner ist Deutschland, Ungarn bestreitet mehr als ein Viertel seines Außenhandels mit der Bundesrepublik.
Der **Budapester Flughafen Liszt Ferenc** hat sich binnen weniger Jahre zu einem bedeutenden Luftfrachtumschlagplatz und die Insel **Csepel** mit ihrem Freihafen zum wichtigsten Güterumschlagplatz an der Donau entwickelt.
Als eine der **führenden Messestädte Ostmitteleuropas** nimmt Budapest am nationalen und internationalen Ausstellungs- und Kongressgeschehen teil, so mit der internationalen Landwirtschaftsmesse Agro+Mashexpo, der Touristikmesse Travel, dem Autosalon und dem Art Market Budapest.

STADTGESCHICHTE

Erst kamen die Römer, darauf folgten die Hunnen und mit Fürst Árpád die Magyaren. Danach herrschten lange die Türken. Und erst dann beginnt die Geschichte dieser Stadt, die vorher keine war. Sie wurde östliches Standbein der K.-u.-k.-Doppelmonarchie, erlebte ihre goldene Zeit nach 1867, war anschließend Spielball der Weltereignisse und geht nun einen europäisch-demokratischen Weg.

EPOCHEN

RÖMER, HUNNEN UND ÁRPÁDEN

895/896	Landnahme durch sieben Stämme der Magyaren
1000	Stephan (Istvan) I. wird König von Ungarn.
1241/1242	Die Mongolen zerstören Buda und Pest.
1308–1386	Herrschaft des Hauses Anjou
1458	Matthias Corvinus wird König.

DIE TÜRKEN KOMMEN

1541–1686	Herrschaft der Türken
1686	Karl V. von Lothringen vertreibt die Türken.

DONAUMONARCHIE

1740–1780	Herrschaft von Maria Theresia
1781	Toleranzedikt garantiert Religionsfreiheit.
1848	Bürgerliche Revolution
1867	Gründung der K.-u.-k.-Monarchie
1873	Óbuda, Buda und Pest werden ungarische Hauptstadt.
bis 1914	Das »Goldene Zeitalter«

UNGARN BIS 1945

1918	Ende der Habsburgerherrschaft, Ausrufung der Republik
1920–1944	Miklós Horthy ist Reichsverweser.
1941	Kriegseintritt an der Seite Deutschlands
1944	Einmarsch deutscher Truppen
1945	Sowjetische Truppen befreien Budapest.

DIE ÄRA DES KOMMUNISMUS

1946	Die Ungarische Republik wird ausgerufen.
1949	Ungarn wird Volksrepublik.
1956	Volksaufstand

DEMOKRATIE UND WESTINTEGRATION

1987	Beginn des friedlichen Systemwechsels
1989	Ausrufung der dritten Ungarischen Republik
1991	Die sowjetische Armee verlässt das Land.
1999	Beitritt zur NATO
2004	Ungarn wird Mitglied der EU.
2010	Viktor Orbán wird zum zweiten Mal Ministerpräsident, der Fidesz-Politiker István Tarlós Oberbürgermeister von Budapest.
2011	Neue umstrittene Verfassung, Gesetzesänderungen
2016	Orbán scheitert mit Flüchtlingsreferendum.
2018	Vierte Wiederwahl von Viktor Orbán

Römer, Hunnen und Árpáden

Frühe Siedler

Die frühesten Siedlungsspuren sind 50 000 Jahre alt, sie wurden in Buda entdeckt. Auch weiß man, dass um das 2. Jt. v. Chr. beide Donauufer besiedelt waren. Im 6. Jh. v. Chr. ließen sich nomadisierende Skythen aus dem Schwarzmeergebiet im Raum Budapest nieder, und im 4. und 3. Jh. v. Chr. tauchten keltische Erawisken als Siedler auf.

Römische Herrschaft

Um 10 v. Chr. eroberten die Römer das Gebiet westlich der Donau. **Aquincum** – benannt nach der keltischen Siedlung Ak Ink (wasserreich) und heute im Stadtteil Óbuda zu finden – wurde 106 n. Chr. Hauptort der Provinz Pannonia Inferior. Erster Statthalter war der spätere Kaiser Hadrian. Der in eine Bürger- und eine Militärstadt gegliederte Ort erlebte im 2./3. Jh. seine Blütezeit.

Einfall der Hunnen

Nach dem Untergang des Römischen Reichs nutzten die Hunnen das Machtvakuum in Europa. 409 fiel Aquincum an das Nomadenvolk aus dem Osten. Unter **König Attila** etablierte sich nach brachialen Eroberungszügen ein hunnisches Großreich. In der Stadtgeschichte hat sich der gefürchtete Herrscher mit dem Namen seines Bruders Bleda verewigt, nach dem Buda seinen Namen erhalten haben soll. Nach Attilas Tod im Jahr 453 zerfiel das schon durch die Niederlage in Gallien geschwächte Hunnenreich. Ostgoten, Langobarden und das Steppenvolk der Awaren siedelten in der Folgezeit an der Donau.

Herrschaft der Árpáden

Um 895/896 drangen sieben zur finno-ugrischen Sprachengruppe gehörende ungarische Stämme unter ihren Fürsten ins Karpatenbecken vor und setzten sich im heutigen Óbuda fest. Die sieben Fürsten Árpád, Elöd, Ond, Kond, Tass, Huba und Töhötöm sind heute allesamt auf dem Heldenplatz als bronzene Reitergruppe verewigt, und der Chronist Anonymus, der mit einer Bronzeskulptur vor der Burg Vajdahunyad im Stadtwäldchchen geehrt wird, gibt der Nachwelt eine Vostellung über die Anfänge der ungarischen Geschichte: » ... sie hielten im Palast König Attilas Tag für Tag fröhliche Gelage ab.«
Die Phase von 895 bis 972, in der die Magyaren ins Karpatenbecken einfielen und Beutezüge nach West- und Südeuropa unternahmen, wird als **Landnahmezeit** bezeichnet. Die Nachfahren Árpáds, der die Geschicke der geeinten magyarischen Stämme nach dem Blutsbrüderbund von Szeged als Großfürst lenkte, regierten bis 1301.

Feudalstaat und Christianisierung

Im Jahr 1000 wurde **Stephan (István) König von Ungarn**. Er organisierte einen Feudalstaat nach mitteleuropäischem Vorbild und führte das Christentum ein. Im 12. Jh. wurden Kaufleute aus Mittel- und Westeuropa in Buda und Pest angesiedelt und die am Handelsweg nach Osteuropa gelegenen Städte erhielten zunehmend wirtschaftliche Bedeutung.

OBEN: Historische Darstellung aus dem Jahr 1617: Blick über Pest auf das höher gelegene Buda

UNTEN: István (Stephan), Staatsgründer, Ungarns erster König und Landesheiliger

Mitten im wirtschaftlichen Aufschwung stürmten im Winter 1241/1242 Mongolen die aufstrebende Stadt Pest und – da die Donau zugefroren war – auch das gegenüberliegende Buda.
Nach diesem verheerenden Angriff ließ König Béla IV. auf dem Budaer Berg eine Burg und das Burgviertel errichten. In sein nahezu entvölkertes Land holte er Italiener, Franzosen, Juden und vor allem deutsche Kolonisten.

Einfall der Mongolen

Mit Andreas III. starb 1301 die männliche Linie der Dynastie der Árpáden aus und das Haus Anjou folgte auf den ungarischen Thron. Unter den Anjou erlebte Ungarn eine Zeit der innenpolitischen Stabilität und des wirtschaftlichen Aufschwungs. Der ungarische Machtbereich wurde bis nach Bosnien, Serbien, Bulgarien, in die Walachei und nach Dalmatien ausgeweitet und hatte in Dalmatien nun Zugang zum Meer. Von 1387 bis 1437 herrschte **Sigismund von Luxemburg**, der spätere römisch-deutsche Kaiser, er ließ sich auf dem Burgberg einen Palast bauen.

Haus Anjou

Matthias Corvinus (Mátyás Hunyadi), der Sohn des Türkenbezwingers János Hunyadi, wurde 1458 vom Adel zum König Ungarns gewählt, was bemerkenswert ist, da er kein Spross des Adels war. Unter dem Einfluss seiner zweiten Frau Beatrix von Neapel entwickelte sich Buda zu einem **Zentrum der Renaissancekultur**. Der Budaer Königspalast wurde ausgebaut und mit der Bibliotheca Corviniana entstand eine der größten Bibliotheken Europas.

Matthias Corvinus

1514 sammelte der Offizier **György Dózsa** – eigentlich im Auftrag der Kirche – ein Heer vor Pest, das gegen die vordringenden Türken kämpfen sollte. Diese Armee aus Bauern und Leibeigenen wandte sich indes gegen die Willkür des ungarischen Adels. Der Bauernaufstand wurde niedergeschlagen, aber noch heute gibt es kaum eine Gemeinde, die den Führer nicht mit einem Straßennamen ehrt.

Bauernaufstand

Die Türken kommen

Die schicksalsträchtige Niederlage der Ungarn gegen die Türken in der **Schlacht bei Mohács** (1526) ist im allgemeinen Geschichtsbewusstsein des Landes fest verankert. Noch heute heißt ein Sprichwort: »Több is veszett Mohácsnál« (»Bei Mohács ist noch mehr verloren gegangen«), das immer dann angewendet wird, wenn etwas schief läuft. Zu den Opfern des furchtbaren Gemetzels gehörte auch der ungarische **König Lajos II.** Nach dem Sieg besetzten die Türken vorübergehend die Budaer Burg.
Die Frage um die Nachfolge Lajos' II. führte zu Thronstreitigkeiten und zur Zweiteilung Ungarns. Um den Thron vor habsburgischen An-

Erste türkische Besatzung und Teilung Ungarns

sprüchen zu schützen, wählte der niedere Adel János Szapolyai I. zum König, die Magnaten unterstützten den Habsburger Ferdinand I. Durch die Herrschaft Ferdinands I. über Teile des ungarischen Territoriums wurde das Land zum Schauplatz kriegerischer Auseinandersetzungen zwischen Habsburgern und Osmanen.

Zweite türkische Besatzung

1541 gelang es den Osmanen, Buda und Pest erneut zu erobern. In den folgenden 150 Jahren wurden viele Kirchen in Moscheen umgewandelt, Befestigungswerke erneuert und prachtvolle – zum Teil noch heute betriebene – Badehäuser errichtet. Buda wurde Sitz eines Wesirs. **Ungarn zerfiel in drei Teile**: Oberungarn wurde habsburgisch, Pozsony (Bratislava) ungarische Hauptstadt. Die Tiefebene fiel an das Osmanische Reich, Siebenbürgen (heute Rumänien) wurde selbstständiges Fürstentum. Erst 1686 eroberte Karl V. von Lothringen Óbuda, Buda und Pest für das Haus Habsburg zurück. Als »Türkenbezwinger« wird in der Stadt seitdem der an den Kämpfen beteiligte Prinz Eugen von Savoyen verehrt.

Donaumonarchie

Herrschaft der Habsburger

Auf der 1687 einberufenen Ständeversammlung erhielten die Habsburger als Gegenleistung für die Befreiung Ungarns von den Türken das Thronfolgerecht. Im Frieden von Karlowitz 1699 wurde Ungarn dem Habsburgerreich einverleibt. Allerdings hatten sich schon seit 1697 Widerstände gegen die absolutistische Herrschaft des Wiener Hofs geregt. Der jesuitisch erzogene Fürst von Siebenbürgen **Ferenc Rákóczi II.** (1676–1735) wurde zum Helden der Aufstände im Jahr 1703. Obgleich sein bewaffneter Kampf weitgehend erfolglos war, wird er mit einem Denkmal vor dem Parlament geehrt.
Wien blieb Regierungssitz, Buda und Pest wurden 1703 zu freien königlichen Städten erhoben und u. a. mit deutschen, slowakischen, serbischen Zuwanderern besiedelt. Da Juden die Niederlassung in Buda und Pest verboten war, gingen viel jüdische Kaufleute nach Óbuda. Kaiserin **Maria Theresia** (1740–1780) ließ den zerstörten Königspalast durch ein Barockschloss ersetzen, und 1766 wurde die Doppelstadt zum ersten Mal durch eine **Pontonbrücke** verbunden. Dies brachte einen wirtschaftlichen Aufschwung, und durch die Verlegung der 1635 in Oberungarn gegründeten Universität 1777 nach Buda und 1784 nach Pest erlebte auch die Kultur einen Aufschwung.

Aufgeklärter Absolutismus

Mit Maria Theresias Sohn **Kaiser Joseph II.** (1780–1790) begann eine Ära des aufgeklärten Absolutismus. Er ließ die Leibeigenschaft abschaffen, führte die Säkularisierung ein und gewährte mit seinem Toleranzedikt von 1781 die **freie Religionsausübung**, sodass sich auch Juden in Buda und Pest niederlassen konnten. Außerdem mach-

Die Krönung von Kaiser Franz Joseph I. und Elisabeth (Sisi) auf einem Mosaik in der Matthiaskirche

te er 1784 Buda anstelle von Pozsony (Bratislava) wieder zur Hauptstadt. In der Architektur drückte sich seine Haltung im »Zopfstil« aus, dessen trockene Ornamentik auf die Forderung der Aufklärung nach Vernunft und natürlicher Einfachheit zurückgeht. Bei Adel und Klerus stießen seine Reformen auf Widerstand, und als er die ungarische Sprache einer vereinheitlichenden deutschen opfern wollte, stellte sich auch die ungarische Intelligenz gegen ihn: Der ungarische Nationalismus war erwacht.

Erneute Reformversuche

Die federführende Persönlichkeit des bürgerlichen Reformzeitalters war **István Graf Széchenyi** (▶Interessante Menschen), der für den wirtschaftlichen Fortschritt und die politische Erneuerung Ungarns eintrat. Er lancierte den Bau der Kettenbrücke als erste feste Donauüberquerung und setzte sich nach dem verheerenden **Hochwasser** von 1838, das die Hälfte der Häuser von Pest zerstört hatte, für die Regulierung der Donau ein.

Bürgerliche Revolution

Széchenyi geriet später in Konflikt mit dem radikaleren Reformpolitiker **Lajos Kossuth** (▶Interessante Menschen), der für eine notfalls auch gewaltsame Trennung von Habsburg plädierte. Die bürgerliche Revolution brach aus, als der junge Dichter **Sándor Petőfi** (▶Interessante Menschen) am 15. März 1848 seine verbotenen Verse »Nationallied« auf den Stufen des Nationalmuseums rezitierte:

»
Fluch dem Wicht, der jetzt versagte,
feige nicht zu kämpfen wagte, dem sein Leben teurer
wäre als des Vaterlandes Ehre! (...) /
Schwören wir beim Gott der Ahnen: Nimmermehr
beugen wir uns den Tyrannen!
Nimmermehr!
«

Im ersten Schrecken machte Wien Zugeständnisse, und **Graf Lajos Batthyány** (1806–1849) wurde für sehr kurze Zeit **der erste ungarische Ministerpräsident**. Mit Hilfe zaristischer Truppen schlugen die Habsburger unter Kaiser Franz Joseph I. die Freiheitsbewegung dann aber brutal nieder. Széchenyi kam mit einem Schock in eine Nervenheilanstalt, Kossuth floh ins Exil, Batthyány wurde hingerichtet und Petőfi kam 1849 auf dem Schlachtfeld um. Eine traurige Bilanz, an die der Nationalfeiertag am 15. März erinnert. Die Namen der Helden findet man überall im Land als Straßen- oder Platznamen, Denkmäler wurden errichtet. Offiziell heißt die Kettenbrücke »Séchenyi lánchíd«, und das Literaturmuseum ist nach Petőfi benannt.

Ungarn erhält eine eigene Regierung

Den Bau der mächtigen Zitadelle auf dem Gellértberg kann man als Drohgebärde der Habsburger interpretieren. Doch außenpolitische Schwierigkeiten zwangen Franz Joseph I. zu Zugeständnissen an die Ungarn, die 1867 befördert durch die Diplomatie des ungarischen Juristen Ferenc Deák (1803–1876) zum Österreichisch-Ungarischen Ausgleich führten. Ungarn wurde ein erhebliches Maß an Eigenständigkeit zugesprochen und erhielt eine eigene Regierung. Erster Ministerpräsident war **Graf Gyula Andrássy** (1823–1890), nach dem heute Budapests Prachtboulevard benannt ist. Gleichwohl war Österreichs Kaiser zugleich Ungarns König, weshalb man die **österreichisch-ungarischen Doppelmonarchie** auch kurz als K.-u.-k.-Monarchie (kaiserlich-königliche) bezeichnet. Im selben Jahr wurden Franz Joseph I. und Elisabeth (Sisi) in der Budaer Matthiaskirche zu König und Königin von Ungarn gekrönt. Ihr Geschenk war großzügig: Schloss ▶Gödöllő.

Hauptstadt Budapest

1873 wurden Óbuda, Buda und Pest zur ungarischen Hauptstadt vereinigt, was einen Bauboom und einen wirtschaftlichen Aufschwung zur Folge hatte. Pest erhielt damals sein heutiges Stadtbild nach Pariser Vorbild mit Ringstraßen und radialen Boulevards. Die **Millenniumsfeier** zur Landnahme 1896 wurde pompös vorbereitet. 1896 startete in Pest die erste **Untergrundbahn** des europäischen Kontinents. Der ▶Heldenplatz wurde angelegt, Margareten- und Freiheitsbrücke erleichterten nun die Donauüberquerung. 1902 wurde das monumentale Parlamentsgebäude am Donauufer fertiggestellt. Die

Zeitspanne vom Ausgleich bis zum Ersten Weltkrieg bezeichnet man auch als das **»Goldene Zeitalter«**, nach Chicago war Budapest die am zweitschnellsten wachsende Stadt der Welt, die Börse war die größte Europas und das intellektuelle Leben spielte sich in rund 600 Kaffeehäusern ab.

Ungarn bis 1945

Erster Weltkrieg und Zwischenkriegszeit

Nach einem Höhenflug vor dem Ersten Weltkrieg rutschte Budapest in eine nationale Katastrophe. Mit der Niederlage des an der Seite Deutschlands kämpfenden Österreich-Ungarn 1918 fand auch die K.-u.-k.-Monarchie ihr Ende. Im gleichen Jahr wurde die **bürgerlich-demokratische Republik** ausgerufen. Ihr erster Präsident war Graf **Mihály Károlyi** (1875–1955). Eine im März 1919 installierte, von Sozialdemokraten und Kommunisten getragene Räterepublik konnte sich nur einige Monate halten. Nach nur 133 Tagen übernahm **Miklós Horthy** (1868–1957) die Macht. Er stellte die Monarchie in Ungarn wieder her und herrschte, da eine Rückkehr der Habsburger nicht denkbar war, als deren Reichsverweser. Seinem **Weißen Terror** fielen Tausende von Anhängern der Räterepublik zum Opfer.

Friedensvertrag von Trianon

Durch den Friedensvertrag von Trianon (1920) verlor Ungarn zwei Drittel seines Territoriums und 60 % der Bevölkerung an seine Nachbarstaaten. Dieses Diktat der Siegermächte löste einen Schock aus, Trianon wurde zum nationalen Trauma. Reichsverweser Horthy versuchte, die Gebietsverluste rückgängig zu machen. Zur Durchsetzung der Revisionsziele waren alle Mittel recht und schlagkräftige Bündnispartner willkommen. Die **Annäherung Ungarns an Hitler-Deutschland** ab 1933 ist vor dem Hintergrund dieser Revisionsbestrebungen zu sehen. Bis 1940 erhielt Ungarn einige verlorene Gebiete zurück, zahlte mit Deutschland als Bündnispartner aber teuer für seinen revisionistischen Kurs: mit dem Eintritt in den Zweiten Weltkrieg 1941 an der Seite des Deutschen Reichs.

Zweiter Weltkrieg

Als sich die Niederlage Nazi-Deutschlands abzeichnete, nahm die ungarische Führung 1944 Geheimverhandlungen mit den Alliierten auf. Die Reaktion Hitlers erfolgte prompt: Am 19. März 1944 besetzten deutsche Truppen Ungarn, abtrünnige Vertreter des Horthy-Regimes wurden verhaftet. Mit dem gleichzeitigen Eintreffen von Adolf Eichmann begann zunächst außerhalb der Hauptstadt die **Deportation von Hunderttausenden Juden** in Arbeits- und Vernichtungslager. In Budapest selbst quartierte man sie in **zwei Ghettos** ein. Unterstützung erhielten die Juden u. a. von dem Schweizer Diplomaten Carl Lutz, dem schwedischen Diplomaten Raoul Wallenberg und der päpstlichen Nuntiatur (►Baedeker Wissen, S. 100).

Im Sommer begann die Bombardierung der Stadt. Am 15. Oktober 1944 versuchte Miklós Horthy, aus dem Bündnis mit Adolf Hitler auszutreten. Die deutschen Besatzer entfernten den Reichsverweser und übergaben die Macht den **Pfeilkreuzlern** unter Ferenc Szálasi. Wenig später umzingelten sowjetische Truppen Budapest. Wehrmacht und Waffen-SS verschanzten sich in der Budaer Burg. In den Ghettos und am Donauufer ermordeten Pfeilkreuzler viele Tausend Juden. Im Januar 1945 rückten sowjetische Verbände auf der Pester Seite in Richtung Donau vor, Hitlertruppen sprengten alle Donaubrücken. Am 13. Februar 1945 endeten die Kämpfe. Weithin sichtbar steht heute das Standbild einer Frau mit Palmzweig auf dem Gellert-Berg, das seit 1947 an die Befreiung durch die Rote Armee erinnert.

Die Ära des Kommunismus

Ungarische Republik

Die ersten Nachkriegswahlen im November 1945 führten zu einer Niederlage der Kommunistischen Partei. Wahlsieger war die Partei der Kleinen Landwirte. Erster Regierungschef der Nachkriegszeit war **Zoltán Tildy**. Am 1. Februar 1946 wurde in Budapest die **Ungarische Republik** ausgerufen. In der Folge versuchte die Kommunistische Partei, Machtanteile zu gewinnen – die bürgerlich-demokratischen Ordnung sollte nach und nach ausgehöhlt werden. Angestrebt wurde eine sozialistische Gesellschaft nach sowjetischem Muster.

Diktatur des Proletariats

1947 löste eine Linkskoalition die Kleinen Landwirte ab. Mit willkürlichen Methoden, Schauprozessen und Verhaftungen wurde eine Diktatur des Proletariats aufgebaut. Selbst Kleinstbetriebe wurden verstaatlicht. Am 20. August 1949 trat schließlich die neue **Verfassung der Volksrepublik** nach sowjetischem Vorbild in Kraft.
Durch Eingemeindungen wurde das Stadtgebiet von Budapest 1950 beträchtlich erweitert, an den Stadträndern entstanden große Plattenbauviertel, der neue Flughafen Ferihegy ging in Betrieb. Mit großem Elan wurde zu Beginn der 1950er-Jahre die Schwerindustrie im Raum Budapest vorangebracht.

Entspannung des politischen Klimas

Stalins Tod 1953 verbesserte die politische Atmosphäre in Ungarn. Der als liberal geltende Kommunist **Imre Nagy** (▶Interessante Menschen) wurde 1953 ungarischer Ministerpräsident, doch bereits zwei Jahre später von dem stalinistischen Rákosi entmachtet. Politische Richtungskämpfe und der Beitritt zum Warschauer Pakt trugen zur Unzufriedenheit der Bevölkerung bei.

Der Aufstand von 1956

Am 23. Oktober 1956 wurde im Rahmen einer Studentendemonstration der Ruf nach politischer Erneuerung laut. Es kam zum **Volksaufstand** und schließlich zum bewaffneten Kampf. Zur Beruhigung

Aufstand der Bevölkerung im Jahr 1956. Anfangs herrscht großer Jubel. Doch der Widerstand endete mit dem Einmarsch sowjetischer Truppen.

der Lage wurde Imre Nagy wieder als Ministerpräsident eingesetzt. Er hob das Parteienverbot auf, es gab eine Mehrparteienregierung, unzensierte Zeitungen erschienen, und schließlich erklärte Nagy den Austritt des Landes aus dem Warschauer Pakt. Doch am 4. November rückten sowjetische Truppen mit Panzern in Budapest ein, der von nationalen und sozialen Ideen inspirierte Widerstand wurde unter Führung von **János Kádár** (1912–1989) blutig niedergeschlagen. Das Stadtzentrum von Budapest war verwüstet. Man zählte 6000 Tote, 26 000 Verhaftete, darunter auch Imre Nagy und seine Weggefährten. Über 200 000 Ungarn flüchteten aus ihrer Heimat.

Sozialismus ungarischer Prägung

Größte Bestürzung löste 1958 die Hinrichtung von Imre Nagy als Hochverräter aus. Zugleich versuchte das neu installierte Kádár-Regime, durch Anhebung des Lebensstandards für Ruhe in der Bevölkerung zu sorgen. In den 1960er-Jahren ließ Kádár behutsam marktwirtschaftliche und demokratische Elemente in der Planwirtschaft zu. Dem sogenannten **Gulaschkommunismus** verdankte das Land den höchsten Lebensstandard im Ostblock, was ihm die Bezeichnung »fröhlichste Baracke im sozialistischen Lager« einbrachte.

Kontakt zum Westen

Mit der Sanierung der alten Stadtkerne von Buda und Pest blühte der **Tourismus** auf. 1987 wurde der Burgberg zusammen mit dem Donaupanorama UNESCO-Weltkulturerbe. Vor allem für die Westgäste wurden mehrere Großhotels am Donauufer eröffnet. Die ungarische Außen- und Wirtschaftspolitik begann sich nach Westen zu öffnen.

Demokratie und Westintegration

Abkehr vom Sozialismus

Im Windschatten der sowjetischen Perestroika fand Ungarns **Demokratisierungsprozess** statt. Zu Beginn der 1980er-Jahre wurden private Kleinunternehmen in Ungarn zugelassen, 1985 stellten sich mehrere Kandidaten in einem Wahlbezirk zur Wahl – ein Novum in der Geschichte des Ostblocks. 1988 trat der 76-jährige János Kádár zurück. Im selben Jahr konstituierten sich Oppositionsgruppen und unabhängige Gewerkschaften. 1989 sprach sich das Zentralkomitee für ein Mehrparteiensystem aus. Immer mehr marktwirtschaftliche Elemente wurden umgesetzt.
Es erfolgte eine Neubewertung der Ereignisse von 1956, u. a. wurde Imre Nagy mit einem Ehrengrab auf dem Neuen Friedhof in Budapest-Kőbanya rehabilitiert. Hunderttausende nahmen am 16. Juni 1989 nochmals Abschied von dem früheren Ministerpräsidenten, dem prominentesten Opfer des Aufstandes von 1956. An der ungarisch-ös-

Sozialistische Zeiten: Straßenarbeiterinnen in Budapest

terreichischen Staatsgrenze wurde der Eiserne Vorhang abgebaut, und ab dem 11. September 1989 erlaubte Ungarn auch DDR-Bürgern offiziell die Ausreise nach Österreich.

Freie Wahlen

Am 33. Jahrestag des Aufstands von 1956, dem 23. Oktober 1989, wurde feierlich die demokratische Republik Ungarn proklamiert. Aus den ersten freien Wahlen nach 45 Jahren gingen 1990 das konservative Ungarische Demokratische Forum (MDF) und der liberale Bund Freier Demokraten (SZDSZ) als stärkste Kräfte hervor. Der Literat **Árpád Göncz** (SZDSZ) übernahm das Amt des Staatspräsidenten, Ministerpräsident wurde József Antall und Gabor Demszky (SZDSZ) Oberbürgermeister von Budapest; er blieb bis 2010 im Amt.

Westintegration, Rezession

Die wirtschaftliche Umstrukturierung des postkommunistischen Ungarn führte zu wachsender Arbeitslosigkeit und Inflation. Hoffnungen setzte die Bevölkerung in die Ungarische Sozialistische Partei (MSZP), die aus den Parlamentswahlen 1994 als Sieger hervorging, vier Jahre später aber wieder in die Opposition geschickt wurde. Neuer Ministerpräsident wurde **Viktor Orbán** von der neugegründeten rechtskonservativen Partei Fidesz (damals Bund Junger Demokraten). 1999 trat Ungarn der **NATO** bei.

Ungarn als EU-Mitglied

Im Mai 2004 trat Ungarn der EU bei, 2007 folgte die Aufnahme in den grenzkontrollfreien Schengen-Raum. Die seit dem EU-Beitritt gestiegenen Lebenshaltungskosten führten zu einer latenten Unzufriedenheit in der Bevölkerung. Infolge der internationalen **Finanzkrise** wurde Ungarn 2009 vom einstigen »Vorzeigemodell« zum Schlusslicht der osteuropäischen Staaten.

2010 – 2018

2010 gewann **Viktor Orbán** erneut die Parlamentswahlen und verabschiedete eine **neue – umstrittene – Verfassung** und u. a. ein international kritisiertes, restriktives Mediengesetz. Es kommt zu einem deutlichen Rechtsruck. In Budapest wurde erstmals ein Fidesz-Politiker, István Tarlós, **Oberbürgermeister**. Als erste Amtshandlung ließ er 26 Straßen und Plätze umbenennen, so auch den zentralen Moszkva tér in Széll Kálmán tér – Széll Kálmán tér hieß der Platz nach dem einstigen Premierminister, bevor er 1946 in Stalinplatz umbenannt wurde.

2011 übernahm Ungarn die EU-Ratspräsidentschaft. Zwar kritisierte die EU einzelne Gesetze Orbáns (z. B. Mediengesetz und Änderungen beim Verfassungsgericht), und es gab regelmäßig – auch größere – Straßenproteste in Budapest, aber grundlegende Korrekturen nahm die nationalkonservative Regierung kaum vor.

Bei seiner Wiederwahl 2014 musste Orbán einen Stimmenverlust hinnehmen, der Fidesz verlor 2015 seine verfassungsändernde Zweidrittelmehrheit im Parlament. In der Parlamentswahl 2018 erreichten Fidesz und KDNP (Christlich-Demokratische Volkspartei) 133 von 199 Sitzen und damit wieder die für Verfassungsänderungen nötige Zweidrittelmehrheit.

Budapest aktuell

Große Neubauprojekte sind geplant, z. B. ein neues Museumsviertel im Stadtwäldchen und ein Umbau des Bereichs rund um den Burgpalast mit einem neuen Amtssitz für den Ministerpräsidenten. Sehr umstritten ist der Plan zweier russischer Atomkraftwerke an der Donau mit ungarischen Krediten, gravierend die Abwanderung mehrerer Hunderttausend Ungarn, darunter vieler qualifizierter junger Menschen.
Im Zuge der Flüchtlingskrise 2015 geriet Orbán mit seiner Anti-Einwanderungspolitik international in die Schlagzeilen. Sein Zaun an der Grenze zu Serbien und Kroatien ist eine deutliche Zeitenwende für das Land, das den Eisernen Vorhang zu Fall brachte. Außenpolitische Verstärkung bekommt die Regierung durch ein Bündnis mit den Nachbarstaaten Slowakei, Tschechien und Polen, die als Visegrád-Gruppe zusammenarbeiten. Mit einem Referendum zur Verschärfung der Flüchtlingspolitik scheiterte Orbán 2016, weil die Wahlbeteiligung nach einem Boykottaufruf der Opposition zu niedrig war.

2011: Demonstration gegen eine neue Verfassung, die der Fidesz mehr Macht sichert

ARCHITEKTUR- UND KUNSTGESCHICHTE

Budapest hat etwas von einer Grande Dame der Jahrhundertwende, doch verschweigt sie eitel ihr wirkliches Alter. Deshalb würde sie niemals einen Besuch des Nationalmuseums empfehlen, in dem Besucher auf ihr wahres Alter stoßen, auf frühgeschichtliche Spuren aus dem Karpatenbecken.

Prägend für das Budapester Stadtbild ist der Historismus, mit dem in der zweiten Hälfte des 19. Jh.s auf die großen Baustile der Architekturgeschichte zurückgegriffen wurde. Um die Wende zum 20. Jh. entwickelte sich ein eigener Nationalstil, die ungarische Variante des Jugendstils, der sich nicht an anderen europäischen Stilen, sondern am Orientalismus orientierte.

Architektur: Geschichtlicher Überblick

Römer

Schwierig erweist sich auch die Beziehung der eitlen Grande Dame zu den Römern, denn sie haben deutlich sichtbar Spuren in der Stadt hinterlassen. Im 3. Jh. lebten in **Aquincum** (▶Óbuda), der Hauptstadt der Provinz Pannonia Inferior, rund 18 000 Menschen. Die behutsam freigelegte römische Zivilstadt entstand am Fuß eines militärischen Castrums, in **Óbuda** stößt man immer wieder auf Überreste, am beeindruckendsten ist das Amphitheater. In einem rechtwinklig angelegten Straßennetz sind Läden, Wohnhäuser, eine Gerichtshalle, ein Badehaus und ein prächtiges Mithras-Heiligtum erhalten. Gegen diese Funde nimmt sich der kleine Ruinengarten der Festung **Contra Aquincum** (▶Innerstädtische Pfarrkirche) am Pester Brückenkopf der Elisabethbrücke geradezu bescheiden aus.

Mittelalter

Auch schon im Mittelalter blickte man von dem befestigten Buda auf das sich jenseits der Donau flach erstreckende Pest. Viele Häuser im **Burgviertel**, die nach der Rückeroberung Budas von den Türken im 17. Jh. in barockem Stil wiederaufgebaut wurden, gehen auf mittelalterliche Vorgängerbauten zurück. Häufig trifft man auf entsprechende Spuren wie die mit Spitzbögen oder Blendmaßwerk versehenen Sitznischen in Tordurchgängen, so in der Országház utca 2 und in der Úri utca 32. Die ältesten Bauteile im Burgviertel sind der Turm der Magdalenenkirche und das kostbare Marienportal der Matthiaskirche. Im Burgpalast sind der Gotische Saal und die Krypta der Palastkapelle mit mittlelaterlichen Skulpturen erhalten. Die Reste des einstigen Dominikanerklosters sind in den Bau des Hilton Hotels integriert. Auf der **Pester Seite** hat die Innerstädtische Pfarrkirche mit dem spätgotischen Chor im Inneren manchen Schatz bewahrt.

Renaissance

Das schönste Kunstwerk der Renaissance ist ein Fake: ein kunstvoll verziertes Relief im Burgviertel (am Turm des ehemaligen Dominikanerklosters neben dem Hotel Hilton) mit dem Porträt von **König Matthias I. Corvinus**, Ungarns hoch verehrtem König, der mit seiner Gemahlin Beatrix von Neapel die Renaissance an den Budaer Hof brachte. Das Relief ist eine Kopie, und auch sonst ist aus dieser Blütezeit bis auf wenige Innenhöfe nichts mehr original bewahrt. Das Original des Matthias-Reliefs wurde 1486 am Schlossturm der Ortenburg in der Oberlausitz angebracht, die damals zum Ungarischen Reich gehörte.

Osmanen

Im Zuge der Eroberung von Buda, Óbuda und Pest durch die Osmanen wurden Corvinus' Prachtbauten unwiederbringlich aus dem Stadtbild »gefegt«, doch nicht viel anders erging es den Bauwerken, die die Osmanen ihrerseits während ihrer 150-jährigen Herrschaft errichtet hatten. Diese wurden fast alle bei der Rückeroberung der Städte von den Habsburgern zerstört. Nur die überkuppelten Badehäuser Rudas und Király und die Grabtürbe des Gül Baba sind steinerne Zeugen dieser Epoche.

Barock

Mit den Habsburgern machte sich der Barock an der Donau breit. Die vorangegangenen Zerstörungen gaben den Siegern die Möglichkeit, die drei Städte nach ihrem Geschmack neu zu gestalten. Heute kann man nur noch auf der Budaer Burg in das einstige barocke Flair eintauchen. Es war Kaiserin Maria Theresia, die den alten Burgpalast durch ein später noch vergrößertes Barockschloss ersetzen ließ. Das schönste Gebäude dieser Zeit ist sicher das **Erdődy Palais** von 1696 (▶Budaer Burg), heute Musikhistorisches Museum. Zahlreiche barocke Fassadendetails entdeckt man in den Gassen des Burgviertels.
In Pest waren nach dem verheerenden Hochwasser 1838 viele Häuser baufällig und wurden abgerissen. In Donaunähe blieb lediglich ein Barockhaus am Március 15 Platz erhalten. Das 1727 erbaute Invalidenhaus in der Városház utca 9–11 ist mit 189 m der größte Barockbau der Stadt. Die St. Annenkirche in der Wasserstadt (Víziváros), die Serbisch-orthodoxe Kirche (Szerb utca 4) und die Universitätskirche (Egyetem tér) sind beispielhafte Kirchen dieser Zeit. Ein Juwel außerhalb von Budapest ist das 1744 nach den Plänen von Andreas Mayerhoffer erbaute **Schloss Grassalkovich**, bekannt als Sisi-Schloss in ▶Gödöllő.

Klassizismus

Der Klassizismus spielt in Budapest eine besondere Rolle, denn er kann gelesen werden als Protestreaktion gegen den barocken Prunk der Habsburger, als Ausdruck des aufkommenden Nationalismus des

Reformzeitalters (1825–1848). Bedeutendster Vertreter war Mihály Pollack, sein Hauptwerk das **Ungarische Nationalmuseum**. Er lieferte auch die Pläne für das Sándor Palais auf der Burg, seit 2002 Sitz des Staatspräsidenten, und für die Evangelische Kirche am Deák Ferenc tér. Wahrzeichen der Stadt und eine Meisterleistung des Klassizismus ist die **Kettenbrücke** als erste feste Donauüberquerung.

Romantik und Eklektizismus

Auch nach dem Scheitern der Unabhängigkeitsbestrebungen von 1848 blieb die Frage nach der nationalen Identität lebendig. In der Architektur äußerte sie sich im Stil der **Romantik** und des **Eklektizismus**. Der Rückgriff auf eine byzantinische Formensprache betont die östliche Herkunft der Magyaren. Markante Bauwerke dieser Zeit sind die **Große Synagoge**, die Pester Redoute, das als **Vigadó** bekannte Ball- und Konzerthaus, sowie die Ungarische Akademie der Wissenschaften.

Historismus

Von den Anfängen der österreichisch-ungarischen K.-u.-k.-Monarchie bis etwa 1900 beherrschte der Historismus mit Rückgriffen auf die großen Baustile der Architekturgeschichte die Bauaktivitäten in Budapest. Die 70er- und 80er-Jahre des 19. Jh.s gelten als die eigentliche Gründerzeit der Stadt – 1873 hatten sich die bis dato eigenständigen Städte Buda, Pest und Óbuda zur Hauptstadt Budapest zusammenschlossen. Nun entstanden all die öffentlichen, gewerblichen, kirchlichen, (groß-)bürgerlichen und industriellen Repräsentativbauten und Wohnhäuser mit neoromanischer, neogotischer, Neorenaissance- oder Neobarock-Fassade. Zur großen Millenniumsfeier 1896, die an die Landnahme bzw. Gründung Ungarns erinnerte, sollte Budapest ein neues Gesicht haben und Wien in den Schatten stellen. Der **Westbahnhof** (1877), der **Ostbahnhof** (1884) und die **Margaretenbrücke** (1884) wurden gebaut, die **Andrássy út** (1885), die auf den majestätischen Heldenplatz (Hősök tere) zuläuft, und der **Große Ring** wurden angelegt, die mächtige **St.-Stephans-Basilika** errichtet, außerdem die **Oper** (eröffnet 1884), die Zentrale Markthalle (1897), das **Zollhaus** und das **Parlamentsgebäude** (1885–1904) am Pester Donauufer. An planmäßig angelegten Straßen im Zentrum wuchsen mehrstöckige Mietshäuser in die Höhe. Auch der Budaer Burgpalast und die Matthiaskirche zeigen sich heute weitgehend so wie in den Jahren um das Millennium. Als neues Wahrzeichen entstand die **Fischerbastei**. Bedeutende Architekten dieser Epoche waren Miklós Ybl, Imre Steindl, Frigyes Schulek, Albert Schickedanz sowie Alajos Hauszmann.

Jugendstil

Zur gleichen Generation gehörten aber bereits Architekten, die gegen den rückwärts gewandten Pomp des Historismus opponierten

Im 19. Jahrhundert erhielt die Matthiaskirche wieder ihr gotisches Aussehen.

und sich zum freien, lebendigen Geist des Jugendstils bekannten, der seit ca. 1890 in anderen europäischen Ländern als Modernisme (Spanien), Art Nouveau (Frankreich) oder Sezessionsstil (Österreich) bekannt war. Mit einer charakteristisch ungarischen Variante haben sie eine eigene Formensprache entwickelt, die heute als **ungarischer Sezessionsstil** vor allem im Ausland seine Bewunderer hat (▶ Das ist Budapest). Folkloristische Motive ungarischer Stickereien, indisch inspirierte Muster, Arkaden und Farbgestaltung, reiche Ornamente, golden schimmernde Mosaikbilder, stilisierte Pflanzen, Tiere – immer wieder Pfauen – und bunt in der Sonne leuchtende Majolika-Dächer. Der Gründervater ist **Ödön Lechner** (1845–1914), der Budapest mit seiner detailverliebten Fantasie die schönsten Jugendstil-Perlen hinterlassen und zahlreiche Architekten inspiriert hat. Seine Hauptwerke sind die ehemalige Postsparkasse, das Schmidl-Mausoleum (▶Friedhöfe) und das **Kunstgewerbemuseum**. Unter vielen weiteren Jugendstilbauten, die in Lechners Nachfolge entstanden sind, ragt das **Gellért-Bad** heraus.
Zeitgleich wurde südöstlich vom Zentrum die Gartenstadt **Wekerle Siedlung** (ab 1912) unter der Leitung von Károly Kós gebaut. Kós ließ die Volksarchitektur Siebenbürgens einfließen und orientierte sich an der Formensprache des Jugendstils, lehnte aber seine reiche Ornamentierung ab.

Neues Bauen

Lajos Kozma (1884–1948) schloss sich, ausgehend vom Jugendstil, den avantgardistischen Tendenzen der Moderne an. Anders als viele seiner Kollegen, die ab den 1920er-Jahren als Emigranten anderswo die Moderne planten, konnte er in Budapest typische Beispiele des Neuen Bauens realisieren. Einen guten Eindruck bekommt man im Atrium-Filmtheater im gleichnamigen Haus (1936, Margit körút 55) mit seiner großzügig-eleganten Innenarchitektur.

Bauhaus

In der Bauhaus-Bewegung spielten viele Ungarn eine Rolle, die aber nicht im Land arbeiteten. Die bekanntesten Namen sind **László Moholy-Nagy** (▶Interessante Menschen) und **Marcel Lajos Breuer**, der den berühmten Stahlrohrfreischwinger schuf. Farkas Molnar entwarf in Budapest an der Napraforgó utca einige Musterwohnhäuser.

Sozialistischer Realismus

Auch der Sozialistische Realismus brachte jenseits von Plattenbauten interessante Bauwerke hervor, so die **Hochschule für Kunstgewerbe** (Zugligeti út 9–25) und den **Eingangspavillon der Ungarischen Radios** (Bródy Sándor utca 5–7). Die **Elisabeth-Brücke**, die 1961 bis 1964 entstand, ist das markanteste Bauwerk aus dieser Zeit.

Nach 1989

Seit dem Ende der 1980er-Jahre hat sich viel im Stadtbild verändert. Straßen wurden umbenannt, Skulpturen und Gedenktafeln entfernt, die roten Sterne verschwanden von öffentlichen Gebäuden und Plät-

Der Schiffswrackbrunnen vor dem Nationaltheater im Millenniumsviertel

zen. In beachtlichem Tempo entstanden postmoderne Geschäftshäuser, deren Glasfassaden heute oft das Bild bestimmen. Interessanterweise gibt es bis heute keine Hochhäuser. Markante zeitgenössische Bauten sind das **Nationaltheater** und der **Palast der Künste** am Pester Donauufer und ebenfalls am Pester Donauufer der Umbau zwei alter Lagerhallen zum **»Walfisch«** (Bálna). Hell und luftig wurden die neuen Metrostationen der Linie 4 gestaltet, und ganz neue Akzente soll das anspruchsvolle **Museumsviertel** »Liget Budapest« im Stadtwäldchen setzen.

Bildende Kunst in Budapest

Ungarische Kunst – gibt es die überhaupt? Man kennt sie kaum, allenfalls Werke des Bauhaus-Mitstreiters László Moholy-Nagy oder des Fotografen André Kertész. Bis ins 19. Jh. vergewisserten sich die Ungarn ihrer Identität in Sprache, Volkskunst und Musik, erst dann traten sie auf das internationale Parkett. Vor allem in der Fotografie tauchten international anerkannte Künstler und Künstlerinnen aus Ungarn auf.

BAEDEKER ÜBERRASCHENDES

6X TYPISCH

Dafür fährt man nach Budapest.

1. SEZESSIONSSTIL AUF UNGARISCH

Wussten Sie, dass Ungarn einen **eigenen Jugendstil** entwickelt hat? In der Hauptstadt finden Sie die schönsten Zeugnisse. (▶ **S. 223, 228**)

2. DIE BURG IST MEHR ALS NUR BURG

Hauptattraktion für jeden Budapest-Touristen ist der Besuch der Burg. Und der lohnt sich wirklich sehr, denn an die **Palastbauten** schließt sich ein uriges **mittelalterliches Wohnviertel** an. (▶ **S. 50**)

3. BADEN IN BUDAPEST

Wer kein **Thermalbad** besucht hat, war eigentlich nicht in Budapest. (▶ **S. 26**)

4. KAFFEEHAUS-NOSTALGIE

Wer seinen Kaffee in einem besonderen Ambiente genießen möchte, sollte die alten Kaffeehäuser aufsuchen. Sie lassen einen eine **Zeitreise in die Vergangenheit** machen. (▶ **S. 10**)

5. KOMMUNISMUS ADE

Die Skulpturen, die während des Kommunismus Straßen und Plätze zierten, sind zwar aus dem Stadtbild verschwunden, aber doch noch im **Memento Park** zu bestaunen. (▶ **S. 128, 230**)

6. ZEBRASTREIFEN

Die weißen Linien auf der Straße gibt es natürlich auch in Budapest. **Aber Vorsicht:** Viele Autofahrer sehen darin überhaupt keinen Grund anzuhalten! (▶ **S. 322**)

Als Folge des politischen Ausgleichs mit Österreich setzte nach 1867 ein fruchtbares ungarisch-nationales Kunstschaffen ein. Mihály Munkácsy (1844–1900), unter dem Familiennamen Lieb geboren, gehörte zu den hochgeschätzten Malern des 19. Jahrhunderts. Er verbrachte sein Leben überwiegend im Ausland, erhielt aber den ungarischen Adelstitel, weil er aus Patriotismus seinen Geburtsort als Künstlernamen angenommen hatte. Munkácsy hatte einen reichen Abnehmerkreis. Meisterhafte Landschaften, pathetische Historien- und Genrebilder, virtuose Stillleben umfassten sein Repertoire, bevor er sich in Paris der Salonkunst zuwandte. Erst in seinem Spätwerk fand er zu einem sozialen und politischen Ausdruck zurück.

Mihály Munkácsy

Goldenes Zeitalter für Künstler

Kehrte man im Goldenen Zeitalter der K.-u.-k.-Monarchie in einem der einschlägigen Kaffeehäuser ein, traf man mit großer Wahrscheinlichkeit auf eine Tischgesellschaft, die heftig die aktuellen kulturpolitischen Fragen debattierte. Für die damaligen Künstler und Literaten war die Runde im Stammcafé das wichtigste Forum fachlicher Auseinandersetzungen (►Das ist Budapest, S. 10).

Künstler im Kaffeehaus

Die Zusammensetzung der einzelnen Tischgesellschaften spiegelte die wichtigsten künstlerischen Strömungen der Zeit und ihrer Stellvertreter wider. Die verschiedenen Kreise der populären Salon- und Genremaler kamen im Abbázia oder Royal zusammen. Im Mücsarnok kávéház, dem Café der Kunsthalle am Heldenplatz, fanden sich einige Gruppierungen der sezessionistischen Jugend ein.

Im Nebenzimmer des Virágbokors (Blütenstrauch) traf sich die ältere Generation, alle waren Vertreter des Akademismus. Dazu gehörte **Bertalan Székely** (1835–1910), ein Freund der Münchner Historienmalerei, der am liebsten Aufträge für monumentale Wandgemälde annahm. **Károly Lotz** (1833–1904), der erfolgreichste Freskenmaler seiner Zeit, schmückte einen Großteil der repräsentativen Neubauten aus, so die große Halle des Justizpalastes, das Treppenhaus des Parlaments, die Decke im Zuschauerraum der Oper und den Hauptsaal der Akademie der Wissenschaften. **Gyula Benczúr** (1844 bis 1920) brillierte zum Millennium mit seinem riesigen Ölgemälde »Rückeroberung der Budaer Burg«, das heute in der Nationalgalerie ausgestellt ist.

Im Café Virágbokor

Ende des 19. bzw. Anfang des 20. Jh.s war das Kaffeehaus Japán der bedeutendste Künstlertreffpunkt. Es war das Stammlokal von **Pál Szinyei Merse** (1845–1920), der sich unabhängig von Pariser Einflüssen schon um 1870 mit der Pleinair-Malerei befasst hatte. Sein Hauptwerk, das »Frühstück im Freien« von 1873, hängt in der Natio-

Treffpunkt Café Japán

nalgalerie. Auch **Károly Ferenczy** (1862–1917) kehrte hier ein, wenn er in der Stadt zu tun hatte und nicht in der Künstlerkolonie in Nagybánya weilte. Er war einer der einflussreichsten Vertreter der außerakademischen Methoden und Richtungen vom Pleinair über den Impressionismus bis zum Jugendstil und Symbolismus, die seit 1896 in der »Schule von Nagybánya« (Nagybánya heute: Baia Mare, Rumänien) vertreten und weiterentwickelt wurden. Seine Gemälde »Malerin« (1903) oder »Sonniger Vormittag« (1905) sind in der Nationalgalerie ausgestellt (auch ▶Szentendre). Zu den »Großen«, die im Café Japán verkehrten, gehörte auch **József Rippl-Rónai** (1861–1927), der nach seinen häufigen Frankreichaufenthalten vom dortigen Kunstgeschehen berichten konnte. Er wurde zum Maler des ungarischen Kleinstadtlebens.

Von Picasso bewundert: Csontváry

Wenig gesellig und zu seiner Zeit nicht besonders ernst genommen war **Tivadar Csontváry** (1853–1919; als Mihály Tivadar Kosztka geboren), der davon überzeugt war, dass seine Bilder einst »als allein stehende Sterne am Himmel leuchten werden«. Erst mit 41 Jahren kam er zur Malerei. Er starb einsam und verarmt, obwohl Picasso zu seinen Bewunderern zählte. Csontvárys Traum ging aber in Erfüllung: 2006 wurde sein Gemälde »Das Treffen der Geliebten« (ungar.: »Randevú«, 1902) in einer Auktion der Budapester Galerie Kieselbach als damals teuerstes Gemälde an einen unbekannten Käufer für mehr als eine Million Euro verkauft. Seine »Ruinen des griechischen Theaters in Taormina« (1904/1905) hängen in der Nationalgalerie.

Künstlergruppe der Acht

Zu Beginn des 20. Jh.s splittete sich die Kunstszene immer stärker. Eine treibende Kraft für neue Impulse war **Béla Czóbel** (1883 bis 1976), der in Paris u. a. mit Henri Matisse bekannt war. In Ungarn war er zusammen mit Róbert Berény einer der Mitbegründer der Künstlergruppe der Acht (Nyolcak).

Jugendstil

Ungarn wichtigster Jugendstilmaler war **Aladár Körösfői-Kriesch** (1863–1920), der 1902 in Gödöllő eine Künstlerkolonie gegründet hatte. Die Künstlergemeinschaft besann sich auf ein naturnahes, bäuerliches Leben und sah in der Volkskunst eine wichtige Quelle für ihr Ziel, einen modernen ungarischen Nationalstil zu schaffen. Neben dem Gründer war Sandor Nagy ihr wichtigster Vertreter.

Künstler der Zwischenkriegszeit

Ungarn im Exil

Die Zwischenkriegszeit von 1919 bis 1939 war in Ungarn durch politische Repressionen gekennzeichnet, was die Entfaltung künstlerischer Freiheiten stark einschränkte. Ein Großteil der künstlerischen Avantgarde, die sich im revolutionären Klima der 1910er-Jahre entwickelt hatte, konnte nach dem Sturz der Räterepublik 1919 seine Aktivitäten nur im Ausland entfalten. **Wien** und **Berlin** wurden zu Zentren der ungarischen Emigration, in denen die Verbindungen zu den deutschen Expressionisten und Dadaisten, den italienischen Futuristen oder den russischen und niederländischen Konstruktivisten besonders intensiviert werden konnten.

Lajos Kassák

Eine spannende Figur der ungarischen Avantgarde war Lajos Kassák (1887–1967), der in Paris Kontakt mit Guillaume Apollinaire, Robert Delaunay und Pablo Picasso hatte, später mit Kurt Schwitters, Oskar Schlemmer, Tristan Tzara und El Lissitzky zusammenarbeitete und László Moholy-Nagy (▶Interessante Menschen) förderte. In Arbeiterverhältnissen geboren, blieb er Zeit seines Lebens ein Linker, auch nachdem er sich vom Bolschewismus distanziert hatte und aus der Partei ausgeschlossen worden war (1953). Trotz prominenter Fürsprache durfte er ab 1957 nicht mehr ausstellen, veröffentlichen oder reisen. Kassák war Hauptorganisator des ungarischen Aktivistenkreises, er arbeitete als **Maler, Schriftsteller, Dichter und Herausgeber** einer Reihe von **Avantgarde-Zeitschriften**. Bis zu seinem Tod blieb er ein Verteidiger und Unterstützer der Avantgarde, selbst der aktuellsten Entwicklungen der Neuen Abstraktion, des Happenings, Fluxus und der Pop-Art. Stilistisch lässt er sich nicht festlegen, er reagierte offen auf Strömungen seiner Zeit. »Sein ganzes Leben lang wirkte er für eine Synthese der modernen und sozialistischen Kunst, in der die Feder, der Pinsel und das Gebäude ihre gesellschaftliche Mission erfüllen, gleichzeitig aber ihre Souveränität bewahren und nicht zu Handlangern der Tagespolitik geraten sollten« (József Vadas). Seinem Lebensweg kann man im Kassák-Museum im Schloss Zichy in Óbudá folgen.

Fotografen

Zu Kassáks begabtesten Schülern gehörte der Fotograf **Lajos Tabák** (1904–2007), ebenfalls aus Arbeiterverhältnissen stammend, der bereits mit 13 Jahren soziale Themen zu fotografieren begann. 1929 wurde er Mitglied des »Work Circle« von Lajos Kassák. 1948 ging er in die Industrie und arbeitete von 1955 bis 1964 als Direktor einer Zuckerfabrik. 1956 kehrte er zur Fotografie zurück. Aus Überzeugung verbrachte er seinen Lebensabend in einer Arbeiterwohnung in Szolnok. Er hinterließ beeindruckende Arbeiterportraits und Straßenszenen.

Zahlreiche Fotografen emigrierten ins Ausland und erlangten internationalen Ruhm wie **Brassaï** und **Robert Capa**, deren Namen bekannt sind, nicht unbedingt aber ihre ungarische Herkunft. Auch in Ungarn verbliebene Fotografen arbeiteten unter dem Einfluss der modernistischen Bewegung. Ihre Namen hat man im Ausland selten gehört, ihre Arbeiten kann man heute in den Budapester Galerien, im Robert-Capa-Zentrum und im Haus der Fotografie, dem Mai Manó Ház, entdecken.

Kunst nach 1945

Victor Vasarely

In Óbuda ist ein kleines Museum dem weltberühmten Maler und Grafiker Victor Vasarely (1908–1997) gewidmet, der aus dem südungarischen Pécs stammte und später nach Paris auswanderte, wo er zum **Begründer der Op-Art** wurde. Seine Werke mit raumillusionistischen Formen aus geometrischen Grundelementen spielen mit der Wahrnehmung des Betrachters.

Imre Varga

Ein anderes Museum in Óbuda ist dem bedeutendsten zeitgenössischen Bildhauer Ungarns, Imre Varga (geb. 1923) gewidmet. Er hat über Jahrzehnte ein sehr breites künstlerisches Werk geschaffen, das von kommunistisch angehauchten Skulpturen bis zu kirchlichen Arbeiten und Darstellungen von Konrad Adenauer und Charles de Gaulle reicht. Vargas Skulpturen stehen auch in Aachen, Rhöndorf und Bad Kissingen, 2002 wurde er mit dem Bundesverdienstkreuz 1. Klasse ausgezeichnet. Seine Béla-Kun-Gruppe von 1986 steht heute im Memento Park.

»Street Art«

Die heroischen sozialistischen Skulpturen, die in offiziellem Auftrag in den 1950er- bis 1980er-Jahren für Budapests Straßen und Plätze entstanden, werden ihren jetzigen Standort wohl so schnell nicht mehr verlassen: Sie sind alle im ▶**Memento Park** in stummer Pathetik versammelt, darunter auch künstlerisch wertvolle Werke.
Auf einem Geländer an der Donaupromenade sitzt eine besonders beliebte Skulptur: »Die kleine Königstochter«, auch »kleine Prinzessin« genannt, ist ein Werk von László Marton (Abb. ▶S. 196).

Neo-avantgarde

Die ungarische Neoavantgarde in den 1960er- und 1970er-Jahren musste – anders als im Westen – ohne institutionelle Unterstützung auskommen. Als Antipoden des offiziellen Kunstgeschmacks waren diesen Künstlern Professorensessel an der Kunstakademie verwehrt. Ausstellungen und Kunstereignisse fanden an ungewöhnlichen Orten statt, im Budapester Tierpark, im Physikalischen Forschungsinstitut, auf dem Flughafen und sehr oft in privaten Wohnungen und Ateliers.

Zeitgenössische Kunst

Neben Museen prägen heute eine lebendige Galerienkultur und private Initiativen wie das Art Quarter Budapest oder die private Kunstsammlung Kogart-Haus die Kunstszene der Hauptstadt. Seit 2011 findet jedes Jahr im Oktober die internationale Kunstmesse Art Market Budapest statt. Wichtige Orte für zeitgenössische Kunst und Fotografie sind das Museum Ludwig im Palast der Künste (▶Millenniumsviertel), die Kunsthalle am ▶Heldenplatz, die Neue Budapester Galerie im Bálna (▶Fővám tér)und das Robert-Capa-Zentrum für Zeitgenössische Fotografie (▶Andrássy út).

INTERESSANTE MENSCHEN

Alleinherrscher im Mittelalter: Árpád

Árpád ist der Stammvater der ersten ungarischen Königsdynastie, der **Árpáden**, die vom 9. Jh. bis in das Jahr 1301 das Land regierte. Die nomadisierenden ungarischen Stämme des 9. Jh.s kannten zwei oberste Herrschaftsträger, den Kende (Fürst und religiöses Oberhaupt) und den Gyula (Heerführer und Richter). Árpád bekleidete das Amt des Gyulas, als er mit seinem Heer über den Verecke-Karpatenpass in der heutigen Ukraine ins Karpatenbecken vordrang und in der ersten Phase der Landnahme die Gebiete östlich der Donau eroberte. Nach dem Tod des Kendes im Jahr 904 übernahm Árpád auch dieses Amt und wurde Alleinherrscher.

ca. 850–907
Erster König der Ungarn

Sammelte ungarische Volksmusik: Béla Bartók

Béla Bartók ist weit über die Grenzen Ungarns hinaus als Pianist und Komponist bekannt. Er studierte an der Musikhochschule in Budapest und übernahm hier 1907 eine Professur für Klavier. Durch die Freundschaft mit Zoltán Kodály erwachte sein Interesse für die **ungarische Volksmusik**, die er von 1905 an in Ungarn und in ehemals ungarischen Gebieten selbst erforschte. Als Komponist gelang Bartók der Vorstoß in die europäische Avantgarde; seine Werke verbinden die moderne Musiksprache mit der ungarischen Volksmusik. Mit dem aus 153 Klavierstücken bestehenden »Mikrokosmos« schuf Bartók 1926 bis 1937 ein progressives Lehrwerk. Anlässlich des 50. Jahrestages der Vereinigung von Buda und Pest komponierte er 1923 die »Tanzsuite«, die ihre Uraufführung gemeinsam mit Kodálys »Psalmus Hungaricus« erlebte. Die Entwicklung in Ungarn veranlasste ihn im Herbst 1940 zur Emigration in die USA, wo er 1945 in ärmlichen Verhältnissen starb. Seine sterblichen Überreste wurden 1988 nach Budapest auf den Friedhof Farkasrét überführt.

1881–1945
Komponist

Er erfand die Holografie: Dénes (Dennis) Gábor

Der in Budapest geborene Physiker Dénes Gábor ging mit der Erfindung der Holografie im Jahr 1947 in die Wissenschaftsgeschichte ein. Nach seinem Studium in Budapest und Berlin übersiedelte er 1934 nach England, wo er ab 1949 als Dozent am Londoner Imperial College

1900–1979
Physiker

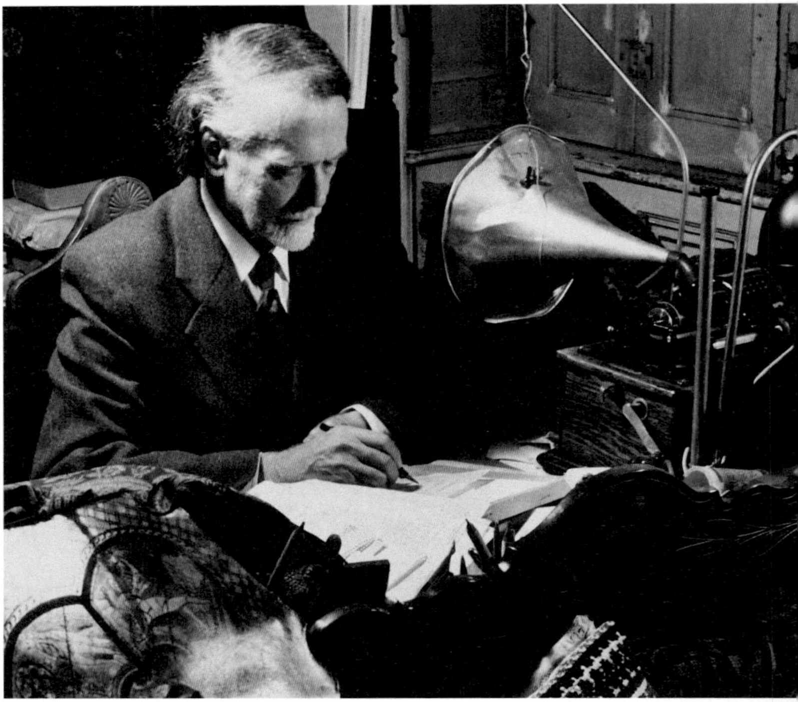

OBEN: Zoltán Kodály bei der Arbeit mit einem Phonographen.

UNTEN: Der Komponist und Pianist Béla Bartók war mit Kodály befreundet und erforschte wie er die ungarische Volksmusik.

of Science and Technology und von 1958 bis 1967 als Professor für Elektrophysik wirkte. Nach der Erfindung des Laser-Lichts 1960 gewann diese Technik große praktische Bedeutung. Im Jahr 1971 wurde Dénes Gábor mit dem **Nobelpreis für Physik** ausgezeichnet.

Achtmal reich verheiratet: Zsa Zsa Gábor

1917–2016
Hollywood-Ikone

Die schöne Budapesterin wäre beinahe 100 Jahre alt geworden – eine **schillernde Schauspielerin, Liebling der Boulevardpresse**. Ihr glamouröses Leben und ihre acht Ehen, alle mit wohlhabenden Männern, Klatschgeschichten und Affären machten sie zur Hollywood-Diva. Als Sári Gábor wurde sie in eine jüdische Familie geboren, ihr Vater war Gardeoffizier, ihre Mutter Schauspielerin. Als 16-Jährige belegte sie bei einer Miss-Ungarn-Wahl den zweiten Platz. Ihre Bühnenkarriere begann 1934 mit der Operette »Der singende Traum«. Mit 20 heiratete sie Burhan Belge, Parteisekretär an der türkischen Botschaft in Budapest, und zog mit ihm nach Ankara, was sie letztendlich vor dem Holocaust bewahrte. Nach dem Scheitern der Ehe zog sie zu ihrer Schwester Eva nach Hollywood, um – wie sie – als Schauspielerin zu arbeiten. Mit ihrem letzten Ehemann, Frédéric Prinz von Anhalt, hatte sie ihren Traummann gefunden. Nach einem Verkehrsunfall 2002 konnte sie sich nur noch im Rollstuhl fortbewegen. Sie starb nach langer Krankheit in ihrer Villa in Los Angeles. Die von ihr gewünschte Beisetzung in Budapest ist nicht erfolgt.

Ideen eines jüdischen Staates: Theodor Herzl

1860–1904
Zionist

Budapest ist die Geburtsstadt von Theodor Herzl, dem **Begründer des politischen Zionismus**. Herzl studierte in Wien Rechtswissenschaften. Er arbeitete als Auslandskorrespondent für eine österreichische Zeitung in Paris, wo er unter dem zunehmenden Antisemitismus großer Bevölkerungsteile zum Zionismus fand. In seiner 1896 veröffentlichten Schrift »Der Judenstaat« forderte er mit der Begründung, dass Juden nicht nur eine Religionsgemeinschaft, sondern auch eine Nation seien, die Errichtung eines souveränen jüdischen Staates.
1897 berief Herzl in Basel den **ersten zionistischen Weltkongress** ein, der ihn zum Präsidenten der Zionistischen Weltorganisation wählte. Die von ihm energisch betriebene Gründung eines jüdischen Staates sollte erst mehr als 40 Jahre nach seinem Tod Wirklichkeit werden.

Schrieb über seine Jahre im KZ: Imre Kertész

1929–2016
Schriftsteller

Der **Nobelpreis für Literatur** 2002 ging an Imre Kertész für »ein schriftstellerisches Werk, das die zerbrechliche Erfahrung des Einzel-

Imre Kertész – vielen durch den »Roman eines Schicksallosen« bekannt

nen gegenüber der barbarischen Willkür der Geschichte behauptet«. Der Autor war im Alter von 15 Jahren wegen seiner jüdischen Abstammung zunächst nach Auschwitz und später nach Buchenwald verschleppt worden. Nach seiner Rettung wurde er Journalist, lebte dann als freier Schriftsteller in Budapest und schrieb Musicals sowie Theaterstücke. Seinen Lebensunterhalt verdiente Kertész als Übersetzer. Bereits 1960 begann er mit dem Verfassen des autobiografisch inspirierten »Roman eines Schicksallosen«. Er zählt heute zu den wichtigsten Werken der zeitgenössischen europäischen Literatur und verhalf Kertész 1995 zum internationalen Durchbruch.

Der Mann hinter »Casablanca«: Mihály Kertész

1886-1962
Regisseur

»Casablanca« (1943) mit Ingrid Bergman und Humphrey Bogart in den Hauptrollen machte den Ungarn Mihály Kertész, **Künstlername Michael Curtiz**, berühmt und bescherte ihm die höchste amerikanische Filmauszeichnung, den Oscar. Mihály Kertész wurde in Budapest geboren. Bereits mit 24 Jahren drehte er seinen ersten Film. Nach Stationen in Wien und Berlin landete er 1927 in Amerikas Film-Metropole Hollywood. Zu seinen bekanntesten Produktionen gehören »Robin Hood« (1938), »Virginia City« (1940), »Yankee Doodle« (1942), »Mission to Moscow« (1943) und »Das Leben des heiligen Franz von Assisi« (1961).

Musikschülern wohlbekannt: Zoltán Kodály

1882–1967
Komponist

Der aus Kecskemét stammene Komponist und Musiker wurde vor allem durch seine systematische **Erforschung der ungarischen Volksmusik** bekannt, deren Eigenart er aus dem Vergleich mit der Volksmusik anderer finno-ugrischer Völker herausarbeitete. Nach dem Studium an der Budapester Musikakademie lehrte er hier ab 1907 Musiktheorie, Kompositionslehre und Volksmusik. Durch Toscanini und Furtwängler wurden seine Kompositionen, die die intensive Beschäftigung mit der ungarischen Volksmusik widerspiegeln, auch im Ausland bekannt. Bereits in den 1920er-Jahren, verstärkt aber nach dem Zweiten Weltkrieg, galt seine Aufmerksamkeit der Reform des Musikunterrichts in der Schule. Die von Kodály entwickelte **Musikpädagogik** ist heute noch weltweit verbreitet.

Schreiben im Untergrund: György Konrád

Geb. 1933
Schriftsteller

György Konrád zählte zu den **führenden Vertretern der intellektuellen Opposition in Ungarn**, die ab den 1970er-Jahren für den Demokratisierungsprozess des Landes kämpfte. Bis zur politischen Wende Ende der 1980er-Jahre konnte der Schriftsteller seine Werke nur im Ausland bzw. im Untergrund veröffentlichen. Konrád wurde als Sohn einer jüdischen Familie in Debrecen geboren und entging als 11-Jähriger nur knapp der Deportation durch die Flucht mit den Geschwistern nach Budapest. Nach seinem Studium – Literaturwissenschaft, Soziologie und Psychologie – arbeitete er ab 1959 sechs Jahre als Jugendschutzbeauftragter einer Budapester Behörde. Sein erster Roman »Látogató« (»Der Besucher«, 1969) entstand aus diesen Erfahrungen und trägt kafkaeske Züge. In diesem und weiteren Romanen, darunter »Der Stadtgründer« von 1975 oder »Geisterfest« (1986), reflektiert er die sozialen und politischen Probleme in einer sozialistischen Gesellschaft; in »Glück« (2001) und »Das Pendel« (2011) setzt er sich mit dem Überleben im Holocaust, seinen späteren Oppositionserfahrungen und dem Zustand des modernen Ungarn auseinander. Konrád wurde mit dem **Aachener Karlspreis** und dem **Friedenspreis des Deutschen Buchhandels** ausgezeichnet und war Präsident der Berliner Akademie der Künste.

Für ein unabhängiges Ungarn: Lajos Kossuth

1802–1894
Freiheitskämpfer

Lajos Kossuth war **eine der Leitfiguren im Kampf um die Unabhängigkeit Ungarns** und die bürgerlichen Freiheitsrechte im 19. Jahrhundert. Er setzte sich für die Loslösung von Österreich, soziale Reformen, die Abschaffung der feudalen Privilegien, eine allge-

meine Steuerpflicht und die Einrichtung einer Volksvertretung ein. Unter seiner Führung beschloss das ungarische Parlament 1849 die Unabhängigkeit des Landes sowie die Absetzung des Hauses Habsburg und wählte ihn zum Reichsverweser. Nach der Revolution floh Kossuth in die Türkei und von dort ins europäische Ausland, wo er seinen Kampf um die Unabhängigkeit Ungarns fortsetzte. Obgleich 1867 amnestiert, kehrte er nicht nach Ungarn zurück. 1880/1882 erschien sein mehrbändiges Werk »Meine Schriften aus dem Exil«. Der in Ungarn schon zu Lebzeiten als Nationalheld verehrte Revolutionär starb 1894 in seiner Wahlheimat Turin.

Wunderkind – Tastengenie: Franz (Ferenc) Liszt

1811–1886
Pianist und Komponist

Der **meisterhafte Klaviervirtuose**, der im damals ungarischen Raiding (heute Burgenland/Österreich) geboren wurde, gilt heute als überragender Sohn Ungarns. Von 1823 bis 1835 lebte er in Paris, wo er von Berlioz, Paganini und Chopin beeinflusst wurde. In Weimar war er von 1844 bis 1861 als Kapellmeister am Großherzoglichen Hof engagiert und komponierte verschiedene Klavierwerke, mit denen er die »Neudeutsche Schule« begründete. Zwischen 1861 und 1869 wohnte er abwechselnd in Rom, Weimar und Budapest – hier übernahm er den Vorsitz der auf seine Anregung hin gegründeten Musikakademie. Der große Virtuose konnte kein Ungarisch, seine Muttersprache war Deutsch – dennoch empfand er sich als Ungar. Seine enge Beziehung zu Ungarn kommt besonders in den »Ungarischen Rhapsodien« zum Ausdruck. Er starb 1886 in Bayreuth während eines Besuchs der Festspiele.

Ein Wegbereiter des Volksaufstands: György Lukács

1885–1971
Literaturhistoriker, Philosoph

1918 wurde der in Budapest geborene Literaturhistoriker und Philosoph Mitglied der Kommunistischen Partei, nach dem Zusammenbruch der Räterepublik emigrierte er über Wien nach Moskau. Seine Schriften, in denen er die Kernthesen der **marxistischen Ästhetik und Kunstphilosophie** formulierte, beeinflussten die linksorientierten europäischen Intellektuellen nachhaltig. In den 1930er-Jahren beschäftigte sich Lukács mit der europäischen Literatur des 19. Jh.s, insbesondere mit dem realistischen Roman. Nach Kriegsende kehrte er nach Ungarn zurück und lehrte von 1945 bis 1958 in Budapest Ästhetik und Kulturphilosophie. Er war einer der Wegbereiter des ungarischen Volksaufstands 1956 und wurde nach der Niederschlagung aller Ämter enthoben und in hohem Maße diskriminiert. Lukács

Lajos Kossuth kämpfte für die Loslösung Ungarns von Österreich.

LISZT ZUM ANFASSEN

Ferenc Liszt ist einer der Götter im Olymp der klassischen Musik. Er war auf der ganzen Welt zu Hause aber von 1879 bis zu seinem Tod 1886 lebte er in Budapest. In seiner einstigen Wohnung, die heute Museum ist, kommt man ihm ganz nah, kann im Geiste seine Finger über die Tasten seines Bösendorfer Flügels fliegen sehen. Sehr wahrscheinlich hat man mit dem gebürtigen Ungarn eine Gemeinsamkeit: Auch er sprach kein Ungarisch.

zog sich einige Jahre in die innere Emigration zurück, seine Bücher wurden im europäischen Ausland gedruckt. Mitte der 1960er-Jahre nahm er wieder am ungarischen Geistesleben teil. Sein geplantes Ethikwerk konnte er nicht mehr verwirklichen.

Frei von Traditionen: László Moholy-Nagy

1895–1946
Künstler

Maler, Bildhauer, Grafiker, Fotograf und weithin bekannt als einflussreicher **Lehrer am Bauhaus** in Weimar: László Moholy-Nagy kehrte aus der Emigration nicht mehr nach Ungarn zurück und wurde doch einer der berühmtesten Künstler des Landes. Nach seiner Zeit als Lehrer am Bauhaus (1923–1928) ging er nach Berlin und emigrierte nach Hitlers Machtergreifung 1934 in die USA. In Chicago gründete er das »New Bauhaus«. Der im südungarischen Ort Bácsborsod geborene Moholy-Nagy verkörpert den modernen Künstler des beginnenden 20. Jh.s, der sich von der tradierten Formensprache und der Eingleisigkeit der Ausdrucksmöglichkeiten freimachte. Er experimentierte mit neuen Materialien, Medien und Techniken, berührte und beeinflusste aktuelle Strömungen wie Dadaismus, Konstruktivismus und de Stijl. Zu seinem umfangreichen Werk zählen abstrakte Kompositionen, Collagen, Bühnenbilder und Fotogramme.

Gefeiert und entmachtet: Imre Nagy

1896–1958
Politiker

Der gelernte Schlosser aus Kaposvár schloss sich gegen Ende des Ersten Weltkrieges den russischen Bolschewiki an. In den 1920er-Jahren wurde er Mitglied der neu gegründeten Sozialistischen Arbeiterpartei Ungarns. In den dreißiger Jahren ließ er sich in Moskau zum Agrarfachmann ausbilden. 1944 kam er mit den sowjetischen Truppen nach Ungarn zurück und führte als ungarischer Landwirtschaftsminister die entschädigungslose Enteignung der Großgrundbesitzer durch. Nagy, der wichtige Parteiämter innehatte, musste sich verstärkt mit stalinistischen Strömungen auseinandersetzen. Als Vertreter eines »neuen Kurses« wurde er 1953 ungarischer Ministerpräsident, musste aber unter dem Druck der Stalinisten 1955 wieder zurücktreten. Zu Beginn des ungarischen Volksaufstandes (1956) wurde der Politiker erneut **Ministerpräsident**. Er stellte sich an die Spitze des Aufstandes und **proklamierte die Neutralität Ungarns im Kalten Krieg**. Nach der Niederschlagung des Aufstandes durch sowjetische Truppen wurde Nagy ins kommunistische Nachbarland Rumänien verschleppt, 1958 nach Ungarn zurückgebracht und in einem Geheimprozess zusammen mit einigen Mitstreitern zum Tod verurteilt. Nagy und seine Weggefährten wurden 1989 im Rahmen eines feierlichen Staatsaktes rehabilitiert. Seine sterblichen Überreste bestattete man auf dem Neuen Stadtfriedhof.

Revoltierte gegen Habsburg: Sándor Petőfi

1823–1849
Dichter

Sándor Petőfi wird als der **größte Dichter Ungarns** verehrt. Typisch für seine Dichtung sind die volksnahe Sprache und sein Bekenntnis zu persönlichen Gefühlen, das besonders in seinen Liebesgedichten zum Ausdruck kommt. In Heldenepen, Märchen und Liedern schilderte er das Leben und den Alltag der Bauern und Viehhirten in der Großen Tiefebene. Er wurde zur Leitfigur des Freiheitskampfes. Am 15. März 1848 stellte sich Petőfi an die Spitze der Pester Jugend und trug auf der Freitreppe des Nationalmuseums sein revolutionäres »Nationallied« vor. Von der Notwendigkeit des bewaffneten Kampfes

OBEN: Der Filmregisseur István Szabó mit Klaus Maria Brandauer im Jahr 2016

UNTEN: Zsa Zsa Gábor in einem Hotelzimmer in Rom. Die ungarische Schauspielerin verbrachte einen Großteil ihres Lebens in den USA.

überzeugt, nahm er 1849 als Hauptmann der Revolutionsarmee am ungarischen Freiheitskrieg teil und fiel vermutlich in der Schlacht von Segesvár (heute Sighisoara, Rumänien).

Fußballer des Jahrhunderts: Ferenc Puskás

1927–2006
Fußball-legende

Die Karriere von Ferenc Puskás begann 1943 in seinem Geburtsort Kispest, einem Vorort Budapests. Mit 18 Jahren gab er sein Debüt in der ungarischen Nationalelf. 1953 war er Mannschaftsführer beim legendären Spiel gegen das als unbesiegbar geltende Team der Engländer, das die Ungarn in Wembley mit 6 : 3 schlugen. Nach vier ungarischen Meistertiteln mit Kispest Honved wechselte Puskás – als Reaktion auf die politischen Ereignisse in Ungarn 1956 – ins Ausland. 1958 unterschrieb er bei Real Madrid, wo er mit Alfredo di Stefano das gefürchtetste internationale Angriffsduo seiner Zeit bildete. Mit den »Königlichen« wurde er sechsmal spanischer Meister, zweimal Europapokal- und Weltpokal-Sieger. Als **Kapitän der ungarischen Nationalmannschaft** von 1950 bis 1956 musste er nur eine Niederlage hinnehmen – 1954 beim WM-Finale in Bern gegen Deutschland. In 84 Spielen schoss Puskás 83 Tore für die ungarische Elf; 1961 und 1962 trat er auch in vier Spielen für Spanien an. 1998 wurde er zu Ungarns Fußballer des Jahrhunderts gewählt. 2006 starb Ferenc Puskás mit 79 Jahren, an Alzheimer erkrankt, in Budapest. Er ist in der ►St. Stephans-Basilika beigesetzt worden.

Der »Retter der Mütter«: Ignác Semmelweis

1818–1865
Arzt

Semmelweis, der als Geburtshelfer in einem Wiener Krankenhaus arbeitete, fand heraus, dass eine Infektion, hervorgerufen durch schmutztige Hände, Instrumente und Verbandszeug, das meist tödlich verlaufende Kindbettfieber verursachte. Er ordnete deshalb an, Hände und Instrumente vor der Behandlung mit Chlorwasser zu desinfizieren. 1850 wurde er Chefarzt für Gynäkologie am Budapester Rókus-Krankenhaus und lehrte ab 1855 an der Medizinischen Universität, die heute seinen Namen trägt. Obgleich er mit seiner Methode, mit der er der aseptischen Wundbehandlung den Weg bereitete, großen Erfolg hatte, blieb ihm die Anerkennung über Ungarns Grenzen hinaus zu Lebzeiten versagt.

Welterfolg mit dem Film »Mephisto«: István Szabó

geb. 1938
Regisseur

Von 1956, dem Jahr des ungarischen Aufstands, bis 1961 absolvierte István Szabó ein Regiestudium in Budapest und erhielt bereits 1963 für seinen Kurzfilm »Konzert« internationale Auszeichnungen. Sein erster Spielfilm, »Das Alter der Träumereien«, folgte 1964. In den 1980er-Jahren begann mit »Mephisto« (1981) seine internationale Karriere. Szabó gehört **zu den kreativsten und künstlerisch einflussreichsten Autorenfilmern in Europa**. Während seiner Studienzeit war er von der ungarischen Stasi angeworben worden. Der daraus resultierende innere Konflikt spiegelt sich deutlich in seinen Filmen wider, in seinen frühen Werken auch das Trauma des niedergeschlagenen ungarischen Aufstands. Immer ging es um seine Lebensthemen: das Verhältnis von Künstlern und politischer Macht, die Beschädigung des Individuums durch die gesellschaftlichen Umstände. 2002 lief auf der Berlinale sein Film »Taking Sides – Der Fall Furtwängler«. Danach drehte er noch »Alle lieben Julia« (2004) und »Hinter der Tür« (2012). 2014 erhielt er den Deutschen Regiepreis Metropolis für sein Lebenswerk.

Erneuerte das Land: István Graf Széchenyi

1791–1860
Graf,
Politiker,
Reformer

Obwohl selbst Großgrundbesitzer und Sohn einer reichen Magnatenfamilie, war der in Wien geborene István Graf Széchenyi einer der ersten Politiker des Reformzeitalters, der die Privilegien des Adels abschaffen wollte. In der Steuerfreiheit des Adels und in der Leibeigenschaft sah er Ursachen, die den wirtschaftlichen, technischen und sozialen Fortschritt in Ungarn bremsten. Von Reisen nach England brachte er moderne Ideen wie die erste Gasbeleuchtung mit. Er gab den **Anstoß für viele zukunftsgerichtete Projekte**, eröffnete die Dampfschifffahrt auf der Donau, sorgte für deren Regulierung und den Bau der berühmten Kettenbrücke als erste feste Donauüberquerung. 1825 spendete er sein Jahreseinkommen für den Bau der Akademie der Wissenschaften. Als erster Magnat sprach Széchenyi auf dem ungarischen Reichstag auf Ungarisch – damals ein nahezu revolutionärer Akt, denn Ungarisch war die Sprache des einfachen Volks. Széchenyi, der sich bis zur Selbstaufgabe für wirtschaftlichen Fortschritt und die politische Erneuerung Ungarns einsetzte, stand für Reformen und war gegen einen radikalen Umsturz. Unter Lajos Kossuth kam es jedoch zur Revolution, die blutig niedergeschlagen wurde. Széchenyi sah sein Lebenswerk zerstört und lebte von 1849 bis zu seinem Freitod in der Nervenheilanstalt Döbling bei Wien.

Der Erfinder des Reiseführers: Karl Baedeker

1801–1859
Verleger

Als Buchhändler kam Karl Baedeker viel herum und überall ärgerte er sich über die »Lohnbedienten«, die die Neuankömmlinge gegen Trinkgeld in den erstbesten Gasthof schleppten. Nur: Wie sollte man

sonst wissen, wo man übernachten könnte und was es anzuschauen gäbe? In seiner Buchhandlung hatte er zwar Fahrpläne, Reiseberichte und gelehrte Abhandlungen über Kunstsammlungen. Aber wollte man das mit sich herumschleppen? Wie wäre es denn, wenn man all das zusammenfasste?
Gedacht, getan: Zwar hatte er sein erstes Reisebuch, die 1832 erschienene »Rheinreise«, noch nicht einmal selbst geschrieben. Aber er entwickelte es von Auflage zu Auflage weiter. Mit der Einteilung in »Allgemein Wissenswertes«, »Praktisches« und »Beschreibung der Merk-(Sehens-)würdigkeiten« fand er die klassische Gliederung des Reiseführers, die bis heute ihre Gültigkeit hat. Bald waren immer mehr Menschen unterwegs mit seinen »Handbüchlein für Reisende, die sich selbst leicht und schnell zurechtfinden wollen«. Die Reisenden hatten sich befreit und sie verdanken es bis heute Karl Baedeker. Budapest beschreibt er erstmals in der 1873 erschienenen 16. Auflage von »Baedeker's Österreich und Ungarn«.

»

In dem grossen Armenbad [...], einem geräumigen Gewölbe von 8 grossen Säulen getragen, schwach beleuchtet durch schmale Fenster, sind stets Badende beiderlei Geschlechts aus den untersten Classen. Im Winter bringen arme Leute oft ganze Tage lang in diesem warmen Wasser zu.

«

Baedeker's Österreich und Ungarn, 16. Auflage 1873
Über das Bruckbad

E

ERLEBEN & GENIESSEN

Überraschend, stimulierend, bereichernd

Mit unseren Ideen erleben und genießen Sie Budapest.

Zeit für einen Kaffee heißt auch Auszeit vom Sightseeing. ►

AUSGEHEN

In Sachen Nachtleben hat Budapest seinen Ruf als »Paris des Ostens« verdient. Theater, Kulturzentren und Konzertsäle haben erstklassige und spannende Kultur im Programm, und mehrere Ausgehviertel sorgen für entspannte Atmosphäre.

Wohin am Abend? Zur Orientierung, bevor man in den Abend startet: Im Burgviertel und in der Pester Innenstadt rund um die Váci utca, auf dem Donaukorso und im Umfeld der St.-Stephans-Basilika sieht man hauptsächlich Touristen. Am und um den Liszt Ferenc tér und die Ráday utca treffen Stadtbesucher auf Einheimische. Studentisch ist es im Univiertel zwischen Egyetem tér an der Universitätskirche und Mikszáth Kálmán tér hinter dem Nationalmuseum, und das jüdische Viertel rund um den Gozsdu-Hof mit Bars und Ruinenkneipen ist bei allen beliebt.

Konzerte, Oper Ungarns Musik genießt Weltruf, dazu haben neben Franz Liszt (▶ Interessante Menschen) vor allem die Komponisten Ferenc Erkel, Béla Bartók (▶ Interessante Menschen) und Zoltán Kodály (▶ Interessante Menschen) beigetragen. Ihr Erbe wird in Budapest mit Konzerten und Opern gepflegt – wahre Highlights sind Aufführungen im schönen Opernhaus.

Theater Rund um die Kreuzung von Andrássy út und Nagymező utca, am **»Pester Broadway«**, konzentriert sich die Welt des (Musik-)Theaters, was zur Verleihung dieses Beinamens geführt hat, der die Stadt mit der großen weiten Welt verbindet. Die meisten Stücke kommen in ungarischer Sprache zur Aufführung, nur einige wenige internationale Produktionen werden gespielt. Unsere Auswahl an Theaterbühnen konzentriert sich auf die, die auch deutsche oder englische Produktionen bieten.

Jazz Erstklassiger Jazz wird unweit des Großen Rings im **Budapest Jazz Club** in einem ehemaligen Kino geboten. Hier treten internationale Jazz-Größen, aber auch Nachwuchskünstler, wie Studierende der Musikakademie, auf. Im Bereich der Ráday utca südlich des Kalvin tér ist ebenfalls guter Jazz zu hören, u. a. im Budapest Music Center. Etwas Besonderes sind die Jazz-Abende auf dem Columbus-Schiff.

Klezmer Typisch für Budapest ist die jüdische Klezmer-Musik, die in den letzten 25 Jahren ein Revival erlebte. Konzerte der **Budapest Klezmer Band** unter Leitung von Ferenc Jávori sind ein Hochgenuss. Jávori begeistert auch die junge Generation für die traditionelle jüdische Musik, er hat mit seinem Engagement und Ideenreichtum Klezmer zu einem festen Bestandteil der Musikszene gemacht.

Die Ruinenkneipen im Jüdischen Viertel sind Kult. Oft spielt auch noch eine Combo – dann ist der Abend perfekt.

Roma-Musik

Wesentlich seltener als früher sind Lokale, in denen klassische Zigeunerkapellen auftreten. Die Roma-Musik befindet sich in einer Krise, seit die staatliche Förderung weggefallen ist und sich modern gestylte Restaurants ein anderes Image geben. Durch fehlende Nachfrage sind daher ganze Musikerdynastien in ihrem Fortbestand gefährdet. Die Auftritte von Roma-Musikern sind heute fast ausschließlich auf rein touristische Lokale beschränkt.

Tanz

Ebenfalls auf ein touristisches Publikum zielen die Tanzaufführungen des **Staatlichen Folkloreensembles**, die aber an Professionalität nicht zu überbieten sind. Tickets werden in Hotels und an Infoständen im Stadtzentrum angeboten. Folklorethemen greift auch die Gruppe **ExperiDance** auf, bringt diese aber in modernen Arrangements mit einem unglaublichen Tempo auf die Bühne. Von hohem künstlerischen Niveau sind auch Aufführungen des **Nationalen Tanztheaters**, das im Palast der Künste (Müpa) auftritt.

Kinos

In den Kinos laufen auch Filme im englischen Original, Filme auf Deutsch sind sehr selten. Programminfos unter www.cinemacity.hu (Multiplexkinos, Webseite auch auf Englisch) und www.artmozi.hu (Programmkinos, Webseite nur Ungarisch)

Veranstaltungskalender

Veranstaltungstipps, das aktuelle Kinoprogramm und Informationen zu Live-Auftritten von Szene-Bands in Kneipen und Clubs findet man auf der Webseite www.est.hu (Mozi = Kino, Kiállítás = Ausstellung,

Zene = Musik, Színház = Theater). In deutscher Sprache erscheint monatlich das Heft **»Budapest Programm«**, das in Hotels und Touristeninformationen ausliegt.

Vorverkaufsstellen

Tickets für Theater, Oper und Konzerte kann man vorab direkt bei den jeweiligen Theaterkassen, in den Touristen-Informationsbüros (▶ Praktische Informationen, Auskunft) oder in Vorverkaufsstellen kaufen. An den Abendkassen sind ebenfalls noch Karten erhältlich.

CLUBS, KNEIPEN, BARS

❶ etc. ▶Plan S. 250

CLUBS

❶ A 38
Eine ungewöhnliche Location auf einem ausgedienten ukrainischen Schiff für Konzerte, Kleinkunst und Ausstellungen, als Restaurant, Bar und Künsterlounge. Besonders angenehm ist es im Sommer auf dem Deck.
IX., Petőfi híd
Donau-Ufer, 150 m südlich der Petőfi-Brücke in Buda
Tel. 06 14 64 39 40
www.a38.hu

❷ AKVÁRIUM
Zentrale Party-Location am Metroknoten Deák Ferenc tér; mit Café und Konzertsälen
V., Erzsébet tér 12
Tel. 063 08 60 33 68
www.akvariumklub.hu

❸ ALTEREGO CLUB
Freitags und samstags trifft sich die Gay-Szene in dem Club in der Theresienstadt.
VI., Dessewffy utca 33
Tel. 067 03 45 43 02
www.alteregoclub.hu

❹ CAPELLA CAFÉ
Legendärer Café-Club auf drei Ebenen mit überwiegend schwulem Publikum; gegen Mitternacht gibt's Shows.
V., Belgrád rakpart 23
Tel. 063 09 13 29 94
www.capellacafe.hu

❺ FAT MO'S
Beliebter Musikklub, der täglich Live-Konzerte von Jazz bis Rock & Roll veranstaltet; Fr. und Sa. ab 23 Uhr Disco
V., Nyáry Pál u. 11
Tel. 06 12 66 80 27
www.fatmo.hu

❻ HOLDUDVAR
Auf der Margareteninsel gibt's in dem einladenden Café-Biergarten tagsüber Bistroküche und an lauen Sommerabenden Open-Air-Kino und DJ-Musik.
XIII., Margitsziget
Tel. 06 12 36 01 55
www.holdudvar.net

❼ MORRISON'S 2
Für lange Disco-Abende auf mehreren Tanzflächen. Das Morrison's hat zwei Filialen: Live-Gigs gibt es an der Oper in der Révay utca, Disco im Morrison's Liget in der Népliget út 2, in der Nähe des Internationalen Busbahnhofs.
V., Szent István körút 11
Tel. 06 13 74 33 29
www.morrisons.hu

❽ MAZEL TOV
Gehobene »Ruinenbar« in der Elisabethstadt mit einem überdachten Innenhof und sehr angenehmer

Fest verankert in der Budapester Kneipen- und Kulturszene: das A 38

Atmosphäre. Jüdisch-arabisch-nordafrikanische Bistrogerichte, ungarische Weine und Mi.–So. begleitende Live-Musik. Nebenan befindet sich die stilechte Fogas-»Ruinenkneipe«.
VII., Akácfa utca 47
Tel. 067 06 26 42 80
www.mazeltov.hu

JAZZ

9 BUDAPEST MUSIC CENTER
Musiktempel in der Josefsstadt. Neben Jazz sind auch Klassik und andere Stilrichtungen im Programm.
IX., Mátyás utca 8
Tel. 06 12 16 78 94
www.bmc.hu

10 JEDERMANN
Gutes Programm auf einer kleinen Jazz-Bühne im Café im Gebäude des Goethe-Instituts.
IX., Ráday utca 58
Tel. 063 04 06 36 17
www.jedermann.hu

11 BUDAPEST JAZZ CLUB
Der beste Jazz-Club der Stadt ist in einem ehemaligen Kino in der Nähe des Großen Rings untergebracht – mit nettem Café und Bistro.
XIII., Hollán Ernő utca 7
Tel. 06 17 98 72 89
www.bjc.hu

12 COLUMBUS
Hervorragende Jazz-Konzerte auf dem Restaurantschiff unterhalb des Pester Donaukorsos.
V., Vigadó tér (Schiffsanleger 4)
Tel. 06 12 66 90 13
www.columbuspub.hu

13 IF KÁVÉZÓ
In dem kleinen, freundlichen Café finden abends qualitätvolle Jazz-Konzerte in familiärer Atmosphäre statt.
IX., Ráday utca 19
Tel. 06 12 99 06 94
www.ifkavezo.hu

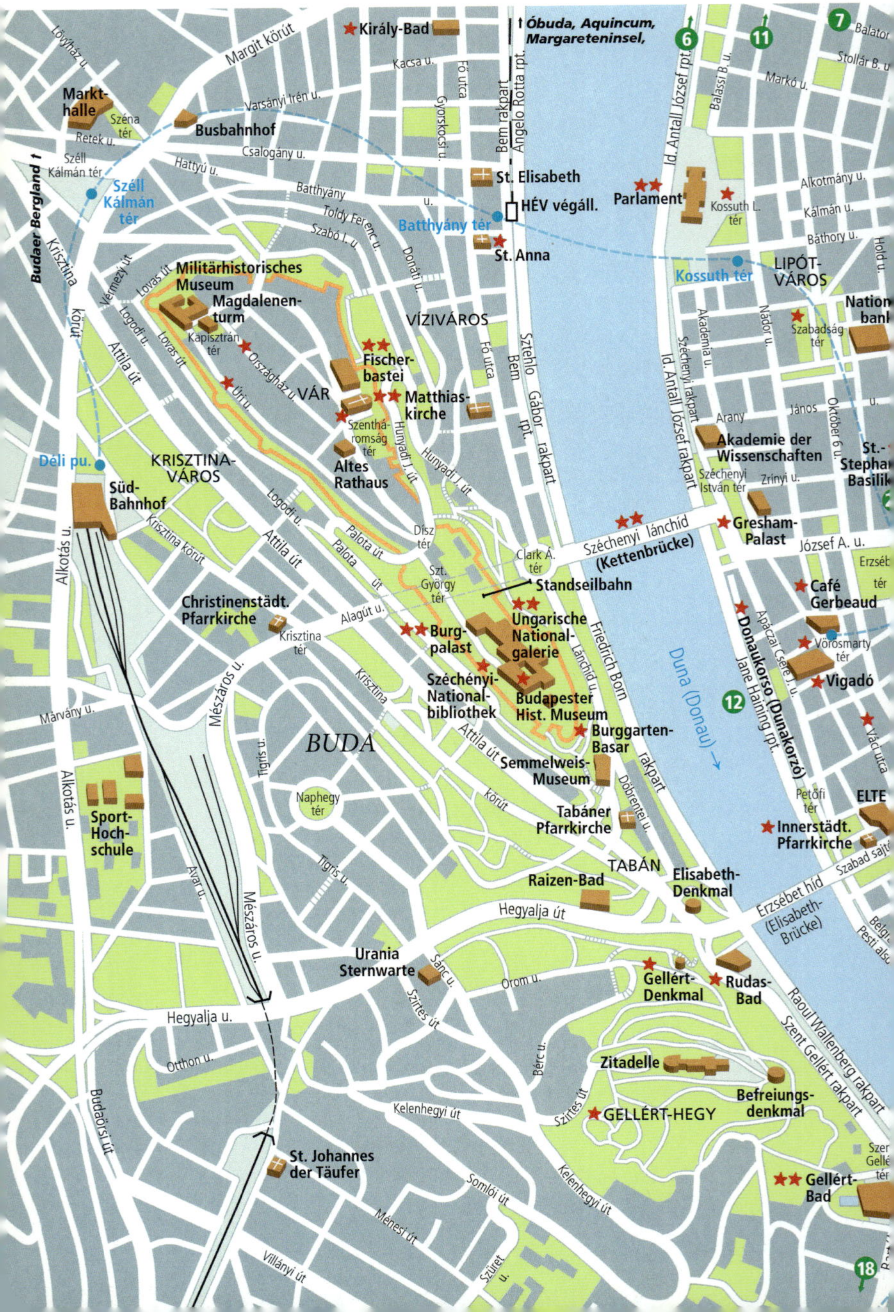
Király-Bad
Óbuda, Aquincum, Margareteninsel,
Balaton
Stollár B. u.
Markó u.
Margit körút
Lövőház u.
Markthalle
Széna tér
Retek u.
Széll Kálmán tér
Széll Kálmán tér
Busbahnhof
Varsányi Irén u.
Kacsa u.
Fő utca
Gyorskocsi u.
Bem rakpart
Angelo Rotta rpt.
Id. Antall József rpt.
Balassi B. u.
Csalogány u.
Hattyú u.
Batthyány u.
Toldy Ferenc u.
Szabó I. u.
Batthyány tér
St. Elisabeth
HÉV végáll.
Parlament
Kossuth L. tér
Alkotmány u.
Kálmán u.
Báthory u.
Hold u.
St. Anna
Kossuth tér
LIPÓTVÁROS
Budaer Bergland
Krisztina körút
Vérmező út
Lovas út
Militärhistorisches Museum
Magdalenenturm
Kapisztrán tér
Logodi u.
Országház u.
Úri u.
VÁR
Donáti u.
VÍZIVÁROS
Fő utca
Bem rpt.
Sztehlo Gábor rakpart
Fischerbastei
Matthiaskirche
Szentháromság tér
Hunyadi J. út
Altes Rathaus
Akademia u.
Széchenyi rakpart
Id. Antall József rakpart
Nádor u.
Szabadság tér
Nationalbank
Arany János
Október 6. u.
Akademie der Wissenschaften
Széchenyi István tér
Zrínyi u.
St.-Stephans-Basilika
Attila út
Déli pu.
KRISZTINAVÁROS
Süd-Bahnhof
Alkotás u.
Krisztina körút
Dísz tér
Palota út
Clark Á. tér
Széchenyi lánchíd (Kettenbrücke)
Gresham-Palast
József A. u.
Erzsébet tér
Szt. György tér
Standseilbahn
Café Gerbeaud
Christinenstädt. Pfarrkirche
Krisztina tér
Alagút u.
Burgpalast
Ungarische Nationalgalerie
Lánchíd u.
Friedrich Born rakpart
Duna (Donau)
Donaukorso (Dunakorzó)
Jane Haining rpt.
Apáczai Csere J. u.
Vörösmarty tér
Vigadó
Széchényi-Nationalbibliothek
Budapester Hist. Museum
Mészáros u.
Márvány u.
Tigris u.
BUDA
Burggarten-Basar
Semmelweis-Museum
Döbrentei u.
Váci utca
Petőfi tér
ELTE
Naphegy tér
Sport-Hochschule
Tabáner Pfarrkirche
Innerstädt. Pfarrkirche
Szabad sajtó
TABÁN
Elisabeth-Denkmal
Raizen-Bad
Erzsébet híd (Elisabeth-Brücke)
Hegyalja út
Avar u.
Urania Sternwarte
Sánc u.
Orom u.
Gellért-Denkmal
Rudas-Bad
Raoul Wallenberg rakpart
Szent Gellért rakpart
Belgrád rkp.
Pesti alsó
Hegyalja u.
Szirtes út
Otthon u.
Bérc u.
Zitadelle
Befreiungsdenkmal
Budaörsi út
Kelenhegyi út
GELLÉRT-HEGY
St. Johannes der Täufer
Somlói út
Kelenhegyi út
Ménesi út
Szüret u.
Villányi út
Szent Gellért tér
Gellért-Bad
6
7
11
12
18

BUDAPEST
400 m
© BAEDEKER
Museum der Schönen Künste, Heldenplatz
Stadtwäldchen
Városliget
Nyugati pu.
Westbahnhof
Kodály körönd
György-Ráth-Múzeum
Vörösmarty u.
Franz-Liszt-Museum
Haus des Terrors
TERÉZVÁROS
Oktogon
Hunyadi tér
Operetten-theater
Liszt Ferenc tér
Thalia-Theater
Markt-halle
Tiermedizinische Universität
Bethlen Gábor tér
Franz-Liszt-Musik-akademie
Opera
Madách-Theater
Bajcsy-Zs. út
Klauzál tér
ERZSÉBET-VÁROS
Keleti pu.
Ostbahnhof
Kerepesi út
Gozsdu-Hof
Rákóczi út
II. János Pál pápa tér
Blaha L. tér
Große Synagoge
Erkel-Theater
Astoria
PEST
Eötvös-Loránd-Universität
Petőfi-Literatur-museum
Ungarisches National-museum
Gutenberg tér
Rákóczi tér
Universitäts-kirche
BELVÁROS
Kálvin tér
Semmelweis-Universität
Horváth M. tér
Teleki L. tér
Zentrale Markthalle
Fővám tér
Corvinus-Universität
Corvin-negyed
Kunstgewerbe-museum
Bálna
Bakáts tér
Ferihegy, Népliget
Klinikák
Technische Universität
Andrássy út
Terézi körút
Nagymező u.
Király u.
Dob u.
Wesselényi u.
Dohány u.
Erzsébet körút
József körút
Ferenc körút
Üllői út
Múzeum körút
Kossuth Lajos u.
Népszínház u.
Dózsa György út
Thököly út
Fiumei út
Baross u.
Ráday u.
Lónyai u.
Kinizsi u.
Közraktár u.
Tűzoltó u.
Bokay u.
Práter u.
Nap u.
1 A 38
2 Akvárium
3 Alterego Club
4 Capella Café
5 Fat Mo's
6 Holdudvar
7 Morrison's 2
8 Mazel Tov
9 Budapest Music Center
10 Jedermann
11 Budapest Jazz Club
12 Columbus
13 If Kávéző
14 Gozsdu-Hof
15 Paris, Texas
16 Spinoza
17 Vian
18 Szatyor/Hadik
19 Szimpla Kert
20 Di Vino Bazilika

KNEIPEN/BARS

⑭ GOZSDU-HOF (GOZSDU UDVAR)
In sechs aneinandergereihten Höfen mit Restaurants, Cafés und Bars pulsiert nachts das Leben.
Zwischen Dob utca 16 und Király utca 13

⑮ PARIS, TEXAS
Das sympathische Café an der angesagten Ráday utca ist ein Urgestein: die Atmosphäre ist locker, man kann auch draußen sitzen.
IX., Ráday utca 22
Tel. 06 12 18 05 70

⑯ SPINOZA
Das charmante Bistro-Café ist ein Lichtblick in der Elisabeth-Stadt. Die Stimmung ist nett und die Küche gut. Abends gibt es gelegentlich Klaviermusik. Ein guter Tipp sind die Klezmer-Konzerte (Fr. ab 19 Uhr).
VII., Dob utca 15
Tel. 06 14 13 74 88
www.spinozahaz.hu

⑰ VIAN
Der lauschige Liszt Ferenc tér ist seit Jahren einer der wichtigsten Treffpunkte für einen entspannten Abend. Das Café Vian gehört zu den Stammadressen und ist auch tagsüber ein guter Anlaufpunkt für einen Kaffee oder einen Cocktail. Eine Alternative ist die nette Filiale im Gozsdu-Hof.
VI., Liszt Ferenc tér 9
Tel. 06 12 68 11 54
www.cafevian.com

⑱ SZATYOR/HADIK
Das eher gediegene Kaffeehaus Hadik und die jugendlich-bunt eingerichtete Bar haben das Nachtleben in Újbuda deutlich belebt.
XI., Bartók Béla út 36 – 38
Tel. 06 12 79 02 90
www.szatyorbar.com
www.hadikkavehaz.com

Die Cafés und Kneipen im Gozsdu-Hof sind großartige Ausgehadressen.

⑲ SZIMPLA KERT
Leerstehende Häuser und Hinterhöfe vor allem im ehemaligen jüdischen Viertel wurden in Kneipen umgewandelt. Das Szimpla hat einen Maßstab für die junge Partyszene gesetzt und ist heute der Oldie unter den »Ruinenkneipen«.
VI., Kazinczy utca 14
Tel. 062 02 61 86 69
www.szimpla.hu

⑳ DI VINO BAZILIKA
Stilvolle, gemütliche Weinbar in der Nähe der St.-Stephans-Basilika. Sie präsentiert eine gute Mischung von Weinen von Spitzenwinzern und aufstrebenden Kollegen. Die ungarischen Tropfen kann man hier auch kaufen. Im Gozsdu-Hof im jüdischen Viertel befindet sich eine beliebte Filiale.
V., Szent István tér 3
Tel. 067 09 35 39 80
www.divinoborbar.hu

THEATER, KONZERT, OPER, BALLETT, MUSICAL, KINO

VORVERKAUF

PUBLIKA JEGYIRODA
VII., Károly körút 9
Tel. 06 13 22 20 10

INTERNET
www.eventim.hu
www.kulturinfo.hu
www.jegymester.hu

THEATER

NATIONALTHEATER
Das umfangreiche Programm umfasst Stücke von Shakespeare bis zu ungarischen Themen. Es werden auch Aufführungen auf Englisch gebracht.
IX., Bajor Gizi park 1
Tel. 06 14 76 68 00
www.nemzetiszinhaz.hu

JÓZSEF-KATONA-THEATER
Das weltberühmte Theaterensemble ist fast immer ausverkauft. Zu seinem Repertoire gehören Stücke, die von Shakespeare bis Kleist reichen.
V., Petőfi Sándor utca 6
Tel. 06 12 66 52 00
www.katonajozsefszinhaz.hu

THÁLIA THEATER
Eines der Flaggschiffe der Theaterszene mit anspruchsvollem Programm, direkt gegenüber vom Operettentheater. Gelegentlich gibt es auch Konzerte.
VI., Nagymező utca 22–24
Tel. 06 13 31 05 00
www.thalia.hu

TRAFÓ
Erstklassige zeitgenössische avantgardistische Produktionen (Tanz, Theater, Musik) ungarischer und ausländischer Ensembles, auch auf Englisch.
IX., Liliom utca 41
Tel. 06 12 15 16 00
www.trafo.hu

VÍG THEATER
Klassiker, auch modern interpretiert, in einem ausgesprochen sehenswerten Gebäude der vorigen Jahrhundertwende.
XIII., Szent István körút 14
Tel. 06 13 29 23 40
www.vigszinhaz.hu

RADNÓTI THEATER
Bekannt für seine modernen Interpretationen von Shakespeare, Tschechow und Ibsen, oft auf Englisch.

VI., Nagymező utca 11
www.radnotiszinhaz.hu

ERKEL THEATER
In dem 1911 eröffneten Theater werden Schauspiel und Musical mit englischen Untertiteln gezeigt.
VIII., János Pál pápa tér 30
www.opera.hu

KONZERTSÄLE

BUDAPESTER KONGRESSZENTRUM
Klassische Konzerte, aber auch Konzerte internationaler Jazz- und Soul-Größen
XII., Jagelló út 1–3
www.bcc.hu

DONAUPALAST
Konzerte des Donau-Sinfonieorchesters und alljährlich Schauplatz der Operngala. Auch das Donau-Folklore-Ensemble, das sich durch Volkstänze und Musik auf hohem Niveau auszeichnet, tritt hier auf.
V., Zrínyi utca 5
www.dunapalota.hu

FRANZ-LISZT-MUSIKAKADEMIE
Der herrliche Jugendstilbau der Musikakademie ist ein fantastischer Ort für Konzerte.
VI., Liszt Ferenc tér 8
www.lfze.hu

MÜPA – PALAST DER KÜNSTE
Ungarns größter Konzertsaal bietet viel Raum für hochkarätige Konzerte und ist Sitz der Ungarischen Philharmonie. Zudem ist hier die größte Orgel Ungarns eingebaut.
IX., Komor Marcell utca 1
www.mupa.hu

KIRCHENKONZERTE

MATTHIASKIRCHE
Mit dem 1668 gegründeten Chor und Orchester hat die Kirche eine alte Konzerttradition. Aufführungen gibt es fast jeden 2. Sonntag.
I., Szentháromság tér

ST.-MICHAELSKIRCHE
Regelmäßige Orgel-Konzerte in der Barockkirche bieten eine ruhige »Auszeit« in der Flaniermeile.
V., Váci utca 47

ST.-STEPHANS-BASILIKA
Orgelkonzerte genießen die Zuhörer unter der schönen Kuppel der Basilika.
V., Szent István tér

EVANGELISCHE KIRCHE
Die klassizistische Kirche im Herzen der Innenstadt ist bekannt für ihre gute Akustik. Eine Tafel informiert über die abendlichen Orgelkonzerte.
V., Deák tér

OPER/BALLETT

UNGARISCHE STAATSOPER
Hervorragend inszenierte Ballettaufführungen und Opern in historischem Ambiente; man muss frühzeitig reservieren! Mit dem Erkel-Theater am II. János Pál pápa tér im VIII. Bezirk steht eine zweite Bühne zur Verfügung.
VI., Andrássy út 22

NATIONALES TANZTHEATER
Das Nationale Tanztheater bietet das gesamte Spektrum des ungarischen Tanzes von Folklore bis Ballett: Aufführungen u. a. im Müpa – Palast der Künste.
www.nemzetitancszinhaz.hu

OPERETTE/FOLKLORE/MUSICAL

BUDAPESTER OPERETTENTHEATER
Bekannte Operetten ungarischer Komponisten wie Lehár und Kálmán; auch Musicals
VI., Nagymező utca 17
www.operettszinhaz.hu

HAGYOMÁNYOK HÁZA (HAUS DER TRADITIONEN)

Neben Folklore-Konzerten gibt es auch Workshops und Ausstellungen.
I., Corvin tér 8
www.hagyomanyokhaza.hu

DUNA PALOTA

Das Staatliche Folklore-Ensemble bietet mit dem Rajkó Orchestra besten ungarischen Volkstanz im wunderschönen Ambiente eines Neobarocktheaters.
V., Zrinyi utica 5
www.dunapalota.hu

MADÁCH THEATER

Bekannte Erfolgs-Musicals werden hier mit englischen Untertiteln aufgeführt.
VII., Erzsébet körút 29–33
www.madachszinhaz.hu

»ERLEBNISTHEATER« RAM COLOSSEUM

Seit 2011 leitet ExperiDance mit dem Choreographen Sándor Román das RaM Colosseum für Tanztheater, Musical und klassische oder Unterhaltungsmusik. Das Haus hat jedes Jahr 100 000 Besucher.
XIII., Kárpát u. 23
www.ramcolosseum.hu

KINO

CORVIN

Das historische Kino – es war 1956 ein Ort des Widerstands – ist sehr beliebt. Einige Filme werden im englischen Original gezeigt.
Corvin köz 1
Tel. 06 14 59 50 50
www.corvin.hu

FREILICHTBÜHNEN

SZABADTÉR SZÍNHAZ

Das Theater verfügt über zwei Freilichtbühnen: Theater am Wasserturm auf der Margareteninsel und Városmajor-Bühne im gleichnamigen Park. Es gibt Operetten, Popkonzerte und Folkloreprogramme.
www.szabadter.hu

ESSEN UND TRINKEN

So weltoffen und international wie die Stadt ist auch ihre Gastro-Szene. Es gibt den einfachen Dönerstand ebenso wie den französischen Gourmettempel, angesagt sind auch japanische und indische Restaurants. Mit anderen Worten: Die Zeiten, als die Budapester nur deftige Hausmannskost gegessen haben, sind vorbei.

Traditionell

Heute ist es sogar schwierig, in der Innenstadt einfache **gutbürgerliche Gasthäuser** zu finden. Wer die Gaumenfreuden der typischen Budapester Küche kennenlernen möchte, dem seien Traditionslokale wie das Gundel, die alten Kaffeehäuser, die Zentrale Markthalle und die wachsende Zahl jüdischer Lokale empfohlen.

Die drei großen »P«

Pörkölt, Palatschinken und Paprika – Ungarns drei große »P« muss man einmal probiert haben! **Pörkölt** steht für das berühmte ungari-

GULYÁS IST NICHT GULASCH

Gulyás ist das ungarische Nationalgericht schlechthin. In die bürgerliche Küche hat der klassische Eintopf der Magyaren aber erst im 19. Jh. Einzug gehalten. Es existieren zahlreiche Rezepte und Varianten in- und außerhalb Ungarns – Paprika darf jedoch bei kaum einer Zubereitung fehlen. Das in der gutbürgerlichen deutschen Küche servierte, sehr sämige Gulasch heißt in Ungarn »Pörkölt«.

▶ **Die bekanntesten Gulaschvarianten**

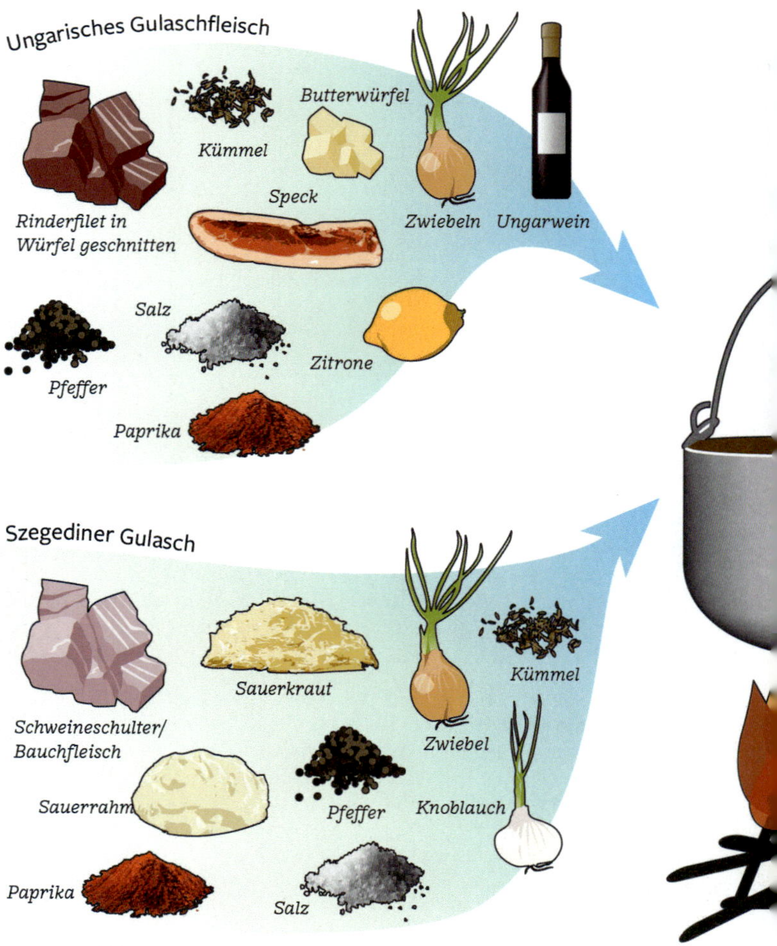

▶ **Klassische Beilagen**

sche Gulasch, eine sämige, würzige Soße mit saftigen, geschmorten Fleischstückchen (▶Baedeker Wissen, S. 256). Und Achtung: **Gulyás** ist kein Gulasch! Bestellt man einen »Gulyás«, wird einem ein eher dünnflüssiger Eintopf auf der Basis einer Rinderbrühe serviert, der sehr lecker sein kann, »Gulasch-Erwartungen« aber enttäuscht.
Über die Herkunft des Palatschinken streiten Wien und Budapest, die Ungarn zählen den **»Palatcsinta«** jedenfalls zu ihren Nationalgerichten. Vergleichbar mit hauchdünnen Pfannkuchen werden sie mit süßer Füllung oder auch deftig als »Hortobági Palacsinta« mit Fleischfüllung in einer Paprikasoße mit Rahm serviert.
Glaubt man der Anekdote, so ist **Paprika** eigentlich aus Not heraus zum Nationalgewürz der Magyaren geworden. Erst als Napoleon sämtliche Pfeffervorräte im Land beschlagnahmen ließ, begann man die Würzkraft von Paprika zu entdecken. Zuvor wurde die Pflanze im Klostergarten lediglich als Heilkraut gezogen – das Capsaicin in den Schoten wirkt durchblutungsfördernd und schmerzlindernd. Im 20. Jh. wurde Paprika schließlich in unterschiedlichen Schärfegraden und Geschmacksvarianten gezüchtet. Dementsprechend gibt es mildes (csemege) oder scharfes (csipős) Paprikagewürz. Aus der ungarischen Küche ist es nicht mehr wegzudenken, und eigentlich steht im Ausland Paprika für Ungarn – oder umgekehrt.

Viel Fleisch, gute Salate

Traditionell lieben die Ungarn **bodenständige Fleischgerichte**. Sie werden oft mit Paprika gewürzt und mit reichlich Kartoffeln serviert, beliebt sind auch Nockerln und Reis. Die Salat- und Gemüsebeilagen fallen in einfachen Lokalen eher klein aus, was erstaunlich ist, da die klimatischen Bedingungen Ungarn reichlich Gemüse bescheren. Auf neue Zeiten, auf den Wunsch nach frischem, kalorienarmem oder vegetarischem Essen hat man sich in Budapest aber auch eingestellt, und so gibt es in vielen Cafés und neueren Lokalen **Salatkreationen** mit italienischen und auch ungarischen Namen. Im Sommer sollte man einen einfachen Tomatensalat kosten, dann weiß man, warum Tomaten in Ungarn auch Paradiesäpfel (paradicom) heißen!

Süßwasserfische

Süßwasserfische wie Karpfen, Zander, Wels und Forelle stehen auf vielen Speisekarten, auch wenn Donau und Theiß sowie der Balaton als größter See längst nicht mehr so fischreich wie früher sind. Ein **Wels-Pörkölt** sollte man sich nicht entgehen lassen und auch nicht das ungarische Pendant zur französischen Bouillabaisse: **Halászlé**, die ungarische Fischsuppe. Sie kann pikant sein und durchaus mit ihrer französischen Schwester konkurrieren.

Vegetarisches

In der Hauptstadt gibt es inzwischen auch **vegetarische Restaurants**, und selbst als **Veganer** wird man fündig (▶Napfényes Étterem, S. 268). Musste man früher froh sein, gebackenen Blumenkohl, Champignonköpfe oder panierten Käse zu bekommen, so ist das

Spektrum heute deutlich größer. Doch auch die alten einfachen Gerichte können eine Entdeckung sein.

Süßspeisen

Verschiedene **Strudel**, **Palatschinken**, mit Quark, Marmelade, Mohn oder Kürbis gefüllt und Puderzucker bestäubt, oder die Gundel-Palatschinken mit Nussfüllung und Schokoladensoße sowie die **Schomlauer Nockerln** und **Dobos Torta** sind wohl die süßesten Verführungen, die die ungarische Küche zu bieten hat. Wahre Köstlichkeiten sind die Süßspeisen, die in Konditoreien, Kaffeehäusern und Restaurants auf den Tisch kommen.

BAEDEKER MAGISCHE MOMENTE

EINE SCHÖNE VERSUCHUNG

Wer einmal in einen Lángos gebissen hat, der wird es auch ein zweites Mal tun. Der in Fett ausgebackene Hefefladen ist außen kross und innen luftig leicht. Salz, Knoblauch und Rahm – vielleicht etwas Käse – machen ihn zu einer Delikatesse. Lassen Sie sich nicht zu modernen Varianten mit Wurst oder Salat verleiten! Am besten sind die beliebten Snacks dort, wo die meisten Budapester anstehen. Reihen Sie sich einfach in die Schlange ein und kosten Sie ... Die Kalorien? Die haben Sie schnell wieder abgelaufen in Budapest.

TYPISCHE GERICHTE

Deftig und herzhaft – diese Attribute beschreiben treffend die traditionellen ungarischen Spezialitäten, die vor allem mit Paprika gewürzt werden. Als Erbe der K.-u.-k.-Monarchie bilden österreichische Süßspeisen den krönenden Abschluss.

Paprikahuhn: Das Paprikahuhn mit Teigwaren (Paprikás csirke galuskával) ist ein klassisches ungarisches Gericht. Das Huhn wird gedünstet, mit Zwiebeln angebraten und mit einer Saure-Sahne-Soße serviert.

Pörkölt: So nennt sich in Ungarn das berühmte Gulasch – eine würzige Soße mit Fleischstückchen, die mit Zwiebeln, Paprika, Tomaten, Knoblauch, Kümmel und Majoran in Schweineschmalz geschmort wurden. Pörkölt sollte man nicht verwechseln mit Gulyás, einem gewürzten Eintopf mit Rindfleisch und Kartoffelwürfelchen, Paprika, Zwiebeln, Tomaten, Knoblauch und Kümmel.

Tokány: Dem Pörkölt sehr ähnlich ist das Tokány, gedünstetes Rindfleisch mit dicker und herzhaft gewürzter Soße, verfeinert mit einem Schuss Wein. Bei der Zubereitung beider Speisen wird in der Regel saure Sahne verwendet, die den Soßen einen cremigen Charakter verleiht. Nahrhafte, kaloriengesättigte Speisen, die, wie Pörkölt und Tokány, mit Paprika gewürzt und mit Sahne verfeinert werden, werden als »Paprikás« bezeichnet.

Salami: Die deftig-pikante Salami (Szalámi) haben viele Budapestbesucher auf der Rückreise mit im Gepäck. Doch nur in Ungarn schmeckt die Szalámi richtig gut, sagt man. Die Wurst geht auf die italienische »Urform« zurück und wurde 1883 von dem Ungarn Mark Pick in Szeged weiterentwickelt.

Halászlé: Diese Suppe wird oft aus mehreren Fischarten wie Karpfen oder Wels zubereitet und sorgfältig mit scharfem Paprika gewürzt und mit diversen Gemüsearten, Zwiebeln, gerösteten Weißbrotstückchen und etwas saurer Sahne verfeinert. Halászlé, das ungarische Pendant zur französischen Bouillabaisse, ist sehr pikant!

Palatschinken à la Gundel: Diese berühmten süßen Pfannkuchen sind gefüllt mit Walnüssen und Rosinen. Darüber kommt eine Soße aus Schlagsahne und Schokolade. Strittig ist die Frage: Flambieren oder nicht. Angeblich wird der Feuerzauber nur für Touristen veranstaltet.

Restaurants

Ein gutes Restaurant ist in Budapest niemals weit. Viele **exzellente Adressen** befinden sich auf der Pester Seite innerhalb des Großen Rings und in Buda in Sichtweite der Donau. **Touristisch und meistens teurer** ist es im Burgviertel, rund um die zentrale Váci utca und am Donaukorso – dafür bietet die Donaupromenade natürlich einen unschlagbaren Ausblick. Wer nicht warten oder sich einen ganz bestimmten Tisch sichern möchte, sollte abends reservieren. Die Zeiten für ein Abendessen liegen zwischen 19 und 21 Uhr.

Viele Restaurants bieten von Montag bis Freitag zwischen 12 und 14.30 Uhr vergünstigte **Mittagsmenüs** an. Insbesondere Lokale, in die Angestellte und Studierende mittags gehen, haben gute Küche zu günstigen Preisen.

In vielen Restaurants gibt es deutschsprachige **Speisekarten**, in eher studentischen Cafés meist auch eine englischsprachige. Auch viele Kellner können ein wenig Deutsch, zumindest aber Englisch.

Häufig wird der Service mit bis zu 20 % des zu zahlenden Betrags auf der Rechnung als Extraposten aufgeführt, dann ist kein **Trinkgeld** notwendig, ansonsten gibt man etwa 10 %. In vielen Lokalen spielen Zigeunerkapellen auf eigene Rechnung; eine monetäre Anerkennung ist frei bemessen, sollte aber aus Höflichkeit nicht unter 500 HUF (1,70 Euro) liegen.

Kaffeehäuser, Konditoreien

Für Budapester gehört ein Kaffeehausbesuch zum Alltag, für Budapest-Touristen ist er ein Muss. Es gibt etliche stilvolle alte Konditoreien und Cafés mit unterschiedlichem Preisniveau (►S. 269 und ►Das ist Budapest).

Im noblen Restaurant Gundel gibt es ungarische Traditionsgerichte.

Getränke

Wein (bor)

Weintrinken hat in der Landeshauptstadt eine wahre Renaissance erlebt und die Auswahl an guten Weinen stieg in den letzten Jahren rapide (▶ Baedeker Wissen, S. 262). Hervorragende Weißweine kommen vom **Balaton**, die bekanntesten Rotweine aus **Szekszárd**, **Eger** und **Villány**. In vielen Budapester Kellerlokalen können Sie eine ganze Reihe an einheimischen Weinen verkosten, und Sie wären nicht die ersten Budapestbesucher, die abends bei einem guten Tropfen eine Reise in die Weinregionen Ungarns planen.
Im Gebiet um Tokaj wird aus der Furmint- und der Hárslevelű-Traube der Dessertwein **Tokajer** gekeltert. Die Früchte werden von einer Edelfäule befallen, die sich positiv auf Zuckergehalt und Geschmack auswirkt. Tokajer gibt es mit drei, vier oder fünf Sternen. Auch die Grundweine mit ihrem mineralischen Aroma sind vorzüglich, außerhalb des Tokajer Weingebiets aber nur schwer zu bekommen.

Spirituosen

Berühmt und begehrt sind Ungarns **Obstschnäpse**, vor allem der Barack Pálinka, ein Marillen- bzw. Aprikosenschnaps, der Szilva Pálinka (Zwetschgenschnaps) und der Kirschgeist. Nach einem üppigen Mahl ist der traditionelle **»Unicum«** gut und hilfreich.

Bier (sör)

Neben ungarischen Bieren werden in Budapest zunehmend auch ausländische, insbesondere österreichische und deutsche Biere ausgeschenkt.

EMPFOHLENE RESTAURANTS

PREISKATEGORIEN

Preis für ein Hauptgericht

€€€€	über 5000 HUF
€€€	3500–5000 HUF
€€	2000–3500 HUF
€	bis 2000 HUF

❶ etc. ▶Plan S. 292

SPITZENRESTAURANTS

❶ BOCK €€€–€€€€

Wenn es um exquisite ungarische Weine zum Essen geht, dann ist das schicke Bock Bisztró genau die richtige Adresse. Das Restaurant trägt seinen Namen nach dem Villányer Spitzenwinzer József Bock, der im südungarischen Weingebiet zu den Vordenkern der ungarischen Weinrenaissance gehört. Chefkoch Lajos Bíró wurde für seine erlesenen Kreationen schon mehrfach ausgezeichnet. Angeschlossen ist ein Weinladen.
Corinthia Hotel Budapest
VII., Erzsébet körút 43–49
Tel. 06 13 21 03 40
www.bockbisztro.hu

❷ GUNDEL €€€€

Károly Gundel, Nestor der modernen ungarischen Kochkunst, machte das edle Restaurant am Zoo ab 1910 zu einem Society-Treffpunkt. Er kreierte hier u. a. die legendären Gundel-

UNGARISCHE WINZER IM AUFSCHWUNG

Kaum ein Restaurant in Budapest verzichtet heute auf eine ungarisch ausgerichtete Weinkarte. Vorbei sind die Zeiten, als Quantität vor Qualität ging. Seit mehr als 20 Jahren hat sich eine dynamische Winzerszene entwickelt, die für hochkarätige Weiß- und Rotweine sorgt. Der ungarische Weinbau hat eine bemerkenswerte Renaissance erlebt – eine Kostprobe lohnt sich unbedingt.

Der Weinanbau hat in Ungarn eine lange Tradition: Schon die Kelten und Römer betrieben ihn, und auch die Magyaren übernahmen schnell die Weinkultur. Eine Urkunde der südungarischen Abtei von Pécsvárad von 1015 verzeichnet bereits 110 Winzer auf den Ländereien der Abtei. Sehr schnell erkannten auch die deutschen Siedler, die im 18. Jh. massenhaft in das von den Türkenkriegen entvölkerte Land strömten, die wirtschaftlichen Möglichkeiten des Weinanbaus.

Heute hat Ungarn **22 historische Anbaugebiete**. Neben international bekannten Sorten wie Chardonnay, Cabernet Sauvignon und Merlot gibt es eine Reihe von typisch ungarischen Rebsorten. Dazu zählen unter den Weißweinen der Kéknyelű (Blaustengler) vom Balaton, der Juhfark (Lämmerschwanz), der Egri Leányka (Erlauer Mädchentraube), der Cirfandli (Zierfandler) aus der Region Pécs sowie der Ezerjó (Tausendgut). Beliebte Weißweinsorten sind auch der Szürkebarát (Grauer Mönch), der Olaszrizsling (Welschriesling) sowie der Hárslevelű (Lindenblättriger). Unter den Rotweinen sind der Kékfrankos (Blaufränkischer), der Kékoporto (Blauer Portugieser) und der Kadarka sehr beliebt.

Magische Wirkung

Dem Ruf des ungarischen Weins nützte es sehr, dass diversen Sorten geradezu magische Kräfte zugesprochen wurden: So soll das berühmte Erlauer Stierblut (Egri bikavér) im Jahr 1552 die Türken von der Belagerung der Stadt Eger abgebracht haben, weil sie den Wein angeblich für Stierblut hielten und es mit der Angst bekamen. 200 Jahre später hieß es, der **Schomlauer Hochzeitswein** sorge für männlichen Nachwuchs, wenn er in der Hochzeitsnacht getrunken werde. Sogar Maria Theresia gönnte sich ein Schlückchen – unter ihren 16 Kindern waren dann immerhin auch fünf Söhne. Generell hieß es über Schomlauer Wein: »Vinum somlainum omni sanum« (»Schomlauer Wein heilt alles«). Eine ähnliche Wunderwirkung dichtete man dem roten Kadarka aus Szekszárd an. So schickte der Komponist Franz Liszt dem kränkelnden Papst Pius IX. einige Flaschen zur besseren Genesung, die auch prompt eingetreten sein soll.

König der Weine – Wein der Könige

Kein Wunder also, dass die gekrönten Häupter Europas ihren Blick auf das Weinland Ungarn lenkten. Heiß begehrt war im 18. Jh. der Aszú-Wein aus Tokaj. Als Marketing-Helfer fungierte dabei

Tokajer, der König unter den ungarischen Weinen

niemand Geringeres als der französische König Ludwig XIV. Er befand, der **Tokajer** sei »rex vinorum, vinum regum« (»König der Weine, Wein der Könige«). Danach gab es kein Halten mehr. Angesichts des großen Erfolgs des »flüssigen Goldes« wird der Spätlesewein in der ungarischen Nationalhymne deshalb als »Geschenk Gottes« besungen. Seit 2002 gilt die gesamte Weinregion Tokaj-Hegyalja als UNESCO-Welterbe.

Renaissance

Nach der Auflösung der staatlichen Weingüter um 1990 machten sich Winzer daran, wieder auf **gehobene Qualitätsweine** zu setzen. Auch alte Traditionen wie Umzüge zur Weinlese und Weinfestivals wurden wiederbelebt. Auszeichnungen zum »Winzer des Jahres« oder »Weingut des Jahres« sollen für eine Steigerung und Anerkennung der Qualität sorgen. Besonders im sonnigen Villány kam es unter der Federführung von Winzern wie Ede Tiffán, József Bock und Attila Gere zu einer regelrechten Renaissance privater Qualitätsweingüter. Im nordungarischen Tokaj gab und gibt es hingegen eine starke Präsenz von spanischen und französischen Weingütern, die dem königlichen Ruf der Region folgten. Doch auch rund um Eger sowie am Balaton und Neusiedler See und selbst vor den Toren von Budapest sind ehrgeizige junge Winzer am Werk, um die alten Traditionen wiederzubeleben.

Weine in Budapest

Seit einigen Jahren macht sich die **Wiedergeburt der ungarischen Weine** auch in Budapest deutlich bemerkbar. Es sind freundliche Weinbars entstanden, und selbst die Spitzenrestaurants setzen auf heimische Erzeugnisse. Für viele Westeuropäer ist der ungarische Weinmarkt aber noch immer ein unentdecktes Land. Die Wahl eines Weines kann also schwierig werden. Verlässlich gut wird man in Restaurants wie dem Bock Bisztró oder dem Klassz bedient. Der Besitzer des Book-Café besitzt sogar ein eigenes Weingut bei Pécs. Das Haus des Ungarischen Weins kann einen ersten Überblick geben, denn nicht jeder Besucher hat Zeit und Muße, die Weingüter selbst aufzusuchen. Wer eine Flasche erwerben möchte, kann dies in allen genannten Restaurants und Cafés tun. Der beste Weinhändler der Stadt ist Bortársaság.

Palatschinken, die mit Nuss gefüllt und mit Schokolade überzogen sind. Heutzutage ist das Essen im formalen Ambiente immer noch gut, aber vergleichsweise teuer.
XIV., Gundel Károly út 4
Tel. 06 18 89 81 11
www.gundel.hu

❸ ONYX ÉTTEREM €€€€

In einem Seitentrakt des Café Gerbeaud kann das exklusive Restaurant seit 2011 mit zwei Sterne-Köchen aufwarten. Wer nicht ganz so tief in die Tasche greifen möchte, sollte sich die wesentlich günstigeren Mittagsmenüs gönnen.
V., Vörösmarty tér 7–8
Tel. 063 05 08 06 22
www.onyxrestaurant.hu

❹ ROBINSON €€€–€€€€

Originell gebaut und schön gelegen auf dem See im Stadtwäldchen ist das Robinson. Man isst hervorragend, neben internationalen Gerichten ist die Kategorie »Echt Ungarische Rezepte« sehr zu empfehlen. Im Sommer sitzt man idyllisch auf der Terrasse.
XIV., Városligeti-tó
Tel. 06 14 22 02 22
www.robinsonrestaurant.hu

❺ SPOON THE BOAT €€€–€€€€

Was könnte schöner sein: Vom schmucken Restaurantschiff gleitet der Blick über die Donau hinauf zum prächtigen Burgpalast. Abends wird die Kettenbrücke festlich angestrahlt. Und wenn es im Sommer auf Deck angenehm kühl ist, lockt die Küche mit eher leichten modernen Kreationen. Abends unbedingt reservieren!
V., Vigadó tér (Schiffsanleger 3)
Tel. 06 14 11 09 33
www.spoonrestaurants.hu

❻ COSTES €€€€

Bereits 2010 erhielt das moderne und elegante Restaurant am Zugang zur Restaurantmeile Ráday utca einen Michelin-Stern für kreative und innovative Küche und konnte die Auszeichnung bisher verteidigen. Die internationale Top-Küche wird nur abends serviert (Mo., Di. Ruhetag). In der Vigyázó Ferenc utca 5 gibt es eine relaxtere Filiale, die auch Frühstück und Lunch serviert.
IX., Ráday utca 4
Tel. 06 12 19 06 96
www.costes.hu

BODENSTÄNDIGE KÜCHE

❼ FATÁL €€–€€€

Restaurant mit Kellergewölbe, im Sommer sitzt man auf der Terrasse. Es kommen gut gefüllte Teller auf den Tisch.
V., Váci utca 67
Tel. 06 12 66 26 07
www.fatalrestaurant.com

❽ KÉHLI VENDÉGLŐ €€–€€€

Für Liebhaber von exquisit zubereiteten Wild- und Fischgerichten. Das Lokal gibt es schon sehr lange, ja, man spürt sogar noch einen Hauch K.-u.-k.-Monarchie.
III., Mókus utca 22
Tel. 06 12 50 42 41
www.kehli.hu

❾ MENZA €€–€€€

Mitten im Retro-Stil der 1970er-Jahre genießt man moderne Küche. Die Lage des Bistros am trendigen Liszt Ferenc tér sorgt für viel Laufkundschaft.
VI., Liszt Ferenc tér 2
Tel. 06 14 13 14 82
www.menzaetterem.hu

❿ MÁTYÁS PINCE €€€

Die schöne Innendekoration des seit 1904 existierenden Lokals am Pester Brückenkopf der Elisabethbrücke steht unter Denkmalschutz. Hier gibt es Paprikás in allen Variationen, begleitet von feuriger Zigeunermusik.

SALON-MUSIK, JA BITTE!

Geben Sie nichts auf das Vorurteil, dass Musikbegleitung zum Essen nur Kitsch und Nepp sei. Meistens spielen sehr gute Zigeunermusiker, die so ihr Geld verdienen. Lassen Sie sich auf die Klänge ein, die ein Primas seiner Geige entlockt und fühlen Sie mit ihm Liebe und Schmerz. Vielleicht haben Sie auch einen Wunsch, den er erfüllen kann?

V., Március 15. tér 7
Tel. 06 12 66 80 08
www.matyaspince.hu

⑪ NÁNCSI NÉNI €€–€€€

Die Küche bereitet günstige traditionelle Gerichte zu. Im Sommer kann man im Garten Fischgerichte genießen.
II., Ördögárok utca 80
Tel. 06 13 97 27 42
www.nancsineni.hu

UNGARISCHE UND INTERNATIONALE KÜCHE

⑫ ARANYSZARVAS €€–€€€

Zwischen Burg- und Gellért-Berg serviert das Bistro in einem historischen Gebäude gehobene Küche mit ungarischem Einschlag. Spezialität ist der Schinken der Mangalica-Schweine.
I., Szarvas tér 1
Tel. 06 13 75 64 51
www.aranyszarvas.hu

⑬ FAUSTO'S RISTORANTE E OSTERIA €€–€€€€

Italienische Küche jenseits von Pizza: Fausto di Vora steht in Budapest für exquisite italienische Feinschmeckerkunst. Mittlerweile bietet er seine Kreationen in einer etwas lockeren Osteria sowie im formellen Ristorante an, die direkt nebeneinander liegen.
VII., Dohány utca 3–5
Tel. 06 12 69 68 06 (Osteria)
Tel. 063 05 89 18 13 (Ristorante)
www.fausto.hu

⑭ GOVINDA VEGA SAROK €
Die lichtdurchflutete »vegetarische Ecke« wird von Krishna-Jüngern betrieben und ist eine der besten vegetarischen Adressen in Budapest. In der Vigyázó Ferenc utca 4, einer Seitengasse des Széchenyi István tér, gibt es eine Filiale im Keller.
V., Papnövelde utca 1
Tel. 062 05 54 99 19
www.govinda.hu

⑮ PEST BUDA €€–€€€
Das stilvolle und dezente Lokal mitten im Burgviertel serviert ungarische Traditionsgerichte, teilweise auch in neuen Interpretationen. In dem historischen Haus wird außerdem ein elegantes Boutique-Hotel betrieben.
I., Fortuna utca 3
Tel. 06 12 25 03 77
www.pest-buda.com

⑯ TAJ MAHAL €–€€€
Indische Spezialitäten auf hohem Niveau bietet das sympathische Restaurant jenseits des Großen Rings in der Theresienstadt.
VI., Szondi utca 40
Tel. 06 13 01 04 47
www.tajmahal.hu

⑰ MÚZEUM €€–€€€
In dem Lokal mit klassizistischem Interieur bekommt man bestens zubereitete ungarische und internationale Gerichte zu moderaten Preisen.
VIII., Múzeum krt. 12
Tel. 06 12 67 03 75
www.muzeumkavehaz.hu

⑱ PIERROT €€€–€€€€
Unter den Restaurants im Burgviertel sticht das elegante Pierrot heraus: eine gehobene Adresse mit anspruchsvoller Küche und ungarischer Weinkarte; zudem liegt es abseits der Touristenströme.
I., Fortuna utca 14
Tel. 06 13 75 69 71
www.pierrot.hu

⑲ POMO D' ORO €€–€€€€
Hier speisen auch viele Italiener, obwohl die Preise etwas höher liegen als in einer Pizzeria. Man sollte unbedingt reservieren, weil das Restaurant sehr beliebt ist.
V., Arany János utca 9
Tel. 06 13 02 64 73
www.pomodorobudapest.com

⑳ WASABI €€
Eine verheißungsvolle Vielfalt an Sushi- und Wok-Gerichten gleitet über ein doppelstöckiges Laufband durch das Restaurant. Bezahlt wird ein Fixpreis, dann gilt »all you can eat«. In Buda hat das Wasabi zwei weitere Filialen.
VI., Podmaniczky utca 21
Tel. 063 74 00 08
www.wasabi.hu

㉑ NAPFÉNYES ÉTTEREM €–€€
Modernes, komplett veganes Bistro-Restaurant wenige Schritte vom Ferenciek tere, das ungarische Klassiker (z. B. Krautrouladen) in fleischlosen Varianten bietet. Auch die ansprechende Kuchentheke ist vegan.
V., Ferenciek tere 2
Tel. 062 03 11 03 13
www.napfenyesetterem.hu

㉒ KOCHSCHULE CHEFPARADE
Eine Alternative zum Restaurant ist selbst kochen. Beim gemeinsamen Kochen lernt man ungarische Produkte und Gerichte kennen.
VIII., Páva utca 13
www.cookingbudapest.com

㉓ BUDAPEST MAKERY
Ein ungewöhnliches Restaurant hat die Liebe zu »do it yourself« entdeckt. Auf der Speisekarte wählt man die Gerichte aus, bekommt aber nur die Zutaten und eine Anleitung zur Zubereitung über Video.
VII., Dob utca 38
www.budapestmakery.hu

KAFFEEHÄUSER

1 ASTORIA
►Das ist Budapest

2 CENTRÁL
►Das ist Budapest

3 GERBEAUD
►Das ist Budapest

4 MŰVÉSZ
►Das ist Budapest

5 NEW YORK
►Das ist Budapest

6 RUSZWURM
Die intime Traditionskonditorei auf dem Burgberg hat exquisites Gebäck im Angebote. Eine Besonderheit: Das Mobiliar ist teilweise noch von der Originaleinrichtung aus den 1820er-Jahren erhalten. Ein idealer Ort für alle, die sich bei einer Tasse Kaffee und einer kleinen Auswahl an vorzüglicher Patisserie vom Besichtigungsgang durch das Burgviertel erholen wollen!
I., Szentháromság utca 7
Tel. 06 13 75 52 84
www.ruszwurm.hu

7 AUGUSZT
Falls man im Café Astoria keinen Platz mehr findet, gibt es in der Nähe eine nette Alternative: Das schöne und ebenfalls alteingesessene Auguszt ist im Besitz einer Budapester Konditorendynastie. Es lockt mit erlesenen Süßwaren und Cremetorten, darunter der Auguszt Krémes. Das Auguszt beweist, dass man auch ohne großen Pomp einladende Cafés betreiben kann.
V., Kossuth Lajos utca 14–16
Tel. 06 13 37 63 79
www.augusztcukraszda.hu

8 BOOKCAFÉ
Eines der elegantesten Kaffeehäuser in Budapest: Nachmittags genießt man die feinen Kuchen mit sanfter Piano-Begleitung, und der mit prächtigen Fresken verzierte ehemalige Kasinosaal ist ein Augenschmaus! Für die Budapester City sind die Kaffeepreise erstaunlich günstig. Man kann auch hauseigene Weine des Besitzers Dezső Matyi trinken (►Baedeker Wissen, S. 262).
VI., Andrássy út 39
Tel. 06 14 61 58 35
www.lotzterem.hu

9 EURÓPA KÁVÉHÁZ
In diesem stilvollen und unaufgeregten Kaffeehaus am nördlichen Abschnitt des Großen Rings bekommt man die süßen Leckereien aus der hauseigenen Konditorei.
V., Szent István körút 7–9
Tel. 06 13 12 23 62
www.europakavehaz.hu

10 GERLÓCZY
Ein besonders stimmungsvolles Café an einem kleinen, etwas versteckten Altstadtplatz – draußen sitzt man unter einer großen Ulme. Neben den leckeren Croissants werden auch ungarische Spezialitäten serviert. Angeschlossen ist eine empfehlenswerte Pension (►Übernachten).
V., Gerlóczy utca 1
Tel. 065 01 40 00
www.gerloczy.hu

11 SZECESSZIÓ KÁVÉHÁZ
Das authentische Jugendstilcafé im Haus der Ungarischen Sezession hält für seine Gäste eine kleine Auswahl an Kuchen bereit.
V., Honvéd utca 3
Tel. 067 06 43 23 31
www.facebook.com/secessio

FEIERN

Budapest hat einen vollen Veranstaltungskalender. Das ganze Jahr über ist Programm, und jeder Geschmack wird bedient: Vom klassischen Opern- und Theaterfestival über den Art Market Budapest, lockere Folklore- und Weinfeste und ein Fotofestival bis zum Weihnachtsmarkt ist so gut wie alles dabei.

Budapester Frühlingsfestival Eröffnet wird die Saison im März mit dem international hochkarätigen Budapester Frühlingsfestival. Zwei Wochen lang gibt es in den wunderbaren Gebäuden und Sälen der Stadt jede Menge Kultur: klassische Konzerte, Oper, Jazz, Tanz, dazu erstklassige Kunst- und Fotoausstellungen und andere Kulturevents.

Sommerkultur Zwischen Juni und Mitte September verdichtet sich das Programm, und das Kulturleben verlagert sich nach draußen und auf die Freilichtbühnen. Sehr stimmungsvoll sind **Jazz- und Klezmer-Konzerte** im Hof der Vajdahunyad-Burg und im Zoo. Traditionell eigenwillig beenden die Budapester ihren **Donaukarneval** (Dunakarnevál) erst in der letzten Juniwoche mit einem Riesenangebot an Veranstaltungen. Das Weinfestival in der Budaer Burg gibt einen guten Einblick in die ungarische Weinkultur und bildet den Ausklang der Sommersaison.

Sziget-Festival Ein Publikumsmagnet für junge Besucher ist das Sziget-Festival auf einer Donauinsel im nördlichen Stadtteil Óbuda. Auf einem der **größten Open-Air-Festivals** in **Mitteleuropa** werden eine Woche lang die Boxen aufgedreht und Hunderttausende feiern ausgiebig.

Formel I Das zweite Mega-Ereignis des Sommers ist das Formel-I-Rennen auf dem **Hungaroring** nordöstlich von Budapest. Wenn Vettel und Co. dort ihre Runden drehen, sind die Hotels in der Stadt ausgebucht.

Nationalfeiertag Sommerlicher Höhepunkt für alle ist das Feuerwerk zum Nationalfeiertag am **20. August**, der dem Staatsgründer König Stephan I. gewidmet ist. Wenn abends über der Donau die Raketen gezündet werden, drängen sich Zehntausende auf den Brücken und beiderseits der Donau, um das Spektakel zu genießen.

Infos und Programme Unter **www.budapestinfo.hu** gibt es einen aktuellen Veranstaltungskalender. Die städtischen Informationsstellen (▶Auskunft) geben Monatsprogramme mit Veranstaltungen wie **»Budapest Panorama«** aus. Auch den Broschüren des Ungarischen Fremdenverkehrsamtes sind Termine für Veranstaltungen zu entnehmen.

Am Nationalfeiertag wird die Kettenbrücke beflaggt.

BAEDEKER ÜBERRASCHENDES

6x UNTERSCHÄTZT

Genau hinsehen, nicht daran vorbeigehen, einfach probieren!

1. MUSIK

In Budapest erwartet man Folklore und Zigeunerklänge, und die gibt es auch. Aber Budapest ist auch eine Jazz-Stadt und hat ein reiches Angebote an klassischer Musik, so wie das **Frühlingsfestival**. Im Sommer lockt das **Sziget-Popfestival** Tausende zumeist Jugendliche in die Hauptstadt. (▶ **S. 270**)

2. METRO

Mit der Metro zu fahren, ist eigentlich nichts Besonderes. Aber Achtung: Die **Geschwindigkeit der Rolltreppen**, die einen bis zu 60 Meter in die Tiefe bringen, kann die Knie schon weich werden lassen! (▶ **S. 319**)

3. BACCHUS WOHNT AUCH IN UNGARN

Bei ungarischem Wein bitte nicht immer gleich an eine süße Mädchentraube denken! Und außer Tokaj gibt es noch 21 Weinbaugebiete, die **Qualitätsweine** hervorbringen. Einfach kosten, vielleicht finden Sie ja Ihren Lieblingstropfen? (▶ **S. 262**)

4. MODERNE KUNST

Stimmt, in Budapest gibt es viel Historisches zu sehen, aber die Kunstlandschaft bietet auch **zahlreiche moderne Kunst- und Fotogalerien** sowie das Ludwig Museum und eine Kunstmesse. (▶ **S. 130, 277, 285**)

5. PARKANLAGEN

In der Stadt gibt es viel mehr große Plätze als Parkanlagen, aber dennoch kann man sich hervorragend **im Grünen entspannen**, so auf der Margareteninsel, im Stadtwäldchen, auf dem Gellért-Berg und in den Budaer Bergen. (▶ **S. 67, 87, 119, 164**)

6. PAPRIKA

Für gewöhnlich unterscheiden wir zwischen süßen großen Paprika und kleinen scharfen Schoten, aber in Ungarn muss das nicht so sein – auch so manche große Frucht kann es in sich haben. Selbst bei den kleinen roten Kirschpaprika ist **Vorsicht geboten**! (▶ **S. 258**)

Fußball belegt immer noch einen Spitzenplatz in der Gunst ungarischer Sportfans, wenngleich die Zeiten großer internationaler Höhepunkte wie die Endspielteilnahme bei der WM 1954 lange zurückliegen. Nach wie vor sind die Ungarn auch Pferdeliebhaber, die Saison der **Pferderennen** geht von April bis Oktober.

Zuschauersport

FEIERTAGE UND EVENTS

FEIERTAGE

1. Januar: Neujahr
15. März: Nationalfeiertag zum Gedenken an den Freiheitskampf von 1848
Ostermontag
1. Mai: Tag der Arbeit
Pfingstmontag
20. August (Stephanstag): Staatsfeiertag mit großem Feuerwerk am Donauufer
23. Oktober: Tag der Republik (Tag des Volksaufstandes von 1956 und der Ausrufung der Republik 1989)
1. November: Allerheiligen
25./26. Dezember: Weihnachten

FEBRUAR/MÄRZ

FASCHING

Zum Budapester »Fasching« gibt's Tanzveranstaltungen, Konzerte etc.

BUDAPEST FOTO FESZTIVAL

In Museen, Galerien und verschiedenen Institutionen wird ein breites Spektrum an Fotografie gezeigt – von klassisch bis zeitgenössisch. Ergänzt wird das Programm durch Workshops, Podiumsdiskussionen und Portfolio Reviews.
www.budapestphotofestival.hu

MÄRZ/APRIL

BUDAPESTER FRÜHLINGSFESTIVAL

Dreieinhalb Wochen Kulturveranstaltungen: Klassik, Oper, Jazz mit ungarischen und internationalen Musikergrößen, dazu Tanzperformances und Theater. Die wichtigsten Veranstaltungen finden im Palast der Künste, in der Franz-Liszt-Musikakademie und im Pester Vigadó statt, aber auch in Museen, in Parks und auf Plätzen. Zeitgleich gibt es teilweise hochkarätige Kunstausstellungen.
www.festivalcity.hu

OSTERN

Am Osterwochenende gibt es rund um den Burgpalast ein (kostenpflichtiges) Kulturfestival, im Gozsdu-Hof im jüdischen Viertel findet der Gouba-Kunsthandwerkermarkt statt und auf dem Vörösmarty tér wird ein Ostermarkt abgehalten. Das Freilichtmuseum Skanzen bei Szentendre startet mit einem Ostermarkt in die Saison.

JUNI/JULI/AUGUST

INTERNATIONALER DONAUKARNEVAL

Folklore-Ensembles präsentieren ungarische Musik- und Tanztraditionen u. a. auf dem Vörösmarty tér und der Margareteninsel.
www.dunakarneval.hu

SZIGET-FESTIVAL

Auf der Óbudaer Donauinsel Hajógyári-sziget steigt im Sommer das Mega-Open-Air-Event, Hunderttausende junge Leute strömen zum Inselfestival. Es werden ein umfang-

reiches Kulturprogramm und sogar Crash-Kurse in Ungarisch angeboten.
www.sziget.hu

SOMMERMUSIKFESTIVAL IN DER VAJDAHUNYAD-BURG
Der stimmungsvolle Innenhof der Märchenburg im Stadtwäldchen verwandelt sich in eine Open-Air-Bühne für Klassik, Jazz und Klezmer.
www.vajdahunyad.hu

GROSSER PREIS VON UNGARN
Formel 1 Grand Prix auf dem Hungaroring
www.hungaroinfo/formel1

STEPHANSTAG
Konzerte, Märkte und ein großes Feuerwerk erinnern am 20. August an die Staatsgründung und die Krönung von Stephan I. im Jahr 1000. Am selben Tag findet die Stephans-Prozession statt: Die rechte Hand des Heiligen, die berühmte Reliquie in der St.-Stephans-Basilika, wird durch Budapest getragen.

JÜDISCHES SOMMERFESTIVAL
Konzerte, Film- und Buchtage, Ausstellungen am Herzl-Platz, in der Synagoge an der Dohány utca und an verschiedenen anderen Plätzen (Ende Aug./Anfang Sept.)

SEPTEMBER

INTERNATIONALES WEINFESTIVAL
Ungarische Weingebiete stellen sich im Burgviertel vor.

OKTOBER

ART MARKET BUDAPEST
Seit 2011 findet jedes Jahr im Millináris Park die Budapester Kunstmesse statt. Vertreten sind ungarische, aber auch internationale Galerien.
www.artmarketbudapest.hu

DEZEMBER

WEIHNACHTSMÄRKTE
An den schönsten Plätzen der Stadt werden im Dezember Weihnachtsmärkte abgehalten. Highlight ist der zentrale Markt auf dem Vörösmarty tér.

SILVESTER
Der Jahreswechsel wird in Budapest traditionell bei Gratiskonzerten auf der Straße gefeiert.

MUSEEN

In Budapests Museumslandschaft tut sich derzeit viel! Bis 2022 entstehen im Stadtwäldchen neue Museen, und bereits bestehende wie die Nationalgalerie und das Ethnographische Museum werden dort in neue Häuser einziehen. Vom aktuellen Museumsfieber zeugt auch der jüngste Ankauf des Hochzeitsporträts der Prinzessin Mary Henrietta Stuart von Anton van Dyck für das Museum der Schönen Künste.

Überblick: Öffentliche und private Museen

Highlights für Kunstinteressierte sind die ▶Ungarische Nationalgalerie, das ▶Museum der Schönen Künste und das Ludwig-Museum im

Müpa – Palast der Künste (►Millenniumsviertel). Altes und neueres Kunsthandwerk und Design findet man im ►Kunstgewerbemuseum. Wer mehr über die Landes- und Stadtgeschichte wissen möchte, geht am besten ins Budapester Historische Museum im Burgpalast (►Budaer Burg) oder ins ►Ungarische Nationalmuseum.
In Ungarn gab es immer viele Kunstmäzene, eine Tradition, die im 20. Jh. lange ins Abseits gedrängt war. Die Eröffnung des Ludwig-Museums 1991 war bahnbrechend für das Engagement privater Kunstförderer in Budapest. Neuere Beispiele für sehenswerte private Ausstellungshäuser sind das Haus der Ungarischen Sezession (►Szabadság tér) und das Kogart-Haus in der ►Andrássy út. Ergänzt wird diese Kunstszene durch die Galerienszene und den privaten Kunsthandel, der sich in der Falk Miksa utca konzentriert (►Shopping).

Öffnungszeiten

Montags sind die meisten Budapester Museen zu. Öffnungszeiten sind im Allgemeinen Di.–So. 10–18 Uhr, im Winter schließen kleinere Museen oft um 16 Uhr. Informationen sind in vielen kleinen Museen nur auf Ungarisch erhältlich, in größeren Museen auch auf Englisch, selten auf Deutsch.

Budapest Card

Mit der Budapest Card (www.budapest-card.com) erhalten Besucher unter anderem im Museum der Schönen Künste, in der Ungarischen Nationalgalerie, im Budapester Historischen Museum und im Ethnografischen Museum kostenfreien Eintritt. Andere Museen gewähren bei Vorlage der Karte Ermäßigungen.

Nacht der Museen

Ein besonderes Erlebnis ist die Nacht der Museen (Múzeumok Éjszakája) Ende Juni, wenn viele Museen ein kostenloses Sonderprogramm veranstalten.

MUSEEN IN BUDAPEST

GESCHICHTE/ KULTURGESCHICHTE

APOTHEKENMUSEUM
►Budaer Burg

BIBELMUSEUM
Umfassende und modern aufbereitete Ausstellung zur Geschichte der Bibel im internationalen Kontext, außerdem wechselnde Themenausstellungen.
IX., Ráday utca 28
www.bibliamuzeum.com
Mo.–Fr. 10–18, Sa. 10–17 Uhr

BUDAPESTER HISTORISCHES MUSEUM
►Budaer Burg

BRIEFMARKENMUSEUM
Hervorragend präsentierte Sammlung ungarischer und internationaler Briefmarken. Aus dem Bestand von 13,5 Mio. sind 550 000 ausgewählt.
VII., Hársfa utca 47

www.belyegmuzeum.hu
Di.–So. 10–18 Uhr

ETHNOGRAFISCHES MUSEUM
►Stadtwäldchen

EVANGELISCHES LANDESMUSEUM
►Kleiner Ring

FELSENKRANKENHAUS-ATOM-BUNKER-MUSEUM
►Budaer Burg

FLAGGENMUSEUM
Offizielle Flaggen und Embleme von Ländern und Provinzen, meist Geschenke der jeweiligen Staatspräsidenten und Herrscher, wurden hier zusammengetragen.
VIII., József körút 68
www.zaszlok.hu
Di.–Fr. 11–17 Uhr

FLIPPER-MUSEUM
Für Fans des Flipperspiels ist dieses interaktive Museum ein Paradies, auf jeden Fall ist es ein Kuriosum. Gezeigt werden 130 Automaten vom Retrogerät aus Holz aus dem Jahr 1871 bis zum heutigen Neonwunder.
XIII., Radnóti Miklós utca 18
Mi.–Fr. 16–24, Sa. 14–24, So. 10–22 Uhr
www.flippermuzeum.hu

GÜL-BABA-TÜRBE
►Rosenhügel

KRIEGSHISTORISCHES MUSEUM
►Budaer Burg

TERROR HÁZA – HAUS DES TERRORS
►Andrássy út

Schwere Kost: Die Ausstellungen im Terror Háza erinnern an düstere Zeiten.

HOLOCAUST-GEDENKZENTRUM
▸Großer Ring

JÜDISCHES BETHAUS
▸Budaer Burg

JÜDISCHES MUSEUM
▸Große Synagoge

MEMENTO PARK
▸S.128

ÓBUDAER MUSEUM
▸Óbuda

POLIZEIMUSEUM
U. a. sind Beweisstücke von Kriminalfällen seit Mitte der 1960er-Jahre zu sehen.
VIII., Mosonyi utca 7
www.rendormuzeum.com
Di.–Sa. 9–17 (gerade Wochen), Di.–Fr. 9–17 Uhr (ungerade Wochen)

POSTMUSEUM
▸Andrássy út

ROCK MUSEUM
Alles zur ungarischen und internationalen Rockmusik: Gitarren von Musikern, Poster, Fotos, Fanartikel
XIII., Kárpát utca 23
www.rockcsarnok.hu

SCHATZKAMMER DER ST.-STEPHANS-BASILIKA
▸St.-Stephans-Basilika

SEPULKRALKULTURMUSEUM
▸Friedhöfe

SKANZEN (FREILICHTMUSEUM)
▸Szentendre

UNGARISCHES HANDELS- UND TOURISMUSMUSEUM
Entwicklung von Handel und Tourismus – auch in der Zeit des Sozialismus. Ein Raum widmet sich dem Leben und Werk des Schriftstellers Gyula Krúdy, der einige Jahre in dem Haus in Óbuda wohnte.
III., Korona tér 1, www.mkvm.hu
Di.–So. 10–18 Uhr

UNGARISCHES MUSEUM FÜR HANDEL UND GASTSTÄTTENGEWERBE
▸Óbuda

UNGARISCHES NATIONALMUSEUM
▸S. 184

»1914–1918. EINE NEUE WELT WURDE GEBOREN. EUROPAS BRUDER-KRIEG«
▸Tabán

KUNST/ARCHÄOLOGIE

AQUINCUM-MUSEUM IM RÖMISCH-ARCHÄOLOGISCHEN PARK
▸Óbuda

AUSSTELLUNGSHÄUSER DER GALERIE BUDAPEST
Sich den Veränderungen in der ungarischen und internationalen zeitgenössischen Kunst zu öffnen und junge Künstler und deren Dialog zu fördern, haben die Häuser als Ziel. Dazu gehört u. a. ein Künstleraustauschprogramm. Beide Häuser präsentieren wechselnde Ausstellungen.
(Alte) Budapester Galerie: III., Lajos utca 158
Neue Budapester Galerie im Bálna: IX., Fővám tér 11–12
www.budapestgaleria.hu
Di.–So. 10–18 Uhr

FERENC-HOPP-MUSEUM FÜR ASIATISCHE KUNST
▸Andrássy út

GYÖRGY-RÁTH-MUSEUM
▸Andrássy út

HAUS DER UNGARISCHEN FOTOGRAFIE
►Andrássy út

HAUS DER UNGARISCHEN SEZESSION
►Szabadság tér

HERKULES-VILLA
►Óbuda

IMRE-VARGA-MUSEUM
►Óbuda

KISCELLI-MUSEUM
►Óbuda

KOGART-HAUS
►Andrássy út

KUNSTGEWERBEMUSEUM
►S. 117

KUNSTHALLE
►Heldenplatz

LAJOS-KASSÁK-MUSEUM
►Óbuda

LUDWIG-MUSEUM – MUSEUM FÜR ZEITGENÖSSISCHE KUNST
►Millenniumsviertel

MEMENTO PARK
►S. 128

MÜPA – PALAST DER KÜNSTE
►Millenniumsviertel

MUSEUM DER SCHÖNEN KÜNSTE
►S. 132

MUSEUM ZUM RÖMISCHEN BADEWESEN
►Óbuda

PÁL-MOLNÁR-ATELIERMUSEUM
Der Maler Molnár C. Pál (1894–1981) lebte 50 Jahre lang mit seiner Familie in dieser Villa, nun ist sie Ungarns ältestes Privatmuseum. Inmitten originaler Einrichtungsstücke kann man sich mit dem in Thema und Stil abwechslungsreichen Werk des Künstlers vertraut machen.
XI., Ménesi út 65
www.mcpmuzeum.hu
Do.–Sa. 10–18 Uhr

ROBERT-CAPA-ZENTRUM FÜR ZEITGENÖSSISCHE FOTOGRAFIE
►Andrássy út

SCHLOSSMUSEUM NAGYTÉTÉNY
►Memento Park

UNGARISCHE NATIONALGALERIE
►S. 180

VASARELY-MUSEUM
►Óbuda

LITERATUR/THEATER/MUSIK

BÉLA-BARTÓK-GEDENKSTÄTTE
►Rosenhügel

ENDRE-ADY-GEDENKMUSEUM
Der Dichter Endre Ady (1877–1919) hatte großen Einfluss auf die ungarische Literatur des 20. Jh.s; das Museum ist in seiner letzten Wohnung eingerichtet.
V., Veres Pálné utca 4–6
www.pim.hu
Di.–So.10–17 Uhr

FRANZ-LISZT-MUSEUM
►Andrássy út

Das Treppenhaus des Ungarischen Nationalmuseums mit seinen wunderbaren Wandmalereien

JÓZSEF-ATTILA-GEDENK-MUSEUM

Dokumente und Handschriften geben in seinem Geburtshaus einen guten Einblick in das Leben des Dichters Attila József (1905 bis 1937). József ist einer der bedeutendsten ungarischen Lyriker des 20. Jahrhunderts. Sein Geburtstag am 11. April ist in Ungarn zum »Tag der Dichtung« auserkoren worden.
IX., Gát u. 3
www.jaemlekhely.hu
Di.–Fr. 10–18, Sa., So. bis 17 Uhr

LAJOS-KASSÁK-MUSEUM

►Óbuda

MÓR-JÓKAI-GEDENKZIMMER

Mór Jókai (1825–1904) gilt als der größte Prosaschriftsteller der ungarischen Romantik. Persönliche Gegenstände des Romanciers sind hier ausgestellt.
XII., Költő utca 21
www.pim.hu
Mitte März – Okt. Mi.–So. 10–17 Uhr

MUSEUM FÜR UNGARISCHE MUSIK

►Stadtwäldchen

MUSIKHISTORISCHES MUSEUM

►Budaer Burg

PETŐFI-LITERATURMUSEUM

►S. 157

ZOLTÁN-KODÁLY-MUSEUM

►Andrássy út

NATUR/TECHNIK

GIESSEREIMUSEUM

►Víziváros

GOLDBERGER TEXTILE COLLECTION

►Óbuda

LANDWIRTSCHAFTSMUSEUM

►Stadtwäldchen

MUSEUMSPARK DER EISENBAHNEN

Etwa 100 Waggons und Züge aus vergangenen Tagen, eine Draisine und eine Modelleisenbahn erwarten Bahnfans – am Wochenende ist ein Zuganschluss ab Westbahnhof eingerichtet.
XIV., Tatai út 95
www.vasuttortenetipark.hu
Ostern – Ende Okt. Di.–Fr. 10–18, Sa. 9–18, So. 9–17 Uhr

NATURWISSENSCHAFTLICHES MUSEUM

Hier erhält man einen spannenden Einblick in die Naturgeschichte des Karpatenbeckens mit vielen Fossilien, Mineralien, Pflanzen und Tieren sowie menschlichen Überresten und Artefakten.
VIII., Ludovika tér 2–6
Mo., Mi.–So. 10–18 Uhr
www.nhmus.hu

PALAST DER WUNDER (CSODÁK PALOTÁJA)

Naturwissenschaft muss nicht langweilig sein. Hier kann man sie interaktiv erleben.
III., Bécsi út 38-44
www.csopa.hu
Tgl. 9–19 Uhr

SEMMELWEIS-MUSEUM

►Tabán

TELEFONMUSEUM

►Budaer Burg

U-BAHN-MUSEUM

►Kleiner Ring

VERKEHRSMUSEUM

►Stadtwäldchen

ZWACK-MUSEUM

►Großer Ring

SHOPPEN

Eine internationale Modekette, ein Kunsthandel, ein Schaufenster voller Nippes und dann Recycling-Handtaschen von ungarischen Designern – in der Pester Innenstadt kann man sich endlos durch einen bunten Mix aus kleinen verstaubten Läden und schicken Geschäften treiben lassen. Ohne einem gesichtslosen Kaufhaus oder modernen Bürohäusern zu begegnen, denn an der alten Flaniermeile Váci utca konkurrieren die Schaufenster nicht nur untereinander, sondern auch mit der Schönheit der alten Fassaden: Prunkstück ist die märchenhafte Jugendstil-Galerie Pariser Hof.

Wo kauft man was?

Das »Paris des Ostens« kann als Einkaufsstadt zwar nicht mit dem französischen Original mithalten, aber in Ostmitteleuropa ist Budapest eindeutig die Nummer eins. Wie andernorts haben auch hier die glitzernden postmodernen Shopping Center die Einkaufslandschaft verändert und Käuferströme dezentralisiert. Doch die klassischen Einkaufsbereiche im Zentrum konnten überleben. Die **Váci utca** ist heute zwar eher touristisch geprägt und an der »Fashion Street« **Deák Ferenc utca** sowie im ersten Teil der **Andrássy út** haben sich viele Nobeldesigner angesiedelt. Ein Blick lohnt sich aber immer noch auch in die **schmalen Seitengassen** oder **Innenhöfe**, wo oft kleine Familienbetriebe ihr spezialisiertes wie elegantes Angebot zeigen. Kleinere Fachgeschäfte und manch kurioser Laden finden sich in den Innenhöfen entlang des **Großen Rings**, vor allem zwischen Blaha Lujza tér und Margaretenbrücke.

Markthallen

Sie sind kulinarische Paradiese, die Markthallen aus dem 19. Jahrhundert. Die **Zentrale Markthalle** (▶Fővám tér) ist dazu noch ein sehenswertes architektonisches Zeugnis. Die **Innerstädtische Markthalle** (Belvárosi Piac) an der Hold utca ist bekannt für ihr gutes authentisches Angebot.

Souvenirs

Was könnte man als typisches Reisemitbringsel finden? Viel verkauft werden Korbwaren, holzgeschnitzte Bestecke und Gefäße und Keramiken mit traditionellen Mustern und Formen wie die bauchigen **Mischa-Weinkrüge**. Für das feine handbemalte **Herender Porzellan** oder Produkte der edlen **Pécser Keramikmanufaktur Zsolnay** muss man etwas tiefer in die Tasche greifen.
Wer mag, ersteht **handgearbeitete Textilien** wie Blusen, Kleider, Tischdecken und Bezüge, die oft schön bestickt sind. Kalocsaer Blusen, Matyó-Stickereien, Jacken mit bunten Tuchverzierungen und bäuerliche Webwaren stoßen auf ebensoviel Interesse wie Lederwaren und Wärmendes aus Schaffellen.

Ganz im Trend liegen **Naturheilmittel** – vor allem Blütenpollen, Honig, Lavendeltropfen und Heilkräuter –, die sogar relativ günstig sind. Bei **Lebensmitteln** rangieren ungarische Salami, Paprika und Knoblauch als Pulver oder in vielerlei Gebinden ganz oben in der Beliebtheitsskala, außerdem der »Barack pálinka« genannte Marillenschnaps, der begehrte »Szilva pálinka« (Zwetschgenschnaps) oder der Magenbitter Unicum vom Likör- und Schnapsfabrikanten Peter Zwack. Auch Weine aus diversen Anbaugebieten, insbesondere aus Eger, Villány und Tokaj, werden gerne gekauft und, da Flugreisende nur eingeschränkt Flaschen mitnehmen können, oft schon im Hotel oder am Donauufer verköstigt.

Antiquariate, Antiquitäten und Galerien

Budapest war immer bekannt für seine hervorragenden Antiquariate, und es gibt sie auch heute noch, gleich mehrere zum Beispiel gegenüber dem Nationalmuseum. Auch Antiquitätenliebhaber werden fündig: auf dem Flohmarkt, in Kramläden oder gediegeneren Antiquitätengeschäften. Letztere findet man gehäuft in der **Falk Miksa utca** beim Parlament. Auch einige Galerien haben sich dort angesiedelt. Kunsthändler sind ansonsten überall in der Stadt ansässig und viele Galerien sind auch auf den internationalen Kunstmessen vertreten.

Kleidung, Schuhe

Wer bei Kleidung auf Originalität und Qualität setzt, sollte unbedingt ungarische Modedesigner aufsuchen. Sehr beliebt sind auch handgefertigte Schuhe aus Budapest, ebenso Hüte und Handschuhe.

Eine Rarität: Vass stellt Schuhe nach Maß her.

Geschäfte haben in der Regel Mo.–Fr. 10–18, Sa. 9–13 Uhr geöffnet, Einkaufszentren bis 21 Uhr. Auch viele Geschäfte in der Fußgängerzone in Pest haben längere Öffnungszeiten. Markthallen und Märkte verkaufen werktags von 6 bis 17 Uhr.

Öffnungszeiten

SHOPPING-ADRESSEN

BÜCHER/ANTIQUARIATE

BESTSELLERS
Einer der ältesten Budapester Buchläden für fremdsprachige Bücher, Zeitungen und Magazine (engl., franz. und dt.).
V., Október 6 utca 11
www.bestsellers.hu

ÍRÓK BOLTJA
Buchladen mit Cafébetrieb. Wer kein Ungarisch kann, sollte gezielt die fremdsprachige Abteilung anvisieren.
VI., Andrássy út 45
www.irokboltja.hu

ALEXANDRA KÖNYVESHÁZ
Großer Buchladen im eleganten ehemaligen Pariser Großkaufhaus mit kleiner deutschsprachiger Abteilung, auch DVDs und ungarische Weine; Durchgang zum fantastischen Book-Café.
VI., Andrássy út 39
www.alexandra.hu

KÖZPONTI ANTIKVÁRIUM
Das größte Antiquariat Ungarns existiert schon seit 1881. Es bietet auch fremdsprachige Bücher und Karten an.
V., Múzeum körút 13–17
www.kozpontiantikvarium.hu

MASSOLIT BOOKS AND CAFÉ
Massolit Books ist spezialisiert auf englischsprachige Bücher.
VII., Nagy Diófa utca 30
www.facebook.com/massolitbudapest

DELIKATESSEN

PICK
Der Name Pick steht für ungarische Salami. Die Firma ist im südungarischen Szeged ansässig und verkauft im Firmenladen gegenüber vom Parlament u. a. ihre berühmte Wintersalami (téliszalámi).
V., Kossuth Lajos tér 9
www.pick.hu

EINKAUFSZENTREN

MAMMUT
Beliebtes Einkaufszentrum – der ursprünglich an dem Platz abgehaltene Wochenmarkt ist in den Komplex integriert worden.
II., Széna tér 1–3 (Eingang: Fény utca)

WESTEND
Riesiges Einkaufs-, Büro- und Freizeitzentrum mit über 400 Geschäften und Multiplexkino. Im Winter gibt es auf dem Dach eine Eislaufbahn. Einen genaueren Blick lohnt die Architektur des Gebäudes.
XIII., Váci út 1–3
www.westend.hu

FASHION
Trendige Modegeschäfte sind in der Váci utca und in der Deák Ferenc utca angesiedelt. Letztere wurde vielleicht etwas übertrieben zur »Fashion Street« hochstilisiert. Im ersten Abschnitt der Andrássy út geht es edel zu, man flaniert vorbei an Auslagen

einiger internationaler und ungarischer Nobeldesigner. Wer das Besondere liebt, wird auch im Bálna (▶Fővám tér) fündig oder auf dem Designer-Markt WAMP (**s. u.**).

DÓRA MÓJZES

Die Designerin hat eine Modelinie geschaffen, die auch in L.A., New York, London und auf Ibiza zu finden ist.
VI., Anker kör 2–4

ÉKES KESZTYŰ

Feinstes Leder in allen Farben und vortrefflich verarbeitet: Bei Ékes im Pester Stadtzentrum kann man seit 1883 elegante Handschuhe erwerben (Handschuh = kesztyű).
V., Régi posta utca 14

EVENTUELL GALÉRIA

Farbenfrohe Textilien, Stoffe, Accessoires und vieles mehr, alles handgefertigt von ungarischen Designern. Freundliches Geschäft in einer Seitengasse der Váci utca.
V., Nyáry Pál utca 7
www.eventuell.hu

KACZIÁN

Seit 1957 fertigt das Familienunternehmen hochwertige Krawatten für alle Anlässe, außerdem Schals, Fliegen, Seidenwesten und selbst Abendschnürsenkel. Bei Kaczián kann man sich auch seine eigene Krawatte schneidern lassen.
V., Régiposta utca 14
www.kaczian.hu

NUBU

Klare Formen, dezente Farben und einzigartige Schnitte sind die Kennzeichen dieses ungarischen Modelabels. Eleganz und Extravaganz finden hier zusammen.
VI., Andrássy út 15

SZPUTNYIK SHOP

Wer Vintage-Kleidung liebt, ist im Szputnyik Shop genau richtig, und abgerundet wird das Angebot durch brandneue Designs.
VI., Király utca 22
VII., Dohány utca 20
www.szputnyikshop.hu

V 50 DESIGN ART STUDIO

Designermode und Hüte für Damen mit Mut für Ausgefallenes. Valeria Fazekas kreiert tragbare Kunstobjekte – Funktionalität und pure Ästhetik sind charakteristisch für ihre Produkte.
V., Váci utca 50
www.valeriafazekas.com

FLOHMARKT/ KUNSTHANDWERKERMÄRKTE

ECSERI-FLOHMARKT

Riesiger Flohmarkt mit Innen- und Außenbereich, auf dem Nostalgiker nahezu alles finden: Uhren, Möbel, Kleidung, Porzellan, alte Fotoapparate und Zubehör. Über Preise kann verhandelt werden.
XIX., Nagykőrösi út 156
www.piaconline.hu
Mo.–Fr. 8–16, Sa. 6–15,
So. 8–13 Uhr
Direktbus 54 oder 55 ab Boráros tér bis Használtcikkpiac

GOUBA

Im Gozsdu-Hof wird in der Sommersaison jeden Sonntag ein kleiner Kunsthandwerkermarkt abgehalten. Hier zu stöbern macht Spaß, und Cafés und Live-Musik sorgen für einen schönen Rahmen.
VII., Gozsdu-Hof
Dob utca 16/Király utca 13
April – Okt., Fr.–So. 10–17 Uhr

WAMP

Im Sommer wird der beliebte Designer-Markt normalerweise einmal monatlich auf dem Erzsébet tér veranstaltet, im Winter meist im Millenáris Park in Buda.
www.wamp.hu

Mit gezieltem Blick findet man gute Mode von ungarischen Designern.

FOLKLORE

NÉPMŰVÉSZETI BOLT

Folklorekleidung, bunte Haban-Keramiken und Schwarzkeramiken aus Nádudvar verkauft der Volkskunstladen, wenige Schritte von der Váci utca entfernt.
V., Régi posta utca 12
www.folkartkezmuveshaz.hu

GALERIEN/ANTIQUITÄTEN

FAUR ZSÓFIA-RÁDAY GALÉRIA

Eine der ersten privaten Kunstgalerien, die sich nach dem Systemwechsel etablierte. Die Galeristin konzentriert sich auf zeitgenössische ungarische Fine Art und Fotografie.
XI., Bartók Béla út 25
www.galeriafaur.hu

KIESELBACH GALÉRIA

Der auch international renommierte Galerist Tamás Kieselbach konzipiert viel beachtete Ausstellungen sowie Auktionen und ist spezialisiert auf ungarische Malerei.
V., Szent István körút 5
www.kieselbach.hu

KNOLL GALÉRIA BUDAPEST

Die Galerie spielte eine wichtige Rolle bei der Entwicklung einer unabhängigen ungarischen Kunstszene. Gezeigt werden vor allem junge ungarische und ausländische Talente.
VI., Liszt Ferenc tér 10
www.knollgaleria.hu

KOLLER GALÉRIA

1953 von György Koller (1924–1996) gegründet, ist sie Budapests älteste Galerie (▶Budaer Burg), hervorgegangen aus einem Verein. 1980 bezog sie das einstige Atelierhaus des italienisch-ungarischen Künstlers Amerigo Tot. Zum Programm zählen ungarische und internationale zeitgenössi-

sche und moderne Kunst. Ihr Profil hat sie um Antiquitäten und Fotografie erweitert.
I., Táncsics Mihály utca 5
www.kollergallery.com

VÁRFOK GALLERY

Der Galerist Károly Szalóky bleibt dem Programm seiner 1990 gegründeten Galerie, wichtige Werke der zeitgenössischen ungarischen Kunst zu präsentieren, treu. Die Künstler, die er zeigt, gehören zur zweiten Generation der ungarischen Neo-Avantgarde.
I., Várfok utica 11
www.varfok-galeria.eu

VINTAGE GALÉRIA

Die 1997 von Attila Pőcze gegründete Galerie ist auch bekannt für ihre Publikationen und hervorragenden Fotografie-Ausstellungen. Ihr Programm ist moderne und zeitgenössische Kunst, darunter von André Kertész, László Moholy-Nagy, Imre Bak, Dóra Maurer und Sándor Pinczehelyi.
V., Magyar utca 26
www.vintage.hu

GLAS/PORZELLAN

AJKA KRISTÁLY

Seit 1878 fertigt die Firma in Ajka Kristallglasprodukte von höchster Qualität: geschliffen, farbig, in traditionellem oder modernem Design.
V., József Attila utca 7
www.ajka-crystal.hu

HEREND

Herend – das ungarische Meissen – steht für kostbares Porzellan. Die 1826 im gleichnamigen Ort gegründete Manufaktur wurde durch ihr orientalisches Design berühmt. Sie belieferte im 19. Jh. die Monarchen Europas, so auch Queen Victoria und Kaiserin Sisi. Bis heute wird jedes Stück von Hand bemalt.
V., József Nádor tér 11
I., Szentháromság utca 5
www.herend.com

ZSOLNAY

Die Pécser Manufaktur Zsolnay ist für elegantes Porzellan und edle Keramik bekannt, vor allem aber für die Dekor- und Dachkeramiken des ungarischen Jugendstils. Mit ihrer metallisch schimmernden Eosinglasur hat sie ein eigenes Markenzeichen entwickelt.
V., Kálvin tér 1
www.zsolnay.hu

MARKTHALLEN

ZENTRALE MARKTHALLE

Das Prachtstück unter Budapests Markthallen (▶Fővám tér). Neben ungarischen Spezialitäten und Folklore-Artikeln wird frisches Obst, Gemüse und Fleisch angeboten. Im 1. OG kann man Deftiges aus ganz Ungarn probieren und auch die in Öl ausgebackenen Hefefladen Lángos.
IX., Vámház körút 1–3
www.piaconline.hu
Mo. 6–17, Di.–Fr. 6–18,
Sa. 6–15 Uhr

WEITERE MARKTHALLEN

Ende des 19. Jh.s revolutionierten die Markthallen die Versorgung der Hauptstädter. Außer der Zentralen Markthalle wurden in den einzelnen Stadtteilen kleinere gebaut, in denen Obst, Gemüse, Fleisch und Käse verkauft wird, oft haben sie einen kleinen Supermarkt und Drogeriemarkt.
I., Batthyány tér
V., Hold utca 13
VI., Hunyadi tér 4
VII., Klauzál tér 11
VIII., Rákóczi tér 7–9

Auch diese moderneren Markthallen lohnen sich zum Einkaufen:
II., Fény utca
XI., Fehérvári út
XIII., Lehel tér

SCHUHE

VASS
Wer ein paar Wochen Zeit hat, bekommt handgenähte Schuhe nach Maß; ansonsten muss das vorhandene Angebot reichen.
V., Haris köz 2 u. 6
www.vass-cipo.hu

SCHMUCK

VARGA DESIGN
Der Goldschmied Miklós Varga stellt ausgefallenen hochwertigen Schmuck mit Diamanten und Perlen her.
V., Haris köz 6
www.vargadesign.hu

WEIN

BORTÁRSASÁG
Die »Weingesellschaft«, führt eine sehr gute Auswahl aus verschiedenen Weingebieten. Auch Weine von Spitzenwinzern, u. a. aus den Regionen Villány ganz im Süden, vom Balaton sowie aus Eger und Tokaj im Norden, sind zu haben.
I., Lánchíd utca 5
V., Vécsey 5, IX., Ráday utca 7
www.bortarsasag.h

STADTBESICHTIGUNG

Wer die Stadt auf einer geführten Tour kennenlernen möchte, hat die berühmte Qual der Wahl. Führungen werden per Bus, per Schiff, per Rad und zu Fuß angeboten, und der Bogen reicht von herkömmlichen Rundfahrten bis zu speziellen Thementouren, die auch versteckte Facetten von Budapest zeigen.

Busrundfahrten

Ist man zum ersten Mal in der Stadt, lohnt sich ein **Hop-on-hop-off**-Ticket. Bei diesen Busrundfahrten kann man an vielen wichtigen Sehenswürdigkeiten unbegrenzt aus- und wieder zusteigen. Während eine **herkömmliche Busrundfahrt** zwei bis drei Stunden dauert, kann man bei Hop-on-hop-off-Touren ganz nach Belieben mehr oder weniger Zeit bei einzelnen Highlights verbringen. Die Kommentare in den Bussen sind meistens auch auf Deutsch. Einige Anbieter haben einstündige **Schiffstouren** in die Stadtrundfahrten integriert.

Donautour

»An der schönen blauen Donau ...« – die Farbe des Flusses mag nicht unbedingt blau sein, doch eine Schiffsrundfahrt führt zu den wichtigsten Sehenswürdigkeiten der Donaumetropole. Die Schiffe fahren unter der Kettenbrücke hindurch zum Parlament und zur Margareteninsel und dann flussabwärts am Burgberg und am Gellért-Berg vorbei bis zum Nationaltheater. Auch abendliche Schiffsausflüge werden angeboten, wenn die Kettenbrücke und der Burgpalast festlich illuminiert sind.

BAEDEKER MAGISCHE MOMENTE

MIT DEM BUS IN DIE DONAU

Suchen Sie sich einen Fensterplatz und machen Sie sich keine Sorgen. Es ist schon ein besonderes Gefühl, in einem Bus zu sitzen, der auf die Donau zuhält und dann mit einem »Platsch« tatsächlich ins Wasser eintaucht. Bei langsamer Fahrt hat man Zeit, die Stadt vom Wasser aus zu betrachten. Vergnüglich sind auch die verdutzten Gesichter auf den Touristenschiffen, die einem mit offenen Mündern nachschauen. Der Bus RiverRide kann nicht nur schwimmen, er bringt Sie auch sicher aufs Festland zurück.

Schiffsverkehr

Eine Tour mit einem **Linienschiff** kann man ebenfalls gut machen. Die Schiffe fahren alle 30–60 Minuten vom Boráros tér im Süden über Szent Gellért tér, Petőfi tér, Várkert Bazár, Kossuth Lajos tér, Batthyány tér und Jászai Mari tér nach Norden; mitunter wird auch die Margareteninsel angesteuert. Mit BKV-Zeitkarten (ab Tageskarte) ist die Fahrt Mo.–Fr. kostenlos.

Straßenbahnrundfahrt

Die Straßenbahnlinien 2, 4 und 6 sind – vor allem wenn man eine Budapest Card hat (▶ Preise · Vergünstigungen) – eine preiswerte Möglichkeit, sich einen Überblick über die **Pester Seite** der Stadt zu verschaffen. Eine empfehlenswerte Rundfahrt beginnt an der Margaretenbrücke südlich der Margareteninsel; von dort fahren die **Linien 4 und 6** den Großen Ring entlang, vorbei am Westbahnhof, Oktogon und Café New York bis zur Petőfi-Brücke, wo man in die **Linie 2** Richtung Norden umsteigt. Parallel zur Donau und teilweise direkt am Ufer geht es am Bálna und am Fővám tér mit der Zentralen Markthalle vorbei und dann weiter mit Blick auf den Gellért-Berg, das Gellért-Bad, die imposante Burg, auf Kettenbrücke und Parlament zurück zum Ausgangspunkt. Während der Rushhour (17–19 Uhr) ist die Fahrt nicht zu empfehlen.

Ausflüge

Lohnend sind Ausflüge in die nahen ▶Budaer Berge, ein attraktives Ziel ist dort der höchste Berg der Stadt, der 527 m hohe János-hegy. Etwas weiter sind Touren ans ▶Donauknie, nach ▶Gödöllő und nach ▶Szentendre.

ANGEBOTE SIGHTSEEING

STADTSPAZIERGÄNGE

Über das große Angebot an geführten Stadtrundgängen informieren die Touristenbüros (▶Praktische Information, Auskunft) und die Hotelrezeptionen. Inhaber der Budapest Card (▶Preise · Vergünstigungen) erhalten je eine Führung durch das Burgviertel und die Pester Innenstadt kostenlos (auf Englisch).

ABSOLUTE WALKING TOURS

Der Anbieter hat mehrere Themenführungen auf Englisch im Programm. Es geht zu Fuß, per Bike oder Segway durch die Stadt.
Tel. 06 12 69 38 43
VI., Lázár utca 16
www.absolutetours.com

FREE WALKING TOURS

Immer populärer werden kostenlose Stadtführungen (auf Englisch), die auf Trinkgeldbasis durchgeführt werden. Angeboten werden u. a. Führungen durch das Jüdische Viertel, durch das kommunistische Budapest und Abendspaziergänge.
Tel. 062 03 40 92 17
www.triptobudapest.hu

BUSRUNDFAHRTEN

CITYRAMA

Seit 1987 gibt es die Bustouren, hinzugekommen sind Touren per Bike, Touren ins Umland und Thementouren wie »Eat Hungary«.
Tel. 06 13 02 43 82
www.cityrama.hu

HOP ON HOP OFF

www.citytour.hu
www.city-sightseeing.com
www.bigbustours.com
www.programcentrum.hu

BUDAPEST ANDERS

RIVERRIDE

Aufregend und kurios: Im Amphibienbus fährt man geradewegs in die Donau.
Tel. 06 13 32 25 55
www.riverride.com

BUDAPEST TUK TUK

Budapest entdecken im Tuk Tuk – oder auch eine Wein- oder Gulasch-Tour.
www.budapesttuktuk.com

BUDAPEST AIR CRUISE
Budapest aus der Vogelperspektive: per Flugzeug oder Helicopter
www.ticket.info.hu

DONAUSCHIFFFAHRT

DINNER & CRUISE
Es gibt Angebote für mittags, abends und nachts.
V., Zrinyi utca 5 (Donau Palast)
Tel. 06 13 17 13 77

DUNAYACHT
V., Petőfi tér, Schiffsanleger 10
Tel. 063 05 86 50 01
www.dunayacht.com

LEGENDA
V., Vigadó tér, Schiffsanleger 7
Tel. 06 13 17 22 03
www.legenda.hu

MAHART PASSNAVE
V., Vigadó tér, (Schiffsstation)
Tel. 06 14 84 40 00
www.mahartpassnave.hu

FAHRRAD

YELLOW ZEBRA BIKES
Fahrrad- und Segwaytouren (auf Englisch)
VI., Lázár utca 16
Tel. 06 12 69 38 43
www.yellowzebrabudapest.com

BIKE TOURS
Neben Sightseeingtouren in Budapest werden auch Fahrten zum Donauknie und nach Szentendre angeboten; auch Fahrradverleih.
VI., Andrássy utca 7
www.bike-and-relax.com

BUBI-FAHRRÄDER
Öffentlicher Fahrradverleih: Die grünen Fahrräder von »Bubi« findet man im gesamten Stadtbereich.
molbubi.hu

RAUS AUS DER STADT
Man kann auch Ausflüge ins Umland buchen: nach Gödöllő, nach Szentendre oder ans Donauknie, sogar die Puszta und der Balaton sind im Programm.

CITY & COUNTRYSIDE TOURS
V., József Attila utca 5
www.programcentrum.com

EURAMA SIGHTSEEING TOURS
V., Apáczai Csere János utca 12 bis 14 (Hotel InterContinental)
www.eurama.hu

ÜBERNACHTEN

Übernachten im Jugendstilambiente? Oder sind Sie mit dem Wohnmobil angereist? Legen Sie Wert auf Fitness-Räume, auf ein Thermalbad, auf optimale Business-Ausstattung oder möchten Sie mit Blick auf die Donau aufwachen? Vielleicht sind auch Ruhe und Abgeschiedenheit oder die Kosten entscheidende Kriterien bei der Zimmersuche. Das Angebot ist in den letzten Jahren erheblich gewachsen, sodass man sich beinahe jeden Wunsch erfüllen kann.

Lage

Die meisten Hotels konzentrieren sich im Pester Stadtzentrum oder in Buda in der Nähe der Donau bzw. der Ausfallstraßen Richtung Wien. Manche Pensionen und Hotels liegen in den Budaer Bergen. Das bedeutet längere Anfahrtszeiten ins Zentrum, dafür aber schöne Wohnlagen mit frischer Luft. Um keine böse Überraschung zu erleben, sollte man sicherstellen, dass die Unterkunft gut mit öffentlichen Verkehrsmitteln zu erreichen ist.

Hotelkategorien

Im gehobenen Sektor gibt es eine breite Palette an Vier- und Fünf-Sterne-Hotels. Einige Spitzenherbergen bieten einen wunderbaren Donaublick, andere verfügen über eigene Thermalbäder und wieder andere sind ganz im Designer-Look gehalten. Im Mittelklassebereich gibt es komfortable große und kleine Drei-Sterne-Hotels, aber auch bei Pensionen und B & Bs kann man gut fündig werden.

Preise

Vor allem bei den Hotels der gehobenen Kategorie können die Preise je nach Auslastung, Wochentag und Jahreszeit erheblich schwanken, sodass der Unterschied zu Drei-Sterne-Hotels verschwindend gering sein kann. Wie vielerorts kann man in der Nebensaison von November bis März mit Preisnachlässen rechnen, ausgenommen die Weihnachtszeit und Silvester.

Apartments

Immer mehr Anbieter gehen dazu über, alles vom Zimmer, kleinen Studio, Apartment bis zur ganzen Ferienwohnung zu vermieten. Viele komplett eingerichtete Unterkünfte liegen zentral und sind vergleichsweise günstig. Kritisch bei dieser Entwicklung ist jedoch wie andernorts auch, dass für normale Mieter im Zentrum immer weniger (erschwinglicher) Wohnraum bleibt.

Hostels

In Budapest gibt es zahlreiche private Hostels, die nicht nur für junge Reisende preisgünstige Gemeinschaftsunterkünfte bieten. Die meisten Hostels liegen sehr zentral innerhalb des Großen Rings in Pest. Teilweise wurden große Wohnungen in Privathäusern umgewandelt, manchmal ein ganzes Haus übernommen. Im Sommer werden einige Studentenwohnheime als günstige Herbergen genutzt. Viele Hostels bieten neben Schlafsälen (meistens 4–8 Betten) auch einige Doppelzimmer an.

Camping

Wer mit dem eigenen Zelt, Wohnwagen oder Wohnmobil anreist, findet etwas außerhalb des Zentrums Campingplätze bzw. Stellplätze mit mehr oder weniger guter Verkehrsanbindung. Dafür sorgt die Übernachtung im Grünen für angenehme Entspannung.

Reservierung

In den Sommermonaten – zumal während der Formel 1 im Juli/ August –, Ostern und Silvester ist immer eine rechtzeitige Reservierung zu empfehlen.

1 Four Seasons Hotel Gresham Palace
2 Budapest Marriott Hotel
3 Hilton Budapest
4 Gellért
5 art'otel
6 Danubius Grand Hotel Margitsziget
7 Danubius Hotel Astoria City Center
8 Gerlóczy
9 K + K Hotel Opera
10 Pest-Buda
11 Radisson Blu Béke
12 Burg Hotel
13 City Hotel Mátyás
14 Erzsébet City Center
15 Connection Guesthouse
16 Bara
17 Benczúr
18 Medosz
19 Gozsdu Court
20 Maverick Hostel
Óbuda, Aquincum, Margareteninsel,
Király-Bad
Markthalle
Busbahnhof
Széll Kálmán tér
Budaer Bergland
St. Elisabeth
HÉV végáll.
Parlament
Batthyány tér
St. Anna
Kossuth tér
LIPÓTVÁROS
Nationalbank
Militärhistorisches Museum
Magdalenenturm
VÍZIVÁROS
Fischerbastei
VÁR
Matthiaskirche
Altes Rathaus
KRISZTINAVÁROS
Déli pu.
Süd-Bahnhof
Akademie der Wissenschaften
St.-Stephan-Basilika
Gresham-Palast
Széchenyi lánchíd (Kettenbrücke)
Standseilbahn
Café Gerbeaud
Christinenstädt. Pfarrkirche
Burgpalast
Ungarische Nationalgalerie
Széchényi-Nationalbibliothek
Budapester Hist. Museum
Donaukorso (Dunakorzó)
Vigadó
Duna (Donau)
BUDA
Burggarten-Basar
Semmelweis-Museum
Tabáner Pfarrkirche
ELTE
Innerstädt. Pfarrkirche
TABÁN
Raizen-Bad
Elisabeth-Denkmal
Erzsébet híd (Elisabeth-Brücke)
Urania Sternwarte
Gellért-Denkmal
Rudas-Bad
Zitadelle
Befreiungsdenkmal
GELLÉRT-HEGY
St. Johannes der Täufer
Gellért-Bad

BUDAPEST
400 m
© BAEDEKER
Museum der Schönen Künste, Heldenplatz
Stadtwäldchen
Városliget
Nyugati pu.
Westbahnhof
Kodály körönd
György-Ráth-Múzeum
Vörösmarty u.
Haus des Terrors
Franz-Liszt-Museum
TERÉZVÁROS
Hunyadi tér
Oktogon
Operettentheater
Thalia-Theater
Markthalle
Liszt Ferenc tér
Tiermedizinische Universität
Bethlen Gábor tér
Franz-Liszt-Musikakademie
Madách-Theater
Opera
Bajcsy-Zs. út
Klauzál tér
ERZSÉBETVÁROS
Gozsdu-Hof
Große Synagoge
Blaha L. tér
II. János Pál pápa tér
Erkel-Theater
Astoria
PEST
Eötvös-Loránd-Universität
Petőfi-Literaturmuseum
Gutenberg tér
Rákóczi tér
Ungarisches Nationalmuseum
Universitätskirche
BELVÁROS
Kálvin tér
Horváth M. tér
Semmelweis-Universität
Zentrale Markthalle
Fővám tér
Corvin-negyed
Corvinus-Universität
Kunstgewerbemuseum
Bálna
Bakáts tér
Ferihegy, Népliget
Technische Universität
Andrássy út
Rákóczi út
Erzsébet körút
József körút
Ferenc körút
Múzeum körút
Üllői út
Károly körút
Dózsa György út
1 Bock
2 Gundel
3 Onyx Étterem
4 Robinson
5 Spoon
6 Costes
7 Fatal
8 Kéhli Vendéglý
9 Menza
10 Mátyás pince
11 Náncsi Néni
12 Aranyszarvas
13 Fausto's Ristorante
14 Govinda
15 Pest Buda
16 Taj Mahal
17 Muzeum
18 Pierrot
19 Pomo d'Oro
20 Wasabi
21 Napfényes Étterem
22 Kochschule Chefparade
23 Budapest Makery
1 Astoria
2 Centrál
3 Gerbeaud
4 Müvész
5 New York
6 Ruszwurm
7 Auguszt
8 BookCafé
9 Európa Kávéház
10 Gerlóczy
11 Szecesszió Kávéház

UNTERKÜNFTE

HOTELS IM INTERNET

www.budapesthotelreservation.hu
www.besthotelservice.hu
www.budapesthotelstart.com
www.flatrentbudapest.com
www.hostelworld.com
http://de.hostelbookers.com
www.ibusz.hu

PREISKATEGORIEN

für eine Nacht im DZ

€€€€	ab 45 000 HUF
€€€	ab 30 000 HUF
€€	ab 20 000 HUF
€	bis 20 000 HUF

❶ etc. ▶ Plan S. 292
(Vorwahl innerhalb Ungarns 06, aus dem Ausland +36)

FEIN & BESONDERS

❶ FOUR SEASONS HOTEL GRESHAM PALACE €€€€

Das Hotel steht direkt am Fuß der Kettenbrücke mit Blick auf den Burgberg. Auch wenn man sich kein Zimmer leisten kann, sollte man einen Blick in die Eingangshalle werfen: Herrliche Jugendstilfenster, aufwendige Mosaiken aus Muranoglas und Seidentapete aus Belgien – ein wunderbarer Jugendstilpalast, den sich die englische Versicherungsgesellschaft Gresham 1907 bauen ließ (▶Széchenyi István tér).
V., Széchenyi István tér 5–7
Tel. +36 12 68 60 00
www.fourseasons.com

❷ BUDAPEST MARRIOTT HOTEL €€€€

Wegen seiner Lage am Pester Donaukorso gehört dieses Haus zu den besonders gefragten Adressen in Budapest. Von außen schlicht, überrascht das Innendesign. Aus vielen der luxuriös ausgestatteten Zimmer hat man einen tollen Blick auf das gegenüberliegende Burgviertel.
V., Apáczai Csere János utca 4
Tel. +36 14 86 50 00
www.marriott.com

❸ HILTON BUDAPEST €€€€

Noch zu Zeiten des »Gulaschkommunismus« wurde dieses moderne Luxushotel im Herzen des Burgviertels in unmittelbarer Nachbarschaft der Fischerbastei erbaut, wobei die Überreste des gotischen Dominikanerklosters einbezogen wurden. Herrlicher Donaublick!
I., Hess András tér 1–3
Tel. +36 18 89 66 00
www.budapest.hilton.com

❹ GELLÉRT €€€€

Ein Markstein an der Donau ist dieses Jugendstilhotel von 1918 mit Thermalbad. Hier gaben sich über die Jahrzehnte viele Berühmtheiten die Klinke in die Hand. Noch heute ist ein Hauch nobles Jahrhundertwendeflair zu spüren, vor allem im Bad, zu dem Hotelgäste freien Zugang haben. Einen schönen Ausblick bietet das Panoramarestaurant.
I., Szt. Gellért tér 2
Tel. +36 18 89 55 01
www.gellert.danubiushotels.com

❺ ART'OTEL €€€

Das Hotel unterhalb des Burgbergs direkt am Donauufer besteht aus vier Barockhäusern und einem modernen Trakt. Von den Zimmern nach vorne hat man einen wunderbaren Blick zum Parlament. Die rund 600 Werke des US-Künstlers Donald Sultan verleihen dem Haus ein eigenes Flair.
I., Bem rakpart 16–19
Tel. +36 14 87 94 87
www.artotel.de

6 DANUBIUS GRAND HOTEL MARGITSZIGET €€€

Die Margareteninsel ist eine grüne Oase in Budapest und gleichzeitig zentral. Und wer nicht in der Hektik der Stadt wohnen möchte und Wellness sucht, ist hier genau richtig. Das stilvolle, 1873 gebaute Hotel bezaubert durch sein nostalgisches Ambiente. Im Jahr 2000 wurde es im Inneren umfassend modernisiert. Durch einen unterirdischen Gang kommt man zu den Kureinrichtungen des benachbarten Thermalhotels.
XIII., Margitsziget
Tel. +36 18 89 42 00
www.danubiushotels.com/grandhotel

7 DANUBIUS HOTEL ASTORIA CITY CENTER €€€

Freundlich und recht familiär geht es in diesem Traditionshotel im Zentrum von Pest zu. Das 1914 eröffnete Haus hat 138 nett eingerichtete Zimmer. Kunsthistorisch Versierte können hier unverfälschtes Jahrhundertwende-Flair studieren. Das hauseigene Café-Restaurant ist ein Relikt aus vergangenen Kaffeehauszeiten.
V., Kossuth Lajos utca 19–21
Tel. +36 18 89 60 00
www.danubiushotels.com

SOLIDE & GUT

8 GERLÓCZY €€€

Das Gerlóczy über einem stimmungsvollen kleinen Café bietet 19 komfortable Zimmer in ruhiger und sehr zentraler Lage. Das Frühstück kann man morgens im Café einnehmen – ein klein wenig Paris an der Donau!
V., Gerlóczy utca 1
Tel. +36 15 01 40 00
www.gerloczy.hu

9 K + K HOTEL OPERA €€€

In einer ruhigen Seitenstraße hinter der Oper befindet sich dieses moder-

Schöner Luxus im Four Seasons Hotel Gresham Palace – es fehlt einfach an gar nichts.

ne, gut geführte Haus mit mehr als 200 geschmackvoll eingerichteten Zimmern. Der Service ist hervorragend und es gibt eine Parkgarage.
VI., Révay utca 24
Tel. +36 12 69 02 22
www.kkhotels.com

⑩ PEST-BUDA €€€
Über dem schicken gleichnamigen Bistro (►Essen und Trinken) mitten im historischen Burgviertel hat 2016 ein fesches Boutique-Hotel mit zehn Zimmern eröffnet. Eine schmucke Adresse mit Historie – bereits 1696 befand sich hier ein Gasthof.
I., Fortuna utca 3
Tel. +36 18 00 92 13
www.pest-buda.com

⑪ RADISSON BLU BÉKE €€€
Das traditionsreiche Haus mit komfortablen, aber eher kleinen Zimmern liegt recht zentral am Großen Ring in der Nähe des Westbahnhofs. Das Frühstück kann man im »Zsolnay«, einem der besten Café-Restaurants der Stadt einnehmen – auf dem Porzellan gleichen Namens und vielleicht mit Platz im Wintergarten.
VI., Teréz körút 43
Tel. +36 18 89 39 00
www.radissonblu.com

⑫ BURG HOTEL €€€
Die Lage mitten im Burgviertel ist kaum zu toppen, wenn man nicht in der Innenstadt wohnen möchte. Das Hotel ist modern und solide eingerichtet, und abends, wenn die Touristenströme weniger werden, wird es in den Gassen hier oben richtig romantisch.
I., Szentháromság tér 7–8
Tel. +800 85 85 12 34 (auf Englisch)
www.burghotelbudapest.hu

⑬ CITY HOTEL MÁTYÁS €€€
Zentrales Mittelklassehotel nahe der Elisabethbrücke in einem historischen Gebäude mit großer Café-Terrasse zur Donau hin und einem stimmungsvollen Restaurant im Weinkeller. Aufpreis bezahlt man für die wenigen Zimmer mit Donaublick.
V., Március 15. tér 8
Tel. +36 13 18 05 95
www.cityhotel.hu

⑭ ERZSÉBET CITY CENTER €€€
In dem modernen Stadthotel im verkehrsberuhigten Teil der Pester Innenstadt übernachten vor allem preisbewusste Geschäftsleute. Im Restaurant kann man gut speisen, und in der Hotelbar ist immer viel los.
Károlyi utca 11–15
Tel. +36 18 89 37 00
www.danubiushotels.com/de

⑮ CONNECTION GUESTHOUSE €€
Die beiden Besitzer des Hauses im lebendigen jüdischen Viertel sorgen für eine freundliche Atmosphäre und sehr guten Service. Auf der hauseigenen Terrasse kann man gut entspannen, Haustiere sind willkommen. Unbedingt reservieren!
VII., Király utca 41
Tel. +36 12 67 71 04
www.connectionguesthouse.com

PRAKTISCH

⑯ BARA €€
Das kleine Hotel am Fuß des Gellért-Bergs hat 36 zweckmäßig eingerichtete Zimmer. In wenigen Gehminuten erreicht man das Gellért-Bad. Haustiere sind willkommen.
XI., Hegyalja út 34–36
Tel. +36 13 85 34 45

⑰ BENCZÚR €€
Relativ ruhig liegt dieses Hotel in der Nähe des Stadtwäldchens. Die 150 Zimmer sind einfach, aber hell und teilweise antiallergen.
VI., Benczúr utca 35
Tel. +36 14 79 56 50
www.hotelbenczur.hu

⓲ MEDOSZ €€
Zur Andrássy út und zu den einschlägigen Ausgehadressen sind es von diesem »realsozialistischen« Hotel nur wenige Meter. An Komfort sollte man nicht allzu viel erwarten, doch es wurden viele Zimmer ansprechend modernisiert. Der günstige Preis ist für die gute Lage jedenfalls kaum zu toppen.
VI., Jókai tér 9
Tel. +36 13 74 30 00
www.medoszhotel.hu

APARTHOTEL

⓳ GOZSDU COURT €€€
Der alte Gozsdu-Hof ist heute eine hippe Adresse für Kneipen, Bars und Restaurants. In einem der sanierten Gebäude befindet sich das moderne Hotel mit verschiedenen Apartments, alle mit kostenlosem WLAN.
VI., Király utca 13
Tel +362 06 20 16 34
www.gozsducourt.com

HOSTEL

⓴ MAVERICK HOSTEL €€
Ungewöhnlich schickes Hostel mitten in der Innenstadt. Außer Mehrbettzimmern gibt es auch Privatzimmer. WLAN ist inklusive.
V., Ferenciek tere 2
Tel. +36 12 67 31 66
mavericklodges.com

CAMPING

AVE NATURA CAMPING
Im Grün der Budaer Berge liegt dieser Campingplatz mit viel Holzarchitektur.
Zugliget, Csermely út 3
Tel. +362 00 34 70

CAMPING ARENA BUDAPEST
Geeignet für Wohnmobile, der Platz ist rund um die Uhr geöffnet.
Pilisi u. 7/a
Tel. +363 02 96 91 29

P
PRAKTISCHE INFOS

Wichtig, hilfreich präzise

Unsere Praktischen Infos
helfen in allen Situationen
in Budapest weiter.

Schönes Andenken aus Budapest:
nostalgische Blechschilder ►

BUDAPEST
HOTEL'S
Budapest
Milk is
Men
GULASH
RED WINE
FINE FOOD
BUDAPEST
Budapest
City
Rubik's
Macaron
25¢
ICE
COL

KURZ & BÜNDIG

ELEKTRIZITÄT
220 Volt/50 Hz; Adapter sind nicht nötig.

FUNDBÜROS
In Budapest haben die Unternehmen des öffentlichen Nahverkehrs, Bahnhöfe und Flughafen jeweils ihre eigenen Fundbüros (Talált tárgyak osztálya). Auf Straßen oder in Geschäften gefundene Sachen werden meist an das Fundbüro des zuständigen Stadtbezirks weitergeleitet.

Fundbüro der öffentlichen Verkehrsmittel BKK:
VII., Akácfa utca 18
Tel. 612 58 46 36
Mo. 8–20, Di.–Do. 8–17,
Fr. 8–15 Uhr

GELD

WÄHRUNG
Wechselkurse für den ungarischen Forint (HUF):
100 HUF = 0,31€ / 1 € = 322 HUF
100 HUF = 0,35 SFr / 1 SFr = 285 HUF

SPERRNOTRUF
Unter folgender Nummer kann man Bank- und Kreditkarten, Handys und Krankenkassenkarten sperren lassen.
Tel. 116 116 (aus dem Ausland mit Vorwahl +49) | www.sperr-notruf.de

NOTRUFE

ZENTRALER NOTRUF
Tel. 112

UNFALLRETTUNG/NOTARZT
Tel. 104

FEUERWEHR
Tel. 105

POLIZEI
Tel. 107
Polizeizentrale: XIII., Teve utca 6
Polizeistation Pester Innenstadt: Szalay utca 11–13

ACE-NOTRUFZENTRALE STUTTGART
Tel. +49 711 530 34 35 36

ADAC-NOTRUFZENTRALE MÜNCHEN
Pannenhilfe, rund um die Uhr:
Tel. +49 89 22 22 22
Bei Erkrankung:
Tel. +49 89 76 76 76

VORWAHLNUMMERN
Vorwahl für Budapest
Tel. +36-1

Vorwahl von Budapest
nach Deutschland: Tel. +49
nach Österreich: Tel. +43
in die Schweiz: Tel. +41

WAS KOSTET WIE VIEL?
Doppelzimmer: ab10 000 HUF
3-Gänge-Menü: ab 5000 HUF
Einfache Mahlzeit: ab 1500 HUF
Tasse Kaffee: ab 350 HUF
Ein Bier: ab 400 HUF
Einzelfahrschein: 350 HUF

ZEIT

MITTELEUROPÄISCHE ZEIT (MEZ)

SOMMERZEIT
Ende März–Ende Oktober

ANREISE · REISEPLANUNG

Anreisemöglichkeiten

Mit dem Flugzeug

Non-Stop-Flugverbindungen nach Budapest bestehen täglich von mehreren Flughäfen in Deutschland, Österreich und der Schweiz; auch einige Billig-Fluglinien sind unter den Anbietern. Die Flugzeit von Frankfurt am Main nach Budapest beträgt ca. 1,5 Stunden. Der Budapest Flughafen **Ferenc Liszt International Airport** (ehemals Ferihegy) liegt 24 km südöstlich des Stadtzentrums und hat zwei nebeneinanderliegende Terminals: **Terminal 2 A** und **Terminal 2 B**. Im Terminal 2 A werden die innerhalb des Schengenraums kontrollfreien Flüge abgewickelt, im Terminal 2 B alle anderen internationalen Flugverbindungen.

Vom Flughafen in die Stadt

Vom Flughafen fahren **Busse** und die **Metro** in die Stadt. Ab Terminal 2 nimmt man zunächst die Schnellbuslinie **200 E** bis zur Metro-Station Kőbánya-Kispest. Die **Metro 3** fährt dann in kurzer Zeit ins Stadtzentrum. Außerdem gibt es den Direktbus **100 E** über Kálvin tér/Üllői utca zum zentralen Deák Ferenc tér. Tickets kann man am Automaten mit der EC- oder Kreditkarte kaufen.
Die Airport-Shuttle-Minibusse werden von **MiniBud** betrieben. Sie verkehren zwischen dem Flughafen und jeder gewünschten Adresse in Budapest. Abgerechnet wird pro Fahrgast, und es wird zumeist mehr als ein Ziel angefahren. Eine einfache Fahrt in die Pester Innenstadt kostet derzeit 17,50 €, zwei Personen zahlen 21,20 €.
Offizieller **Taxi**-Vertragspartner der Flughafenbetreiber ist das renommierte Unternehmen **Fő Taxi**. Es gelten die normalen Budapester Taxitarife. Eine Taxifahrt in die Innenstadt dauert je nach Verkehrslage rund eine halbe Stunde und kostet ca. 23 €.

Mit der Bahn

Von West- und Süddeutschland aus führen die günstigsten Bahnverbindungen per ICE über Nürnberg, Passau, Linz nach Wien bzw. per Railjet von München, Salzburg, Linz und Wien nach Budapest. Viele Bahnreisende aus Nord- und Ostdeutschland reisen via Berlin, Dresden, Prag und Bratislava in die ungarische Hauptstadt. Die Fahrzeit von Frankfurt/Main nach Budapest beträgt ca. 11 Stunden. Die meisten Züge aus Deutschland, Österreich und der Schweiz kommen am Budapester Ostbahnhof (Keleti Pályaudvar) an. Bei frühzeitiger Buchung kann man mit Sparpreistickets mitunter günstiger fahren.

Mit dem Auto

Am einfachsten erreicht man Budapest von Westdeutschland und der Schweiz aus via Österreich. Man benutzt ab Wien die österreichi-

INFORMATIONEN

BAHNVERKEHR

DEUTSCHE BAHN
Tel. 0180 6 99 66 33
www.bahn.de

ÖSTERREICHISCHE BUNDESBAHNEN
www.oebb.at

BAHNHÖFE

OSTBAHNHOF (KELETI PÁLYAUDVAR)
Bahnhof für Fernzüge aus/nach Deutschland, Österreich, Schweiz, außerdem Tschechische und Slowakische Republik
VIII., Baross tér

WESTBAHNHOF (NYUGATI PÁLYAUDVAR)
Von diesem Bahnhof starten Züge ins nordöstliche Donauknie (u. a Vác).
VI., Nyugati tér

SÜDBAHNHOF (DÉLI PÁLYAUDVAR)
Verbindungen nach Österreich. Der Bahnhof ist zudem Startpunkt für den Regionalverkehr zum Plattensee.
I., Alkotás út

BUSVERKEHR

EUROLINES
Tel. 06196 2 07 85 01 (dt.)
www.eurolines.de

MINIBUD AIRPORT-SHUTTLE-SERVICE
Tel. 615 50 00 00
www.minibud.hu/en

FLIXBUS
www.flixbus.de

FLUGHAFEN FERENC LISZT

AUSKUNFT
Tel. 612 96 70 00
www.bud.hu

FLUGGESELLSCHAFTEN

EASYJET
www.easyjet.com

EUROWINGS
www.eurowings.com

LUFTHANSA
www.lufthansa.com

AUSTRIAN AIRLINES
www.austrian.com

SWISS
www.swiss.com

RYANAIR
www.ryanair.com

WIZZ AIR
www.wizzair.com

SCHIFFSVERKEHR

MAHART
V., Belgrád rakpart
Tel. 614 84 40 13
www.mahartpassnave.hu/en

TAXI

FŐ TAXI
Tel. 612 22 22 22
www.fotaxi.hu

CITY TAXI
Tel. 1 211 1111
www.citytaxi.hu

sche vignettenpflichtige Autobahn A 4 bis zum Grenzübergang Nickelsdorf/Heg-yeshalom und dann die ebenfalls vignettenpflichtige ungarische Autobahn M 1. Von Ostdeutschland gelangt man am besten über Dresden, die tschechische Autobahn D 1 (Prag – Brno), die slowakische Autobahn D 2 (Brno – Bratislava), den Grenzübergang Rajka und dann über die M 1 in die ungarische Hauptstadt.

Mit dem Bus

Ganzjährig unterhalten Volánbusz und Eurolines eine fahrplanmäßige Busverbindung zwischen mehreren Städten in Deutschland, Österreich sowie der Schweiz und Budapest. Die Fahrzeit von Frankfurt am Main nach Budapest beträgt 17–20 Stunden.

Mit dem Schiff

Von Mitte Mai bis September verkehren 3 x wöchentlich Tragflügelboote zwischen Wien (Anlegestelle: DDSG, Schifffahrtszentrum, Handelskai 265) und Budapest (Anlegestelle: Belgrád rakpart). Die Fahrzeit beträgt von Wien nach Budapest, also stromabwärts, rund 5 St. und stromaufwärts rund 6,5 Stunden.
Zwischen Passau bzw. Wien und der ungarischen Hauptstadt Budapest fahren zahlreiche sehr komfortabel ausgestattete Flusskreuzfahrtschiffe. Auskünfte erteilen alle Reisebüros.

Ein- und Ausreisebestimmungen

Reisedokumente

Ungarn ist Mitglied des Schengener Abkommens zwischen EU-Staaten, das den Grenzübertritt ohne Personenkontrollen vorsieht. Für einen Aufenthalt benötigen EU-Bürger einen gültigen Reisepass oder einen Personalausweis, Kinder unter 16 Jahren einen Kinderausweis. Autofahrer müssen Führerschein und Fahrzeugschein mit sich führen. Die Mitnahme der Grünen Versicherungskarte wird empfohlen. Beschädigte Fahrzeuge dürfen Ungarn nur mit einer entsprechenden Bestätigung verlassen, die bei der Einreise oder am Unfallort in Ungarn ausgestellt wird.

Haustiere

Zur Einfuhr von Tieren nach Ungarn ist ein amtstierärztliches Attest vorzulegen, das nicht älter als acht Tage (vor Reiseantritt!) sein darf. Eine Tollwutimpfung (mindestens 30 Tage alt) muss nachgewiesen werden; für Hunde ist darüber hinaus eine Schutzimpfung gegen Staupe vorgeschrieben. Leine und Maulkorb sind von den Hundehaltern mitzuführen. Die Mitnahme von sogenannten Kampfhunden ist verboten.

Zollbestimmungen

Da Ungarn ebenso wie Deutschland und Österreich zur Europäischen Union gehört, dürfen Waren für den privaten Gebrauch eigentlich ohne Beschränkung nach Ungarn eingeführt werden. Es gelten aber gewisse **obere Richtmengen**: Dies sind 800 Zigaretten, 400 Zigarillos, 200 Zigarren, 1 kg Rauchtabak, 10 l Spirituosen, 20 l Zwischenerzeugnisse, 90 l Wein und 110 l Bier. Abgabenfrei sind für See- und Flugreisende ferner Geschenkartikel bis zu einem Wert von 430 € und für Bahn- und Autoreisende bis 300 €. Für Kinder unter 15 Jahren gilt unabhängig vom Verkehrsmittel ein Grenzwert von 175 €. Einfuhrverbot besteht für Fleisch- und Milchprodukte in nicht konserviertem Zustand. Der Export von Kunstgegenständen, Edelmetallen und Edelmetallerzeugnissen sowie von Briefmarken ist nur mit Sondergenehmigungen möglich. Nähere Auskünfte erteilen die Zollbehörden.

AUSKUNFT

IN DEUTSCHLAND, ÖSTERREICH UND DER SCHWEIZ

Es gibt keine Tourismusvertretungen in Deutschland, Österreich und der Schweiz.
hellohungary.com/de

IN BUDAPEST

TOURISTEN-INFO-HOTLINE:
Tel. 614 38 80 80
(Mo.–Fr. 8–20 Uhr)

DEÁK TÉR
V., Sütő utca 2, tgl. 8–20 Uhr

BUDA BURG
I., Tárnok utca 15
Tgl. 9–18 Uhr

HELDENPLATZ
XIV., Olof Palme sétány 5
Tgl. 9–19 Uhr

BÁLNABUDAPEST
IX., Fővám tér 11–12 (nahe der Zentralen Markthalle)
Tgl. 10–20 Uhr

FERENC LISZT AIRPORT
Terminal 2 A, tgl. 8–22 Uhr
Terminal 2 B, tgl. 10–22 Uhr

NÜTZLICHE WEBSITES

WWW.BUDAPESTINFO.HU
Die offizielle Seite des Budapester Tourismusamts mit Informationen zu Sehenswürdigkeiten, Veranstaltungen, Gastronomie und zur Budapest Card.

WWW.PESTERLLOYD.NET
Deutschsprachige Onlinezeitung mit aktuellen und kritischen Infos zu Politik, Wirtschaft und Kultur in Ungarn. Täglich aktualisiert und mit guten Hintergrundinformationen.

WWW.BKK.HU
Internetseite der Budapester Verkehrsbetriebe mit aktuellen Fahrplänen und Tarifinfos (ungarisch/englisch).

WWW.BUDAPESTHOTEL-RESERVATION.HU
Eine der besten Websites für Unterkünfte in Budapest und ganz Ungarn, auch auf Deutsch.

WWW.BUDAPESTER.HU
Die Online-Ausgabe der deutschsprachigen Budapester Zeitung, die als Wochenzeitung erscheint.

WWW.UNGARNAKTUELL.DE
Die mehrfach ausgezeichnete Website des Ungarisch-Deutschen-Pressebüros informiert über Ungarn, hat aber auch einen umfangreichen Teil zu Budapest.

WWW.BUDAPEST.GAYGUIDE.NET
Englischsprachige Website zur Schwulen- und Lesbenszene in Budapest.

UNGARISCHE BOTSCHAFTEN

DEUTSCHLAND
Unter den Linden 76
D-10117 Berlin
Tel. 030 20 31 00
www.berlin.mfa.gov.hu

ÖSTERREICH
Schenkenstr. 3
A-1010 Wien
Tel. 1 53 78 03 00
www.becs.mfa.gov.hu

SCHWEIZ
Eigerplatz 5
CH-3007 Bern
Tel. 03 13 52 85 72
www.bern.mfa.gov.hu

BOTSCHAFTEN IN BUDAPEST

DEUTSCHLAND
I., Úri utca 64–66
H-1014 Budapest
Tel. 614 88 35 00
www.budapest.diplo.de

ÖSTERREICH
VI., Benczúr utca 16
H-1068 Budapest
Tel. 614 79 70 10
www.bmeia.gv.at

SCHWEIZ
XIV., Stefánia út 107
H-1143 Budapest
Tel. 614 60 70 40
www.eda.admin.ch/budapest

ETIKETTE

Ungarn klischees

Erinnern Sie sich an »Hódmezővásárhely-Kutasipuszta«? Genau, die Bahnstation aus dem unvergessenen Film »Ich denke oft an Piroschka«. Seit die temperamentvolle Liselotte Pulver 1955 mit diesem Klassiker die Deutschen des Wirtschaftswunderlandes in ein verlorenes Paradies, in eine Zeit ursprünglicher Intimität zurückführte, demonstriert das grotesk anmutende Wortungetüm die »Schwierigkeit« der ungarischen Sprache. Und das feurige Dorfmädchen gehörte von nun an ebenso zum klischeehaften Ungarnbild, wie der Tschikosch, die Puszta, der Husar, die Zigeunermusik und später der »Gulaschkommunismus« oder gar »die fröhlichste Baracke im kommunistischen Lager«. Die Ungarn lehnen diese Schablonen zwar ab, ohne sie allerdings ständig widerlegen zu wollen. Schließlich sind es ja auch diese überwiegend positiven Klischees, die Jahr für Jahr viele Millionen Besucher an das Donauufer locken. Und für das Land ohne große Rohstoffreserven ist der Tourismus ein unverzichtbarer Wirtschaftsfaktor. Sieht nun allerdings der westliche Tourist auf der legendären Puszta Hortobágy einen echt wirkenden Tschikosch mit Peitsche in der Hand, dann kann er nicht völlig ausschließen, dass es sich dabei um einen Philosophiestudenten von der Universität Debrecen handelt, der in den Sommerferien auf diese Weise Geld für eine Mallorca-Reise verdient.

Und so sehen sich die Ungarn

Einsamkeit und tragisches Pathos, stets gewürzt mit unverbrüchlicher Hoffnung auf den Sieg des Guten – das sind Gefühle, die die ungarische Volksseele zum Klingen bringen. Einsam fühlt sich die kleine Nation im Reigen der Großen und Bedeutenden, und tragisch erscheint die tausendjährige Geschichte, als eine verhängnisvolle Kette von Katastrophen. Doch so viel Trauer kann selbstverständlich kein Mensch, geschweige denn ein Volk ertragen. So stützt man sich mit großem Stolz auf die **positiven Wegmarken**: 1456, als der Feldherr János Hunyadi die Türken vor Belgrad vertrieb, 1848/1849, als das Land bis zuletzt die Fahne der europäischen Revolution hochhielt, und 1956, als der Volksaufstand die kommunistische Diktatur kurzzeitig stürzte. Der letztendlich doch tragische Ausgang all dieser Ereignisse konnte nicht verhindern, dass Verzweiflung und Hoffnung in Ungarn sehr eng beieinander liegen.
Ansonsten schätzt man im Ungarn des 21. Jh.s die gleichen Werte wie im übrigen Europa: Unabhängigkeit, eine Familie mit gutem Zusammenhalt, Bildung, Sicherheit, Eigentum und Reisen ins Ausland. Patriotismus und Nationalismus haben in den letzten Jahren erheblich zugenommen.

Begrüßung

In Ungarn stellt man sich mit dem Familiennamen vor, manchmal ergänzt durch den Vornamen (Kovács Sándor). Erwachsene begrüßen sich mit einem festen Händedruck, gute Freunde umarmen sich und geben sich links und rechts einen Kuss auf die Wange. Wird man als Frau von Männern oder Kindern mit dem traditionellen höflichen »Sokolom« begrüßt und bekommt keine Hand gereicht, darf man nicht beleidigt sein, denn der Gruß steht für »Küss die Hand«, Händeschütteln wäre also völlig absurd. Es gilt als besonders höflich, den Gesprächspartner mit seinem Titel (Doktor, Professor etc.) und dem Familiennamen anzusprechen. Zu den umgangssprachlichen Grüßen gehören u. a. **Szervusz** oder **Szia**. Wenn man sich verabschiedet, sagt man **Viszontlátásrá** oder familiär einfach **Viszlát**.

Und außerdem

Kleidervorschriften gibt es keine, doch sollte man gewisse Regeln (z. B. keine nackten Schultern) beim Besuch von Kirchen und Synagogen beachten. In Ungarn geht es recht höflich zu und im Allgemeinen gilt es noch für Männer, Frauen den Vortritt zu lassen. Doch die Ungarn fluchen auch gerne und kreativ, so dass man manchmal froh sein kann, ihre Wortschöpfungen nicht zu verstehen.

GELD

Währung

Das ungarische Zahlungsmittel ist der Forint (HUF). Im Umlauf sind Münzen im Wert von 5, 10, 20, 50, 100 und 200 Forint sowie Banknoten im Wert von 500, 1000, 2000, 5000, 10 000 und 20 000 Forint.

Devisenbestimmungen

Fremd- und Landeswährungen, die den Gegenwert von 1 Mio. Forint übersteigen, müssen deklariert werden. Ansonsten gibt es keine Einfuhrbeschränkungen.

Geldwechsel

Der Wechselkurs ist in Ungarn wesentlich günstiger als daheim, man sollte also erst im Land selbst ungarische Forint kaufen. Ebenso sollte man auch den Rücktausch von Forint im Heimatland vermeiden. Vor dem Geldumtausch lohnt es sich, die stark schwankenden Wechselkurse von Banken und Wechselstuben zu vergleichen, die Konditionen in der Innenstadt sind deutlich besser als in Randgebieten. Die Belege über den Umtausch in Forint müssen aufbewahrt und auf Verlangen dem Zoll vorlegt werden. Außerhalb von Hotels, Wechselstuben und Banken zu wechseln, ist illegal und gefährlich.

Kreditkarten

Banken, größere Hotels, Restaurants der gehobenen Kategorie, Autovermieter sowie die vornehmlich von Touristen frequentierten Geschäfte und Warenhäuser akzeptieren gängige Kreditkarten.

Geldautomaten

In der ganzen Stadt sind Geldautomaten installiert, an denen man mit einer gängigen Kredit- oder Bankkarte Bargeld abheben kann. Die Automaten sind mit mehrsprachigen Hinweisen versehen.

Öffnungszeiten

Schalterstunden sind Mo.– Fr. 8–15, einige Banken schließen freitags bereits um 13 Uhr. Auf dem Burgberg gibt es Wechselstuben, die auch sonntags geöffnet haben.

GESUNDHEIT

Ärztliche Hilfe

Erste Hilfe wird grundsätzlich unentgeltlich geleistet. Sonstige Arzt- und Arzneimittelkosten müssen auch mit der **Europäische Krankenversicherungskarte (EHIC)** in Teilen selbst bezahlt werden. Kosten für einen eventuellen Rücktransport übernehmen die gesetzlichen Krankenkassen nicht, dafür sollte man eine private Krankenversicherung abschließen.

NÜTZLICHE ADRESSEN

24-STUNDEN APOTHEKEN
VI., Teréz körút 41
Tel. 613 11 44 39

II.,Frankel Leó utca 22
Tel. 612 12 44 06

XII., Alkotás út 1/B
Tel. 613 55 46 91

ZAHNÄRZTLICHER NOTDIENST – SOS DENTAL SERVICE
VI., Király utca 14
Tel. 612 69 60 10
Mo.–Sa. 8–20 Uhr

Apotheken In jedem Stadtbezirk unterhält täglich mindestens eine Apotheke (Patika, Gyógyszertár) einen 24-Stunden-Dienst, meist in wechselndem Turnus. Im Aushang jeder Apotheke ist die Adresse der nächstgelegenen Nachtapotheke aufgeführt; einige haben rund um die Uhr geöffnet.

LESETIPPS

Belletristik **Zsuzsa Bánk**, Der Schwimmer, Rowohlt 2004
Mehrfach prämiertes Porträt einer durch die Revolutionsereignisse von 1956 zerrissenen Familie.

György Dalos, Balaton-Brigade, Rotbuch 2007
Ein ehemaliger Stasi-Agent schaut auf seine Tätigkeit am Plattensee im Sommer 1989 zurück, als sich der Zerfall des Ostblocks dramatisch beschleunigt.

György Dalos, Der Fall des Ökonomen, Rotbuch 2012
Gábor Kolozs kämpft in einem sich wandelnden Ungarn gegen den beruflichen Abstieg und private Krisen.

Péter Esterházy, Verbesserte Ausgabe, Berlin Verlag 2003
Bei den Recherchen zu seinem Buch »Harmonia Caelestis« stößt Esterházy auf die Spitzeltätigkeit seines Vaters für die ungarische Staatssicherheit – eine beeindruckende Aufarbeitung der eigenen Familienvergangenheit.

Viktor Iro, Gebrauchsanweisung für Budapest und Ungarn, Piper 2009
Bei Budapest reicht das Themenspektrum der Berichte von den Bädern bis zum Jugendstil (nur noch antiquarisch).

Viktor Iro, Tödliche Rückkehr, Piper 2010
Spannender Kriminalroman, der in Budapest spielt und Kommissar Peringer zurück in die Zeit der Revolution von 1956 führt. Leser erfahren viel über die Hauptstadt und die Landesgeschichte.

Imre Kertész, Roman eines Schicksallosen, Rowohlt Tb 2004
Der Autor erhielt für das autobiografische Werk über seine Zeit in den Konzentrationslagern Auschwitz und Buchenwald 2002 den Nobelpreis für Literatur (▶Interessante Menschen). Die Verfilmung »Fateless – Roman eines Schicksallosen« lief 2005 in deutschen Kinos an.

György Konrád, Glück, Suhrkamp 2003
Der ungarische Literat schildert sein Überleben im Holocaust als kleiner Junge in den letzten Kriegsmonaten in Budapest.

György Konrád, Sonnenfinsternis auf dem Berg, Suhrkamp 2005
Die Fortsetzung seiner Autobiografie nach »Glück« (s. o.) und »Heimkehr«, in denen er seine Jugend beschrieben hat. Konrád als einer der führenden Intellektuellen seiner Zeit liefert hier auch ein beeindruckendes Zeitdokument von Ungarn.

Sandór Márai, Die Glut, Piper 2001
Mit diesem Roman begann die Wiederentdeckung von Sandór Márai (1900–1989) in Deutschland. Er schildert die Begegnung zweier alter Männer nach mehr als 40 Jahren, die die gleiche Frau geliebt haben, die inzwischen tot ist.

Geschichte

Christoph Gann, Raoul Wallenberg. So viele Menschen retten wie möglich, dtv 2002
Das Buch rekonstruiert den letzten Lebensabschnitt des Diplomaten Wallenberg, der im Sommer 1944 in Budapest eintraf und bis zum Ende der Nazibesetzung zahlreiche Juden rettete und letztendlich Opfer des Stalinismus wurde (▶ Baedeker Wissen, S. 100).

Paul Lendvai, Mein verspieltes Land, Ecowin 2010
Schon vor einigen Jahren untersuchte der profilierte Ungarnkenner die stürmische Entwicklung in Ungarn seit dem Systemwechsel in den Jahren 1989/1990.

Paul Lendvai, Orbáns Ungarn, Kremayr & Scheriau 2016
Der ungarische Journalist, der seit 1957 in Wien lebt, beschreibt kenntnisreich und mit kritischer Distanz den Werdegang des ungarischen Ministerpräsidenten Viktor Orbán – momentan das beste Buch zum Verständnis der politischen Verhältnisse in Ungarn; ein spannender Blick hinter die Kulissen.

... und ein paar Filmtipps

Ein Lied von Liebe und Tod – Gloomy Sunday: Melancholische Dreiecksgeschichte im deutsch besetzten Budapest zur Nazizeit mit Joachim Król und Ben Becker. Regie: Rolf Schübel (1999)

Die Laterne des Herrn in Budapest: Totengräber und Ganoven, bankrotte Unternehmer und Rechtsanwälte, Leben, Tod, Erfolg und Misserfolg, Humor und Satire – dieser gelungene Episodenfilm ist ein genussvoller Mix aus allem. Regie: Miklós Jancsó (1999)

Kontroll: Im Mittelpunkt dieses skurrilen Films steht ein Fahrkartenkontrolleur in der Budapester Metro. Regie: Antal Nimrod (2003)

PREISE · VERGÜNSTIGUNGEN

(Noch) preiswert

Auch in Budapest steigen die Preise. Die Kosten der Spitzengastronomie und internationaler Hotelketten bewegen sich auf westeuropäischem Niveau. Zudem orientieren sich Läden und Restaurants in den touristischen Bereichen an den finanziellen Möglichkeiten ihrer Kundschaft. Dennoch kann man in den meisten Cafés und Restaurants für wenig Geld satt werden. Souvenirs, CDs und landestypische Spezialitäten sind auch heute noch günstig. Ungarische Weine und Spirituosen versprechen hohen Genuss zu niedrigen Preisen.

Budapest Card

Die Vergünstigungskarte des Budapester Tourismusamtes, die Budapest Card, gibt es für **24, 48 und 72 Stunden** (22, 33 und 44 €) und länger. Sie gewährt freie Fahrt mit dem öffentlichen Nahverkehr – ausgenommen ist die Standseilbahn zum Burgberg in Buda – sowie ermäßigten Eintritt in zahlreiche Museen und Sehenswürdigkeiten. Einige wenige Museen sind sogar kostenlos. Auch diverse Heilbäder, Rundfahrtenanbieter, Restaurants, Mietwagenfirmen und Geschäfte bieten Preisnachlässe. Außerdem werden kostenlose Stadtführungen auf Englisch durch die Budaer Burg und die Pester Innenstadt angeboetn. Die Budapest Card kann man online, am Flughafen, an größeren Metrostationen und an Hotelrezeptionen erwerben.

Vergünstigungen

EU-Reisende, die das **65. Lebensjahr** vollendet haben, können den gesamten Nahverkehr in Budapest kostenlos nutzen (Personalausweis nicht vergessen). Ab dem vollendeten 70. Lebensjahr gewähren viele Museen freien Eintritt. Mit einem Internationalen Studentenausweis erhalten **Studenten** in vielen Museen einen Rabatt von 50 %.

REISEZEIT

Als beste Reisezeit gelten April bis Oktober, wobei Frühling und Herbst besonders reizvoll sind. Im Sommer kann es sehr trocken und heiß, gelegentlich auch schwül und gewittrig sein. Viele Budapester verbringen den August deshalb am Plattensee. Ungarn selbst gehört zu den sonnigsten Ländern Europas. In der kalten Jahreszeit, ab Mitte Oktober, wird es in Budapest ruhiger. Nur während der Weihnachtsfeiertage und um den Jahreswechsel kommen wieder einige Touristen. Die ungarischen Winter sind vergleichsweise trocken und kalt.

SPRACHE

Fremdsprachen

In Budapest hat man selten Mühe, sich verständlich zu machen, da manche Ungarn Deutsch verstehen und die meisten jüngeren Leute Englisch sprechen.

Ungarisch

Die ungarische Sprache gehört zur finno-ugrischen Sprachfamilie und nimmt somit eine Sonderstellung in Europa ein. Schwierigkeiten bereiten die unterschiedliche Aussprache der Konsonanten und Vokale sowie die Länge mancher Worte. Viele Wörter sind, ähnlich wie im Deutschen, aus Einzelwörtern zusammengesetzt wie »Városház«: Stadt – haus (Rathaus) oder »Városliget«: Stadt – wald. Im Ungarischen wird immer die erste Silbe eines Wortes betont.

SPRACHFÜHRER UNGARISCH

AUF EINEN BLICK

Ja./Nein.	**Igen. [igän]/Nem. [näm]**
Vielleicht.	**Talán. [tollahn]**
Bitte.	**Kérem. [kehräm]**
Danke.	**Köszönöm. [kössönöm]**
Gern geschehen	**Szívesen. [ssihwäschän]**
Entschuldigung!	**Bocsánat! [botschahnott]**
Wie bitte?	**Tessék? [täschschehk]**

Ich verstehe Sie nicht.	**Nem értem. [näm ehrtäm]**
Ich spreche nur wenig ...	**Csak egy kicsit beszélek ... [tschock ädj kitschit bässehläk ...]**
Sprechen Sie ...	**Beszél ... [bässehl ...]**
... Deutsch?	**... németül? [nemätül]**
... Englisch?	**... angolul? [ongolul]**
Schreiben Sie es mir bitte auf!	**Kérem írja fel! [kehräm ihrjo fäl]**
Können Sie mir bitte helfen?	**Tudna nekem segíteni kérem? [tudno näkäm schägihtäni kehräm]**
Ich möchte	**Szeretnék [ssärätnehk]**
Das gefällt mir (nicht).	**Ez (nem) tetszik. [äs (näm) täzzik]**
Haben Sie ...?	**Van ...? [wonn ...]**
Wie viel kostet es?	**Mennyibe kerül? [männjibä kärül]**
Wie viel Uhr ist es?	**Hány óra (van)? [hahnj ohro (wonn)]**

KENNENLERNEN

Guten Morgen!	**Jó reggelt! [joh räggält]**
Guten Tag!	**Jó napot! [joh noppot]**
Guten Abend!	**Jó estét! [joh äschteht]**
Grüß dich!/Grüß euch!	**Szia!/Sziasztok! [ssio/ssiosstok]**
Wie geht es Ihnen/dir?	**Hogy van/vagy? [hodj wonn/woddj]**
Danke. Und Ihnen/dir?	**Köszönöm. És Ön/te? [kössönöm ehsch ön/tä]**
Auf Wiedersehen!	**Viszontlátásra! [wissontlahtahschro]**
Tschüss!	**Szia/Sziasztok! [ssio/ssiosstok]**
Bis bald!/Bis später!	**Viszlát! [wisslaht]**

UNTERWEGS

links/rechts	**balra [bollro]/jobbra [jobbro]**
geradeaus	**egyenes(en) [ädjänäsch(än)]**
nah/weit	**közel [kösäl]/messze [mässä]**
Bitte, wo ist ... ?	**Hol van kérem a(z) ... ? [hol wonn kehräm o(s) ...]**
Wie weit ist das?	**Milyen messze van? [mijän mässä wonn]**
Sie können ... nehmen.	**Mehet ... [mähät]**
... den Bus ...	**... busszal. [bussoll]**
... die Straßenbahn ...	**... villamossal. [willommoschscholl]**
... die U-Bahn ...	**... metróval. [mätrohwoll]**

PANNE

Ich habe eine Panne.	**Defektem van. [däfäktäm wonn]**
Würden Sie mir bitte einen Abschleppwagen schicken?	**Tudna nekem egy vontatókocsit küldeni? [tudno näkäm ädj wontottohkotschit küldäni]**
Wo ist hier in der Nähe eine Werkstatt?	**Hol van itt a közelben egy műhely? [hol wonn itt o kösälbän ädj mühhäj]**

TANKSTELLE

Wo ist bitte die nächste Tankstelle?	**Hol (van) a legközelebbi benzinkút?** [hol (wonn) o läckösäläbbi bänsinkuht]
Ich möchte ... Liter ...	**... liter ... kérek.** [... litär ... kehräk]
... Normalbenzin.	**... normálbenzint**[norrmahlbänsint]
... Super.	**... szupert.** [ssupärt]
... Diesel.	**... dízelt.** [dihsält]
... bleifrei.	**... ólommenteset** [ohlommäntäschät]
Volltanken, bitte!	**Tele kérem!** [tälä kehräm]

UNFALL

Hilfe!	**Segítség!** [schägihtschehg]
Achtung!	**Figyelem!** [fidjäläm]
Vorsicht!	**Vigyázat!** [widjahsott]
Rufen Sie bitte schnell ...	**Hívjon gyorsan ...** [hihwjon djorschonn ...]
... einen Krankenwagen.	**... mentot.** [mäntöht]
... die Polizei.	**...a rendőrséget.**[o rändöhrschehgät]
... die Feuerwehr.	**... a tűzoltókat.**[o tühsoltohkott]
Es war meine Schuld.	**Ön vagyok a hibás.** [ehn woddjok o hibahsch]
Es war Ihre Schuld.	**Ön a hibás.** [ön o hibahsch]
Geben Sie mir bitte Ihren Namen und Ihre Anschrift!	**Adja meg kérem a nevét és a címét!** [oddjo mäg kehräm o näweht ehsch o zihmeht]

ESSEN/UNTERHALTUNG

Wo gibt es hier ...	**Hol van itt ...** [hol wonn itt]
... ein gutes Restaurant?	**... egy jó étterem?** [ädj joh ehttäräm]
... ein nicht zu teures Restaurant?	**... egy nem túl drága étterem?** [ädj näm tuhl drahgo ehttäräm]
Gibt es hier eine gemütliche Kneipe?	**Van itt valahol egy nyugodt, hangulatos kocsma?** [wonn itt wollohol ädj njugott honngulottosch kotschmo]
Reservieren Sie uns bitte für heute Abend einen Tisch.	**Foglaljon kérem nekünk ma estére egy asztalt.** [foglaljon kehräm näkünk mo äschtehrä ädj osstollt]
Das Essen war ausgezeichnet.	**Az étel kitűno volt.** [os ehtäl kitühnöh wolt]

ÜBERNACHTUNG

Können Sie mir ... empfehlen?	**Tudna ajánlani egy ...** [tudno ojjahnlonni ädj]
... ein gutes Hotel ...	**... jó szállodát?** [joh ssahllodaht]
... eine Pension ...	**... panziót?** [ponnsioht]
Haben Sie noch Zimmer frei?	**Van még szabad szobájuk?** [wonn mehg ssobbodd ssobahjuk]
ein Einzelzimmer	**egy egyágyas szobát** [ädj äddjahdjosch ssobaht]

ein Zweibettzimmer	**egy kétágyas szobát [ädj kehtahdjosch ssobaht]**
mit Bad	**fűrdoszobával [fürdöhssobahwoll]**
für eine Nacht	**egy éjszakára [ädj ehjssockahro]**
für eine Woche	**egy hétre [ädj hehträ]**
Was kostet das Zimmer mit ...?	**Mennyibe kerül a szoba ...? [männjibä kärül o ssobo]**
... Frühstück	**... reggelivel [räggäliwäl]**
... Halbpension	**... félpanzióval [fehlponnsiohwoll]**

ZAHLEN

0	**nulla [nullo]**	1	**egy [äddj/ädj]**
2	**kettő/ két [kättöh/keht]**	3	**három [hahrom]**
4	**négy [nehdj]**	5	**öt [öt]**
6	**hat [hott]**	7	**hét [heht]**
8	**nyolc [njolz]**	9	**kilenc [kilänz]**
10	**tíz [tihs]**	11	**tizenegy [tisänädj]**
12	**tizenketto/tizenkét [tisänkättöh/tisänkeht]**	13	**tizenhárom [tisänhahrom]**
14	**tizennégy [tisännehdj]**	15	**tizenöt [tisänöt]**
16	**tizenhat [tisänhott]**	17	**tizenhét [tisänheht]**
18	**tizennyolc [tisännjolz]**	19	**tizenkilenc [tisänkilänz]**
20	**húsz [huhss]**	21	**huszonegy [hussonädj]**
22	**huszonkettő//huszonkét [hussonkättöh/áhussonkeht]**	30	**harminc [horrminz]**
40	**negyven [nädjwän]**	50	**ötven [ötwän]**
60	**hatvan [hottwonn]**	70	**hetven [hätwän]**
80	**nyolcvan [njolzwonn]**	90	**kilencven [kilänzwän]**
100	**száz [ssahs]**	101	**százegy [ssahsädj]**
200	**kétszáz [kehzsahs]**	300	**háromszáz [hahromssahs]**
1000	**ezer [äsär]**	2000	**kétezer [kehtäsär]**
10000	**tízezer [tihsäsär]**	1/2	**fél [fehl]**
1/3	**harmad [horrmodd]**	1/4	**egy negyed [(äd) nädjäd]**
3/4	**háromnegyed [hahromnädjäd]**		

ARZT

Können Sie mir einen guten Arzt empfehlen?	**Tud nekem egy jó orvost ajánlani? [tud näkäm ädj joh orwoscht ojjahnlonn]**
Ich habe hier Schmerzen.	**Itt fáj. [itt fahj]**

BANK

Wo ist hier bitte eine Bank?	**Hol van itt kérem egy bank? [hol wonn itt kehräm ädj bonnk**
Ich möchte ... Euro (Schweizer Franken) in Forint wechseln.	**Szeretnék ... Euro (svájci frankot) forintra átváltani. [särätnehà Euro (schwahjzi fronnkt) forintro aht-wahltonni]**

POST

Was kostet ... nach Deutschland?	**Mibe kerül ... Németországba?[mibä kärül ... nehmätorssahgbo]**
... ein Brief ...	**... egy levél ... [ädj läwehl]**
... eine Postkarte ...	**... egy levelezolap ... [ädj läwäläsöhlopp]**
Briefmarke	**bélyeg [behjäg]**

ÉTLAP (SPEISEKARTE)

Reggeli	**Frühstück**
feketekávé [fäkätäkahweh]	**schwarzer Kaffee**
tejeskávé [täjäschkahweh]	**Milchkaffee**
tea tejjel [täo täjjäl]	**Tee mit Milch**
tea citrommal [täo zitrommoll]	**Tee mit Zitrone**
lágytojás [lahdjtojahsch]	**weiches Ei**
rántotta [rahntotto]	**Rühreier**
szalonnás rántotta [ssollonnahsch rahntotto]	**Eier mit Speck**
kenyér/zsemle/pirítós [känjehr/schämlä/prihtohsc]	**Brot/Brötchen/Toast**
kifli [kifli]	**Hörnchen**
vaj [wjj]	**Butter**
sajt [schojjt]	**Käse**
kolbász [kolbahss]	**Wurst**
sonka [schonko]	**Schinken**
méz [mehs]	**Honig**
lekvár [läkwahr]	**Marmelade**
müzli [müsli]	**Müsli**
joghurt [joghurt]	**Joghurt**
gyümölcs [djümöltsch]	**Obst**
Előételek ès Levesek	**Vorspeisen und Suppen**
bableves [bobbläwäsch]	**Bohnensuppe**
burgonyaleves [burgonjolläwäsch]	**Kartoffelsuppe**
erőleves [äröhlääsch]	**Bouillon**
hortobágyi palacsinta [hortobahdji pollottschinto]	**Palatschinken mit Fleischfüllung**
libamájpástétom [libommahjpahschtehtom]	**Gänseleberpastete**
májgombócleves [mahjgombohzläwäsch]	**Leberknödelsuppe**
töltött paradicsom [töltött porrodditschom]	**gefüllte Tomaten**
zöldségleves [söldschehgläwäsch]	**Gemüsesuppe**
Húsételek és Szárnyas	**Fleisch und Geflügel**
báránypaprikás [bahrahnjpopprikahsch]	**Lammpaprika mit Sauerrahm**
bécsi szelet [behtschi ssälät]	**Wiener Schnitzel**

bélszínjava [behlssihnjowwo]	**Beefsteak**
birkapörkölt [birkoppörkölt]	**Schafsgulasch**
borjúpaprikás [borjuhpopprikahsch]	**Kalbsgulasch mit Rahmsoße**
csirke [tschirkä]	**Hähnchen**
fott marhahús [föhtt morrhohuhsch]	**gekochtes Rindfleisch**
hagymás rostélyos [hoddjmahsch roschtehjosch]	**Zwiebelrostbraten**
(vad)kacsa [(wodd)kotscho]	**(Wild-)Ente**
(vad)liba [(wodd)lbo]	**(Wild-)Gans**
naturszelet [notturssälät]	**Naturschnitzel**
pirított máj [pirihtott mahj]	**geröstete Leber**
pulyka [pujko]	**Truthahn**
sertéskaraj [schärtehschkorrojj]	**Schweinekotelett**
sült kolbász [schült kolbahss]	**Bratwurst**
vagdalt [woggdollt]	**Hackfleisch, Frikassee**

Nemzeti Ételek	**Nationalgerichte**
bográcsgulyás [bograhtschgujahsch]	**Kesselgulasch**
csirkepaprikás [tschirkäpopprikahsch]	**Paprikahähnchen mit Sauerrahmsoße**
gulyásleves [gujahschläwäsch]	**Gulaschsuppe**
Gundel palacsinta [gundäl pollottschinto]	**Palatschinken mit Nussfüllung und Schokoladensoße**
halászlé [hollahssleh]	**Fischsuppe**
hideg meggyleves [hidäg mäddjläwäsch]	**kalte Sauerkirschsuppe**
káposztás kocka [kahposstahsch kozko]	**Krautfleckchen**
kapros-túrós rétes [kopprosch tuhrohsch rehtäsch]	**Quarkstrudel mit Dill**
lecsó [lätschoh]	**gekochte Paprikaschoten, Tomaten und Zwiebel**
máglyarakás [magjorrockhsch]	**Semmelschmarrn mit Äpfeln**
somlói galuska [schomlohi golluschko]	**Schomlauer Nockerln**
töltött káposzta [töltött kahpossto]	**mit Fleisch gefülltes Kraut**
töltött paprika [töltött poppriko]	**gefüllte Paprikaschoten**
túrós csusza pirított szalonnával [tuhrohsch tschusso piritott ssolonnahwll]	**Topfennudeln mit saurer Sahne und Grieben**

HALAK	FISCHE
angolna [onngolno]	**Aal**
csuka [tschuko]	**Hecht**
fogas/süllö [fogosch/schüllöh]	**Zander (Filet/ganzer Fisch)**
lazac [losoz]	**Lachs**
pisztráng [pisstrahng]	**Forelle**
ponty [pontij]	**Karpfen**
tonhal [tonholl]	**Thunfisch**

ZÖLDSÉG ÉS KÖRETEK	GEMÜSE UND BEILAGEN
bab [bobb]	**Bohnen**

borsó [borschoh]	**Erbsen**
fejes saláta [fäjäsch schollahto]	**Kopfsalat**
fokhagyma [fokhoddjmo]	**Knoblauch**
fott burgonya [föhtt burgonjo]	**Salzkartoffeln**
galuska [golluschko]	**Nockerln**
gomba [gombo]	**Pilze**
(zsemle)gombóc [(schämlä)gombohz]	**(Semmel-)Knödel**
hagyma [hoddjmo]	**Zwiebel**
hasábburgonya [hoschahbburgonjo]	**Pommes frites**
karfiol [korrfiol]	**Blumenkohl**
kelbimbó [kälbimboh]	**Rosenkohl**
kelkáposzta [kälkahposstp]	**Wirsing**
lencse [läntschä]	**Linsen**
paradicsom [porrodditchom]	**Tomaten**
paprika [poppriko]	**Paprika**
póréhagyma [pohrehhoddjmo]	**Porree**
rizs [risch]	**Reis**
sárgarépa [schahrgorrehpo]	**Karotten**
spagetti [schpoggätti]	**Spaghetti**
sparga [schpahrgo]	**Spargel**
sült burgonya [schült burgonjo]	**Bratkartoffeln**
vegyes saláta [wädjäsch schollahto]	**Gemischter Salat**

ESZPRESSZÓ	CAFÉ
dobostorta [doboschtorto]	**Dobostorte (aus Biskuitteig, mit Schokoladencreme und Karamell-glasur)**
fagyaltkehely [fddjlolltähäj]	**Eisbecher**
kávé [kafeh]	**Kaffee**
sütemény [chütämenj]	**Kuchen**
teasütemény [täoschütämehnj]	**Teegebäck**
tejszínhab [täjsshnhobb]	**Sahne**

ITALLAP (GETRÄNKEKARTE)

Borok	**Wein**
asztali bor [osstolli bor]	**Tafelwein**
édes [ehdäsch]	**lieblich**
fröccs [fröttsch]	**Gespritzer, Schorle**
könnyu [könjüh]	**leicht**
pezsgő [päschgöh]	**Champagner, Sekt**
száraz [ssahros]	**trocken**
Fehér Borok	**Weißweine**
egri leányka [ägri läahnjko]	**Erlauer Mädchentraube**
ezerjó [äsärjoh]	**Tausendgut**
kéknyelu [kehknjälüh]	**Blaustengle**
muskotály[musckotahj]	**Muskateller**
olaszrizling [olosrisling]	**Welschriesling**
szürkebarát [ssürkäborraht]	**Grauermönch**

Szeszes Italok	**Alkoholische Getränke**
sör [schör]	**Bier**
pohár [pohahr]	**Glas**
korsó [korschoh]	**kleiner Krug**
üveg [üwäg]	**Flasche**
gyomorkeserű [djomokäschärüh]	**Magenbitter**
pálinka [pahlinko]	**Schnaps**
Alkoholmentes Italok	**Alkoholfreie Getränke**
almalé [ollmolleh]	**Apfelsaft**
(ásvány)víz [(ahschwhnj)wihs]	**(Mineral-)Wasser**
gyümölclé [djümöltschleh]	**Fruchtsaft**
narancslé [norronntschleh]	**Orangensaft**
szódavíz [ssohdowwihs]	**Sodawasser**

TELEKOMMUNIKATION · POST

Telefon

Mobilnetz innerhalb Ungarns Ungarische Handynummern sind siebenstellig und haben zusätzlich – je nach Anbieter – die Vorwahl 20, 30, 60 oder 70. Um sie anzurufen, muss immer die Inlandsvorwahl 06 vorangestellt werden (z. B. 0620, dann die siebenstellige Rufnummer). Das gilt auch für Anrufe mit dem eigenen (nicht-ungarischen) Mobiltelefon.

Festnetz innerhalb Ungarns Festnetznummern in Budapest sind siebenstellig. Die Ortsvorwahl ist »1«. Mit dem eigenen (nicht-ungarischen) Mobiltelefon wählt man die Inlandsvorwahl 06 plus Ortsvorwahl – für Budapest also 061 – und dann die Teilnehmernummer.
Dasselbe gilt für Ferngespräche innerhalb Ungarns vom Festnetz aus. Für ein Ortsgepräch innerhalb Budapests wählt man vom Festnetz aus nur die siebenstellige Teilnehmernummer.

Gebühren Mit den gesunkenen Roaminggebühren lohnt sich der Kauf einer ungarischen Telefonkarte nur, wenn man in Ungarn sehr viel telefonieren oder für ungarische Anrufer preisgünstig zu erreichen sein möchte.

Auslandsgespräche Für Gespräche von Deutschland nach Budapest wählt man +36-1 und dann die Teilnehmernummer. Für Gespräche nach Deutschland wählt man die Ländervorwahl +49 und dann die jeweilige Rufnummer (ohne Ortsvorwahl 0). Auslandsgespräche von einem ungarischen Telefon sind teuer.

Post

Postämter

Die Budapester Postämter haben Mo.–Fr. 8–18 Uhr geöffnet, die Postämter am Westbahnhof (Nyugati pályaudvar) und am Ostbahnhof (Keleti pályaudvar) täglich 7–21 Uhr.

Porto

Briefmarken sind in Postämtern und fast überall dort erhältlich, wo es Ansichtskarten gibt. Nach den Tarifen sollte man sich aktuell erkundigen, da sie sich schnell verändern. Schneller und teurer ist Luftpost (légiposta). Die Briefkästen sind rot und mit einem Posthorn markiert.

VERKEHR

Öffentlicher Nahverkehr

Der öffentliche Nahverkehr wird in Budapest von den **Verkehrsbetrieben BKV** (www.bkv.hu) betrieben. Es gibt vier Metrolinien, zahlreiche Straßenbahnen, Busse, Trolleybusse (Oberleitungsbusse), Linienschiffe und Vorortbahnen, die zwischen 4.30 und 23.30 Uhr verkehren. Nachts fahren mehrere Nachtbusse sowie die Tram 6 über den Großen Ring.

Metro (▶Streckenplan im Umschlag hinten)

Budapests erste Metrolinie (M 1) wurde 1896 dem Verkehr übergeben, sie ist die **älteste des europäischen Festlands** und zählt seit 2002 zum UNESCO-Welterbe. 1973 wurden eine Ost-West-Verbindung (M 2) und 1979 eine Nord-Süd-Linie (M 3) eröffnet. 2014 ging die M 4 zwischen den Bahnhöfen Keleti und Kelenföld in Betrieb.

Straßenbahnen

Frequentiert sind die Straßenbahnen 4 und 6, die über den **Großen Ring** verkehren, die Linie 6 sogar rund um die Uhr. Am Pester **Donauufer** fährt die Straßenbahn 2, am Budaer Donauufer fahren die 19 und 41. Auf der Budaer Seite gibt es einen durchgehenden Straßenbahnverkehr von Óbuda im Norden und Újbuda im Süden.

Vorortbahn HÉV

Die **S-Bahn-ähnliche** Vorortbahn HÉV stellt mit fünf Linien eine Schnellverbindung zwischen der Innenstadt und den Vororten bzw. Nachbarstädten Szentendre (Abfahrt: Batthyány tér), Gödöllő (Abfahrt: Örs vezér tere), Csepel (Abfahrt: Boráros tér) und Ráckeve (Abfahrt: Közvágóhíd) dar.

Linienschiffe

Zwischen Rómaifürdő im Norden und Haller utca im Süden besteht ein **ganzjährig** durchgängiger Linienschiffsverkehr. Die Linien D 11 und D 12 verkehren alle 30–70 Minuten, an Sommerwochenenden übernimmt die Linie D 13 den Betrieb. Angesteuert werden u. a. von

BAEDEKER ÜBERRASCHENDES

6X ERSTAUNLICHES

Hätten Sie das gewusst?

1. FÖLDALATTI

... bedeutet soviel wie »der unter der Erde Gehende« und ist in Budapest schlicht die U-Bahn. 1896 wurde die **erste Untergrundbahn des europäischen Kontinents** unter der Andrássy út in Betrieb genommen. Steigen Sie ein und genießen Sie die Fahrt mit den alten Waggons! (► **S. 319**)

2. KEIN HOCHHAUS

Budapest ist fast eine **Zweimillionenstadt**, aber Sie werden kein Hochhaus finden. (► **S. 220**)

3. GROSSE SYNAGOGE

Die im neobyzantinisch-maurischen Stil erbaute Synagoge bietet rund 3000 Gläubigen Platz und zählt damit zu den **größten Bauten ihrer Art**. In ihrer Nachbarschaft wurde 1860 Theodor Herzl geboren, der Gründer des Zionismus. (► **S. 95**)

4. HELDENPLATZ

Nachts auf dem Heldenplatz, allein mit all den steinernen ungarischen Helden, fühlt man selbst sich so gar nicht als Held, sondern eher winzig und verloren in der Weite der **riesigen Fläche**. (► **S. 105**)

5. HAUS DER UNGARISCHEN FOTOGRAFIE

Das Museum wurde in dem einstigen Atelierhaus des Hof-Fotografen Manó Mai (1855–1917) eingerichtet. Es ist komplett erhalten und damit eine **Rarität in Europa**. (► **S. 46**)

6. SEMMELWEIS-MUSEUM

In diesem Haus wurde 1818 Ignác Semmelweis geboren, der Entdecker der Unhygiene als **Ursache des tödlichen Kindbettfiebers**. Deshalb trägt er auch den Beinamen »Retter der Mütter«. (► **S. 179**)

Süd nach Nord die Anleger Boráros tér, Szent Gellért tér, Petőfi tér, Várkert Bazár, Kossuth Lajos tér, Batthyány tér und Jászai Mari tér. Einige Schiffe fahren auf dem weiteren Weg nach Norden auch die Margareteninsel an.
Besitzer der Budapest Card sowie EU-/Schweizer Fahrgäste über 65 (s. u.) fahren kostenlos, Besitzer von Zeitkarten (also z. B. 24-/72-Stunden-Ticket) müssen von Montag bis Freitag nichts zahlen. Einzelfahrscheine an Bord kosten 750 HUF.

Sonstige Nahverkehrsmittel

Die Zahnradbahn vom Városmajor-Park auf den Széchenyi-hegy in den Budaer Bergen, der Sessellift Libegő von Zugliget zum János-hegy und die Standseilbahn Sikló auf den Burgberg betreibt ebenfalls die BKV. Für die Zahnradbahn löst man normale BKV-Fahrscheine, für den Sessellift und die Standseilbahn gelten Sondertarife.

Fahrkarten

Fahrausweise für alle Nahverkehrsmittel erhält man im Vorverkauf an vielen Metrostationen sowie an den zahlreichen Ticketautomaten, die an immer mehr Haltestellen stehen. Die Bedienunganleitung ist auch Englisch. Fahrausweise muss man an den Metroeingängen bzw. beim Einsteigen in Busse und Straßenbahnen entwerten.
Einzelfahrscheine kosten am Automaten 350 HUF, im Fahrzeug selbst 450 HUF. Sie gelten jeweils für eine Strecke, für jedes Umsteigen muss man einen neuen Einzelfahrschein kaufen. Günstiger und einfacher zu handhaben sind 24-/72-Stundentickets oder ein Wochenticket, mit denen man im angegebenen Zeitraum unbegrenzt fahren kann. Inhaber einer Budapest Card (▶Preise · Vergünstigungen) haben freie Fahrt im öffentlichen Nahverkehr. Auch für alle EU-Bürger sowie Schweizer über 65 Jahren sind öffentliche Verkehrsmittel kostenlos; bei Kontrollen muss der Personalausweis vorgezeigt werden. Wer ohne Fahrausweis angetroffen wird, muss eine entsprechende Geldbuße bezahlen.

Regionalverkehr

Im Regionalverkehr spielen die Bahn und der Busverkehr eine wichtige Rolle. Zwischen Budapest und den Orten im Donauknie sind zudem während der Sommersaison Ausflugsschiffe und Tragflügelboote der Reederei Mahart Passnave unterwegs.

Fernzüge

Budapest ist ein wichtiger internationaler und nationaler Bahnknotenpunkt. Die ungarische Staatsbahn MÁV-Start (www.mavcsoport.hu) bedient ab **Ostbahnhof** fast alle internationalen Ziele, Züge nach Wien halten oft auch am Bahnhof Kelenföld. Fernzüge innerhalb Ungarns starten auch ab Westbahnhof und Südbahnhof. Alle vier Bahnhöfe haben Metroanschluss.

Fahrrad

Bubi ist ein öffentliches Fahrradverleihsystem. Die grünen »Bubi«-Fahrräder findet man im gesamten Stadtbereich. Infos: molbubi.hu.

Taxi Alle lizenzierten Taxis in Budapest sind **gelb** und verkehren zu einem verbindlichen **Einheitstarif**. Der Grundtarif beträgt 450 HUF, pro Kilometer Fahrweg kommen 280 HUF hinzu, pro Minute Wartezeit weitere 70 HUF. Dennoch sollte man darauf achten, dass das Taxi für eine bekannte Firma fährt (z. B. Fő Taxi oder City Taxi) und der Taxameter läuft. Ein Taxi bestellt man am besten telefonisch. Es ist meist binnen 10 Min. am gewünschten Ort. Viele Taxifahrer verfügen über Grundkenntnisse in Englisch (Deutsch nur sehr selten).

Autoverkehr Das Auto sollte man in Budapest stehenlassen. Fahren ist nervenaufreibend, Parkplätze sind schwer zu finden. Für **Fußgänger** gilt es, im Straßenverkehr vorsichtig zu sein – vor allem an Zebrastreifen –, Autofahrer nehmen nicht allzu viel Rücksicht.

REGISTER

C

D

E

K

BILDNACHWEIS

akg S. 101, 215 (2x), 216, 232 o., 234, 236, 238, 240 u.
Bilderberg S. 129
dpa S. 240 o.
Dumont Bildarchiv S. 51, 147
Dumont Bildarchiv/János Kalmár S. 271
Dumont Bildarchiv/Meinhardt, Schulze S. 74, 105
Fotolia/Blende 40 S. 260
Getty images/Ball S. 182
Getty images/Bibikow S. 262
Getty images/Chan Srithaweeporn S. 110
Getty images/Henryk Sadura S. 127 o.
Getty images/Moment S. 247
Huber images/Gräfenhain S. 150/151
Huber images/Guido Cozzi S. 13 o.
Huber images/ H.-P. Merten S. 58, 170
Huber images/Lucie Debelkova S. 5 u., 196
Huber images/Luigi Vaccarella S. 26/27, 79 o.
Huber images/Matteo Carassale S. 28 o.
Huber images/M. Borchi S. 77
Huber images/M. Ripani S. 5 o., 55
Huber images/Reinhard Schmid S. 8, 161, 189
Huber images/Richard Taylor S. 16 o., 31, 285, 299
Huber images/TC S. 2, 3 o., 16 u., 18/19, 22/23, 25 o., 47 u., 80, 89, 118 (2x), 143, 152, 245, 249, 252, 267, 295
Istock/Alexa Belov S. 226
Istock/Brendan Hunter S. 198
Istock/Catalin Daniel Ciolca S. 115
Istock/EXTREME PHOTOGRAPHER S. 45
Istock/FabrikaCr S. 13 u.
Istock/florin1961 S. 14/15
Istock/Icepparo S. 272
Istock/JackF S. 71
Istock/titoslack S. 4, 83
Istock/ZoltanGabor S. 68
Kotzan, Anne S. 134
laif/B. Steinhilber S. 122
laif/Dagmar Schwelle S. 201
laif/Hahn S. 93, 131
laif/hemis/Ludovic Maisant S. 25 u., 172 u.
laif/hemis/Rene Mattes S. 84
laif/hemis/Sylvain Sonnet S. 127 u.
laif/Max Galli S. 208 u., 225
laif/Robert Harding Premium S. 79 u.
laif/SZPhoto/Jose Giribas S. 103, 156, 195
Look/age S. 265
Look/Jalag/Darshana Borges S. 21
Look/Photononstop S. 172 o.
Look/Pompe S. 279, 282
Mauritius images/Alamy/Frank Chmura S. 28 u.
Mauritius images/Rene Mattes S. 137
pa S. 98, 211
pa/Joker S. 219
picture alliance/dpa S. 288
picture alliance/Photoshot S. 232 u.
Randebrock S. 167
Shutterstock/Ar Tono U7
Shutterstock/Frog Dates S. 98
Shutterstock/Haidamac S. 178
Shutterstock/Heracles Kritikos S. 320
Shutterstock/mr. csongor S. 174
Shutterstock/Pfeiffer S. 259
Shutterstock/Sabino Parente S. 10/11
Shutterstock/T.Slack S. 276
Shutterstock/Tatjana Popova S. 164
Shutterstock/Tupungato S. 140
Shutterstock/ZGPhotography S. 47 o., 64, 193
Silvestris/Stadler S. 222

Stockfood S. 261 u.
Stockfood/Teubner S. 261 o.
Transit/Schulze S. 208 o.

Titelbild: Gellért-Bad
(Paul Panayiotou/Schapowalow)

VERZEICHNIS DER KARTEN UND GRAFIKEN

IMPRESSUM

Ausstattung:
115 Abbildungen, 30 Karten und grafische Darstellungen, eine große Reisekarte

Text:
Anne Kotzan mit Beiträgen von Matthias Eickhoff, Carmen Galenschovski, Helmut Linde, Dr. Eva Missler, Andrea Wurth

Bearbeitung:
Baedeker-Redaktion
(Dr. Eva Missler, Beate Szerelmy)

Kartografie:
Klaus-Peter Lawall, Unterensingen
MAIRDUMONT Ostfildern
(Reisekarte)

3D-Illustrationen:
jangled nerves, Stuttgart

Infografiken:
Golden Section Graphics GmbH, Berlin

Gestalterisches Konzept:
RUPA GbR, München

Chefredaktion:
Rainer Eisenschmid, Baedeker Ostfildern

16. Auflage 2020
Völlig überarbeitet und neu gestaltet

Anzeigenvermarktung:
MAIRDUMONT MEDIA
Tel. +49 711 450 20
Fax +49 711 450 23 55
media@mairdumont.com
http://media.mairdumont.com

Trotz aller Sorgfalt von Redaktion und Autoren zeigt die Erfahrung, dass Fehler und Änderungen nach Drucklegung nicht ausgeschlossen werden können. Dafür kann der Verlag leider keine Haftung übernehmen. Jede Karte wird stets nach neuesten Unterlagen und unter Berücksichtigung der aktuellen politischen De-facto-Administrationen (oder Zugehörigkeiten) überarbeitet. Dies kann dazu führen, dass die Angaben von der völkerrechtlichen Lage abweichen. Irrtümer können trotzdem nie ganz ausgeschlossen werden. Kritik, Berichtigungen und Verbesserungsvorschläge sind jederzeit willkommen. Schreiben Sie uns, mailen Sie oder rufen Sie an:

Baedeker-Redaktion
Postfach 3162, D-73751 Ostfildern
Tel. 0711 4502-262
www.baedeker.com

Printed in Italy

FSC www.fsc.org MIX Paper from responsible sources FSC® C015829

BAEDEKER VERLAGSPROGRAMM

Viele Baedeker-Titel sind als E-Book erhältlich: **shop.baedeker.com**

Meine persönlichen Notizen

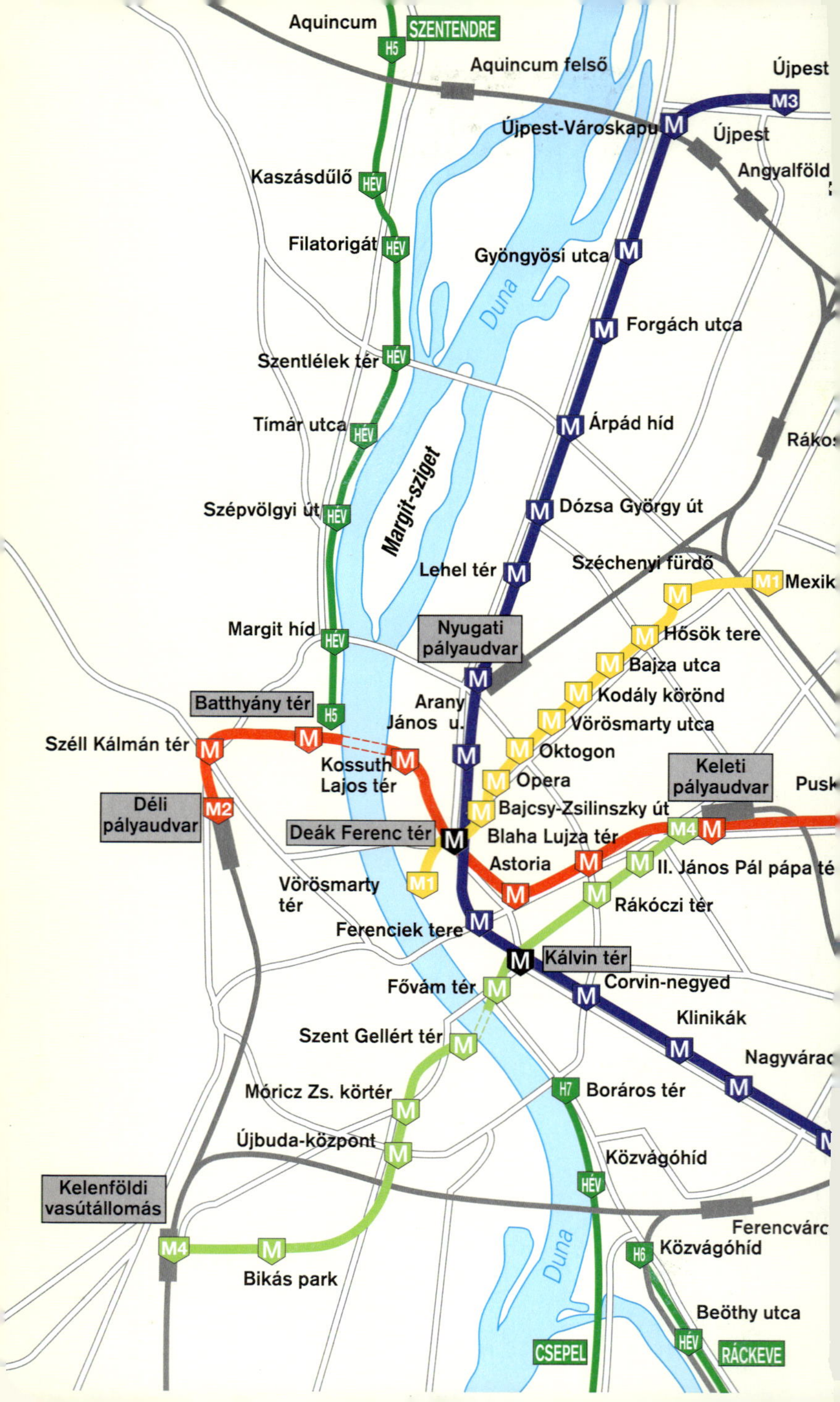
Aquincum
SZENTENDRE
H5
Aquincum felső
Újpest
M3
Újpest-Városkapu
Újpest
Angyalföld
Kaszásdűlő
HÉV
Filatorigát
Gyöngyösi utca
Duna
Forgách utca
Szentlélek tér
Árpád híd
Tímár utca
Rákos
Margit-sziget
Szépvölgyi út
Dózsa György út
Lehel tér
Széchenyi fürdő
M1
Mexik
Margit híd
Nyugati pályaudvar
Hősök tere
Bajza utca
Batthyány tér
Arany János u.
Kodály körönd
Vörösmarty utca
Széll Kálmán tér
Oktogon
Kossuth Lajos tér
Keleti pályaudvar
Pusk
Opera
Déli pályaudvar
M2
Bajcsy-Zsilinszky út
Deák Ferenc tér
Blaha Lujza tér
M4
Astoria
II. János Pál pápa té
Vörösmarty tér
Rákóczi tér
Ferenciek tere
Kálvin tér
Fővám tér
Corvin-negyed
Klinikák
Szent Gellért tér
Nagyvárac
Móricz Zs. körtér
H7
Boráros tér
Újbuda-központ
Közvágóhíd
Kelenföldi vasútállomás
Ferencváro
H6
Közvágóhíd
Bikás park
Beöthy utca
CSEPEL
RÁCKEVE